养老服务蓝皮书

中国社会保障学会养老服务分会◎编

# 中国养老服务发展报告

(2023)

主　编　青连斌　江　丹

中国劳动社会保障出版社

**图书在版编目（CIP）数据**

中国养老服务发展报告. 2023 / 青连斌，江丹主编. --北京：中国劳动社会保障出版社，2023

ISBN 978-7-5167-6175-5

Ⅰ.①中… Ⅱ.①青…②江… Ⅲ.①养老-社会服务-研究报告-中国-2023 Ⅳ.①D669.6

中国国家版本馆 CIP 数据核字（2023）第 208614 号

---

**中国劳动社会保障出版社出版发行**

（北京市惠新东街 1 号 邮政编码：100029）

\*

北京市艺辉印刷有限公司印刷装订 新华书店经销

787 毫米×1092 毫米 16 开本 25.25 印张 336 千字

2023 年 11 月第 1 版 2024 年 8 月第 2 次印刷

**定价：158.00 元**

营销中心电话：400-606-6496

出版社网址：http://www.class.com.cn

**版权专有 侵权必究**

如有印装差错，请与本社联系调换：(010) 81211666

我社将与版权执法机关配合，大力打击盗印、销售和使用盗版图书活动，敬请广大读者协助举报，经查实将给予举报者奖励。

举报电话：(010) 64954652

# 中国养老服务发展报告
## 编委会

**主　编**　青连斌　江　丹
**副主编**　杨立雄　谢　红　李　静
**成　员**　（按姓氏笔画排序）
　　　　　丁建定　王　羽　邓　微　龙玉其
　　　　　朱　丹　江　丹　李　超　李　静
　　　　　李志明　杨立雄　杨翠迎　吴昂坪
　　　　　沈　非　张浩淼　陈际华　青连斌
　　　　　郑　蕾　孟小雨　高宏鑫　郭红霞
　　　　　席　恒　曹　杨　谢　红

# 序 一

郑功成[①]

我们已经处在中国式现代化建设全面提速、走向共同富裕步伐明显加快的新征途上，信息化、数字化、智能化正在全面而深刻地影响着当今世界的生产方式、生活方式以及社会治理和服务方式，这构成了国家应对人口老龄化战略采取具体行动的时代背景。进入21世纪以来，特别是近10年以来，我国人口结构深刻变化趋势的最显著特征就是老龄化与少子化并行。以2021年65岁及以上人口占全国总人口之比达14.2%为标志，我国已经从轻度老龄化阶段步入中度老龄化阶段，且不可逆转地向深度老龄化阶段迈进；人均预期寿命已达78.2岁，正在向80岁的高龄社会迈进；而生育率在近几年掉入了低水平陷阱，且短期内难以改变；家庭结构小型化且以1人户、2人户为主。这些事实决定了传统的家庭养老功能持续弱化不可逆转，发展养老服务业事实上已经成为关乎所有老年人及每个家庭幸福的国之大事，并且客观上已经处于至关重要的窗口期。

然而，当前我国养老服务业发展总体滞后的局面并未改变，存在的主要问题是质量不高、人力不足。一方面，养老服务机构的服务质量不能得到公众普遍认可，这直接影响到老年人及其家庭成员的消费信心，进而又反过来影响着养老服务业发展的规模、效益与效率，在城乡居民养老服务需求日益高涨的情形下，呈现的却是无钱者无力消费、有钱人不愿消费、大部分对养老服务有需要者得不到

---

① 全国人大常委会委员，中国社会保障学会会长，中国人民大学学术委员会副主任、教授。

满足的现象。因为没有质量的养老服务无法吸引老年人及其家庭成员消费，而不能将庞大的养老服务需要转化成为有效的现实服务供给，养老服务业就只能是停留在纸面上的朝阳产业。另一方面，在日益高涨的养老服务需求面前，谁为老年人提供服务已经成为世纪难题。在少子高龄化不可逆转的时代背景下，要建立一支数量逾千万量级的庞大养老服务专业队伍几乎是不可能的，这也会直接或间接地影响到整个养老服务业的发展质量。可见，我们必须凝聚一个共识，即养老服务业的发展已经走到了关键性窗口期，必须以提高服务质量和壮大专业人才队伍为条件，增进老年人及其家庭成员对养老服务业的信任，让有需要的老年人能够放心消费，让老年人的潜在消费需求转化成现实的消费行为。

结合现实，可以发现，要解决养老服务领域质量不高与人力不足的问题，仅靠因循强化标准和增加人力的既有路径显然是不够的。因为愿意投身养老服务业的劳动者偏少，在现有养老服务从业者中真正具备专业素养的偏少，加之各地养老服务业发展水平及养老服务的硬件、软件设施条件相差悬殊，这种现象不仅很难得到缓解，而且可能伴随少子高龄化现象的进一步发展而更加严峻。因此，要发展好我国养老服务业，还必须开辟新的路径，而推进智慧养老显然是必由之路，即将信息化、数字化、智能化工具全方位地融入养老服务发展的全过程，以促使整个养老服务业的质量得到普遍提升，并缓解养老服务业人力供给不足的问题。

我很高兴地看到由青连斌教授和江丹主任主持完成的《中国养老服务发展报告（2023）》对智慧养老作出了全面回应。作为中国社会保障学会养老服务分会组织专家学者集体完成的第二部养老服务蓝皮书，该书不仅在总报告中全面描述了我国养老服务发展的概貌与最新进展，更以专题报告的形式浓墨重彩地阐述了智慧养老的现状与趋势、智慧机构养老、智慧社区居家养老、智慧健康养老示范基地、智慧辅助器具、智慧养老标准化等的发展，还提供了有价值的地方与市场主体智慧养老发展实践案例，以及可供参考的国外经验。因此，这是一部全面论述智慧养老理论、政策与实践的著作，具有毋庸置疑的理论与实践价值，值得养老服务政策层面、学界与业界人士参考。

可以肯定，只要在新时代的养老服务中注入智慧养老元素，让信息化、数字化与智能化工具的作用得到充分发挥，我国的养老服务质量就会得到快速提升，人力不足的问题亦会因效率提升而得到缓解，进而推动整个养老服务业朝着全面有效满足少子高龄化条件下养老服务需要的目标稳健迈进。一个高质量、有效率的养老服务体系的全面建成与发展，不仅会为所有老年人及亿万家庭提供清晰、稳定的老年保障安全预期，而且会成为人口结构深刻变化背景下的民生经济新增长点，并在中国式现代化进程中为全体老年人稳步迈向共同富裕的理想境界而提供有力支撑。

祝愿所有有需要的老年人在充满现代智慧的养老服务体验中的获得感、安全感、幸福感得到明显提升！

2023 年 10 月 1 日于北京

# 序 二

江 丹[①]

人口老龄化是我国今后较长一个时期的基本国情,已成为新时代事关国家和社会发展稳定的重大问题。习近平总书记指出,有效应对我国人口老龄化,事关国家发展全局,事关亿万百姓福祉。党的二十大报告强调,要实施积极应对人口老龄化国家战略,发展养老事业和养老产业,优化孤寡老人服务,推动实现全体老年人享有基本养老服务。如何及时应对、科学应对、综合应对当前我国人口老龄化问题,对推动高质量发展、全面建成社会主义现代化强国具有重要现实意义和深远历史意义。

养老服务作为实施积极应对人口老龄化国家战略的一个最重要组成部分,得到了从中央到地方、从国家层面到社会各界、从政府部门到学界业界的广泛重视和大力支持。中国社会保障学会养老服务分会深入开展调查研究,定期组织编写养老服务蓝皮书《中国养老服务发展报告》。《中国养老服务发展报告(2021)》系统回顾和总结了 21 世纪以来,特别是党的十八大以来我国养老服务发展的新情况,剖析了面临的挑战和机遇,对如何落实积极应对人口老龄化国家战略提出了相应的政策建议。该蓝皮书出版后,受到了社会各界特别是养老服务业界的广泛关注和好评。

---

① 中国红十字会总会事业发展中心主任,中国社会保障学会养老服务分会名誉会长,北京市曜阳公益基金会发起人。

《中国养老服务发展报告（2023）》是中国社会保障学会养老服务分会组织专家学者撰写的第二部养老服务蓝皮书。该蓝皮书聚焦于智慧养老这一主题。智慧养老是在信息技术高速发展的背景下应运而生的，利用先进信息技术手段向老年人提供物联化、互联化、智能化的养老服务，突破了传统的点对点养老资源供需对接的养老模式，开创了包对点的养老资源供需对接新模式，其嵌入、赋能、增慧的独特功能使之成为解决人口老龄化问题的新途径。

国家十分重视智慧养老的发展。工业和信息化部、民政部与国家卫生健康委自2018年起每年更新《智慧健康养老产品及服务推广目录》，准确划分智慧健康养老产品和养老服务的内容，并于2021年联合制定了《智慧健康养老产业发展行动计划（2021—2025年）》，对我国智慧养老的发展作出规划与部署。江苏、浙江、上海等省市出台了地方性行业标准与管理规范。2020年我国已经基本形成覆盖全生命周期的智慧健康养老产业体系。

该蓝皮书对智慧机构养老、智慧社区居家养老、智慧健康养老示范基地建设、智慧康复辅具产业发展、智慧养老标准化发展以及地方智慧养老创新、企业智慧养老探索等进行了比较全面的分析研究，借鉴国外智慧养老的有益经验，提出了促进我国智慧养老持续健康发展的一系列政策建议。该蓝皮书还系统地回顾、总结了2021年以来我国在养老服务法律法规体系、基本养老服务清单制度、养老服务标准体系建设、居家社区机构养老服务协调发展、补齐农村养老短板、推进长期护理保险试点和养老护理人才专业化培养培训等方面的进展，多维度、多层次分析了中国智慧养老发展现状，并提出了不少值得参考的意见建议，希望更多的读者能够从中获益。

2023年9月

# 目录 contents

## 01 总报告

**中国养老服务发展总报告** ……………………………………………… 3
 一、我国养老服务发展的总体分析与判断 …………………………… 4
 二、我国养老服务发展的未来走向 …………………………………… 19
 三、结语 ………………………………………………………………… 24

## 02 专题篇：智慧养老

**智慧养老现状与趋势发展报告** ……………………………………… 29
 一、智慧养老的运行机理 ……………………………………………… 29
 二、智慧养老的实践模式 ……………………………………………… 36
 三、智慧养老的发展趋势 ……………………………………………… 43

**智慧机构养老发展报告** ……………………………………………… 52
 一、智慧机构养老的概念与功能 ……………………………………… 52
 二、智慧机构养老的现状与趋势 ……………………………………… 57
 三、智慧机构养老的困境 ……………………………………………… 59

四、智慧机构养老的优化路径 …………………………………… 63

## 智慧社区居家养老发展报告 …………………………………………… 70
　　一、我国智慧社区居家养老的发展背景 …………………………… 71
　　二、我国智慧社区居家养老探索的政策与实践历程 ……………… 73
　　三、我国智慧社区居家养老发展取得的成效与面临的挑战 ……… 77
　　四、结语 ……………………………………………………………… 80

## 智慧健康养老示范基地发展报告 ……………………………………… 84
　　一、智慧健康养老示范基地建设举措 ……………………………… 85
　　二、智慧健康养老示范基地存在的突出问题 ……………………… 91
　　三、智慧健康养老示范基地的未来发展 …………………………… 95

## 智慧辅助器具发展报告 ………………………………………………… 100
　　一、辅助器具智慧化需求与政策进展 ……………………………… 101
　　二、智慧辅助器具技术和产业发展现状 …………………………… 104
　　三、制约智慧化辅助器具发展的因素 ……………………………… 109
　　四、智慧辅助器具发展建议 ………………………………………… 112
　　五、结语 ……………………………………………………………… 116

## 智慧养老标准化发展报告 ……………………………………………… 120
　　一、智慧养老标准的现状 …………………………………………… 121
　　二、智慧养老标准化存在的问题 …………………………………… 131
　　三、推进智慧养老标准化工作的建议 ……………………………… 134

# 03 地方篇：地方智慧养老创新

## 上海市智慧养老社区建设发展报告 …………………………………… 141
　　一、上海市智慧养老社区建设回顾 ………………………………… 142

二、上海市智慧养老社区建设取得的成就 …………………………… 146

　　三、上海市智慧养老社区建设面临的挑战 …………………………… 148

　　四、上海市智慧养老社区建设未来发展与对策建议 ………………… 150

**北京市智慧居家养老服务发展报告** ……………………………………… 154

　　一、北京市智慧居家养老服务的政策与实践 ………………………… 155

　　二、北京市智慧居家养老服务发展面临的主要问题 ………………… 159

　　三、提升北京市智慧居家养老服务发展水平的对策建议 …………… 165

**南京市智慧养老发展报告** ………………………………………………… 177

　　一、南京市智慧养老发展现状 ………………………………………… 177

　　二、政府推进智慧养老的典型案例——南京市江宁区"小江家护" … 182

　　三、社会组织推进智慧养老的典型案例——南京市养老服务

　　　　"时间银行" ………………………………………………………… 187

　　四、企业推进智慧养老的典型案例：江苏瑞芝康健老年产业集团 …… 191

　　五、南京市智慧养老的发展展望 ……………………………………… 196

**武汉市智慧养老发展报告** ………………………………………………… 207

　　一、武汉市智慧养老发展现状 ………………………………………… 207

　　二、武汉市智慧养老发展问题 ………………………………………… 210

　　三、武汉市发展智慧养老的意见建议 ………………………………… 215

**成都市智慧社区健康养老服务发展报告** ………………………………… 219

　　一、成都市智慧社区健康养老服务提供现状 ………………………… 219

　　二、成都市智慧社区健康养老服务发展成效 ………………………… 223

　　三、成都市智慧社区健康养老服务发展问题探究 …………………… 229

　　四、成都市智慧社区健康养老服务优化对策 ………………………… 234

**智慧养老的福州市经验及其启示** ………………………………………… 241

　　一、福州市智慧养老的基本情况 ……………………………………… 241

二、福州市智慧养老系统的构成 …… 243

三、福州市智慧养老的实践经验 …… 244

四、福州市智慧养老的发展成效 …… 249

五、福州市智慧养老的启示 …… 252

# 04 产业篇：企业智慧养老探索

## 曜阳智慧养老发展报告 …… 261

一、曜阳智慧养老的建设背景 …… 262

二、曜阳智慧养老的发展历程 …… 263

三、曜阳智慧养老服务体系 …… 265

四、曜阳智慧养老面临的问题 …… 269

五、智慧养老高质量发展的建议 …… 271

## 立林科技助力智慧养老 …… 274

一、立林科技的前世今生 …… 274

二、立林智慧养老整体解决方案 …… 276

三、立林智慧养老整体解决方案在银川市宁安社区数字康养服务平台建设中的应用 …… 280

四、思考与启示 …… 282

五、结语 …… 284

## 泰康智慧养老发展报告 …… 286

一、泰康智慧养老的探索实践 …… 287

二、泰康智慧养老的主要特点 …… 290

三、启示 …… 293

## 05 他山之石篇

老老互助：英国"朋友圈"养老建立老年社交网络 …………………… 301
 一、英国"朋友圈"养老社交网络的源起和发展现状 …………… 301
 二、英国"朋友圈"养老社交网络的运行方式 …………………… 304
 三、英国"朋友圈"养老社交网络的主要特点和发展成效 ……… 308
 四、英国"朋友圈"养老社交网络的发展困境与原因分析 ……… 311
 五、英国"朋友圈"养老社交网络的经验与启示 ………………… 314

虚实结合：日本"虚拟养老院"盘活养老闲置资源 …………………… 318
 一、"虚拟养老院"——互联网技术下养老服务的整合与创新 … 319
 二、日本"虚拟养老院"发展状况 ………………………………… 320
 三、日本"虚拟养老院"建设经验总结 …………………………… 326
 四、启示与思考 ……………………………………………………… 330

我爱我家：澳大利亚"智能化居家养老" ……………………………… 335
 一、澳大利亚应对老龄化的智能化方案 …………………………… 335
 二、澳大利亚智能化居家养老实践与成果 ………………………… 343
 三、经验与启示 ……………………………………………………… 349

## 06 附录

党的十八大以来智慧养老重要政策文件摘编 ………………………… 359
中国智慧养老领域大事记 ……………………………………………… 373

## 07 后记

# 01 总报告

# 中国养老服务发展总报告

青连斌[①] 李华鲁[②]

**摘　要**：2021年以来，养老服务法律法规体系建设稳步推进，基本养老服务清单制度正式建立，养老服务标准体系初步形成，智慧健康养老产业有序发展，居家社区和公共环境适老化改造大力推进，养老服务机构和企业负担切实减轻，居家社区机构养老更加协调发展，农村养老服务短板有所改善，长期护理保险试点继续推进，养老护理人才专业化培养培训持续加强。养老事业与养老产业发展更加协同，更多老年人享有基本养老服务，养老服务的质量和水平有了进一步提高，老年人及其家属的获得感、幸福感和安全感更加充实、更有保障、更可持续。党的二十大报告为我国未来几年乃至更长时期养老服务的发展指明了方向，提出了明确的目标任务和要求。未来要在发展养老事业和养老产业，优化孤寡老人服务，推动实现全体老年人享有基本养老服务方面持续用力。

**关键词**：老年人　基本养老服务　养老产业　智慧养老

2021年我国开始实施"十四五"规划，并在全面建成小康社会之后全面开启了建设社会主义现代化国家新征程。2022年召开的党的二十大，对今后五年乃至更长时期我国经济社会发展包括养老服务的发展，作出了全面部署。《中国养老服务发展报告（2021）》作为养老服务蓝皮书的开篇之作，对21世纪以来，特别是"十三五"以来我国养老服务发展的历程、成就和经验进行了系统疏理

---

[①] 湖州师范学院特聘教授、中国社会保障学会养老服务分会会长。
[②] 中共中央党校（国家行政学院）研究生院博士生。

和总结。本报告对2021年以来我国养老服务发展的主要成就和成功经验进行了系统梳理，试图对我国养老服务发展的最新进展作出总体分析和判断，并对今后一段时期我国养老服务发展方向进行探讨。

## 一、我国养老服务发展的总体分析与判断

2021年以来，养老服务作为实施积极应对人口老龄化国家战略的一个最重要组成部分，一方面，从中央到地方、从国家层面到社会各界、从学界业界到政府部门，对养老服务发展重要性的认识提高到了一个新高度，形成了普遍共识；另一方面，发展养老服务的政策举措更加务实有力，政府、企业和社会各方面共促养老服务发展的合力更加强大，养老事业与养老产业的发展更加协同，更多老年人享有基本养老服务，养老服务的质量和水平有了进一步提高，老年人及其家属的获得感、幸福感和安全感更加充实、更有保障、更可持续。

### （一）养老服务法律法规体系建设稳步推进

党的十八大以来，习近平总书记对养老服务作出了一系列重要指示批示，发表了一系列重要论述，为新时代健全养老服务体系、推动养老服务高质量发展指明了方向，提供了根本遵循。2021年2月，习近平总书记主持中共中央政治局"完善覆盖全民的社会保障体系"集体学习并发表重要讲话，对加强社会保障领域立法提出了新要求。

《中华人民共和国老年人权益保障法》经过数次修订、修正，设立了以养老服务为主要内容的社会服务专章，取消了养老机构设立许可，进一步明确了各地民政部门监督管理职责，为新时代养老服务发展和监管提供了法治保障。2021年11月，中共中央、国务院发布了《关于加强新时代老龄工作的意见》，要求将老龄事业发展纳入统筹推进"五位一体"总体布局和协调推进"四个全面"战略布局，实施积极应对人口老龄化国家战略，把积极老龄观、健康老龄化理念融

入经济社会发展全过程，加快建立健全相关政策体系和制度框架，大力弘扬中华民族孝亲敬老传统美德，促进老年人养老服务、健康服务、社会保障、社会参与、权益保障等统筹发展，推动老龄事业高质量发展，走出一条中国特色积极应对人口老龄化道路，为推进新时代养老服务法治化建设提供了基本遵循。

近年来，养老服务法律法规体系建设的进展和成就，突出体现在以下三个方面。

一是养老服务政策不断完善，为国家养老服务立法奠定了较好基础。国家及涉老部门先后印发了关于加快发展养老服务、推进医养结合、促进养老托育服务健康发展、切实解决老年人运用智能技术困难、开展特殊困难老年人探访关爱服务等多项专门政策文件和实施性政策规定，形成了具有中国特色、符合我国国情社情的经验做法，为国家养老服务立法奠定了坚定基础。

二是养老服务地方性立法先行先试，积累了宝贵经验。据有关方面统计，截至2021年，已有13个省份出台了养老服务地方性法规，24个地区制定了当地养老服务条例。① 各地积极探索推进养老服务地方立法，为推进当地养老服务健康稳定和可持续发展提供了法治保障。

三是养老服务立法工作稳步推进。根据党中央的决策部署，民政部已组建了立法工作专班，开展立法研究调研。

## （二）对"十四五"时期养老服务体系建设目标任务作出具体规划

《中华人民共和国国民经济和社会发展第十四个五年规划和2035年远景目标纲要》专列一章，即第四十五章"实施积极应对人口老龄化国家战略"，全面部署了"十四五"时期推动养老事业和养老产业协同发展，健全基本养老服务体系，大力发展普惠型养老服务，构建居家社区机构相协调、医养康养相结合的养

---

① 民政部. 民政部对"关于加快推进养老服务立法的建议"的答复（民函〔2021〕707号）[EB/OL]. https://xxgk.mca.gov.cn:8445/gdnps/pc/content.jsp?mtype=4&id=115797.

老服务体系的目标任务。重点是完善社区居家养老服务网络，推进公共设施适老化改造；强化对失能、部分失能特困老年人的兜底保障；深化公办养老机构改革；加强对护理型民办养老机构的政策扶持；深入推进医养康养结合；逐步提升老年人福利水平；健全养老服务综合监管制度；构建养老、孝老、敬老的社会环境，强化老年人权益保障等。

《"十四五"国家老龄事业发展和养老服务体系规划》提出了"十四五"时期养老服务供给不断扩大，老年健康支撑体系更加健全，为老服务多业态创新融合发展，要素保障能力持续增强，社会环境更加适老宜居的发展目标；明确提出到2025年，支持1 000家左右公办养老机构增加护理型床位，全国养老机构护理型床位占比提高到55%，养老机构普遍具备医养结合能力，以及共同构建"一刻钟"居家养老服务圈，因地制宜补齐社区养老服务设施短板，乡镇（街道）层面区域养老服务中心建有率达到60%等具体目标；对深化养老服务领域供给侧结构性改革，注重基础性、兜底性、普惠性，不断扩大养老服务供给，提升养老服务质量，完善养老服务体系作出了具体部署。

《"十四五"公共服务规划》《"十四五"国民健康规划》和《"十四五"城乡社区服务体系建设规划》分别从基本养老服务、促进老年人健康和开展社区养老服务行动等方面，作出了专门规划。这些规划同《中华人民共和国国民经济和社会发展第十四个五年规划和2035年远景目标纲要》和《"十四五"国家老龄事业发展和养老服务体系规划》，共同规划了"十四五"时期我国发展养老服务的目标任务、时间表和路线图。

## （三）基本养老服务清单制度正式建立

党的二十大提出，推动实现全体老年人享有基本养老服务。基本养老服务是指由国家直接提供或者通过一定方式支持相关主体向老年人提供的，旨在实现老有所养、老有所依必需的基础性、普惠性、兜底性服务，包括物质帮助、照护服务、关爱服务等内容。基本养老服务在实现老有所养中发挥重要的基础性作用，推进基本养老服务体系建设是实施积极应对人口老龄化国家战略，实现基本公共服务均等化的重要任务。

"十四五"规划提出健全基本养老服务体系的目标任务。《"十四五"国家老龄事业发展和养老服务体系规划》明确提出建立基本养老服务清单制度。统筹现有的老年人能力、健康、残疾、照护等相关评估制度，通过政府购买服务等方式，统一开展老年人能力综合评估，推动评估结果全国范围内互认、各部门按需使用，作为接受养老服务等的依据。各地要根据财政承受能力，出台基本养老服务清单，对健康、失能、经济困难等不同老年群体，分类提供养老保障、生活照料、康复照护、社会救助等适宜服务。

2023年5月，中共中央办公厅、国务院办公厅印发《关于推进基本养老服务体系建设的意见》，提出加快建成覆盖全体老年人、权责清晰、保障适度、可持续的基本养老服务体系，不断增强老年人的获得感、幸福感、安全感。该意见正式公布了国家基本养老服务清单，要求基本养老服务的对象、内容、标准等根据经济社会发展动态调整，"十四五"时期重点聚焦老年人面临家庭和个人难以应对的失能、残疾、无人照顾等困难时的基本养老服务需求。该意见提出了制定落实基本养老服务清单、建立精准服务主动响应机制、完善基本养老服务保障机制、提高基本养老服务供给能力和提升基本养老服务便利化可及化水平等五项重点工作。到2025年，基本养老服务制度体系基本健全，基本养老服务清单不断完善，服务对象、服务内容、服务标准等清晰明确，服务供给、服务保障、服务监管等机制不断健全，基本养老服务体系覆盖全体老年人。

### （四）养老服务标准体系初步形成

养老服务的发展，以往解决的是"有""无"的问题，今后要解决的是"服务质量好、水平高"的问题，以更好地满足老年人多样化、多层次养老服务需求，让老年人及其子女的获得感、幸福感、安全感显著提高。标准化的目的就是促进养老服务高质量发展，提高养老服务质量。

目前，我国养老服务标准体系初步形成。民政部、国家标准委发布的《养老服务标准体系建设指南》确立了养老服务标准体系框架，将基础通用、行业急需、支撑保障类标准纳入优先制定范围。截至2021年，我国已经发布了《养老机构服务安全基本规范》《养老机构服务质量基本规范》《养老机构等级划分与评定》等51项行业标准和国家标准，正在制定30多项行业标准和国家标准。各地发布了养老服务地方标准200余项。同时，将养老服务标准化工作纳入《中华人民共和国老年人权益保障法》等政策法规中统筹推进。

国家市场监督管理总局批准发布了国家标准《老年人能力评估规范》（GB/T 42195—2022）。这是在总结2013年版民政行业标准前期实践经验，广泛借鉴相关领域做法的基础上，适应养老服务行业发展需要编制而成的标准。该标准的一级指标包括自理能力、基础运动能力、精神状态、感知觉与社会参与等4个方面；二级指标包括进食、修饰、洗澡、平地行走、上下楼梯、记忆、理解能力、视力、听力、社会交往能力等26个方面。该标准的制定出台，意味着老年人能力评估领域的标准层级由行业标准上升为国家标准，为科学划分老年人能力等级、推进基本养老服务体系建设、优化养老服务供给、规范养老服务机构运营等提供了基本依据，也为全国养老服务等相关行业提供了更加科学、统一、权威的评估工具。

国家标准委、民政部、商务部印发了《养老和家政服务标准化专项行动方案》（以下简称《行动方案》），提出到2025年养老和家政服务标准体系基本健全、标准化发展基础更加牢固、标准推广应用效果日益凸显的总体要求，明确了升级养老和家政服务标准体系、优化养老和家政服务标准供给结构、夯实支撑养老和家政服务业规范发展的基础标准、完善养老和家政服务质量提升标准、补齐养老和家政服务业转型升级标准、打造养老和家政服务标准化标杆典范、推进养老和家政服务人员标准化能力建设等10项重点任务。根据《行动方案》，到2025年，将出台100项养老和家政服务领域标准，形成国家标准、行业标准、地方标准、团体标准、企业标准多元共治格局；依托国家级服务业标准化试点示范，部署150个养老和家政服务领域标准化试点和示范项目，树立一批标准化工作标杆、标准创新应用典范。

### （五）智慧健康养老产业有序发展

2019年，工业和信息化部、民政部等5部门联合印发的《关于促进老年用品产业发展的指导意见》提出，推动智能产品应用、加大老年用品领域创新投入等任务，推动智慧养老产业发展。2018年和2020年，在企业申报、地方推荐、专家评审、网上公示的基础上，工业和信息化部、民政部、国家卫生健康委制定发布了两版《智慧健康养老产品及服务推广目录》，遴选出一键呼叫设备、健康管理类可穿戴设备、自助式健康检测设备、居家健康养老、互联网健康咨询、养老机构信息化等118项产品和120项服务，促进优质智慧健康养老产品及服务的推广应用，为老年人采购选型提供了参考。自2021年1月起，工业和信息化部在全国开展了为期一年的"互联网适老化及无障碍改造专项行动"，推进首批158个网站和移动互联网应用程序App进行适老化及无障碍改造，对老年人关心的字体大小、段落行距、验证码操作、禁止广告插件和诱导类按键等5大类27项问题作出明确要求，着力解决老年人等特殊群体在使用网站和移动互联网应用程序App时遇到的困难。

2020年年底，民政部办公厅印发了《关于落实〈关于切实解决老年人运用智能技术困难的实施方案〉的通知》，在全国民政系统部署解决老年人在民政服务领域运用智能技术困难相关工作。民政部依托"金民工程"，结合全国养老服务信息系统的推广应用，及时采集养老服务机构基本信息、服务质量、运营情况、安全管理、补贴发放，以及养老护理员等从业人员职业技能等级、从业经历、职业信用等数据信息，形成养老服务机构组织信息基本数据集和养老服务从业人员基本数据集，提高养老服务机构服务智能化、管理网络化水平，帮助机构降低服务成本，提高服务效率，改善老年人服务体验。各地民政部门与人力资源社会保障、卫生健康等部门的相关数据信息互联互通，推进基本数据共享，推动技术对接、数据汇聚和多场景使用，让老年人少跑腿、信息多跑路。

## （六）居家社区和公共环境适老化改造大力推进

社区居家养老是绝大多数老年人的现实选择，实施居家社区适老化改造对于提升社区居家养老质量、释放新兴消费、培育经济动能具有重要意义。2020年，国务院办公厅印发《关于全面推进城镇老旧小区改造工作的指导意见》，将小区及周边适老设施、无障碍设施、加装电梯、新建或改造建设养老和助餐设施等内容纳入城镇老旧小区改造范围。城镇老旧小区改造的内容，包括为满足居民安全需要和基本生活需求的基础类，为满足居民生活便利需要和改善型生活需求的完善类，为丰富社区服务供给、提升居民生活品质、立足小区及周边实际条件积极推进的提升类等3大类。2019年、2020年共安排中央补助资金1400多亿元，支持各地改造城镇老旧小区5.9万个，惠及居民约1100万户。[①]

2020年，民政部、国家发展改革委、财政部等9部门联合印发《关于加快实施老年人居家适老化改造工程的指导意见》，提出了居家适老化改造项目和老年用品配置推荐清单，包括7项基础类项目和23项可选类项目；明确了两个阶段的目标任务，2020年年底前，推进符合条件的特殊困难老年人家庭实施居家适老化改造，"十四五"时期继续实施特殊困难老年人家庭适老化改造，有条件的地区可将改造对象范围扩大到城乡低保对象中的高龄、失能、残疾老年人家庭等，引导有需要的老年人家庭开展居家适老化改造，有效满足地方老年人家庭居家养老需求。截至2020年年底，地方各级财政共投入4.74亿元，完成16.34万户特殊困难老年人家庭的适老化改造工作。[②] 2021年发布的《"十四五"民政事业发展规划》，明确提出把居家和社区适老化改造工程作为重点工作予以推进。

---

① 民政部. 民政部对"关于加强社区养老服务设施建设的建议"的答复（民函〔2021〕641号）[EB/OL]. https://xxgk.mca.gov.cn:8445/gdnps/pc/content.jsp?id=115798&mtype=.

② 民政部. 民政部对"关于将城镇各类楼房社区建成具有养老功能社区的建议"的答复（民函〔2021〕736号）[EB/OL]. https://xxgk.mca.gov.cn:8445/gdnps/pc/content.jsp?id=115781&mtype=.

《"十四五"国家老龄事业发展和养老服务体系规划》不仅对提升社区和居家适老化水平作出了具体部署,还把推动公共环境适老化改造纳入规划之中。"十四五"时期,将加大城市道路、交通设施、公共交通工具等公共环境适老化改造力度,在机场、火车站、三级以上汽车客运站等公共场所为老年人设置专席以及绿色通道,加强对坡道、电梯、扶手等改造,全面发展适老型智能交通体系,提供便捷舒适的老年人出行环境。同时,推动街道乡镇、城乡社区公共服务环境适老化改造。

### (七) 养老服务机构和企业负担切实减轻

为切实减轻从事社区养老服务的机构、企业和社会组织的负担,2019年财政部、税务总局和国家发展改革委等部门联合印发了《关于养老、托育、家政等社区家庭服务业税费优惠政策的公告》,明确从2019年6月1日到2025年年底,对社区养老服务的收入免征增值税;在计算应纳税所得额时,减按90%计入收入总额;免征契税;免征不动产登记费、耕地开垦费、土地复垦费、土地闲置费,免征城市基础设施配套费,免征防空地下室易地建设费等行政事业性收费。民政部发文推动各地采取建设补贴、运营补贴等措施,将社区养老服务设施低偿或无偿用于社区养老服务,切实降低社区养老服务成本和价格。中国人民银行、原银保监会共同推进解决养老服务机构贷款难问题,部分银行开展了无抵押贷款业务,多措并举降低社区养老服务成本和价格。

2021年11月,民政部与国家开发银行就"十四五"时期利用开发性金融专项贷款支持养老服务体系建设发出通知,决定"十四五"时期利用开发性金融专项贷款支持养老服务体系建设,明确把居家社区机构养老服务网络建设、智慧养老服务发展和养老服务人才队伍建设作为开发性金融支持养老服务体系建设的重点任务。

受新型冠状病毒感染疫情等因素影响,养老服务业面临较多困难。为切实推动养老服务业渡过难关、恢复发展,更好满足人民群众日益增长的养老服务需求，2022年8月，国家发展改革委、民政部、财政部等13部门联合印发《养老托育服务业纾困扶持若干政策措施》的通知，提出并实施了养老服务机构属于中小微企业和个体工商户范畴、承租国有房屋的，一律免除租金到2022年年底；2022年，各地对符合条件的养老服务机构按照50%税额顶格减征资源税、城市维护建设税、房产税、城镇土地使用税、印花税（不含证券交易印花税）、耕地占用税和教育费附加、地方教育附加等"六税两费"；对不裁员、少裁员的养老服务机构，实施普惠性失业保险稳岗返还政策；受新型冠状病毒感染疫情影响经营出现暂时困难的养老服务机构，可申请阶段性缓缴养老保险、失业保险、工伤保险单位缴费部分，缓缴期间免收滞纳金；开展普惠养老专项再贷款试点，支持金融机构通过融资信用服务平台网络向普惠养老服务机构提供贷款等一系列政策措施。

### （八）推动居家社区机构养老更加协调发展

我国养老服务体系建设总体框架和思路，经历了从以居家为基础、以社区为依托、以机构为支撑，到以居家为基础、以社区为依托、以机构为补充，再到以居家为基础、以社区为依托、以机构为补充、医养相结合，又到构建居家社区机构相协调、医养康养相结合的养老服务体系的转变。近年来，养老服务主管和涉老部门采取了一系列举措，推动居家社区机构养老协调发展。

在机构养老方面取得的进展主要有以下两个方面。

一是继续推进公办养老机构改革。一方面，在满足当前和今后一个时期特困人员集中供养需求的前提下，重点为经济困难失能失智老年人、计划生育特殊家庭老年人提供无偿或低收费托养服务，充分发挥公办机构的托底保障功能，在坚持公办养老机构公益属性的基础上，其余床位可向社会开放；另一方面，推进社会化、市场化方式运营，立足经济社会发展水平和公办养老机构发展现状，以需求为导向，逐步扩大公建民营机构范围。"十三五"时期，民政部会同国家发展改革委先后在全国遴选了两批242家养老机构，开展以公办民营为重点的公办养老机构改革试点，一些地区同步开展了改革实践。2020年5月，民政部、国家发展改革委联合印发《关于开展公办养老机构改革试点工作总结 推广公办养老机构改革典型经验的通知》，部署总结改革试点工作情况，推广公办养老机构改革典型经验。

二是继续推进"放管服"改革。废止《养老机构设立许可办法》，民政部门依法做好登记和备案管理，加强养老机构事中事后监管，推动社会资本参与养老服务业发展。2019年12月，住房城乡建设部等5部门联合印发了《关于整顿规范住房租赁市场秩序的意见》，要求合理调控住房租金水平，积极引导住房租赁双方合理确定租金，稳定市场预期，从而降低民营养老机构的房租成本。各省公布了民办养老机构的相关扶持政策等信息，鼓励民间资本进入养老服务领域。截至2020年年底，民办养老机构占比达54.5%，成为我国养老服务供给的重要力量。①

在社区养老方面，2020年，国务院办公厅印发的《关于促进养老托育服务健康发展的意见》提出，发展集中管理运营的社区养老服务网络，支持具备综合功能的社区养老服务设施建设，引导专业化机构进社区、进家庭。2021年，国家发展改革委印发的《"十四五"积极应对人口老龄化工程和托育建设实施方案》提出，支持养老服务骨干网建设，夯实社区居家养老服务网络。发展集中管理运营的社区嵌入式、分布式、小型化的养老服务设施和带护理型床位的日间照料中心，增加家庭服务功能模块，强化助餐助浴助洁助医助行等服务能力，增强养老服务网络的覆盖面和服务能力。各地也陆续制定出台建设、运营等扶持政策，鼓励社会力量开办社区养老服务机构。各地在街道层面大力建设具备全托、日托、上门服务、对下指导等综合功能的社区养老服务机构，在社区层面建立嵌入式养老服务机构和日间照料机构。北京市构建"三边四级"就近养老服务体系，围绕老年人的床边、身边、周边，按照市级组织、区级指导、街乡统筹、社

---

① 民政部.民政部对"关于社会资本进入养老服务领域遇到困难的提案"的答复（民函〔2021〕829号）[EB/OL]. https://xxgk.mca.gov.cn:8445/gdnps/pc/content.jsp?id=115932&mtype=.

区落实的体系规划要求，大力发展区级养老服务指导中心、街乡镇养老照料中心、社区养老服务驿站。截至2020年年底，北京市已建设运营262个街乡镇养老照料中心和1 005个社区养老服务驿站①，覆盖全市街乡镇的2/3以上。上海市一手抓床位建设，一手抓社区嵌入式养老，丰富养老服务供给，全市共建设729家养老机构、15.7万张床位，在街道和社区层面建成320家社区综合为老服务中心、204家长者照护之家、758家社区老年人日间照料机构和1 232家社区老年人助餐服务点。② 多地积极开展养老助餐工作，北京市、广州市等地在当地有关部门的支持下，在为老年人提供助餐服务等方面积极探索实践，为老年人提供方便可及的服务，取得了良好效果。

在居家养老服务方面，大力探索和积极推进家庭养老床位建设。2020年，国务院常务会议提出，积极培育居家养老服务，探索设立家庭养老床位。2021年起，民政部、财政部连续组织实施"居家和社区基本养老服务提升行动"，项目资金按规定用于项目地区为60周岁及以上经济困难的失能、部分失能老年人建设家庭养老床位。2021年，安排中央专项彩票公益金11亿元，支持项目地区为经济困难的失能、部分失能老年人建设家庭养老床位，满足老年人居家养老服务需求。③ 2022年，通过中央专项彩票公益金支持，面向经济困难的失能、部分失能老年人建设10万张家庭养老床位。④ 2023年，将继续通过中央专项彩票公益金支持，面向经济困难的失能、部分失能老年人建设10万张家庭养老床位。⑤

---

① 李万钧. 构建养老服务"五大体系"探索超大城市养老路径［J］. 中国社会工作，2021（14）：21-24.
② 民政部. 民政部对"关于加大社区养老助餐服务体系建设的提案"的答复（民函〔2021〕826号）［EB/OL］. https://xxgk.mca.gov.cn:8445/gdnps/pc/content.jsp?id=115937&mtype=.
③ 民政部. 民政部对"关于探索与发展居家式养老模式的建议"的答复（民函〔2021〕753号）［EB/OL］. https://xxgk.mca.gov.cn:8445/gdnps/pc/content.jsp?id=115789&mtype=.
④ 吴为. 启用中央专项彩票公益金，为失能老年人建10万张家庭养老床位［N］. 新京报，2022-10-11.
⑤ 民政部办公厅，财政部办公厅. 关于开展2023年居家和社区基本养老服务提升行动项目申报和组织实施工作的通知（民办函〔2023〕31号）［EB/OL］. https://www.mca.gov.cn/n152/n165/c1662004999979992761/content.html.

各地也有序推进家庭养老床位建设。江苏省南京市大力推进家庭养老床位建设，对失能失智、半失能老年人家庭进行适老化改造，并由养老机构提供专业化服务，全市开设家庭养老床位8 700余张①，有效解决城区养老床位供给瓶颈问题。增加居家养老上门服务供给，"居家和社区基本养老服务提升行动"的一项重点任务，就是提供居家养老上门服务。根据老年人综合能力评估情况，为有相关需求但未建立家庭养老床位的老年人提供居家养老上门服务，服务内容包括但不限于出行、清洁、起居、卧床、饮食等生活照护以及基础照护、健康管理、康复辅助、心理支持、委托代办等服务。"居家和社区基本养老服务提升行动"计划2022年和2023年分别提供20万人次居家养老上门服务。与此同时，积极引导专业化养老机构进家庭，由养老机构运营家庭养老床位并提供服务，提升居家养老服务的质量和水平。

### （九）农村养老服务短板有所改善

农村老年人邻里守望相助、养儿防老、叶落归根等观念深入骨髓，因而农村老年人更愿意选择居家养老。但是，我国农村的空巢老年人所占比重比城镇更高，农村居民收入水平远远低于城镇居民收入水平，老年人养老服务的支付能力更低，城乡老年人的养老金水平差距更大。与城镇相比，农村养老服务的发展更加滞后，供需矛盾更加突出，城镇发展养老服务的一些比较成功的经验和做法又不适合于农村。农村是我国养老服务的短板，是发展养老服务的难点，也应是发展养老服务的重点。发展农村养老服务，必须从农村、农村老年人的实际出发。

为补齐农村养老服务这一明显短板，近年来主要在以下三个方面取得了进展。

一是推进农村敬老院改造提升工程。从2019年起，民政部、国家发展改革

---

① 南京已建成家庭养老床位8 700余张［EB/OL］. https://baijiahao.baidu.com/s?id = 1754232449452898369&wfr = spider&for = pc.

委、财政部实施了为期三年的农村敬老院改造提升工程，重点支持各地改善农村养老服务设施条件，完善失能照护设备配置，推动形成布局科学、配置均衡、服务完善的农村养老服务设施网络。按照填平补齐的原则，确保每个县（市、区、旗）至少建有1所以失能、部分失能特困人员专业照护为主的县级敬老院，实现县级全覆盖。重点增强县级特困供养服务机构失能照护和集中供养能力，满足县域内失能特困人员的照护需求，为其他经济困难老年人提供无偿或低偿托养服务，同时在县域内发挥服务辐射示范作用。发挥乡镇敬老院支点作用，盘活设施资源，增强运行活力，赋予区域性养老服务和指导中心职能，实现向区域养老服务中心转型。支持在农村社区老年人日间照料中心、托老所、老年人活动中心等社区养老设施中配备护理床、护理设备、康复性活动器材、日常医疗设备、辅助性医疗康复设施以及文娱活动类设备等。经过多年努力，初步形成了以家庭赡养为基础、养老机构和互助养老服务设施为依托、乡镇敬老院托底的农村养老服务供给格局。

二是大力发展农村互助养老。不断总结互助幸福院、颐养之家等建设经验，采取政府投入一部分、集体出资一部分、社会投资一部分、慈善捐助一部分、家庭支付一部分的方式建设互助养老设施，为助餐助医助行助洁巡访等服务搭建平台和阵地。充分发挥农村基层党组织、村委会、老年协会等的作用，通过邻里互助、亲友相助、志愿服务等模式和举办农村幸福院、养老大院等方式，大力发展农村互助养老，为农村老年人提供方便可及的养老服务。

三是加强农村留守老年人关爱服务。2017年，民政部等9部门联合印发《关于加强农村留守老年人关爱服务工作的意见》，提出推动各地建立健全家庭尽责、基层主导、社会协同、全民行动、政府支持保障的农村留守老年人关爱服务机制。2019年，民政部又印发了《关于进一步做好贫困地区农村留守老年人关爱服务工作的通知》，在精准聚焦关爱对象、健全完善巡访措施、及时干预风险、拓展关爱服务内容以及加快信息填报和应用等方面作出部署。健全完善农村留守老年人巡访措施，采取政府购买服务等方式，委托村委会成员、驻村干部、民政专员、专业社工、志愿者、亲朋邻里等开展定期巡访工作。目前，全国各省、直辖市和自治区均制定了加强农村留守老年人关爱服务体系建设的专项政策文件或实施细则，全国统一的农村留守老年人信息管理系统已完成开发并全面应用。在新型冠状病毒感染疫情期间，强化农村留守（空巢）老年人关爱服务。民政部门及时部署各地发挥基层组织、社会组织、社区工作者、社会工作者、志愿者等方面力量的作用，对因疫情在家隔离的留守（空巢）老年人等群体开展走访探视和关爱服务，最大限度地减轻了疫情影响。

### （十）长期护理保险试点继续推进

为解决长期失能老年人的基本生活照料和与基本生活密切相关的医疗护理问题，2016年6月，人力资源社会保障部确定了15个长期护理保险制度试点城市和吉林省、山东省2个重点联系省份，通过试点积累经验，逐步形成适应我国国情的长期护理保险制度政策框架。50余个城市和地区陆续推出长期护理保险自主试点项目。参保对象方面，明确在试点阶段从职工医保人群起步，有条件的地方可随试点探索深入，综合考虑经济发展水平、资金筹集能力和保障需要等因素，逐步扩大参保对象范围。筹资机制方面，着力建立单位、个人、财政、社会等多渠道筹资机制。待遇支付方面，提出做好长期护理保险与经济困难的高龄、失能老年人补贴以及重度残疾人护理补贴等政策的衔接。总体来看，试点工作进展顺利，取得了阶段性成效，切实减轻了失能人员家庭经济负担和事务负担，促进了养老产业和健康服务业发展，社会各方对试点总体评价良好。

无论是政府主导的长期护理保险，还是商业保险机构举办的商业护理保险，都只是解决护理费用的问题，并不能自动解决好护理服务的问题。失能失智老年人的长期护理服务必须由专业化的长期护理服务机构和服务人员来提供。因此，要建立从居家、社区到专业机构等比较健全的专业化长期护理服务体系，开展老年人护理服务。要积极引导社会力量、社会组织参与长期护理服务，鼓励和支持长期护理服务机构和平台建设，促进长期护理服务产业发展，引导护理保障对象优先利用居家和社区护理服务，鼓励机构服务向居家和社区延伸，鼓励护理保障对象的亲属、邻居和社会志愿者提供护理服务。国家已经出台一系列相关政策和措施，关键还是要落实到位。

### （十一）养老护理人才专业化培养培训持续加强

养老护理员直接从事老年人生活照料和护理服务，是养老服务的主要提供者和提升养老服务质量的重要支撑力量。促进养老服务高质量发展，更好地满足老年人多样化、多层次、个性化的养老服务需求，必须培养和造就一支数以千万计的高素质养老护理人才队伍。近年来，在养老护理人才专业化培养和培训方面，主要从以下四个方面作出了努力。

一是完善养老服务学科专业布局，加大养老服务高层次人才培养力度。教育部已经启动实施"中国特色高水平高等职业学校和专业建设计划"，遴选确定了一批设置养老类专业的职业学校，着力打造老年服务与管理、护理等养老服务高水平专业群。

二是逐步完善鼓励养老护理员从业的政策措施。一方面，通过建立养老护理员入职补贴、岗位津贴制度及依据职业技能等级和工作年限确定护理价格的制度，增强养老护理员的职业吸引力。北京市、河北省、辽宁省、江苏省、山东省、贵州省等省（市）建立了养老护理员省级入职补贴制度；内蒙古自治区、江苏省、山东省、广西壮族自治区、山西省、贵州省等省（自治区）建立了养老护理员省级岗位补贴制度，太原市、丹东市、吉安市等地建立了市级岗位补贴制度。另一方面，畅通养老护理员职业晋升通道。《养老护理员国家职业技能标准》将养老护理员的职业技能等级由四个增加到五个，新增"一级/高级技师"等级，明确康复服务、照护评估、质量管理、培训指导等职业技能；对申报条件进行了较大调整，增加了技工学校、高级技工学校、技师学院、大专及以上毕业生的申报条件，规定中职中专毕业生可直接申报四级/中级工。

三是组织实施康养职业技能培训。将养老服务纳入《职业技能提升行动方案

（2019—2021年）》，持续开展养老服务人才培训提升行动，到2022年年底前培养培训200万名养老护理员、1万名养老院院长和10万名专兼职老年社会工作者。民政部、人力资源社会保障部等5部门印发的《关于实施康养职业技能培训计划的通知》，要求面向所有有意愿从事养老服务的人员开展培训。民政部、人力资源社会保障部研究制定了《养老护理员培训包》，以提升培训的科学性、系统性和实用性，持续组织开展养老护理员、养老院院长、老年社会工作者等各类养老服务人才培训工作，充实养老服务人才队伍。

四是建立养老护理员褒扬机制。2021年，民政部、人力资源社会保障部联合举办全国养老护理职业技能大赛，这是养老服务领域竞赛规格最高、参与人数最多、技能水平最高、影响力最大的职业技能大赛。许多地方和社会组织还举办了形式多样的养老护理员宣传展示活动，加大养老护理员感人事迹的宣传力度，让养老护理员的劳动创造和社会价值得到尊重，营造全社会关爱养老护理员的良好氛围，提高职业荣誉感和社会认同感。

## 二、我国养老服务发展的未来走向

党中央已经把积极应对人口老龄化上升为国家战略，并作出了一系列重大决策部署。习近平总书记高度重视我国养老服务的发展，作出了一系列重要指示批示。党的二十大报告明确要求，实施积极应对人口老龄化国家战略，发展养老事业和养老产业，优化孤寡老人服务，推动实现全体老年人享有基本养老服务。这为我国未来几年乃至更长时间的养老服务发展指明了方向，提出了明确的目标任务和要求。

### （一）促进养老事业和养老产业协同发展

养老事业讲的是公益性，养老产业讲的是市场化。实施积极应对人口老龄化国家战略，必须坚持养老事业和养老产业两条腿走路，两条腿协同发展，构建养老服务高质量发展的支撑体系。

政府主导的公益性养老事业是我国基本公共服务体系的重要组成部分。要按照党的二十大报告提出的增强均衡性和可及性要求，大力发展普惠性、基础性、兜底性养老服务。

普惠性养老服务是面向全体老年人，以满足广大老年人更加美好生活需求的养老服务，主要包括以社区养老服务机构、专业化养老机构和公办养老机构等构成的普惠性养老服务网络建设，面向全体社区老年人的社区养老服务配套设施建设，以及各类养老服务提供方以普惠价格提供的普惠性养老服务。社区养老服务机构、专业化养老机构和公办养老机构是我国养老机构的几种主要类型，其中社区养老服务机构又包括日间照料机构和短期托养机构。社区养老服务机构提供的养老服务并非都是普惠性养老服务；专业化养老机构以营利为目的，按照市场价格提供的养老服务属于市场行为；公办养老机构为特困老年人提供的集中供养属于兜底性养老服务。普惠性养老服务实际上是面向全体老年人的社区养老服务配套设施，以及利用配套设施以普惠价格提供的社区养老服务。

基础性养老服务是指以满足广大老年人基本生存和发展需要的养老服务，旨在"保基本"，保障老年人最基本的生活需要以及老年人最基本的生存和发展权利。党的十七大和十八大提出"五有"，十九大进一步拓展为"七有"。"五有"和"七有"的内容之一就是"老有所养"。近期，城乡老年助餐服务、助浴服务、助洁服务、巡访关爱服务、生活性为老服务等就是以"保基本"为目标的基础性养老服务，是保障老年人最基本生活需要不可或缺的基础性养老服务。从中长期来讲，关键是建立国家基本养老服务清单制度，为不同类别的老年人提供相应的基本养老服务。

兜底性养老服务是指为特困老年人，重点为经济困难的空巢（独居）、留守、失能、残疾、高龄老年人以及计划生育特殊家庭老年人等提供的养老服务，这是养老服务体系中的最后一道安全网。兜住底线，守住底线，就是靠兜底性养老服务这一道安全网。随着公办养老机构服务能力的增强，无监护人老年人也会被逐步纳入公办养老机构兜底性养老服务的范围。同时，要引导公建民营、民办公助等养老机构优先接收特殊困难老年人、做出特殊贡献的老年人，从而分担部分兜底性养老服务职能。在我国的社会福利体系中，也有为经济困难老年人兜底保障的制度安排，如为经济困难的老年人提供养老服务补贴，为经济困难的失能老年人提供护理补贴，采取政府购买服务等方式为经济困难的失能老年人等提供必要的访视、照料服务等，都属于兜底性养老服务的范围。

以普惠性、基础性、兜底性统筹我国养老服务体系建设的思路，把养老服务置于保障和改善民生的大视野中，适应养老服务面临的宏观环境和内在条件发生的变化，特别是广大老年人更加向往美好生活，老年人的养老服务需求越来越多样化、多层次、高品质这些新变化，从广大老年人最关心、最直接、最现实的利益问题入手，采取针对性更强、覆盖面更大、作用更直接、效果更明显的举措，统筹做好养老服务各方面工作，让老年人共享改革发展成果、安享幸福晚年。

发展普惠性、基础性、兜底性养老服务等养老事业，责任主体是政府。但是，要满足数以亿计的老年人日益增长的多样化、多层次、高品质的养老服务需求，仅仅依靠政府主导的公益性养老事业是远远不够的，还必须充分发挥社会力量、民间资本的作用，大力发展养老产业。党的十八大以来，党中央、国务院在加快发展养老服务的重要政策文件中，确立"激发社会活力，充分发挥社会力量的主体作用，健全养老服务体系"的思路，破除制度障碍，激活市场活力。一方面，推进"放管服"改革，民政部门不再实施养老机构设立许可，而是依法做好养老机构的登记和备案管理、加强养老机构事中和事后监管，从而调动社会力量参与养老服务；另一方面，初步形成了激励引导社会力量参与养老服务发展的政策体系，大力优化养老服务营商环境，全面建立开放、竞争、公平、有序的养老服务市场，提供包括用地、融资、税费减免、政府购买服务、建设和运营补贴等在内的一系列优惠和扶持政策，支持社会力量参与提供养老服务。与此同时，大力培育养老产业龙头企业。国家发展改革委牵头实施"普惠养老城企联动专项行动"，以投资换机制，围绕"政府支持、社会运营、合理定价"，调动地方和社会力量积极性，为老年人提供普惠性养老服务。明确把党政机关和国有企事业单位所属培训疗养机构专项发展普惠养老的项目纳入专业行动支持范围，培育养老服务产业龙头企业。

继续坚持政府主导，充分发挥市场机制作用，引导社会资本等社会力量广泛参与发展养老服务产业，创新和丰富养老服务产业新模式与新业态，满足老年人多样化、多层次、高品质的养老服务需求。

## （二）优化孤寡老人服务

孤寡老人是基本生活和照料需求最强烈的一个群体，是最需要重点保障的对象。在很长时间里，受经济发展水平和国家财力的限制，我国养老服务体系的建设主要聚焦于兜底性养老服务，以满足特困老年人等兜底对象最基本的养老服务需要。党的十八大以来，在经济发展的基础上，国家投入了大量人力、物力、财力发展兜底性养老服务，建立了包括为经济困难的老年人提供养老服务补贴、为经济困难的失能老年人提供护理补贴、为经济困难的失能老年人提供必要的访视和照料服务等制度安排，坚持公办养老机构公益属性承担兜底职能，兜底性养老服务发展取得了明显成就。在继续织牢兜底性养老服务网的同时，要重点优化孤寡老人服务，把增进孤寡老人的福祉作为健全养老服务体系的重点工作。

优化孤寡老人服务，要聚焦重点人群和重点工作。从优化孤寡老人服务的重点人群来讲，要打破以前把兜底性养老服务对象简单地划分为经济困难的老年人、特困老年人和特殊困难老年人的三分法，重点关注特困老年人中的孤寡老人、无监护人老年人和计划生育特殊家庭老年人。孤寡老人主要是以前所称的城镇"三无"老年人和农村"五保"老年人中的绝大多数。无监护人老年人虽然不是孤寡老人，但他们的基本生活照料、医疗护理和精神慰藉需求同孤寡老人没有太大差别，同样是需要社会给予更多关爱的一个群体。计划生育特殊家庭老年人指独生子女死亡或伤残后未再生育或领养子女的老年人，其中的失独老年群体，是最需要国家和全社会给予更多经济支持、社会支持和心理支持的群体。失独老年人的数量难以准确估计，相关学者和机构的估计值又相差甚大，但百万量级的人数规模已经是相当大的一个群体了。

从优化孤寡老人服务的重点工作来讲，一方面，要根据孤寡老人的不同种类提供相宜的养老服务，优先满足不同类型孤寡老人最迫切的养老服务需求。要提升特困老年人集中供养服务水平，重点提高县级特困供养服务机构失能照护和集中供养能力，满足县域内失能特困老年人的照护需求。在满足有意愿的特困老年人集中供养需求的前提下，公办养老机构要着力解决无监护人老年人和计划生育特殊家庭老年人入住养老机构难的问题。另一方面，要聚焦孤寡老年群体对养老服务的普遍需求，重点为孤寡老人提供探访关爱服务。2022年10月，民政部等10部门印发了《关于开展特殊困难老年人探访关爱服务的指导意见》，提出了到2025年年底特殊困难老年人月探访率达到100%，探访关爱服务机制更加健全，老年人的获得感、幸福感、安全感进一步增强的目标。要进一步健全孤寡老人巡访和定期不定期上门关爱等政策举措，关注孤寡老人的健康状况、生活状况等，提供必要的帮助和服务。尤其是更加注重心理疏导，及时了解孤寡老人的心理需求，关注孤寡老人的情感变化和心理健康状况，提供必要的情感支持和心理慰藉服务。

### （三）推动实现全体老年人享有基本养老服务

基本养老服务是指由国家直接提供或者通过一定方式支持相关主体向老年人提供的，旨在实现老有所养、老有所依必需的基础性、普惠性、兜底性服务，包括物质帮助、照护服务、关爱服务等内容。基本养老服务在实现老有所养中发挥重要基础性作用，推进基本养老服务体系建设是实施积极应对人口老龄化国家战略，实现基本公共服务均等化的重要任务。

党的十八大以来，在党中央坚强领导下，基本养老服务加快发展，内容逐步拓展，公平性、可及性持续增强。党的十九届五中全会作出健全基本养老服务体系等重大决策部署。《国家基本公共服务标准（2021年版）》将老年人能力综合评估、老年人福利补贴和老年人家庭无障碍改造等内容纳入其中,并提出明确要求。《"十四五"民政事业发展规划》将基本养老服务体系建设纳入其中,优化基本养老服务资源配置,更加注重向基层、农村、欠发达地区倾斜,强化相关重大工程和重要政策支撑,促成城乡区域协调发展。推动基本养老服务与其他制度有机衔接,增强制度之间系统集成、协同高效、衔接配套。结合实施乡村振兴战略,支持县乡村三级养老服务网络建设,保障公办养老服务机构提供基本养老服务必需的设施设备,扩大普惠养老服务供给。

2023年5月,中共中央办公厅、国务院办公厅印发《关于推进基本养老服务体系建设的意见》,要求加快建成覆盖全体老年人、权责清晰、保障适度、可持续的基本养老服务体系,"十四五"时期重点聚焦老年人的基本养老服务需求。国家基本养老服务的对象、内容、标准等根据经济社会发展动态调整。省级政府应当对照《国家基本养老服务清单》制订并发布本地区基本养老服务具体实施方案及清单,明确具体服务对象、内容、标准等,其清单应当包含《国家基本养老服务清单》中的服务项目,且覆盖范围和实现程度不得低于《国家基本养老服务清单》要求。

## 三、结语

2021年我国65岁及以上人口占比达到14.2%,步入中度老龄化阶段。2022年我国人口自然增长率已经开始负增长,人口老龄化进一步加重,呈现不可逆转的趋势,如何养老、谁来养老的问题日益严峻。21世纪以来,我国开始将养老服务摆在重要位置,从"十二五"到"十三五",国家通过颁布一系列政策,逐步确立了养老服务体系建设的总体框架和思路,进入"十四五"后,在此基础上继续推进并将养老服务提到了新的高度,作出了新的制度安排。对比2021年以前,养老服务发展主要体现在以下几个方面。

一是政策更加健全。政策是行动的先导和执行的依据,从顶层设计上,国家接连颁布工作意见和发展规划,细化执行规范和管理办法,有的是延续性的,有的是填补性的,并从税收、住房、职业技能等各方面完善配套措施。法制化方面,地方立法先行,国家组建立法专班,为养老服务立法奠定了基础。

二是体系更加完善。立足建设"居家社区机构相协调、医养康养相结合的养老体系",进一步形成了具体规划,明确了时间表和路线图。同时,重点推动居家社区和公共环境的适老化,实现居家、社区、机构养老更加协调。

三是落实更加精准。因地制宜、分类施策更加明显。按照中央政策要求,各地结合实际出台养老服务地方性法规及条例;国家正式公布基本养老服务清单,要求建立精准服务主动响应机制,使基本养老服务动态调整成为可能,分类服务更加精准。

四是部署更加突出重点。重点聚焦老年人面临失能、残疾、无人照顾等困难时的基本养老服务需求,加强养老服务兜底性作用,着力向基层、农村、欠发达地区倾斜。机构养老更加注重发挥公办机构的托底保障功能,居家养老和社区养老更加注重协调推进,社区养老增加家庭服务功能模块,着力提供居家养老上门服务,实现居家、社区和机构养老协调发展。

未来要按照党中央关于实施积极应对人口老龄化国家战略的要求,将养老服务置于保障和改善民生的大视野中,各方参与,形成合力,推动实现全体老年人享有基本养老服务。坚持积极老龄化的理念,积极看待老年人、老龄化和老龄化社会,采取更加灵活的措施,实施渐进式延迟法定退休年龄,积极开发老龄人力资源,鼓励老年人自愿、量力参与养老服务工作,以积极的态度、积极的政策、积极的行动应对人口老龄化。

# General Report on the Development of China's Elderly Care Services

Qing Lianbin  Li Hualu

**Abstract**: Since 2021, the legal and regulatory system of elderly care service has been constructed steadily, with a system of lists of basic elderly care service being officially established and the standards system of elderly care service forming initially. The smart health and elderly care industry is developing orderly, and the aging-adaptation in family, community and public environment has been vigorously promoted. The burden on elderly care institutions and enterprises has been effectively lightened, home-based. The community and institutional elderly care services are developing more coordinately. As a weak link, the elderly care service in rural areas has improved. The pilot's long-term care insurance also continues being advanced and the professional cultivation and training of elderly care talents continue being enhanced. Meanwhile, the cause and industry of elderly care services have been more coordinated, and basic elderly care service have been more accessible to the elderly. Moreover, the quality and standard of elderly care service have been further improved, and the fulfillment, happiness and security of the elderly and their families have been more substantial, secure, and sustainable. The report of the 20th National Congress of the Communist Party of China has pointed out the direction and proposed clear goals, tasks, and requirements for the development of the country's elderly care service system in the coming years and even in a long term. In the future, continuous efforts should be made to develop the elderly care cause and industry, to optimize services for lonely elderly people, to achieve that all elderly people can enjoy basic elderly care service.

**Keywords**: elderly people  basic elderly care service  elderly care industry  smart elderly care

# 02

# 专题篇：
# 智慧养老

# 智慧养老现状与趋势发展报告

席 恒[①]

**摘　要：** 随着我国人口老龄化程度不断加深，传统养老模式在面对复杂多样的社会问题时存在诸多缺陷。智慧养老在信息技术高速发展的背景下应运而生，革新了传统养老模式的点对点养老资源供需对接方式，其嵌入、赋能、增慧的独特功能也使之成为解决人口老龄化问题的新途径。我国十分重视智慧养老的发展，不仅在中央层面出台多个政策文件对智慧养老进行部署和规划，而且引导鼓励地方省市探索智慧养老的实践模式，目前已形成"智能居家养老""智慧社区养老"和"智慧机构养老"3种智慧养老实践模式。通过分析我国智慧养老发展现状，本报告认为，通过定制服务、技术创新、政策顶层设计、人才队伍培养等手段提高养老服务的精准性、可及性、协同性，是智慧养老未来的发展方向。

**关键词：** 智慧养老　信息化　养老服务　老龄化

## 一、智慧养老的运行机理

### （一）信息化发展背景下智慧养老应运而生

中国是世界上老龄人口规模最大的国家。根据第七次全国人口普查数据，截至2020年11月1日，全国60岁及以上人口的占比为18.70%，其中65岁及以

---

[①] 西北大学公共管理学院教授、博士生导师，中国社会保障学会副会长。

上人口的占比为 13.50%，与 2010 年第六次全国人口普查相比，其比重分别上升 5.44 个百分点和 4.63 个百分点。① 中国正加速进入深度人口老龄化社会，并且呈现出老龄人口规模庞大、老龄人口慢性病患病率较高、未富先老、城乡倒置现象突出等特点。在中国老龄化程度不断加深的同时，中国家庭的规模也呈现出缩小态势，导致家庭的养老功能有所削弱。2020 年我国户均人口规模降至 2.62 人，较 2010 年减少 0.48 人。② 社会老龄化、家庭小型化等复杂多样的因素致使传统的养老服务模式难以满足老年人日益提高的养老服务需求。因此，寻找一个能够切实抵御老龄风险的养老模式是时代发展的题中应有之义。国家高度重视社会养老问题，习近平总书记在党的二十大报告中提出，要实施积极应对人口老龄化国家战略，发展养老事业和养老产业。

信息化是现代化的基础，也为新兴养老模式的出现创造了技术条件。"十三五"时期，数字中国建设取得显著成效，不仅信息基础设施建设规模全球领先，互联网普及率超过 70%，而且信息技术不断更新发展，使得信息惠民便民水平大幅提升。③ 在信息化发展背景下，智慧养老作为智慧城市在养老领域的延伸应运而生，是一种越来越引发关注的能够有效利用养老资源的新兴养老模式。智慧养老的原理是利用物联网、云计算等信息化技术，在养老服务供需双方间搭建网络桥梁，高效率地将老年人养老需求与养老资源紧密联系起来。2021 年 12 月发布的《"十四五"国家信息化规划》中指出，在"十四五"时期，信息化进入加快数字化发展、建设数字中国的新阶段，并将民生保障摆在了优先位置，确定智慧养老服务拓展等优先行动，提出加快推动互联网、大数据、人工智能等信息技术在养老服务领域深度应用。④

---

① 国家统计局. 第七次全国人口普查公报（第五号）[EB/OL]. http://www.stats.gov.cn/tjsj/tjgb/rkpcgb/qgrkpcgb/202106/t20210628_1818824.html.

② 国家统计局. 第七次全国人口普查公报（第二号）[EB/OL]. http://www.stats.gov.cn/xxgk/sjfb/zxfb2020/202105/t20210511_1817197.html.

③④ 国家网信办. "十四五"国家信息化规划[EB/OL]. http://www.gov.cn/xinwen/2021-12/28/5664873/files/1760823a103e4d75ac681564fe481af4.pdf.

近些年国家陆续出台多个政策文件以推动智慧养老的发展。例如，工业和信息化部、民政部与国家卫生健康委自 2018 年起每年更新《智慧健康养老产品及服务推广目录》，准确划分智慧健康养老产品及服务的内容，并于 2021 年联合制定了《智慧健康养老产业发展行动计划（2021—2025 年）》，对我国智慧养老的发展作出规划与部署，具体目标包括提高科技支撑能力、产品供给能力和服务能力，优化产业生态。江苏省、浙江省、上海市等地也积极响应国家发展智慧养老的号召，出台地方性行业标准与管理规范，加强实践探索。例如，江苏省的"银发助餐"项目、浙江省的"浙里养"智慧养老服务平台、上海市的"养老顾问"岗位，都已成为中国智慧养老模式地方探索的典范。2020 年我国已经基本形成覆盖全生命周期的智慧健康养老产业体系，下一步目标是进一步强化示范引领效应，提升产品供给能力和数据应用能力。

### （二）智慧养老对传统养老服务模式的革新：从点对点、包对包到包对点

智慧养老是利用先进的信息技术手段向老年人提供物联化、互联化、智能化养老服务的一种新兴养老服务模式。传统养老服务模式的养老资源供需对接方式多为点对点或包对包，而智慧养老服务模式对传统养老服务模式的革新之一就在于供需对接方式转为了包对点。点对点的养老服务模式指的是老年人在家中单独接受钟点工、保姆或护工的上门服务，养老服务供需双方是一对一、点对点的关系，其优点是精准性强、个性化程度高，缺点是经济成本较高和人力资源匮乏。包对包的养老服务模式指的是将老年人集中在某个场所，然后由专业的养老服务机构为其提供统一的养老服务，其优点是能够发挥养老资源的规模效应，养老成本较低，缺点是针对性较弱，难以满足老年人的个性化需求。由此可见，以点对点或包对包的形式对接养老资源的传统养老服务模式缺点都较为明显，难以通过较低成本来精准化地满足老年人日益提高的养老服务需求。[1]

---

[1] 席恒，任行，翟绍果. 智慧养老：以信息化技术创新养老服务 [J]. 老龄科学研究，2014，2 (7)：12-20.

在信息化发展背景下，智慧养老服务模式的出现打破了点对点、包对包这两种具有代表性的传统养老服务模式。智慧养老服务模式在养老资源供需对接方式方面能够实现包对点的服务，即老年人通过便携式生命体征监测器、便携式呼叫器等技术工具将养老需求信息上传至信息技术平台进行分析处理，从而与各种养老服务资源包相联系并快速获得养老服务（如图2-1所示）。总而言之，智慧养老服务模式整合了传统养老服务模式的优点，既能降低养老成本，又能满足老年人个性化的养老需求，能够有效提高养老服务的效益和质量，是未来养老服务的发展方向。

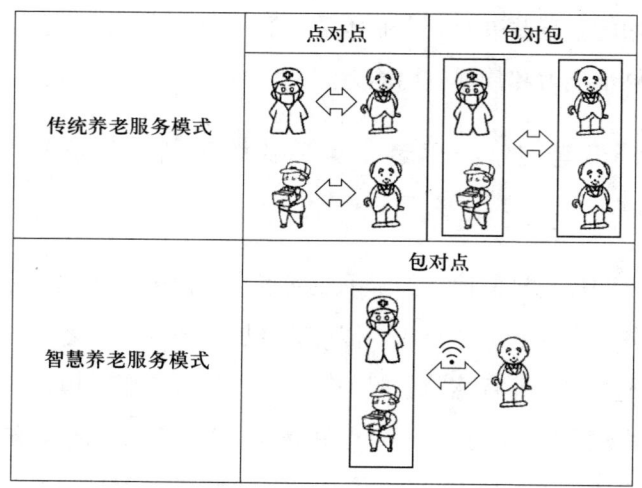

图2-1 养老服务模式的变化

资料来源：席恒，任行，翟绍果．智慧养老：以信息化技术创新养老服务［J］．老龄科学研究，2014，2（7）：12-20．

## （三）智慧养老的系统架构

智慧养老的系统架构是指智慧养老模式的整体构成，分为设备层、感知层、交互层和数据库层共4个层次（如图2-2所示）。设备层是实现智慧养老的基础，包括动态设备和静态设备，前者指智能手环、手表等老年人可随身携带的智能养老移动设备，后者指智能家居、健康检测设备等入户固定的智能养老设备。

感知层是基于智慧养老设备对于老年人养老服务需求的觉察与传达，是实现智慧养老的前提。交互层是智能养老模式系统架构的核心部分，主要负责判断老年人养老服务的需求类型，然后进入服务提供系统进行养老服务需求的匹配与满足。数据库层主要搜集、整理、分析设备层、感知层与交互层产生的老年人数据和养老服务数据，以促进智能养老模式更加智能化的运营。

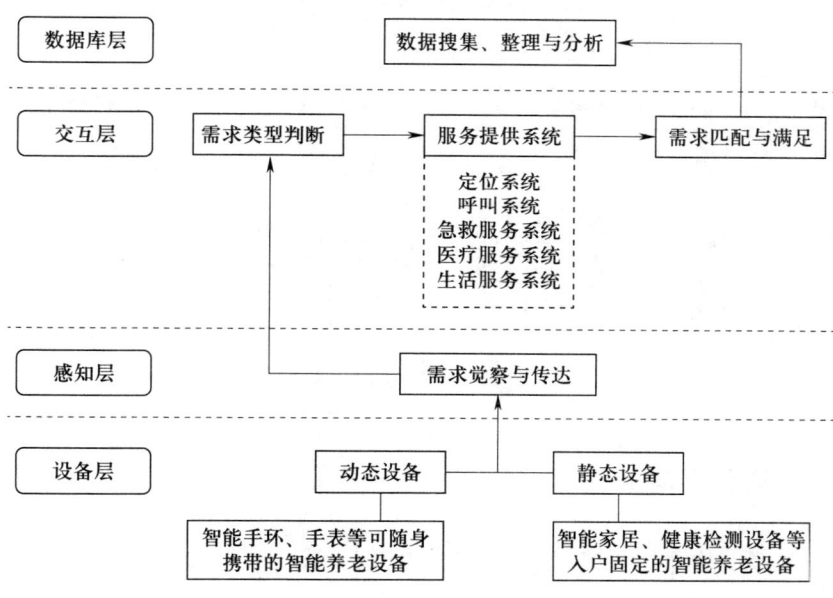

图2-2 智慧养老的系统架构

智慧养老的系统架构中处于交互层的养老服务提供系统主要包含定位系统、呼叫系统、急救服务系统、医疗服务系统、生活服务系统共5个子系统（如图2-3所示）。定位系统主要包括老年人位置服务和位置偏离告警服务。通过对智能手环、智能手表等智能养老移动设备嵌入实时定位功能，家属可以随时查看老年人所处位置，还可设定位置偏离告警，当老年人离开或进入特定区域，智能养老移动设备将自动告警并通知家属。呼叫系统主要是指一键呼叫服务，老年人可以通过一键呼叫器、专用手机等智能养老设备联系家庭医生、社区或子女，表达自身的养老服务需求。急救服务系统主要包括安全报警服务、紧急救助服务和入院绿色通道。摄像头、智能床垫等智能家居或健康检测设备在监测到老年人发生急病、跌倒等突发情况时，将向家属或社区发出安全警告，后续养老服务人员将上门提供紧急救助服务。医疗服务系统包括家庭医生、远程医疗、预约挂号、健康管理、康复护理等服务。生活服务系统主要指订餐送餐、家政服务、生活护理、接送陪同、代购代办等涉及老年人日常饮食起居的服务。

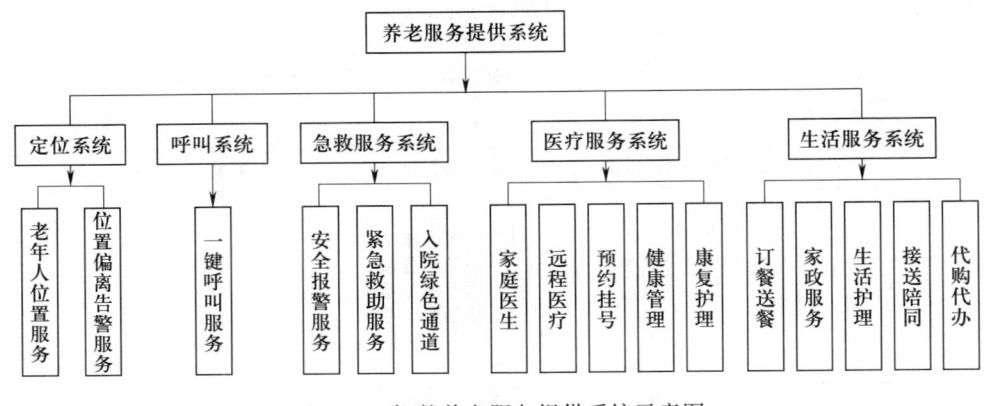

图 2-3　智慧养老服务提供系统示意图

### （四）智慧养老的功能定位

目前中国所构建的是以居家为基础、社区为依托、机构为支撑的养老服务体系，主要包括居家养老、社区养老和机构养老3种养老模式。智慧养老作为信息化发展背景下产生的新兴养老模式，是对传统养老模式的革新和补充，具有嵌入、赋能、增慧等独特功能。

智慧养老的嵌入功能具体表现为通过信息化技术嵌入养老服务体系，在居家养老、社区养老和机构养老3种养老模式的衔接中发挥协调作用。一方面，以可穿戴设备、智能家居为代表的养老服务端产品可以完全嵌入家庭、社区老年场所和养老机构，在契合家庭养老床位、老年餐桌、日间照料、短期托养等养老服务形式的基础上，实现从传统养老服务模式到智慧养老服务模式的转换，为远程医疗、紧急救助、情感慰藉提供有力支撑，提高养老服务效率；另一方面，智慧养老信息处理平台可以在居家养老、社区养老、机构养老3种养老模式间搭建沟通桥梁，利用智慧养老数据所具有的实时性、动态性和整合性延伸人工养老服务的能力，使养老机构打开院门为居家老年人提供上门专业养老服务成为可能，从而模糊三种养老模式间的差异，实现3种养老模式的融合与贯通。

智慧养老的赋能功能是指通过精准而高质量地满足老年人的养老需求，扩展和强化老年人的社会关系网络，发挥老年人的智慧和借鉴老年人的经验，最终为老年人打造有尊严、有价值的晚年生活。（1）智慧养老能够即时传递老年人的需求与风险信号，既能帮助老年人降低健康风险和抵御复杂的外界风险，又能分层次高标准地为老年人提供各种物质和精神服务，从而提升老年群体的幸福感和获得感。除此以外，智能家居、可穿戴智能设备等智慧养老工具的应用还能够有效辅助老年人独自生活，降低对他人的依赖性。[1] （2）智慧养老中蕴含了以人为本的理念，可以帮助老年人充分享受信息化发展所带来的便捷与精准，帮助老年人融入现代社会，使老年人能够继续发挥自己一生所凝结的智慧和经验。（3）社会关系网络对提高养老质量起到重要作用。有研究表明，老年人同样具有利用信息化技术分享生活的需求，而数字化能够改善老年人社会交往的介质。[2] 智慧养老能够帮助老年人拓展和强化本因退出职业活动而萎缩的社会关系网络，整合私人力量和社会力量，提升老年人对身边养老资源和新技术的认知，最后使老年人获得有质量、有尊严的老年生活。[3]

智慧养老的增慧功能具体表现为养老服务的智能化、精准化和高效率。（1）智慧养老利用物联网、大数据等信息化技术实现养老服务由人工化向智能化、自动化的转变，能有效弥补人工养老的不足和缺陷，同时也能降低养老的人为风险和人力成本，提升老年人的生活质量。（2）智慧养老通过应用智能化设备和信息

---

[1] RASHIDI P, MIHAILIDIS A. A Survey on Ambient-Assisted Living Tools for Older Adults [J]. Ieee journal of biomedical and health informatics, 2013, 17 (3): 579–590.

[2] GODFREY M, JOHNSON O. Digital circles of support: Meeting the information needs of older people [J]. Computers in Human Behavior, 2009, 25 (3): 633–642.

[3] 青连斌. "互联网+"养老服务：主要模式、核心优势与发展思路 [J]. 社会保障评论, 2021, 5 (1): 115–128.

化技术，能够实现养老服务由粗放化到精准化的转变。智慧养老意味着智慧养老设备所获得的数据存在泛在化可能，数据处理平台通过分析大量的养老服务需求信息和老年人个体数据，可以为老年人提供精准预警、精准医疗、精准关怀等服务，提高养老资源的供需匹配程度。（3）智慧养老实现了养老服务由主动索求到被动照料的转变。在传统养老模式下，老年人及其家人需要自己判断并寻找所需求的养老服务，造成养老资源配置效率低下。智慧养老可以通过物联网、大数据等信息技术主动分析老年人的养老需求，快速而精准地协调养老资源，提高养老服务供需对接工作效率，最终使老年人和各组织达到多方共赢的可持续运转状态。

## 二、智慧养老的实践模式

### （一）"智能居家养老"模式

"智能居家养老"模式是指通过互联网信息平台和智能感知终端设备等先进技术手段，充分整合各类社会养老服务资源，实现养老服务资源与需求家庭的直接对接，从而使居家养老的老年人能够更加便捷及时地获得医疗、护理、生活、心理健康等方面的服务。这种创新模式借助智能化设备，打破了原有互联网技术操作困难、服务资源分散的壁垒和限制，使资源、产品、服务和信息在智慧平台中高效流动，精准满足老年人不同层次的养老需求，让老年群体也能够充分地享受到互联网时代的便利，最终提高了老年群体生活的质量和安全水平。"智能居家养老"模式提供的服务主要包括以下3个层次。

第一个层次是健康监测服务。老年人的身体机能脆弱、疾病状况复杂，特别是独居老年人和逐渐失能的高龄老年人，在面对心肌梗死、脑卒中、高血压等突发疾病或跌倒、烫伤等突然状况时，缺少向外界求助的能力，无法及时获得医疗救助。因此，需要采用佩戴智能移动终端和房屋智能化改造等方式，对老年人的身体健康情况和所处的外部环境进行实时监测，并及时地向社区医院等机构反馈，保障医疗资源能够及时介入。一方面，可利用智能手环、智能腕表等远程医疗设备，记录老年人每天的身体数据，随时监测老年人的血压、心率、血糖等数据。这不仅可以充分了解老年人身体健康状况的变化，还能够在出现异常情况时及时向医疗机构汇报。另一方面，可通过对卧室、厨房和浴室等房间进行智能化、适老化改造，减少老年人生活环境中存在的风险，并在改造过程中嵌入视频监控、遥感监测设备，充分监测老年人所处环境和行动轨迹。当意外发生时，能够让子女和医护人员充分及时掌握情况，并通过语音设备对老年人进行远程指导与紧急处理，争取医疗救护的时间。

第二个层次是日常生活服务。原有互联网技术的操作难度限制了老年人通过网络平台获取生活服务的机会，而新兴的智能化设备可以通过大数据识别、一键式呼叫等方式及时响应老年人的生活需求。"智能居家养老"模式打破了地域和技术的限制，让居家养老的老年人足不出户即可享受到智慧养老综合服务网格中提供的护理、理发、洗澡、家政、外出采购等一系列生活服务。老年人还可以通过智能设备缴纳日常生活费用、办理银行业务。从而有效降低老年人的出行风险，充分满足老年人不同程度的生活需求，使养老服务和老年人需求有效对接。

第三个层次是情感慰藉服务。居家养老的老年人情感慰藉主要来自子女的探望和自己的社会交往，而"智能居家养老"模式降低了老年人情感慰藉对于人员的依赖。AI 技术和信息技术等快速发展，在一定程度上增加了满足老年人精神世界的方式。"智能居家养老"模式不仅可以为老年人提供护理人员上门陪伴服务，还可以根据老年人的年龄、原有社会关系网络、自身受教育程度等不同情况，识别老年人的具体需求，为老年人制定配套的交往活动，并利用 AI 技术等先进技术，让人工智能和老年人进行针对性沟通，不断学习、了解社会，加强与外界的沟通，弥补老年人的感情缺失，为老年人营造更加丰富多彩的生活环境（如图 2-4 所示）。

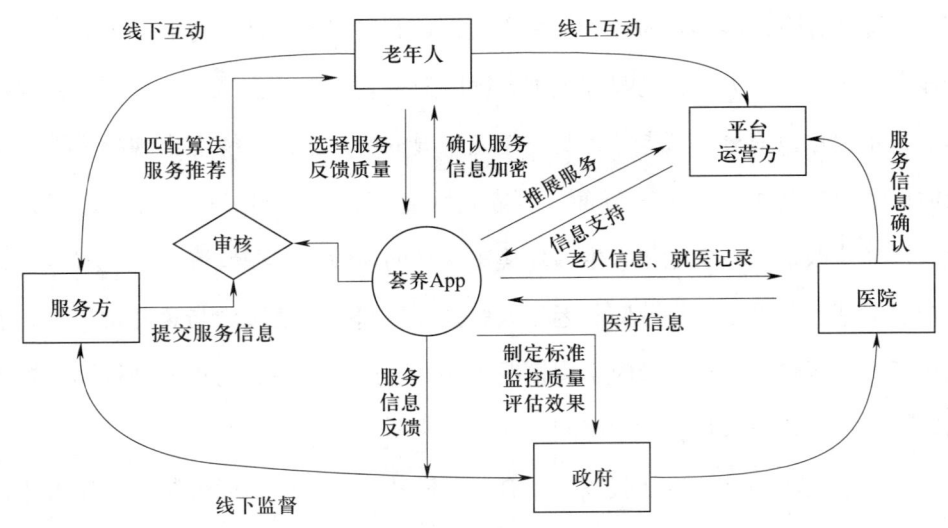

图 2-4 "智能居家养老"模式框架图

资料来源：项慨，聂彤，徐灵秀，等．"智能+"社区居家养老模式研究与实现［J］．湖北经济学院学报（人文社会科学版），2020，17（10）：81-85．

自 2011 年开始，我国陆续出台了多项推动"智能居家养老"模式发展的利好政策，各地也积极探索，形成了地方民政部门主导构建、技术企业和养老服务企业多方参与的成熟模式，初步具备了一定的产业规模。例如，北京市于 2013 年在朝阳区成立了第一个养老服务指导中心，是较早进行智慧养老模式实践的城市。上海市政府通过数字伙伴计划，充分将数字化与养老结合，公布了 12 个可以应用智慧养老的场景，并在浦东新区和第三方企业共同打造智慧养老服务平台——"浦老惠"。浙江省则在全省范围内建立浙江省养老服务信息管理系统，充分简化老年人各类代办事项的流程，优化养老服务标准，使老年人能够足不出户在网络上轻松处理事务。内蒙古自治区鄂尔多斯市采用线上和线下相结合的方式，利用智慧养老服务调度平台，整合区域内护理资源，连线各类养老服务商家，不断提升老年人居家养老的质量。

## （二）"智慧社区养老"模式

"智慧社区养老"模式指在"智能居家养老"模式的基础上，由智慧社区承接各类社会养老服务资源，并通过建立智慧社区综合信息平台、进行社区智能化改造等方式，面向社区内老年人开展的线上和线下相结合的养老服务。

一是承接社会资源。"智慧社区养老"模式充分利用大数据技术和信息化平台，对内更加精准地识别社区内居家老年人的养老服务需求，对外更好地承接社会各类养老服务资源，将居家、社区和机构的信息与资源串联起来，整合内外部资源，全方面提升智慧社区养老服务能力。社区养老服务中心会给社区范围内的老年群体建立老年信息数据库和个人养老服务档案，根据智能设备的反馈实时更新老年人的身体数据，详细记录社区范围内老年人的养老需求状况、年龄结构和身体状况等信息，并且根据老年人的身体数据自动生成初步的健康管理指南。建立一个为老年群体提供服务的信息和资源分享综合服务平台。免费下发智能手表、感应设备等智能化装备，帮助居家养老的老年人更好地实现智能化养老，确保养老服务资源更好地接入家庭。同时社区养老服务中心会为社会上的养老服务机构建立清单，并依据本区域内的具体养老需求，及时引入社会养老服务资源，确保能够为家庭养老提供充分的医疗资源、护理资源等保障。

二是智慧社区建设。智慧社区建设依托社区原有的场地、养老设施、工作人员等资源，对社区内部的环境进行适老化和智能化改造。一方面，对社区内的道路、楼梯及服务设施进行适老化改造，加强对老年人特殊需求的照顾，使老年人可以在社区里自由、方便活动，降低老年人活动过程中可能存在的风险。增加老年活动室、社区食堂和社区医院等必要场所，承接社会资源，为有需求的老年人提供必要的服务。另一方面，把传感器、监控摄像头等一系列移动智能终端设备投放到社区中，提升社区的智能化程度和信息化水平。通过大数据计算和移动智能化终端，架构起覆盖整个社区的智慧网络，实时收集社区内老年人的身体状况和行动轨迹。并且采用线上线下相结合的模式，搭建起综合性社区养老服务平台，更好地满足社区内老年人的养老服务需求。对于需要线上问诊或线上预约各类养老生活服务的老年人，保证他们能更加方便快捷地使用平台工具，能够自由地获取所需的养老服务。而对于线上养老服务难以覆盖的特殊群体，要充分利用大数据分析和智能终端的设备等工具，精准定位他们的养老需求，兼顾这一部分人的特殊情况，防止出现大面积遗漏，确保这部分老年人也可以享受到基本的养老生活服务（如图2-5所示）。

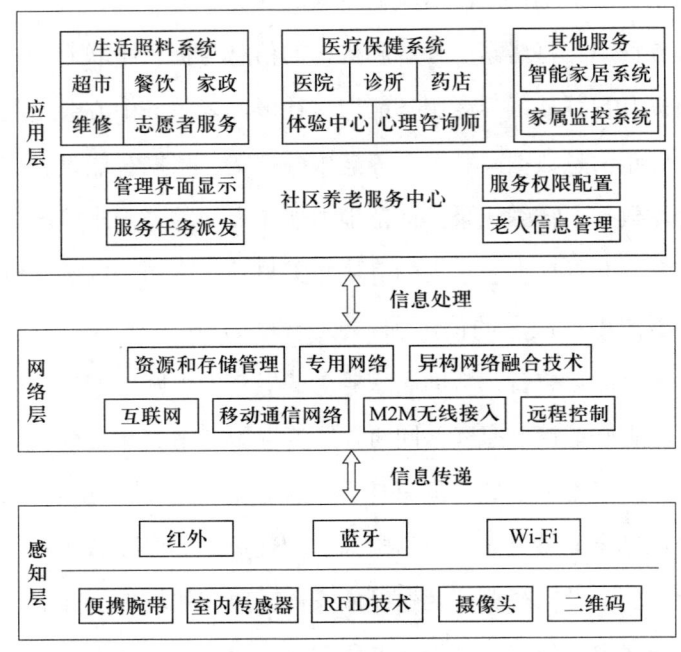

图 2-5 "智慧社区养老"模式框架图
资料来源：马云超. 社区智能养老服务系统的构建［J］. 西安财经学院学报，2017，30（1）：97-103.

近年来，各地政府在搭建智能化养老服务平台的基础上，对原有社区进行智能化、适老化改造，打造出各式各样的面向未来的智慧养老社区。浙江省已有126个未来社区和未来乡村。未来社区具备三级守护系统，呼叫中心实行24小时云端值守，能充分监测老年人面临的安全隐患并及时发出预警。未来社区不仅时刻监护老年人的安全，还具有社区老年食堂、上门看护、文化娱乐等功能。广东省顺德区开通了养老服务网、微信公众号等，老年人可以时刻关注所在社区的养老服务，搜索附近的社区老年食堂，并在线上预约各类社区举办的文娱活动。重庆市沙坪坝区目前已经拥有58个社区养老服务站和全区统一的智慧社区养老服务平台。沙坪坝区通过搭建养老大数据服务中心和智能指挥呼叫系统，将全区的社区养老服务中心整合起来，并给区域内的老年人口建立档案，把老年人的切实需求和提供服务的社区养老机构彻底打通。上海市长宁区在老旧小区内充分利用智慧社区管理系统，实施"乐享 e 家园"等智慧社区项目。该项目可以为社区内的老年人提供一键呼叫的远程问诊、物品采购等服务，帮助老年人轻松获得需要的服务，并通过智能终端设备，时刻监控老年人的健康状况。

### （三）"智慧机构养老"模式

"智慧机构养老"模式是指在养老机构的运营过程中，充分使用智能终端设备和大数据信息技术，提升老年人的生活质量与满意度，增进机构管理效率，并利用互联网平台不断向外拓展业务，以更加智能化、适老化和精准化的方式为机构内的老年人提供医疗护理、生活照料、文化娱乐等一系列服务。养老机构是老年人集中养老的场所，风险系数较高，老年人的需求也比较复杂。因此"智慧机构养老"模式的核心是利用先进的技术和管理，将机构内老年人与子女、机构、医院紧密连接，为老年人提供更具专业性、针对性和细致性的服务，并且实现养老机构的规范化管理。

首先是机构养老质量提升。提升机构内老年人养老生活质量主要依靠智能化移动终端设备、园区内智能化建设以及大数据处理平台建设等方式。通过给老年人佩戴智能手环和定位卡等设备，养老机构可以不断监测统计老年人的身体健康状况，并且持续记录、分析和共享老年人的健康信息，确保老年人的生命健康。通过园区内的智能化建设保证机构内部没有监控死角，尽量降低老年人的行动风险。运用定位卡、视频监控、电子围栏等智能设备，确保突发事件发生后养老机构能够第一时间发现异常，并及时对异常老年人进行救助。通过大数据分析、智慧生活照料系统等工具，可以对不同老年人平时的行为模式和生活习惯进行评估，根据不同老年人的自理能力、兴趣爱好和饮食习惯等指标，精准定位不同老年人的切实需求，确保机构提供的服务能够满足老年人的需求，制订出符合他的专属养老服务计划。给具有重大基础疾病的老年人建立专属医疗档案，加强与医疗机构的信息共享，对老年人的活动状况、膳食情况等进行持续的追踪与管理，帮助其恢复健康；给还具有学习能力的老年人建立兴趣小组，充分发挥老年人的智慧和余热，促进老年人交流，充实老年人精神生活。

其次是机构管理效率提升。提升养老机构的管理效率主要是通过智能化管理平台，对机构的人、财、物3个方面进行全方位优化，从而实现统一管理，降低运营成本，缓解对护理人员数量和专业程度的依赖。人员管理方面，不仅要对机构内的老年人进行智能化管理，还可以利用智慧员工系统对机构员工进行有效管理，实现服务老年人、监督护工、协同工作人员的管理服务一体化。利用网上预约平台，对来访子女进行合理的分流，保证养老机构内的秩序和安全。财务管理方面，主要是运用电子财务系统，加强资金管理，优化资金使用，保障养老机构的正常运转。同时也可以采用网上支付的方式，方便老年人子女随时缴费。物资管理方面，主要是建立各类设备、物资的电子台账，并把移动终端和各种设备进行联网管理，使活动室、康复器材、娱乐工具等各种设施设备能够得到充分利用。

最后是机构辐射范围扩大。养老机构作为一个集医疗护理、日常生活和心理抚慰功能于一体的集中养老场所，既存在机构内专业护理人员匮乏和医疗资源紧缺的状况，也存在基本生活服务资源过剩的情况。在"智慧养老"战略下，养老机构要充分整合内外部资源，一方面，要利用信息时代和智能化的优势，与卫校、医院、心理咨询机构、社会工作者等外部组织建立广泛联系，大力引进专业护理人员等稀缺的资源，保障机构内的供应；另一方面，要借助"智能居家养老"模式构建起来的养老服务资源整合平台，充分利用机构现有的养老服务资源，扩大养老机构的辐射面积，把服务对象从自己机构的内部，向居家养老的老年人扩展出去。

2022年，我国注册在案的养老机构已有4万多家，目前规模较大的养老机构都在向智能化的方向转型，并通过互联网信息技术，将机构养老与居家养老模式深度融合，充分与医疗机构、社会组织、老年家庭充分衔接，打造"云上养老院"。目前上海市政府已经通过了《上海市推进智慧养老院建设三年行动方案（2023—2025）》，计划在2025年建成100家智慧养老院，在养老机构内集中使用智能化养老服务设备和信息化管理系统，实现养老机构的智能转型。广西壮族自治区在2021年将北海市设立为智慧养老院建设试点地市，建立了2家试点养老院。北海市的智慧型养老机构能够与当地智能化养老服务平台直接对接，形成"平台+服务+IoT智能终端"的模式。在养老院监管、管理、服务等多个方面充分实现智能化，不断提高养老院的管理效率与服务水平（如图2-6所示）。浙江省杭州市萧山区在2022年8月建成了第一家智慧养老机构，该机构可以利用遥感技术和监控设备全程监控院区内的老年人，防止他们发生意外。该机构除了安装用于照顾老年人的智能终端，实现照护方面的智慧化，更在管理、安保、财务、探访等方面实现了可视可查。广东省珠海市统一建立了珠海智慧养老信息平台，其中机构托养栏目共包含自理照护、床位服务、医养结合、失能照护等4类服务。平台上集合了养老机构的位置、服务等信息，老年人的子女可以根据搜索结果在平台上选择机构托养服务。平台还能够帮助养老院充分利用闲置资源，开展半托、日间照护等服务。

## 三、智慧养老的发展趋势

智慧养老为我国养老服务发展带来新契机，成为应对人口老龄化急速发展的重要措施，其核心和根本是"养老"，过程和手段则是"智慧"①，顺应老年人需求结构从生存型向发展型转变，在甄别和满足老年人需求的基础上，化解多样化老年风险，提高生活品质，共享改革发展成果。

---

① 魏强，吕静. 快速老龄化背景下智慧养老研究[J]. 河北大学学报（哲学社会科学版），2021，46（1）：99-107.

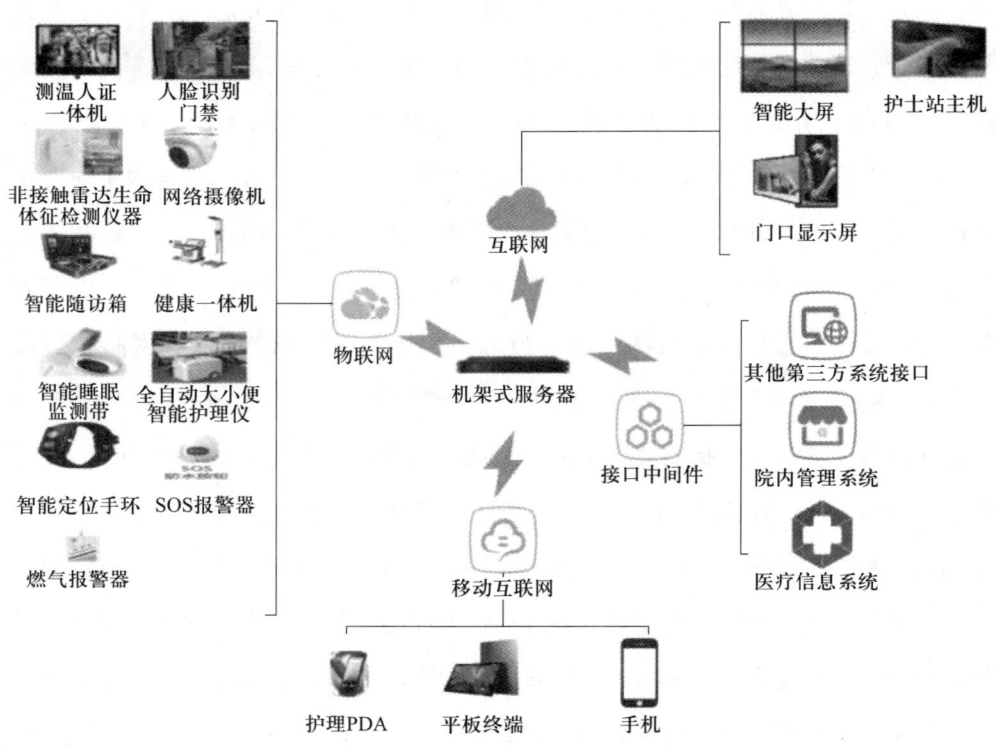

图2-6 "智慧机构养老"模式构架图

资料来源：蔡文.养老院智慧化建设研究——以南宁市WM养老院为例［J］.工业控制计算机，2023，36（1）：131－133.

以物联网、大数据、人工智能等为代表的现代信息技术的发展催化着养老服务的变革，进一步加深技术与养老服务之间的关联程度，推动着智慧养老的发展进程，从养老服务供需状况的数据采集、结构化分析以及精准化匹配[①]3个方面入手，展现智慧养老的独特优势，使得养老服务的有效供给、养老资源的充分利用成为可能。在需求表达方面，智能门磁、智能烟感、智能呼叫等智能物联设备的使用，帮助捕捉老年人的日常活动轨迹，打破数据壁垒，实现智慧产品间的互联互通；智慧养老服务平台的搭建运用微观数据勾勒出每位老年人独特的生活图

---

[①] 鲁迎春，徐玉梅.技术服务：基于数据驱动的养老服务供给模式创新［J］.行政论坛，2020，27（3）：143－148.

景，基于数据分析总结出老年群体的共性特征，为养老服务供给提供强有力的信息技术支持。在服务供给方面，利用智能手环、"一键通"报警等智能穿戴和护理设备，突破服务供给"请求—响应"模式限制，实现全程监测、自主救援；通过建立数据库，深度追踪用户体验，积极响应老年群体需求，创新服务供给方式；智慧养老场景清单的提出，将服务需求具象化，为产品创新提供方向，推进养老服务主体的深度合作。从数字化、信息化、网络化养老到智能化、智慧化养老[1]，科技与养老服务的融合不断加深，在新的发展阶段，充分发挥信息技术优势，从养老服务瞄准性、可及性、协同性3个方面，为老年群体创造一个友好包容的养老空间。

### （一）"量身化定制"增加养老服务精准性

当前，各地实践均将服务设备的智能化作为智慧养老发展的重要方面，依靠技术优势打破时空与地域限制，弥补人力养老服务资源的不足，但是养老服务供给与需求的契合度不高，需求识别尚未得到充分重视，仍需进一步提高老年群体需求与风险信号传递的精准性，将智慧养老嵌入不同场景，为老年人提供优质、高效的服务。粗放式服务供给不仅导致老年人需求得不到满足，还会造成养老服务资源的浪费，未来智慧养老的发展应当在重视高新技术应用的同时，保证养老服务提供的有效性，着眼于老年群体的多样化需求，在生活照料、护理保健、养老安全等基本需求外，拓展包括情感需求、娱乐需求、交往需求、价值需求等内在精神层面的服务领域。

从"量身化定制"角度，发掘智慧养老的发展空间，倾听老年人的声音，把握老年人的特质。在需求识别方面，除老年人自身及其家人主动向智慧养老服务平台发送服务诉求或选择服务项目外，还可以利用智能技术实时记录测定老年人的身体状况，为老年人推荐个性化服务方案，充分提升智慧化水平，实

---

[1] 杨芳. 智慧养老发展的创新逻辑与实践路向 [J]. 行政论坛，2019，26（6）：133-138.

现信息的有效对接，进一步提高养老服务的精准性。在开启全面建设社会主义现代化国家的新征程中，智慧养老服务应当秉持以人为本的发展理念，构建智慧养老服务在产品设计与服务需求上的动态调整机制①，重视老年人的服务体验与反馈，将智慧养老服务平台作为桥梁连接供需双方，在交流沟通的过程中，不断提升养老服务的供给质量；瞄准现阶段的薄弱环节，突破原先基础性、同质性的服务供给，针对不同地区、不同年龄阶段、不同健康状况、不同家庭条件的老年人开展家庭、社区、机构等多场景的试点试用；充分重视残障老年人、高龄老年人、独居老年人等特殊人群需求，打造私人定制方案，精准识别需求，提供不同等级的养老服务；发挥预防风险、处置风险的功能，最大限度地降低意外风险发生的可能性，达到尊重老年人意愿、保护老年人合法权益、提升老年人生活水平的目的，在老有所养、老有所医、老有所乐上不断取得新进展。

### （二）"包容性智慧"提升养老服务可及性

包容性智慧既包括产品服务的信息化、智慧化程度，又包括养老理念的转变。智慧养老服务的发展离不开共享发展理念的指导，共享发展理念旨在促进经济社会发展的物质文明成果、精神文明成果由全体人民共同享有，从而扎实推进共同富裕。习近平总书记指出，共享理念实质就是坚持以人民为中心的发展思想。未来智慧养老服务的发展应当坚持以老为本，顺应老年群体对美好生活的向往，聚焦老年人在养老问题上的"急难愁盼"，运用科学技术保障老年人的生活质量，提升养老服务的可及性。以共享引领发展，在全社会范围内营造尊老爱老的氛围，将积极老龄化、健康老龄化融入社会生活的方方面面，打破对老年群体的刻板印象，尊重和正视老年群体的诉求，以包容性理念助力养老服务的全面共

---

① 高鹏，杨翠迎. 智慧养老的精准化供给逻辑与实践：来自上海市的调研［J］. 经济体制改革，2021，230（5）：187-193.

享、养老资源的充分利用，从而推动老年群体相关权益的实现。对于老年人自身而言，包容共享养老理念的树立、养老观念的转变，将进一步提高智慧养老服务的接受程度，接受新事物与运用新兴技术的能力也将不断增强，使得智能技术在养老服务领域的推广应用成为可能。

在迈向第二个百年奋斗目标的新时期，以技术创新为内容的智慧养老将不断深入发展。在技术包容性方面，进一步探索养老服务与智能技术的深度融合方式，改变简单的技术应用现状，增强服务供给的智慧性，将人文关怀与技术应用完美契合。① 在部分地区，智能物联设备技术的应用不够成熟，自动报警的错误率较高，设备更新换代速度快，但新旧版本的系统兼容性较低，产生较高的产品淘汰率，会造成养老资源的浪费，提高了智能设备的使用门槛。因此，智慧养老的发展应进一步提高智能技术与养老服务的融合程度，强调老年群体的实际需求与体验，降低智能技术及养老服务的购买、维护成本，减轻家庭养老压力，扩大智慧养老的服务人群，拓展智慧养老的服务范围；产品设计应围绕老年群体的实际需求，在服务反馈的基础上进行优化创新，将老年人作为智慧养老服务的出发点与落脚点，增强技术的适老性，推动智慧养老向着便捷化、专业化、精准化方向迈进；重视信息安全建设，提高老年群体数据采集技术，执行数据运用与共享规范，着力解决数据的安全性、隐私性问题；抓住政策机遇，大力发展智慧养老产业，扩大智慧养老技术的适用范围，提高设备技术的使用率，努力推动智慧养老服务的供需平衡，实现智慧养老服务的可持续发展。

### （三）"顶层式驱动"增强养老服务协同性

为推动智慧养老的发展，国家颁布了一系列指导意见与行动计划，越来越多的城市开展智慧养老服务试点探索工作，智慧养老服务的优势逐渐显现，但是仍

---

① 杨康，李放. 智慧养老中的技术服务：实现条件、实践限度及完善策略［J］. 广西社会科学，2022（5）：138-145.

有着广阔的发展空间。"顶层式驱动"将会为智慧养老服务的发展注入新活力，直击当前发展中的痛点、难点问题，助力养老服务冲破束缚、迈向新的发展阶段。首先是加强顶层设计，在中央层面制定相应的法律法规，形成系统完善的智慧养老服务体系，打破智慧养老服务供给碎片化僵局，为智慧养老服务发展提供强有力的制度支撑；各地则应根据实际情况，制定实施细则，优化发展路径，造就智慧养老服务的个性化发展模式。其次是统一行业标准，规范市场准入、市场运行以及市场监管规则，行业标准、服务规范的缺失，会导致行业内部的混乱，也为国家的监管带来了很大程度的不便，一定程度上影响了智慧养老服务的长远发展。因此，智慧养老服务应在借鉴国外经验的基础上，结合我国国情，在准入资质、质量监管、风险预防等方面明确操作标准，达到规范市场秩序的目的。

智慧养老服务的顺利发展，涉及众多行业，需要强化政府引导作用，构建包括政府、企业、社会组织、科研机构等在内的多方协作机制，发挥不同主体在养老服务供给中的功能，形成整体性、无缝隙的服务供给，从而构建多方联动、优势互补的发展局面。从各地实践来看，我国智慧养老服务供需存在脱节现象，很大程度上源于合作网络的松散，智慧养老服务的发展应当重视产学研合作，利用科研机构对不同老年群体的实际需求进行调研，帮助企业聚焦产品研发的核心，加强科学技术在养老服务中的运用。随着智能技术在养老服务领域中应用程度的不断加深，养老资源的高效利用成为可能，通过运用传感技术、远程监控技术等，实时记录老年人的相关数据，建立个人档案、分析养老数据，实现资源的精准匹配；通过完善智慧养老服务平台，促进要素优化配置，系统整合社区、机构等社会养老服务资源，畅通多方主体的交流渠道，实现资源、信息共享。未来智慧养老服务的智能化还将体现在业务管理层面，运用技术手段精简业务流程，进一步节约时间成本，优化服务体验。智慧养老产业化、规模化发展是必然趋势，新时期智慧养老将在政府主导下，致力于改变养老服务供给方各自为政的状况，充分发挥智能技术优势，深化多元主体合作，增强养老服务的协同性，形成全景智慧养老产业链①，推动养老服务发展进入新格局。智慧养老的发展离不开人才队伍的培养，数据的分析解读以及智能设备的使用、管理、定期维护都需要专业人员进行操作。例如，智慧养老设备在收集老年人的生命体征数据时，往往需要具备医学知识的专业人员对数据进行分析解读，但较少有医学类专业人才加入智慧养老服务行业中来。针对上述状况，政府应当广泛动员社会力量，加强智慧养老队伍的建设，通过政策支持鼓励高校设立有关智慧养老服务的专业课程，为社会输送具备一定知识和技能水平的专业化人才。与此同时，重视各类社会公益组织的发展，积极组建社会志愿者队伍，帮助独居老年人、残障老年人等特殊老年群体使用智能设备，共同为老龄事业发展做出贡献。

## 参考文献

[1] 左美云. 智慧养老：内涵与模式 [M]. 北京：清华大学出版社，2018.

[2] 金昱希，林闽钢. 智慧化养老服务的革新路径与中国选择 [J]. 兰州大学学报（社会科学版），2021，49（5）：107-116.

[3] 温海红，王怡欢. 基于个体差异的"互联网+"居家社区养老服务需求分析 [J]. 社会保障研究，2019（2）：40-48.

[4] 魏蒙. 中国智慧养老的定位、不足与发展对策 [J]. 理论学刊，2021（3）：143-149.

[5] 陈友华，邵文君. 智慧养老：内涵、困境与建议 [J]. 江淮论坛，2021（2）：139-145，193.

[6] 纪春艳. 居家智慧养老的实践困境与优化路径 [J]. 东岳论丛，2022，43（7）：

---

① 吴雪."十四五"我国智慧养老发展的态势分析与实现路径 [J]. 经济体制改革，2022（3）：33-39.

182－190.

［7］何文炯.智慧养老服务平台顶层设计的新思路——评《老年慢性病患者智慧居家服务模式》［J］.杭州师范大学学报（社会科学版），2022，44（2）：121.

［8］王杰秀，安超，凯博文.社会科技方法视域下养老服务的改革与发展［J］.社会保障评论，2022，6（4）：135－146.

# Smart Elderly Care Status and Trend Development Report

Xi Heng

**Abstract**: With the deepening of China's aging, the traditional elderly care model has many defects in the face of complex and diverse social problems. Smart elderly care was born in the context of the rapid development of information technology. It has innovated the point-to-point connection between supply and demand of elderly care resources in the traditional model. Its unique functions of embedding, empowering and increasing wisdom also make it a new way to solve the problem of population aging. The state attaches great importance to the development of smart elderly care. It has not only issued a number of policy documents at the central level to deploy and plan smart elderly care, but also guided and encouraged local provinces and cities to explore the practical mode of smart elderly care. At present, three smart elderly-care practice modes have been formed: "smart home care" "smart community care" and "smart institutional care". Based on the analysis of the current situation of smart elderly care development in China, this report believes that the development direction of smart elderly care is to improve the accuracy, accessibility and synergy of services through customized services, technological innovation, top-level policy design, talent team training and other means.

**Keywords**: smart elderly care  development of information technology  elderly services  aging

# 智慧机构养老发展报告

丁建定[①] 谌基东[②] 刘佩茹[③]

**摘　要：** 智慧机构养老是智能化软硬件设施在机构养老中的应用，以便利老年人生活，拓展老年人活动能力，为老年人提供优质个性的照护服务，具有推动节约成本与高效服务的机构管理、满足优质服务与安享晚年的老年需求、助力积极和健康老龄化的社会目标、平衡孝亲敬老与照护压力的家庭需求等方面功能。满足老年人的精神关怀需求，突出人文性；实现安全便捷的养老服务，凸显便捷性；集约养老服务的人力资源，体现高效性；推进医养结合的养老服务，展现复合性。当前中国智慧机构养老的顶层设计尚待系统化，智慧机构养老的供需仍不匹配，机构智慧化转型存在困境，区域差异显著，需要科学系统地进行智慧机构养老顶层设计；通过多方联动，助力智慧机构养老专业化、标准化发展；优化资源要素，打通智慧机构养老产业链条；发挥示范引领效应，优化智慧机构养老布局。

**关键词：** 智慧机构养老　养老服务　功能　困境　对策

## 一、智慧机构养老的概念与功能

智慧机构养老是指在养老机构中利用信息系统和管理平台等智能化软硬件设

---

[①] 中国社会保障学会副会长，华中科技大学社会学院教授、院长，华中科技大学养老服务研究中心主任。
[②] 华中科技大学社会学院博士研究生，华中科技大学养老服务研究中心助理研究员。
[③] 华中科技大学社会学院硕士研究生，华中科技大学养老服务研究中心助理研究员。

施，辅助养老机构管理，帮助养老机构更好地提供养老服务，进而便利老年人生活，拓展老年人活动能力。智慧机构养老服务旨在满足老年人及其家庭、社会、机构的多样化需求，营造和谐健康的养老环境。具有供给和需求互动、线上和线下服务互联、机构和社会资源互通、管理和服务互促等特点。智慧养老的功能体现在几个方面：对机构而言，实现集约管理、高效服务并节约成本；对老年人而言，享受优质服务，实现老有所养的晚年需要；对社会而言，促进老有所为和积极健康老龄化；对老年人亲属而言，实现孝老敬老，化解照料难题。智慧机构养老的价值可以从当前人口老龄化和养老服务需求的特质把握，表现为突出人文性，满足老年人精神关怀需求；凸显便捷性，实现安全便捷养老服务；体现高效性，集约养老服务人力资源；展现复合性，推进医养结合的养老服务等。

### （一）智慧机构养老的概念、特征与内容

智慧机构养老是指智慧养老的信息系统和管理模式在养老机构的应用。结合互联网、物联网、人工智能、云计算等智能技术，为机构中的老年人营造安全、舒适的生活环境，提供个性化的护理服务、社交互动和健康监测来提高生活质量；利用信息化、智能化的软硬件系统以实现养老服务优质化、老年生活便捷化、老年行动拓展化和机构管理集约化为目标的养老服务辅助性手段。除了直接提供养老服务，智慧机构养老还具备养老服务供需信息互动、资源连接的作用，具体表现在线上养老服务资源的获取、机构内外养老服务资源的连接、老年人健康需求和医疗服务的结合、老年人社交互动等方面。

智慧机构养老凭借供需信息的瞬时互联、服务的精准递送、人力资源的集约等优势，具有供给和需求互动、线上和线下服务互联、机构和社会资源互通、管理和服务互促等特点。首先，智慧机构养老具有供给和需求互动的特点。传统机构养老以机构为中心，服务能力为前提，菜单式服务内容具有同质性，"机构做什么，老年人就吃什么"。与传统机构养老相比，智慧机构养老可以弥合养老服务供需错配的难题，以需求为导向，为老年人提供定制化、个性化的服务。其

次，智慧机构养老具有线上和线下互联的特点。智慧机构养老除了实现传统机构养老所能够提供的线下服务以外，还能够利用其技术特点，丰富养老服务供给结构，如老年人网络互动、老年在线学习等，拓展老年人的活动空间和活动能力，实现线上线下服务的互联，提供更加全面的养老服务内容。再次，智慧机构养老具有机构和社会资源互通的特点。传统机构养老多基于机构已有的资源提供养老服务，智慧机构养老除利用好机构已有的养老服务资源外，还可以积极拓展社会资源，发布养老服务需求信息，引入社会养老资源和服务，为老年人提供更为系统的养老服务。最后，智慧机构养老具有管理和服务互促的特点。智慧机构养老既具有提高机构管理和运营能力的作用，也具备提升养老服务质量、满足老年人多层次、多样化、针对性需求的潜力，从而实现机构管理和服务互促互进。

应当明确的是，智慧机构养老并非独立于机构养老、社区养老、居家养老以及医养结合等已有养老模式之外的又一种养老模式，而是利用智能技术、相应的软硬件设施和管理系统，服务于不同养老服务模式、满足差异化养老服务需求的辅助性手段。智慧机构养老结合了智能技术，创造了服务更精准、内容更丰富、管理更高效、资源更集约的养老方式，但并没有根本性地颠覆已有养老模式。

智慧机构养老包含生活照料、健康管理、社交娱乐和个性化服务等内容。老年群体因健康状况、行动能力、社会支持和消费能力差异，服务需求具有内容多样、层次分明的特点。智慧机构养老凭借其技术特质，可以最大限度地对接和满足不同类型的养老服务需求，提供具有个性化、全天候、拓展性的服务。

### （二）智慧机构养老的功能定位

首先是智慧机构养老的宏观功能。其具体包括4个方面。一是推动节约成本与高效服务的机构管理。智慧机构养老服务是降低养老服务成本的有效手段，这些技术的运用使机构能够监测老年人的健康状况，科学管理膳食和药物，并根据老年人需要提供定制的照护服务。二是高效服务是智慧机构养老服务的另一大优势。智慧机构养老服务可以辅助专业服务，确保老年人得到及时有效的照护。不仅提高了老年人的生活质量，更增强了他们的生活幸福感，还有助于降低跌倒、受伤和其他健康问题带来的养老风险，满足优质服务与安享晚年的需求。三是助力积极和健康老龄化的社会目标。助力实现积极健康老龄化是智慧机构养老服务的重要目标。通过智能化辅助设备鼓励老年人参加与身体、认知相适应的社会活动，有助于降低相关疾病风险，保持老年人身心健康，从而促进健康老龄化。智慧机构养老服务还提供积极的医疗保健服务，通过定期健康检查和药物管理，确保老年人在需要时得到适当的医疗护理和照护，有助于降低并发症等风险。四是平衡孝亲敬老与照护压力的家庭需求。智慧机构养老服务不仅造福老年人，也造福老年人亲属。智慧机构养老服务有助于减轻亲属压力，解决照顾难点，减轻亲属照顾负担。此外，智慧机构养老服务通过远程即时通信与数据共享也让老年人亲属安心，老年人亲属通过智能手机等终端设备，可以掌握老年人在机构内的实时动态和健康数据，减少亲属在老年人照护中的身心压力和风险隐忧。

其次是智慧机构养老的具体功能定位。其具体表现为 4 个方面。一是智慧机构养老是扩展老年人活动和自助能力的辅助性系统。可用于改善机构的物理环境，方便老年人的活动，如智能化的行动、视力、听力设备可以最大程度地拓展老年人的行动能力，减少老年人因生理退化导致的行动不便，进而增强老年人参与社会交往和日常自助服务的能力。智能照明系统可用于改善公共区域的照明水平，降低老年人跌倒的风险并提高有视力障碍老年人的能见度。智能门禁系统和行动辅助设备等还可用于让老年人更容易进出建筑物，提高活动能力和行动自主能力。二是智慧机构养老是提升机构运营能力和管理水平的支持性手段。可以帮助管理日程安排、监控员工、跟踪药物以及促进员工、老年人和亲属之间的沟通。三是智慧机构养老是提升养老服务能力和服务质量的支撑性平台。可用于优化老年人之间，以及老年人与护理人员及亲属之间的沟通。四是智慧机构养老是个性化和差异化养老服务提供的针对性方案。由于老年人健康状况、认知能力和社会支持的不同，养老服务需求具有个性化和差异化。智慧机构养老服务可以提供针对性方案，满足这些多样化的需求，从而帮助改善老年人晚年的生活质量，并帮助其获得维持健康和福祉所需的服务和支持。

## （三）智慧机构养老的价值体现

一是满足老年人精神关怀需求，突出人文性。智慧机构养老在满足老年人特别是独居或远离家人的老年人的精神照料需求方面发挥着重要作用。利用智能软硬件系统，可以通过视频通话、社交媒体、在线聊天室等多种渠道，为老年人提供远程陪伴、情感支持和社交互动，帮助老年人减少孤独、抑郁和孤立感，改善其心理健康和幸福感。此外，智能娱乐系统的使用还可以提供一系列活动，如在线学习、虚拟旅游、在线音乐会和互动游戏，让老年人保持参与感，增强其幸福感和成就感。

二是实现安全便捷的养老服务，凸显便捷性。智慧机构养老对于实现安全便捷的养老服务具有至关重要的作用，智能软硬件系统的使用可以帮助机构管理和监控老年人的安全保障，预防事故和突发事件，如使用智能传感器和摄像头可以检测跌倒、受伤和其他健康问题，并提醒护理人员或提供紧急服务。使用智能助行器和辅助器具，可以帮助老年人安全、独立走动，降低跌倒和受伤的风险。此外，使用智能家居自动化系统，可提供一系列方便舒适的服务，如照明、温度控制、门锁等，改善老年人的居住环境，提升老年人的生活品质。

三是集约养老服务的人力资源，体现高效性。智慧机构养老可以节省人力，解放养老服务人力资源。智能软硬件系统的使用，可以将家政、膳食、药物管理等许多常规和重复性工作自动化和简化，为护理人员腾出更多时间和精力专注于个性化和人性化的护理服务。此外，智能机器人和自动化系统的使用可以补齐人力资源短板，提高护理服务的效率和效果，尤其是针对患有阿尔茨海默病老年人、失能老年人等照护服务需求量大、工作量大、照护时间长等情况，具有显著优势。

四是推进医养结合的养老服务，展现复合性。智慧机构养老可实现医养结合。智能软硬件系统的运用，可以整合和协调医疗、健康、预防、康复等多种医疗资源和服务，为老年人提供全面、整体的医疗保健服务，如利用智能健康监测系统，可以跟踪分析老年人的健康状况和危险因素，提供个性化的健康建议和指导。使用智能远程医疗和电子问诊系统，让老年人远程获得医疗服务和问诊，减少其路途和等待时间。使用智能康复和运动系统可以提供量身定制方案，以改善老年人的身体和认知功能，提高其独立性和生活质量。

## 二、智慧机构养老的现状与趋势

### （一）智慧机构养老政策与发展现状

随着人口老龄化问题的日益严峻，各级政府采取了一系列措施来推动智慧机构养老的发展。这些政策包括鼓励智能技术在养老领域的应用、加大对智慧机构养老的财政支持、优化智慧机构养老服务标准等。政府的政策支持为智慧机构养老的发展提供了有力保障，也为智慧机构养老行业的健康发展奠定了基础。首先是鼓励智能技术应用。各级政府鼓励如物联网、人工智能、大数据等智能技术在养老领域的应用，这些技术的研发与应用可以用于监测老年人的健康状况、提供智能化照护服务，以及改善养老机构的管理效率。其次是财政支持。政府加大对智慧机构养老的财政支持力度，提供经费和税收优惠政策，以鼓励企业和机构参与智慧机构养老的建设和运营。最后是智慧机构养老服务标准化建设。各级政府制定并不断完善包括设施设备标准、人员素质要求、服务内容等在内的智慧机构养老服务标准，以提高智慧机构养老的服务和管理水准。

目前，中国智慧机构养老的发展有呈现其特点。智慧机构养老通过引入先进的技术手段，提供了更加智能化、便捷化、个性化的养老服务。智慧机构养老模式涵盖了机构养老、社区养老、居家养老等多个领域，为老年人提供了多样化的选择。此外，一些智慧机构养老项目还通过与医疗机构的合作，为老年人提供全方位的医疗保健服务。智慧机构养老的发展和试点过程呈现出以下3个特征。一是智慧机构养老发展的区域差异较大，发展较好的试点主要集中于发达地区。我国大部分省份都已经开展了智慧机构养老的试点,但是这些试点普遍集中于城市而非农村,且开展较好的试点主要集中于北京市、山东省、上海市等发达地区,中西部地区智能养老发展起步晚、程度低的特点显著。二是智慧机构养老市场主体以信息科技类企业为主,社会力量和养老机构的参与度有待提升。工业和信息化部、民政部、国家卫生健康委3部门公布的4批次共计168家智慧健康养老示范企业中,包括60家信息科技类公司和35家医疗科技公司,占据了智慧健康养老市场的半壁江山,其中信息科技类公司占比最高,达36%。三是智慧机构养老相关产品发展结构不均衡,服务类产品的比重尚待提高。2020年工业和信息化部等部门制定的《智慧健康养老产品及服务推广目录(2020年版)》中,智慧健康养老产品共有118件,其中智能检测设备、心电监测类设备和血压监测等设备入围数量共45件,服务类产品的比重则较低。

### (二)智慧机构养老的发展趋势

智慧机构养老作为信息化背景下提升机构养老管理和服务水平的重要辅助性平台,具有广泛前景,也表现出以下3个发展趋势。一是个性化需求满足是智慧机构养老的重要趋势。智慧机构养老优先考虑根据个别居民的具体需求和偏好量身定制的个性化照护计划。先进技术的整合将促进健康监测、药物管理和定制健康护理计划,以提高机构老年人整体生活质量。二是个性化服务离不开多元化服务模式。智慧机构养老将逐渐向多元化方向发展,以满足不同老年人的需求。除传统的养老机构模式外,候鸟式养老等新兴模式将不断涌现。多元化服务模式意味着智慧机构养老需要强化与医疗保健和社会服务的整合。智慧机构养老将越来越多地与医疗保健提供者、社区组织和社会服务机构合作,提供综合、全面的护理,促进无缝协调、高效信息共享、全面增进居民健康福祉。三是相关技术和产品创新是智慧机构养老的又一重要发展趋势。智慧机构养老将进一步依靠技术创新提升服务质量,人工智能、虚拟现实、机器人等技术将得到更广泛应用,为老年人提供更加个性化、精准化的养老服务。与技术和产品创新不可分割的是加强对技术伦理和数据隐私的重视。随着智能技术越来越多地融入智慧养老机构，道德考虑和数据隐私保护将变得更加突出。老年人恰恰是互联网时代智能设备使用的弱势群体，因此，需要制定政策和规范来应对智慧机构养老带来的伦理、技术和隐私挑战。智慧化不能忽视人文化，智慧机构养老需强化人文关怀。机器是冰冷的，技术和智慧化往往带有去情感化特征，智慧机构养老需要强调养老服务的温度和感情色彩，满足老年人的人文关怀和情感需要，更加注重人文关怀的提供，为老年人营造更温馨、舒适的生活环境，关爱老年人的精神需求，提供社交、娱乐、文化等方面的服务。

## 三、智慧机构养老的困境

### （一）智慧机构养老的顶层设计尚待系统化

首先，支撑智慧机构养老发展的法律法规尚不健全。智慧机构养老在我国方兴未艾，其健康发展需要完善的法律体系以及系统的政策规范作为引导和保障，以为其提供优良的发展环境。目前我国智慧机构养老领域的法律法规尚不健全，且缺乏统筹规划和系统性安排部署。相比英国和日本出台了全方位的法律法规，为智慧机构养老的健康发展提供各层面的支撑和保障，我国已出台的相关政策文件多为原则性、鼓励性或指导性的意见，法律效力较低且缺乏科学性、连贯性和可操作性，对智慧机构养老实践的指导作用有限。

其次，智慧机构养老相关服务标准建设滞后。智慧机构养老领域尚未形成全国统一的技术评价标准、行业信息标准和数据安全标准等。虽然近三年国家层面出台了相关技术标准，但可操作性弱、系统性不足，某些省份出台的地方标准，也只是在各地适用，导致产生区域间的碎片化现象。智慧机构养老的服务流程和项目、收费及技术标准、数据采集和共享、智能设备和产品的标准等方面各异，标准的缺失势必会阻碍智慧机构养老的推进，智慧机构养老缺少明确的发展目标，使智慧机构养老的发展陷入无序和混乱，导致服务质量和服务水平参差不齐，阻碍行业的健康有序发展。

最后，智慧机构养老相关监管制度缺位。智慧机构养老的技术属性和专业属性明显，单单依靠民政部门对其进行监管无论从技术和管理上都存在困难，而工业和信息化部门对养老机构进行监管的条块关系还不通畅，反映了对智慧机构养老监管手段和监管方式不完备的现实，尤其是尚未形成明确的监督、评估反馈和应用机制，在涉及信息安全风险的信息平台建设、涉及技术风险的养老服务管理系统建设，以及智慧养老机构的准入、运营管理、各项补贴落实和退出等各环节，都缺乏全面设计和有力监管。

智慧机构养老之所以在顶层设计上存在不足，主要有以下三方面原因。其一，缺乏部门间的协同机制。在负责顶层设计的各个政府部门之间，包括民政、卫生健康、人力资源社会保障、财政、工业和信息化以及市场监督等部门，存在信息壁垒以及权责划分不清等问题，阻碍数据、信息和资源的共享。其二，缺乏系统成熟的理论指导政府部门作出科学全面的顶层设计，所以各地政府只能摸着石头过河，制度、标准和技术都呈现出碎片化现象。其三，政府和社会公众对智慧机构养老存在认知上的偏误，存在"唯智慧化""唯技术论"等片面认识。智慧不等同于技术，智慧机构养老是为了借助智能技术以更有效率地满足老年人的多样化需求，所以老年人的需求和感受才是智慧机构养老的意义所在，只有从正确的认识出发，才能增强相关规范的科学性与人文性。

### （二）养老机构的智慧化转型困境

一是智慧机构养老人才队伍建设水平低。智慧机构养老的运营需要有专业从业人员作为人才支撑，但现实是智慧机构养老的专业复合型人才非常稀缺。智慧机构养老需要具备护理学、医学、心理学等专业技术知识，且能熟练使用智能科技产品的复合型从业者，但目前养老机构从业人员大多是年龄偏大、学历偏低、综合素质偏弱的非专业人员，且未接受智能技术的系统培训，这使得智慧养老机构的养老服务质量和水平难以得到保障。同时，养老护理员岗位流动性较大，大多数机构都存在招人难、留人难的问题。智慧机构养老之所以人才队伍建设质量低,一方面,是因为机构从业人员的工作强度大、工资待遇低、职业发展路径模糊、发展空间有限,且社会大众对养老机构从业人员的职业认同感低,因而高素质人才往往不会倾向于选择养老服务行业;另一方面,受限于职业技术教育发展客观现实,市场缺乏掌握多项技能的复合型人才。

二是养老机构智慧化改造缺乏动力和支持。当前,我国各种养老机构在智慧化改造与转型中都存在困难。公办类型的机构仍然存在效率低下、管理方式不够灵活、缺乏活力以及回应市场需求能力弱等问题,智慧化改造的动力和能力滞后,仍然处于低服务水平保障和维护基本养老服务需要,且多数公办养老机构承担着"五保"、特困老年人兜底保障职能,"缺牌子、缺章子、缺票子"的困难较为突出,只能维持基本运行,缺乏转型所需的必要资源。民办养老机构的建设和运营中资金投入量大、回报率较低、资本回收周期长,在市场竞争下,要适应智慧养老的发展趋势,需要对养老机构进行适老化改造以及智慧软硬件设施及智慧信息平台的建设,如此一来,机构的运营成本将会大幅提升,加之后期管理维护等一系列费用,民办类型养老机构的资金压力就更加凸显,如无政府财、税、贷等措施的支持,智慧化改造的推行势必会遇到阻力。

### (三)院内智慧化服务实际功能与服务需求不匹配

一是产品适老性不足,数字鸿沟难以逾越。一方面,目前大部分智能养老产品设计的适老化并不充分,繁杂的使用流程与适老度低的界面设计,直接影响了老年人对于智能养老产品的接受度与体验感。以可穿戴智能设备为例,部分智能腕表的屏幕尺寸过于狭小、按键设计过于烦琐,部分老年人不主动甚至抗拒佩戴监测手环,从而影响到健康数据与体征信息采集的及时性与准确率,制约了应急防护与健康管理等相应服务功能的发挥。另一方面,银发数字鸿沟与老年科技恐惧现象客观存在。中国互联网络信息中心最新发布的第 51 次《中国互联网发展状况统计报告》显示,截至 2022 年 12 月,我国 60 岁及以上的网民群体占比仅为14.3%。加之机构内服务对象多为需要依靠专业照护的失能、半失能老年人，其有限的认知水平与学习能力带来数字化使用障碍，进一步降低了院内智能养老产品的实际应用率。

二是多元需求难以满足，个性服务开发缺失。智能养老产品与服务的人文关怀度不充分。目前在大多数养老机构中，推广应用的智能养老产品多为便携手环、智能手表、一键呼叫、防摔警报、智能床垫和电子围栏等即时监测与安全防护型基础品类，侧重于满足老年人安全监护、医疗照护等基本生理安全需求。康复评估、健康管理、情感互动、文化娱乐等新型高端产品市场受制于核心技术不成熟、造价较高且产能不足、社会认知度低等，仍处于初级发展阶段，老年群体精神慰藉、社会融入、自我价值实现等方面的高层次需求缺乏相应的服务支撑，多元化需求无法得到满足，如一些应用于院内的陪护机器人在设计体验上较为生硬，无法捕捉和回应老年人的具体需求。此外，目前运用智能技术分析老年基础数据、预先评估健康风险，进而为院内老年人提供定制式和整合型照护服务方案的产品市场尚处于发育期，产品与服务类别针对性不强，难以契合老年群体日趋个性化的服务需求。

三是信息系统整合度低，服务链条不完整。由于缺少有效的信息整合与共享机制，服务链条尚不完整。养老机构智慧化建设除了应用智能硬件设备外，还包括搭建智慧信息平台以实现信息共享与服务联通。养老机构需要的智慧化服务资源分布在政府职能部门、医疗卫生机构、社会服务组织、企业等多个服务单元，目前各个供给主体信息系统独立建设、条块分割、整合度低，无法实现为老服务信息与老年人信息的有效对接。即使在养老服务链上游完成人、财、物等各类要素资源的整合，但在服务递送过程中仍呈现出碎片化、零星化的特征，如尽管远程报警设备的应用一定程度解决了老年人的实际困难，但常因服务链条中断，使得健康报警医护人员的后续诊断和干预缺失，智慧设备"形同虚设"，服务闭环亟待打通。

### (四) 智慧养老机构发展区域差异显著

一是智慧养老资源分布与产业基础不均衡。经济发展水平、智慧养老服务资源基础与政策扶持力度使得不同地区间的智慧养老机构资源配置与推进力度存在较大差异，影响我国养老产业协同发展。截至2022年，民政部等部门已先后开展5批智慧健康养老应用试点示范工作，共评选出204家智慧养老示范企业、86个智慧健康养老示范基地。从区域分布上来看，智慧养老示范企业和基地均集中分布于东部沿海省份，分别占全国总量的58.8%和50.0%，相较之下西部地区则分布较少，仅占全国总量的18.1%和24.4%，我国东西部智慧养老资源分布与产业发展显著不均衡。智慧养老机构发展需借助现代互联网技术，依托地方政府的政策引导与财政扶持，因而技术发展环境良好、经济水平发达的东部地区优势凸显，加之基于示范地区的试点优势和集聚效应，能够享受来自政府与社会力量在政策制度、资金资源等多方面的扶持，从而为东部地区智慧养老机构的发展提供雄厚的市场资源与产业基础。

二是试点示范地区的引领带动作用有限。在各地积极探索智慧机构养老实践中，涌现出了"智慧养老院""无围墙养老院"等新模式，但多数仅停留于零碎的经验事实与典型个案，没有自下而上及时系统地总结试点示范单位的创新模式与先进经验，且缺乏媒介平台的深度聚焦与广泛宣传，未能为各地提供可参考的智慧机构运营模式，导致经验做法与典型项目无法适时复制、推广与发展，因而区域间智慧养老机构发展状况不均衡。

## 四、智慧机构养老的优化路径

### （一）科学系统的智慧机构养老顶层设计

一是强化管理部门间的联络与合作。智慧机构养老的健康发展离不开相关部门的牵头和引导，亟待打破各部门分割的局面，成立智慧机构养老工作小组或实行联席会议制,建立多部门协同机制,加强各部门之间纵向和横向的联动、沟通和协商,明确各自的责权边界,制定分工细则,形成促进智慧机构养老发展合力。

二是健全法律法规及标准体系。应加快智慧机构养老领域法律法规制定和颁布的步伐,充分考虑伦理、市场、社会等风险因素,完善老年人权益、技术应用、市场规制等方面的立法,为智慧机构养老的发展奠定良好的法律基础和社会环境。坚持制定科学合理的政策和系统条理的规划引导相关主体积极参与,避免政策的空洞模糊。推进智慧机构养老领域的标准化制度建设,对准入考核、机构等级评定、平台设备、建筑设计、服务水平等标准进行科学规范。

三是建立科学的监督管理体系。明确监管主体,对智慧机构养老进行监督,要以市场监管部门为主体,其他部门共同参与监督。制定规范的监督流程和监督标准,加大监管力度,保证从准入到运营到退出的全过程监督公开透明。形成科学的评估体系,可以引入第三方开展评估,并将评估结果加以反馈和应用,塑造运行—监管—评估—反馈的有效闭环。

### (二)多方联动,助力智慧养老机构专业化、标准化发展

一是培养壮大专业的智慧养老年人才队伍。推动智慧机构养老的高质量发展,必须打造一支高素质专业人才队伍。智慧养老机构要借助政策支持和舆论引导,提高智慧养老服务从业人员尤其是一线服务人员的工资水平和福利待遇,设计有激励性的薪酬和晋升制度,为其规划专门的职业发展通道,并进行正向积极的宣传报道。智慧机构养老要加强从业人员的培训,不断提升养老护理员的服务能力、专业技能和职业道德水平,同时严格职业资格准入门槛,保证养老护理员的专业性。政府应鼓励、支持和引导高等院校和职业院校增设智慧养老服务相关专业或课程,加强养老服务专业人才的培养,注重提升其理论水平和实践能力。此外,还应当通过宣传引导等手段,使社会不仅要形成尊老爱老的氛围,也要形成尊重养老服务从业人员的风气,让养老服务成为受人尊敬、得到认可的职业,

为养老服务队伍的发展健全提供社会土壤。

二是引入政府支持和社会力量。创新机构养老智慧化改造资金来源渠道，创造性地利用财政补贴、税收减免、贷款支持、公建民营、民建公助等方式，鼓励和引导社会资本参与智慧养老建设，稳定民办智慧养老机构的资金来源，对不同类型的养老机构一视同仁。健全社会捐助机制，鼓励公益力量参与智慧机构养老的发展。助力智慧养老机构设施设备的优化；为智慧养老机构入住对象提供资助和关爱支持，鼓励公益组织特别关注面临困难的高龄、失能、孤寡等老年群体；引入慈善公益力量，汇集更多的资源助力智慧养老机构的发展；建立以志愿者为核心的养老志愿服务队伍，深入智慧养老机构开展针对老年人的志愿服务活动，创新服务平台，拓宽服务领域。

### （三）优化资源要素，打通智慧机构养老产业链条

一是持续优化智能养老产品市场。政府综合运用贷款支持、税费与价格指导等多种政策工具，切实鼓励扶持智能养老产品研发企业，积极引导培育智能养老产品市场，以满足老年群体多层次多样化的服务需求。生产企业密切与高校、科研院所间的合作交流，加快智能技术的转化率与应用率，突破关键技术对产品创新与服务拓展的桎梏，打通技术研发到产品运用的"最后一公里"。研发企业与养老机构信息联动共享，坚持"以老为本"的生产理念与服务信条，摒弃技术至上的惯性市场化思维，切实考虑老年群体视力衰退、反应迟缓、动手能力退化等身体特点，推出契合老年人需求的智能产品，如普及以语音为核心，结合眼神、手势等多模交互的人工智能助手，以科技适老、助老。

二是加快搭建智慧养老综合信息平台。智慧养老综合信息平台是优化服务资源配置、实现供需精准对接的关键纽带。政府充分发挥主导作用，以资源共享、福利分担、利益激励等多重机制实现服务链上游的多供给主体协同与各服务资源要素整合。依托物联网、云计算、互联网等关键信息技术搭建智慧养老综合信息平台，并稳步提升平台建设的统筹层次，形成智慧养老服务—智慧养老综合信息

平台—智能终端"三位一体"的智慧机构养老服务模式，实现服务端信息与需求端信息的精准对接。不断提升面向需求方——老年人及亲属、服务方——养老机构、监管方——政府部门等各类用户信息平台建设的智能性与便利性，持续完善包括政策规范、机构资质、服务类别与质量评估在内的全过程全方位信息平台内容建设，以推动机构服务与信息化平台的有机融合与深度嵌合。

### （四）发挥示范引领效应，合理布局因地制宜

一是加强示范宣传，分享经验做法。政府部门应宣传智慧健康养老理念，重点树立一批应用示范工程，促进智能养老产品及服务的有效应用，推动产业基础雄厚的地区建设应用示范区。积极宣传和推广智慧机构养老创新模式和先进经验做法，形成良好的示范效应，利用多渠道宣传报道，为其他地区推进智慧机构养老事业发展提供经验和借鉴。

二是立足各地优势，合理规划布局。各地要结合自身的医疗、基建、交通、生态等发展基础，充分利用并发挥当地资源禀赋优势，引导智慧健康养老产业与房地产、医药、旅游、家政等相关领域融合发展，强化均衡配置，实现有序开发与协调发展，为当地养老机构的智慧化发展奠定坚实的产业基础。各地要积极推进智慧养老机构分区分级系统布局规划，引导各智慧养老机构依据自身优势，按照养老服务需求、机构服务能力和老年人经济负担能力等标准对地区内养老机构的功能定位进行分层分类，彰显区域与机构特色，因地制宜实现差异化高质量发展。

## 参考文献

[1] 丁建定. 论中国养老保障制度与服务整合——基于"四力协调"的分析框架[J]. 西北大学学报（哲学社会科学版），2019，49（2）：102-108.

[2] 贾伟，王思惠，刘力然．我国智慧养老的运行困境与解决对策［J］．中国信息界，2014（11）：56－60．

[3] 金昱希，林闽钢．智慧化养老服务的革新路径与中国选择［J］．兰州大学学报（社会科学版），2021，49（5）：107－116．

[4] 梁昌勇，洪文佳，马一鸣．全域养老：新时代智慧养老发展新模式［J］．北京理工大学学报（社会科学版），2022，24（6）：116－124．

[5] 刘庆．智慧赋能："互联网＋养老"的现实经验和未来向度［J］．决策与信息，2022（4）：69－80．

[6] 孙群，孟萍萍．公建民营养老机构智慧养老服务研究——以合肥乐年庐阳记忆养老院为例［J］．辽宁工业大学学报（社会科学版），2022，24（3）：42－46．

[7] 韦艳，王欣宇，徐赟．智慧健康养老产业高质量发展的战略导向与实现路径［J］．西安财经大学学报，2022，35（3）：65－77．

[8] 魏强，吕静．快速老龄化背景下智慧养老研究［J］．河北大学学报（哲学社会科学版），2021，46（1）：99－107．

[9] 席恒，任行，翟绍果．智慧养老：以信息化技术创新养老服务［J］．老龄科学研究，2014，2（7）：12－20．

[10] 肖菲．智慧养老服务平台市场化运营瓶颈及策略研究——基于湖北省的调查［J］．湖北社会科学，2022（5）：64－70．

[11] 杨芳．智慧养老发展的创新逻辑与实践路向［J］．行政论坛，2019，26（6）：133－138．

[12] 张程，李洁．国内外智慧养老现状及标准化研究［J］．中国标准化，2018（20）：199－201．

[13] 张雷，韩永乐．当前我国智慧养老的主要模式、存在问题与对策［J］．社会保障研究，2017（2）：30－37．

[14] 张锐昕，张昊．智慧养老助推养老服务体系优化：思路与进路［J］．行政论坛，2020，27（6）：139－145．

［15］赵曼，邢怡青．"居家社区机构相协调"：政策机理和实现路径［J］．社会保障研究，2021（2）：55－60．

［16］朱海龙．智慧养老：中国老年照护模式的革新与思考［J］．湖南师范大学社会科学学报，2016，45（3）：68－73．

# Report on Smart Institutional Elderly Care

Ding Jianding  Shen Jidong  Liu Peiru

**Abstract**: Smart institutional elderly care refers to the application of intelligent hardware and software facilities in institutional elderly care to facilitate the lives of the elderly, enhance their activity capabilities, and provide high-quality personalized care services. This approach plays a vital role in promoting cost-saving and efficient institutional management, meeting demands of high-quality services, and fulfilling the need of enjoying one's later years. Moreover, it supports the societal goal of active and healthy aging while balancing the requirements of filial piety, respect for the elderly, and caregiving pressure within families. It exhibits various functionalities, including meeting the spiritual care needs of the elderly, emphasizing humanity, ensuring safe and convenient elderly care services to highlight convenience, optimizing the utilization of human resources in elderly care services to demonstrate efficiency, and promoting the integration of medical and elderly care services to showcase its value in multiplicity. However, the current state of smart institutional elderly care in China faces several challenges, including the lack of a systematic top-level design, inadequate alignment between supply and demand, difficulties in transforming institutions into intelligent entities, and significant regional disparities. To overcome these challenges, comprehensive strategies are needed. These strategies involve implementing a scientific and systematic top-level design for smart institutional elderly care, fostering multi-stakeholder collaboration to drive specialized and standardized development of smart elderly care institutions, optimizing resource elements to establish a seamless elderly care industrial chain, and leveraging the power of demonstration effects to optimize the layout of smart institutional elderly care.

**Keywords**: smart institutional elderly care  pension services  functionalities  challenges  strategies

# 智慧社区居家养老发展报告

李志明[①]

**摘　要**：随着人口老龄化进程的持续行进、家庭保障功能的持续弱化以及现代信息技术的迅猛发展，智慧社区居家养老在中国逐渐成为升级传统养老模式、提升养老服务效率和质量的现实选择。目前，我国从政策和实践两个层面对智慧社区居家养老进行了有益探索，智慧居家养老服务深入开展，智慧社区养老服务初见成效。但是，智慧社区居家养老政策体系还不健全，主管部门权责还不清晰，数据信息联通分享不畅，所提供的服务产品并未被老年人广泛接受和选择，专业人才队伍建设存在短板。未来，智慧社区居家养老服务体系将在夯实硬件基础、补齐技术短板、加强人才支撑的基础上获得突破发展。

**关键词**：智慧养老　社区养老　居家养老　成效与挑战

随着我国人口老龄化程度日益加深，如何更好地为老年人提供养老服务成为社会各界关注的重点问题。近年来，现代信息技术迅猛发展，越来越多的现代科技手段被应用于社区居家养老领域，用以连接服务供需双方、整合服务资源、提升服务效率和质量，智慧社区居家养老日益受到多方共同关注。2021年12月，国务院印发《"十四五"国家老龄事业发展和养老服务体系规划》，明确提出推进"互联网+医疗健康""互联网+护理服务""互联网+康复服务"，发展面向居家、社区和机构的智慧医养结合服务，推广智慧健康养老产

---

[①] 中共中央党校（国家行政学院）社会和生态文明教研部教授。

品应用，建设兼顾老年人需求的智慧社会等要求，为智慧社区居家养老发展提供制度保障。

对于"智慧社区居家养老"这一概念，学界尚无定论。在笔者看来，它具有鲜明的"智慧+社区+居家"特征，是一种以老年人需求为导向，以社区为主要依托，以居家养老为指向，以服务供给提质增效为目的，利用现代信息技术集聚多方涉老数据信息、整合内外为老服务资源，通过搭建智慧居家养老服务信息平台，对居家养老需求实现智能交互响应，为居家老年人提供精准化、个性化和专业化养老服务的模式。与传统居家养老服务模式相比，智慧社区居家养老借助现代科学技术赋能社区居家养老，集养老的传统内涵与现代性要素于一身，提高了服务的精准化、个性化和智慧化水平。[1]

基于大数据的智慧社区居家养老充分运用互联网、人工智能、物联网、云计算等现代信息技术手段，随时随地较好地满足不同的养老需求，并且能实时记录相关服务信息并传递到大数据中心，通过统一的养老服务信息平台，实现数据共享和一站式、综合性管理，借助智能终端设备与网络通信获取需求信息和提供服务，突破时空限制，具有响应速度快、效率高的特点。

# 一、我国智慧社区居家养老的发展背景

## （一）我国人口老龄化程度不断加深，已经步入中度老龄化社会

人口老龄化是随人口生育水平下降和人均寿命延长出现的老龄人口在总人口中占比不断上升的转变过程。它是我国在21世纪所面临的最突出的发展问题之一。2021年年底，我国65岁及以上老年人口总规模首次超过2亿人，占总人口比重首次超过14%，达到14.2%，这标志着目前我国总体上已经从轻度老龄化阶段正式进入中度老龄化阶段。

---

[1] 纪春艳. 居家智慧养老的实践困境与优化路径［J］. 东岳论丛，2022，43（7）：182 – 190.

未来人口老龄化仍将继续向重度老龄化快速行进，并且将贯穿于中国式现代化的全过程。在中国如期全面建成小康社会、实现第一个百年奋斗目标的时间节点上，新中国成立后第一次出生高峰期（1950—1958年）形成的人口队列已经步入老年期；到2035年基本实现现代化目标时点前后，中国第二次出生高峰期（1962—1975年）形成的人口队列将逐渐步入老年期；到2050年全面建成社会主义现代化强国目标时点前后，中国第三次出生高峰期（1981—1994年）形成的人口队列将逐渐步入老年期。

### （二）现代社会家庭保障功能在逐渐弱化

曾几何时，家庭是社会成员福利最重要的提供者，几乎承担了全部的养老保障责任。但是，随着工业化和城市化进程的推进，稳定的低生育水平、快速的人口老龄化、大规模的人口迁移、不断提升的工业化和城市化水平，都冲击着作为社会组织最基本单元的家庭，共同促使我国家庭结构趋向小型化、核心化，进而使得家庭对老年人的照顾能力和功能逐渐弱化。在这种情形下，传统的养老方式已经无法很好地满足老年人日益增长的养老需求。因此，智慧社区居家养老服务模式应运而生。

### （三）智慧养老在解决社区居家养老问题方面具有巨大优势

近年来，网络基础设施的不断完善以及现代信息技术应用的加快发展，为现代信息技术融入社区居家养老服务体系和社区居家养老服务升级改造提供了基础和前提。智慧养老能够提升社区居家养老的智能化水平，推进碎片化社区居家养老资源的整合和多主体协作，及时满足老年人多样化、个性化养老需求，在针对性解决养老服务体系信息化水平不高、需求识别不准、供需匹配不畅等问题方面具有巨大优势。正因为如此，智慧养老服务体系才得到了中央层面的政策扶持以及地方层面的实践探索。

## 二、我国智慧社区居家养老探索的政策与实践历程

### （一）政策层面探索

2011年9月，《中国老龄事业发展"十二五"规划》提出，加快居家养老服务信息系统建设，做好居家养老服务信息平台试点工作，建立老龄信息采集、分析数据平台，健全城乡老年人生活状况跟踪监测系统。这标志着我国开始重视在居家养老体系中引入信息技术。2011年12月，国务院办公厅印发的《社会养老服务体系建设规划（2011—2015年)》提出，加强养老服务信息化建设，依托现代技术手段，为老年人提供高效便捷的服务，还针对社区居家养老专门提出了构建社区养老服务信息网络和服务平台，发挥社区综合性信息网络平台的作用，为社区居家老年人提供便捷高效的服务的具体要求，为现代信息技术赋能社区居家养老服务指明了方向。

在此基础上，2013年9月，国务院发布了《关于加快发展养老服务业的若干意见》，提出发展居家网络信息服务，要求地方政府支持企业和机构运用互联网、物联网等技术手段创新居家养老服务模式，发展老年电子商务，建设居家服务网络平台，提供紧急呼叫、家政预约、健康咨询、物品代购、服务缴费等适合老年人的服务项目，为现代信息技术介入居家养老指明了具体路径。2014年1月，国家发展改革委等12部门发布《关于加快实施信息惠民工程有关工作的通知》，提出以社区养老为切入点，推进社区信息化建设，明确了社区养老信息化升级的实践任务。随后，2015年2月，民政部、国家发展改革委等10部门联合印发《关于鼓励民间资本参与养老服务业发展的实施意见》，提出推进养老服务信息化建设，逐步实现对老年人信息的动态管理，支持民间资本运用互联网、物联网、云计算等技术手段，对接老年人服务需求和各类社会主体服务供给。2015年7月，国务院印发《关于积极推进"互联网+"行动的指导意见》，明确提出要促进智慧健康养老产业发展，依托现有互联网资源和社会力量，以社区为基

础，搭建养老信息服务网络平台，提供护理看护、健康管理、康复照料等居家养老服务，将智慧健康养老作为智慧社区居家养老的首要切入点，破解社区居家养老中看病就医难的突出问题。

2016年6月24日，民政部、国家发展改革委联合印发《民政事业发展第十三个五年规划》，首次明确提出"智慧养老"概念，支持企业和机构运用移动互联网、云计算、大数据、物联网等技术手段与养老服务深度融合，创新居家智慧养老服务提供方式，推广居家养老服务网络平台，提供紧急呼叫、家政预约、健康管理、物品代购、餐饮递送、服务缴费、康复辅具等适合老年人的服务项目。依托各类社区养老服务设施，探索新型居家养老模式，指出了智慧养老的核心内涵，即推进实现现代信息技术与养老服务的深度融合。2016年12月，国务院办公厅发布的《关于全面放开养老服务市场提升养老服务质量的若干意见》，在"推进'互联网+'养老服务创新"的重点任务下提出发展智慧养老服务新业态，支持适合老年人的智能化产品、健康监测可穿戴设备、健康养老移动应用软件（App）等设计开发，促进养老服务公共信息资源向各类养老服务机构开放，指明了智慧养老的主要切入接口。

2017年2月，工业和信息化部、民政部、国家卫生计生委制定的《智慧健康养老产业发展行动计划（2017—2020年)》提出，利用物联网、云计算、大数据、智能硬件等新一代信息技术产品，能够实现个人、家庭、社区、机构与健康养老资源的有效对接和优化配置，推动健康养老服务智慧化升级，提升健康养老服务质量效率水平，到2020年，基本形成覆盖全生命周期的智慧健康养老产业体系。这是我国首个专门针对智慧健康养老产业发展而提出的行动计划，为智慧健康养老产业发展提供了重要政策支撑。2017年2月，国务院发布的《"十三五"国家老龄事业发展和养老体系建设规划》提出，实施"互联网+"养老工程，支持社区、养老服务机构、社会组织和企业利用物联网、移动互联网和云计算、大数据等信息技术，开发应用智能终端和居家社区养老服务智慧平台、信息系统、App应用、微信公众号等，重点拓展远程提醒和控制、自动报警和处置、动态监测和记录等功能，规范数据接口，建设虚拟养老院，这是中央文件首次将"虚拟养老院"作为发展智慧社区居家养老的直接目标。2018年4月，国务院办公厅出台的《关于促进"互联网+医疗健康"发展的意见》提出，健全"互联网+医疗健康"服务体系和完善"互联网+医疗健康"支撑体系，为智慧健康养老建设提供了两大抓手。

2019年4月，国务院办公厅印发的《关于推进养老服务发展的意见》提出，持续推动智慧健康养老产业发展，拓展信息技术在养老领域的应用，制定智慧健康养老产品及服务推广目录，开展智慧健康养老应用试点示范，促进人工智能、物联网、云计算、大数据等新一代信息技术和智能硬件等产品在养老服务领域深度应用，在全国建设一批"智慧养老院"，推广物联网和远程智能安防监控技术，实现24小时安全自动值守，降低老年人意外风险，改善服务体验，加快建设国家养老服务管理信息系统，推进与户籍、医疗、社会保险、社会救助等信息资源对接，这是我国国家层面首次对智慧社区居家养老作出系统性规范部署。2019年12月，国家发展改革委等7部门联合印发的《关于促进"互联网+社会服务"发展的意见》，明确提出支持发展社区居家"虚拟养老院"，为智慧社区居家养老描画了更加明晰的发展目标。

2020年11月，国务院办公厅印发的《关于切实解决老年人运用智能技术困难实施方案》，提出积极开发智能辅具、智能家居和健康监测、养老照护等智能化终端产品，发布智慧健康养老产品及服务推广目录，开展应用试点示范，按照适老化要求推动智能终端持续优化升级，对智能技术适老和助老提出了明确要求。同月，住房和城乡建设部等6部门发布的《关于推动物业服务企业发展居家社区养老服务的意见》提出，通过建设智慧养老信息平台、配置智慧养老服务设施、丰富智慧养老服务形式、创新智能养老产品供给等途径，积极推进物业服务企业发展智慧居家社区养老服务。

2021年10月，工业和信息化部、民政部、国家卫生健康委印发的《智慧健康养老产业发展行动计划（2021—2025年）》提出，坚持供给侧结构性改革和需求侧管理相结合，强化科技支撑，优化产业生态，协同推进技术融合、产业融合、数据融合、标准融合，推动产业数字化发展，打造智慧健康养老新产品、新业态、新模式，为满足人民群众日益增长的健康及养老需求提供有力支撑，这是继《智慧健康养老产业发展行动计划（2017—2020年）》四年行动计划后接续开展新的五年行动计划，将指引我国智慧健康养老产业的未来发展，并有效支撑智慧社区居家养老。

### （二）实践层面探索

早在2007年12月，全国第一家"虚拟养老院"在江苏苏州市姑苏区创立，利用"互联网+"技术把家政、生活、医疗等养老服务资源整合到统一的养老服务信息平台，让老年人足不出户就选择和享受专业化的养老服务。如今，该模式已经推广至苏州市主城区及多个县级市，并在浙江省、北京市、广西壮族自治区、山西省、甘肃省等地得到了复制。

2009年9月，江苏省南京市先行先试，开始在鼓楼区试点居家型"智慧养老"项目，利用物联网技术，在居家老年人和亲属、社区、养老机构之间搭建一座桥，通过各类传感器的告知功能，全方位监测老年人的健康状况，同时，将老年人的日常生活处于远程监控状态，保护老年人的安全。

2012年10月，北京举办"第一届全国智慧养老研讨会"，明确提出"智慧养老"理念，促进智慧社区与智慧养老服务的深度融合。2012年，全国老龄办在首届全国智能化养老战略研讨会上提出"智能化养老"的理念；2013年，全国老龄办成立全国智能化养老专家委员会与华龄智能养老产业发展中心，统筹推进全国智能化养老项目建设，研究项目相关的建设要求和标准，并开始在重庆市巴南地区、成都市锦江地区试点推行智能化养老实验区建设。

2015年，天津市和平区利用大数据技术，通过社区居家养老服务智能终端"一卡通"POS机系统，形成了"智慧和平"的新型养老服务模式。2016年，北京市石景山区八角街道在"孝和居"社区建立智能养老服务驿站，通过365天

24 小时人工值守的"老街坊"平台，提供健康管理服务。此外，上海市长宁区新华街道及浦东新区塘桥街道建立的幸福养老示范区也是智慧养老的典型实践。

2017 年 2 月，工业和信息化部、民政部、国家卫生计生委印发《智慧健康养老产业发展行动计划（2017—2020 年）》，计划到 2020 年建立 100 个以上智慧健康养老应用示范基地，培育 100 家以上具有示范引领作用的行业领军企业，建设 500 个智慧健康养老示范社区，打造一批智慧健康养老服务品牌。从此，智慧社区居家养老开始驶入发展快车道。

2021 年 10 月，工业和信息化部、民政部、国家卫生健康委共同印发的《智慧健康养老产业发展行动计划（2021—2025 年）》提出，到 2025 年，在现有试点示范的基础上，面向不少于 10 个应用场景，再培育 100 家以上示范企业和 50 个以上示范园区，150 个以上示范街道（乡镇）及 50 个以上示范基地，持续推进试点示范建设，拓展试点示范类型。

## 三、我国智慧社区居家养老发展取得的成效与面临的挑战

### （一）我国智慧社区居家养老发展取得的成效

一是智慧居家养老服务深入开展。在中央层面支持政策的推动下，各地纷纷建立与公共服务信息平台联网，与老年人服务需求信息平台衔接，与社区服务网点及各类服务供应商对接，以老年人一键呼叫智慧养老系统为终端的智慧居家养老服务网络。在智慧居家养老服务网络中，智慧养老系统连接跌倒探测、急救拉绳、生命体征监护等可穿戴设备，实时监测生命体征，出现险情立即启动救援；系统联网建立用户档案，记录健康状态、照料护理需求、医疗保健方案等信息，紧急医疗时快速调用资料进行针对性治疗，不错过抢救时间；通过平台的管理和监控，密切关注失智老年人的活动路线，防止丢失，了解老年人疾病情况，提醒子女及时安排就医和照护服务。

例如，安徽省肥东县聚焦老年人所需所盼，试点引进社会力量加盟居家养老

服务建设，打造大孝援通信息综合服务平台智慧化服务体系，通过信息终端实时感知老年人服务需求，借助智能系统处理信息，联合就近范围内的社会服务资源，把养老服务需求和公共服务、市场服务、家庭服务、邻里服务等整合为"活地图"，为城区提供5大类服务，包括生活照料、医疗保健、家政服务、维修服务、紧急救助等，在农村社区扩展为助洁、助餐、助行、助医、助浴等项目。肥东县智慧养老服务体系把五类服务对象（低保、特困、优抚、残疾以及困难边缘户老年人）纳入信息化管理之中，老年人只需通过通信工具"一键呼"，便可及时解决生活中的难题，满足老年群体个性化需求。

浙江省杭州市西湖区构建全景化数字集成体系，搭建起"一键养老"综合应用"享优待、约服务、智守护"3个模块，让老年人真正实现"在家门口幸福养老"。西湖区"一键养老"平台不仅守护老年人人身安全，还设立了"一键助餐"模块，依托市民卡电子结算功能，实现全区98个社区老年食堂统一电子结算，老年人在辖区任一老年食堂均可享受相应优惠政策；开设"养老一张床"模块，提供上门项目预约服务，实时更新老年人签约巡诊记录，帮助老年人足不出户享受医疗服务。

二是智慧社区养老服务初见成效。智慧社区养老将现有的智能化设施设备与社区管理化养老体系相结合，基于人工智能、物联网、云平台、大数据等现代化技术，建立智慧云平台整合社区养老项目、服务和资讯，通过平台调控、分类服务、统一管理，实现大数据分析、平台实时监测、智能化设备远程服务三位一体的综合立体化智慧社区养老服务。近年来，在各地开展智慧城市建设的背景下，智慧社区作为智慧城市建设的重要组成部分，随着智慧城市的兴起也成为一种发展趋势。智慧社区养老服务将现代科技手段和养老产业结合起来，整合资源，优化配置，推动养老服务智慧升级，弥补了传统养老方式在服务和产品供给中的不足，成为应对人口老龄化的有效举措。

例如，为破解社区独居老年人养老难问题，上海市很多社区给独居老年人家中安装了智能水表，实时监测老年人的用水情况，12小时内用水量一旦低于

0.01立方米，街道层面的"一网统管"平台就会收到报警信息并及时通知社区，社区志愿者会第一时间上门查看老年人情况。智能水表只是上海市推行的智慧养老试点项目之一，智能门磁、烟感报警器、红外监测器等都被广泛运用在智慧社区养老模式中。目前，上海市已先后获批4个区级智慧健康养老示范基地、25个示范街道和8家示范企业，有6个智慧健康养老产品和7项智慧健康养老服务被列入国家示范推广目录。

上海市、北京市、杭州市、烟台市等多个城市都探索了智慧社区养老模式。运用物联网、云计算、大数据、人工智能等现代化技术，将各类软硬件技术产品嵌入智慧社区养老服务模式中，能够满足老年人多层次、个性化的养老需求，逐渐成为我国养老服务体系发展的主流趋势。

### （二）我国智慧社区居家养老发展面临的挑战

虽然智慧社区居家养老服务模式取得了一定成效，但总体来看，当前我国的智慧社区居家养老仍存在诸多问题，面临不少挑战。

一是智慧社区居家养老政策体系不健全。我国智慧社区居家养老起步较晚，还处于发展初期，目前制定的相关政策文件主要关注宏观层面且多为倡导性建议，尚未建立具有可操作性的配套标准和细则，也缺乏全国统一的服务标准与规范。部分智慧社区居家养老服务价格较为昂贵，在缺少政策性资金补助的情况下，多数老年人无力承担，致使智慧社区居家养老服务难以真正惠及广大城乡老年人。

二是智慧社区居家养老主管部门权责不清晰。我国智慧社区居家养老服务体系建设涉及多个职能部门，是一项复杂的系统工程。由于缺乏统一的政府主管部门领导，以致智慧社区居家养老服务出现"多头治理、政出多门"的混乱局面，经常导致不同政策相互叠加、相互冲突，不利于智慧社区居家养老产业间的技术合作。

三是智慧社区居家养老数据信息联通分享不畅。智慧社区居家养老体系归根到底由各种养老数据信息驱动，涉及医疗、卫生、信息、安全等不同产业。但是，由于我国智慧社区居家养老服务体系还处于起步阶段，尚未形成全国统一的数据信息平台，参与到智慧社区居家养老服务体系中的政府部门、养老服务机构、平台企业等各方主体各自建立各类平台，分头收集汇集数据信息，所采取的数据标准不统一，不仅导致数据信息重复收集、错漏收集的问题较为严重，而且各方主体所汇集的数据信息无法共享、共通、共用，以致形成条块分割的信息孤岛、数据壁垒、资源浪费等问题。

四是智慧社区居家养老服务体系提供的服务并未被老年人广泛接受和选择。目前，智慧社区居家养老服务平台提供的服务与产品较为有限，多数平台仍以传统生活照料类养老项目为主，形式较为单一，不能满足老年人的多样性和个性化需求，特别是老年人急需的智慧健康养老服务并未成为向他们普遍提供的服务项目，如在多数地区，社区家庭医生响应老年人需求为其提供适宜的上门医疗服务的情形还是不多见。

五是智慧社区居家养老专业人才队伍建设存在短板。智慧社区居家养老服务涉及面广，需要既熟悉现代信息技术，又要懂得老年医养结合服务的专业复合型人才。但是，目前针对智慧社区居家养老服务的专业复合型人才培养机制缺失，高层次智慧社区居家养老专业复合型人才欠缺，且缺乏激励和职业晋升机制，直接参与提供养老服务的普通人才也存在服务水平参差不齐、面临职业认同感和从业意愿较低、队伍不稳定等问题。

## 四、结语

我国智慧社区居家养老服务体系是以家庭为核心、社区为依托、现代信息技术为支撑的养老模式。在该体系下，老年人既可以居家，也可以居住在就近的社区养老服务机构中，一方面可以保障老年人的情感需求，另一方面可以利用专业养老服务机构和社区养老服务人员，为老年人提供更为专业的康养医疗服务，减轻居家养老给家庭带来的压力，获取相对便利、低成本的养老服务。

未来，发展智慧社区居家养老应深度应用基于大数据技术的需求分析和精准投放、基于人工智能技术的医疗或家庭机器人、基于物联网技术的远程监控和远程医疗等，建设基于大数据的智慧养老信息服务平台，实现多主体实时沟通、交流或传达意见和发出服务请求。同时，发挥智慧养老信息服务平台监督管理与中枢调控作用，利用该平台连接社区老年人可穿戴设备或家庭移动终端，提供全天候服务，及时有效地处理紧急事件，实施必要救援帮助。

在数据共享与数据安全方面，智慧社区居家养老信息服务平台应由政府政务数据系统提供母系统，制定完善的信息网络安全保障措施。在数据挖掘方面，智慧社区居家养老信息服务平台应构建以服务对象为主的基础数据库，以此为依据为服务对象提供精准服务。基础数据库应包含服务对象基本信息库、养老服务信息数据库、根据老年人健康状况形成的个人健康档案和社会养老服务资源数据库，在对老年人服务需求进行精准化识别后，为合适的供给主体建立系统，为之后的工作奠定信息基础。

智慧养老的核心在于推动老龄化社会信息无障碍建设，促进全社会适老化改造和升级，提升老年人运用智能技术方面的获得感、幸福感、安全感。在建设智慧社区居家养老服务体系时，不仅要吸引和培养掌握专业医护知识的服务人才，还要培育和建设志愿者队伍，将公益组织与智慧养老结合，针对老年人在日常生活中的场景应用困难、信息泄露等问题，组织培训，提高老年人对智能化应用的操作能力，切实助力老年人跨越"数字鸿沟"。

## 参考文献

[1] 唐美玲，张建坤，锥香云，等. 智慧社区居家养老服务模式构建研究［J］. 西北人口，2017，38（6）：58-63，71.

［2］梁昌勇，洪文佳，马一鸣. 全域养老：新时代智慧养老发展新模式［J］. 北京理工大学学报（社会科学版），2022，24（6）：116－124.

［3］王洛忠，刘亚娜. 我国智慧养老政策供给、核心议题与趋势展望——基于政策范式的理论视角［J］. 桂海论丛，2022，38（3）：71－79.

［4］童潇，郑先平，王军永，等. 我国智慧养老服务发展的现状、困境及对策［J］. 卫生软科学，2023，31（7）：30－33.

［5］王宏禹，王啸宇. 养护医三位一体：智慧社区居家精细化养老服务体系研究［J］. 武汉大学学报（哲学社会科学版），2018，71（4）：156－168.

# Report on Development of Smart Community and Home-based Care for the Aged

Li Zhiming

**Abstract**: With the continuous progress of the aging population, the continuous weakening of the family security function and the continuous explosive development of modern information technology, smart community and home-based care for the aged has gradually become a realistic choice in China to upgrade the traditional old-age care model and improve the efficiency and quality of services for the aged. At present, China has carried out beneficial exploration of smart community and home-based care for the aged from two aspects of policy and practice, and smart home-based care services have been carried out in depth, and smart community-based care services have achieved initial results. However, the smart community and home-based care policy system is not perfect. The power and responsibilities of the authorities are not clear, the data and information communication and sharing are not smooth, the service products provided are not widely accepted and selected by the eaged, and the construction of professional talent team has shortcomings. In the future, China's smart community and home-based care system will achieve abreakthrough on the basis of consolidating the hardware foundation, replenishing the technical shortcomings, and strengthening the support of talents.

**Keywords**: smart elderly care  community-based elderly care for the elderly  home-based care for the elderly  achievements and breakthroughs

# 智慧健康养老示范基地发展报告

曹 杨[①]

**摘　要**：本报告对智慧健康养老示范基地进行了实地调研，梳理总结示范基地建设的重要举措，重点分析前端、中介以及末端全流程环节中智慧健康养老服务建设面临的障碍，并据此提出未来优化方向。

**关键词**：智慧健康养老　示范基地　信息平台　智能设备　数字鸿沟

2017年2月，工业和信息化部、民政部和国家卫生计生委等三部门联合印发了《智慧健康养老产业发展行动计划（2017—2020年）》，要求到2020年基本形成覆盖全生命周期的智慧健康养老体系，建立100个以上智慧健康养老示范基地。2017—2021年，各地积极参与国家智慧健康养老试点示范的选评，累计获批86个示范基地、342个示范街道、203家示范企业及2个示范园区。其中，示范基地以地级或县级行政区为申报主体，具体指能推广智慧健康养老产品和服务、形成产业集聚效应和示范带动作用的地级或县级行政区。[②] 现已获批的86个智慧健康养老示范基地覆盖东、中、西部22个省和直辖市，2019年基地申报总量最多为21家，2018年基地申报总量最少为10家，累计申报数量呈现出波动式上升的趋势。其中，东部沿海地区和西南地区示范基地数量较多，浙江

---

① 四川大学公共管理学院副教授。
② 工业和信息化部办公厅，民政部办公厅，国家卫生健康委员会办公厅. 关于开展第二批智慧健康养老应用试点示范的通知 [EB/OL]. https://www.gov.cn/xinwen/2018-09/20/content_5323926.htm.

省和四川省示范基地的累计申报数量在各省中最多，各有 14 家。[①] 本报告将系统梳理我国智慧健康养老示范基地的建设举措与发展困境，并进一步提出未来发展方向。

## 一、智慧健康养老示范基地建设举措

总体而言，智慧健康养老示范基地建设在完善养老服务体系的基础上，以养老信息平台建设为抓手，依托智能设备拓展应用场景，创新健康养老服务模式。

### （一）以养老服务体系完善为基础

党的十九届四中全会通过的《中共中央关于坚持和完善中国特色社会主义制度 推进国家治理体系和治理能力现代化若干重大问题的决定》中明确提出，积极应对人口老龄化，加快建设居家社区机构相协调、医养康养相结合的养老服务体系。我国养老服务体系的完善主要体现在基础资源普及与服务运作模式多元化两个方面。

养老服务体系的发展离不开基础性资源的投入，包括资金、人力及服务设施。以成都市为例，在资金层面，各区级政府每年用于购买养老服务的费用在 100 万～300 万元不等，其中，运营费与服务费的配比约为 1∶10。除此以外，成都市政府及各区、县会根据本区域的情况进行补充性资金投入，例如，锦江区获批全国智慧健康养老智能社会治理特色基地，获得成都市政府拨款 3 000 万元资金。在人力方面，由于各区老年人口密度、资金投入等不同，从事健康养老服务的人员数量各有不同，例如，武侯区居家养老上门服务从业人员达到 1 055 人，而锦江区仅有 140 人。此外，成都市各区的健康养老服务设施规模也存在较大差异。武侯区、青羊区、龙泉驿区在养老院数量上呈现优势，均在 29 家以上；锦江区、青白江区等建有 10～20 家养老院；武侯区、锦江区、青羊区在社区居家

---

[①] 根据民政部发布的第一、二、三、四、五批《智慧健康养老应用试点示范名单公示》统计得出。

养老设施方面投入更多，日间照料中心均超过 60 家，助餐点均超过 30 家，位于成都市前三位；青羊区在医养结合方面具有明显优势，辖区内三甲医院超过 5 家，包括医院在内的医疗机构共计有 721 家。[①]

伴随养老服务基础资源的逐步普及，政府与市场的合作程度逐渐深入，养老服务运作模式呈现多元化。以成都市为例，锦江区、武侯区、青羊区等采取政府主导、社会参与、市场化运作的方式，探索政府与社会资本合作（PPP）模式，引导医院、养老机构、社区服务中心和相关企业参与健康养老服务运作，为养老服务体系建设提供优质的医疗与养老资源保障。各区级政府与社会资本的合作主要呈现出两种模式。第一种模式是政府购买符合条件的养老机构、社会组织或者企业的健康养老服务，在该模式中政府扮演服务运营与监管的角色，即政府设定服务内容，筛选符合条件的服务供给方，并对其资金使用与服务质量进行监管。但是，由于基层人力资源有限，难以实现对辖区内所有服务资源的整合并促进其市场化发展。而第二种模式则可以较好地解决这一问题，即政府购买养老机构、社会组织或者企业的运营服务。在该模式中，政府主要承担监管责任，即通过资格审查筛选符合条件的项目运营商，将居家养老服务采购资金打包发放给运营商，并监督资金的使用。项目运营商则成为了养老服务运营与管理的具体执行者，主要负责连接辖区内的机构养老（如养老院、护理院等）与社区居家养老服务资源（如助餐点、日间照料中心、养老顾问等），并对这些服务资源实行政府购买服务与市场化服务的分区管理。对于政府购买服务的供给方，将根据实际服务情况为其结算服务费，并对服务质量进行全流程监管；对于市场化服务，以线上平台入驻的形式引入服务供给方，并对其入驻门槛与服务质量进行严格把控，从而为老年人提供个性化、多元化的服务选择。相比第一种模式，政府购买运营服务的方式不仅能够赋能政府治理，更重要的是促进了养老服务产业的高效发展。

---

[①] 本报告所有智慧健康养老示范基地实践案例均来源于本课题组调研，特此说明。

## （二）以养老信息平台建设为抓手

养老信息平台由民政部门主导建设，旨在实现对老年人基础信息、养老补贴以及养老服务的信息化管理。具体而言，民政部门购买技术企业的信息化建设服务，由企业研发信息平台并进行常态化运维。该信息平台收集了辖区内享受政府购买服务的老年人的基础信息，并连接了参与政府购买养老服务的供应商资源。同时，民政部门或者平台代理运营商通过该平台所收集的数据对资金使用与服务质量进行监管。

根据不同主体的使用需求，信息平台分为3个端口，即政府端、客户端和企业端。政府端主要承担数据管理、补贴发放、服务结算和服务质量监管的作用；客户端主要实现线上下单与生存状态认证功能；企业端主要用于员工管理，并记录服务过程与服务评价。3个端口之间相互配合，共同构成了信息平台管理系统，实现信息整合与利用，更好地为老年人提供服务。

养老信息平台的功能演变经历了3个阶段。信息平台建设之初旨在赋能政府对老龄事业的管理，主要体现在两个方面：一是监管养老相关补贴的使用效率；二是减轻基层工作人员对纸质材料的查阅和统计工作。在此基础上，信息平台聚焦为服务对象简化服务流程，即让老年人在家就能完成高龄津贴、助餐补贴等老年人福利的线上申请与资格认证，让老年人少跑路。在实现了赋能政府管理与优化老年人服务体验的基础上，信息平台功能进一步拓展到连接市场资源与保障服务质量方面。以成都市武侯区"颐居通"社区居家养老服务综合信息平台（简称"颐居通"）为例，该平台由政府委托孝行通（成都市本土养老企业）运营，孝行通制定了平台服务商入驻资格审查标准，辖区内符合入驻条件的服务商均成功入驻平台，从而实现服务资源整合，并且对政府购买服务与市场化服务进行分区管理。在服务质量监管方面，除沿用以往的服务定位打卡、上传现场服务照片，老年人满意度评价、人工抽查等方式之外，"颐居通"还开发了异常数据自动排查，例如，通过参数设定自动识别不同服务工单的相似图片以及不达标的服务时长，并且制定了与服务商异常率相匹配的动态管理制度。由此来看，养老信息平台已经由老龄事业管理工具，逐步发展成为撬动老龄产业的重要抓手。

### （三）依托智能设备拓展应用场景

智能设备利用大数据采集、管理与分析技术，能够实现对老年人健康信息与生存状态以及服务人员的服务执行情况等信息的实时收集与传输。智慧健康养老示范基地则依托智能设备实现健康养老服务创新，从而打造符合老年人需求的智慧健康养老应用场景。社区居家层面较为普及的应用场景包括家庭照护床位、智慧社区食堂，机构层面主要打造了智慧养老院，以及社区居家与机构层面都会涉及的智慧医疗与护理。

一是家庭照护床位。主要依托居家安全监测设备实现对老年人居家安全的实时监测并传输风险信息，进而通过匹配紧急联系人响应紧急呼救。其中，智能设备的配置与线下服务团队的打造是重点。目前市面上的智能设备包括"有感"和"无感"两类：前者是指需要老年人操作才能发送求助信息的设备，如SOS一键按钮；后者是指不需要老年人操作就能预判风险并自动发送求助信息的设备，如跌倒监测仪、烟感、气感、智能床垫等。通过课题组调研发现，"无感"类设备虽然考虑了老年人数字鸿沟可能带来的操作困难，但是现阶段这些设备的精准度与稳定性都不令人满意，难以完成实时精准的监测。因此，SOS一键按钮的"有感"类设备依然是老年人首选。当智能设备发出求助信息后，需要紧急联系人及时响应老年人需求。一类地方实践将紧急联系人设置为老年人亲属，当亲属未响应时会顺位将求助信息传递给社区工作人员，由社区工作人员继续联系亲属或者帮忙上门查看情况；另一类地方实践则将老年人亲属与线下服务团队同时设置为紧急联系人，由线下服务团队第一时间上门查看老年人情况。以成都市高新区芳草街街道居家安全智能监护服务试点为例，该街道拥有本土培育的、长年扎根于高新区各个街道的社区居家养老服务点位——"窝窝"（由养老服务社会组织运营）。"窝窝"是2019年在芳草街街道建立的定制化、个性化、精准化居家养老服务点位，点位设置在每一个院落内，比日间照料中心更贴近居民，能够快速响应老年人需求。

二是智慧社区食堂。依托于社区，通过统筹助餐服务资源，利用人脸识别、智能语音助手等，将团餐流通于社区内的一种新食堂模式。在该服务场景下，享受补贴的老年人数据可上传至信息平台，实现助餐智能化管理，为资源调度及服务优化提供决策依据。例如，成都市青白江区为加强老年人助餐点运营监管，在信息平台设置了"大配餐"板块，老年人在助餐点扫描二维码消费后，系统会自动记录该老年人的就餐次数、补贴金额、总消费金额等，政府可通过平台进行日常监管抽查与数据分析，用作发放补贴的依据。对智慧助餐点的监管并非停留于就餐人数与补贴金额统计，信息平台的加持可进一步优化服务供给。以山西省太原市智慧社区食堂为例，针对社区居民制定了普惠政策，平均菜价低于周边市场价，并且为一老一小提供补贴；每日推出不少于2种、不高于8元的爱心餐；为失能、半失能困难老年人提供预约点餐、上门送餐服务；通过对不同菜品的点单量数据分析，识别最受欢迎和最不受欢迎菜品，从而优化菜品质量；通过视频监控，实时查看厨房卫生和厨师操作规范。除提供餐饮服务，在就餐时间之外，太原市利用智慧社区食堂进行政策宣讲、"托管"服务以及文化娱乐活动等，提供了一种良性为老服务运营模式。

三是智慧养老院。智慧养老院是指利用智慧养老产品和信息化管理系统，打通家庭、社区、养老院等各类养老服务参与主体的一体化养老服务与监管体系。智慧养老院突破了传统养老模式的时空约束，形成了社区居家场景下的虚拟养老院以及养老机构场景下的智能看护两大典型应用场景。虚拟养老院也称为"无围墙养老院"，是一种居家养老的创新模式。之所以称作"无围墙"，是因为老年人无须入住养老院，而是居住在自己家中；之所以称作"养老院"，是因为该模式实现了对碎片化养老服务资源的有效整合，能够为老年人提供类似养老院的健康与养老服务。江苏省居家乐养老服务中心（简称"居家乐"）率先在苏州市姑苏区建立了虚拟养老院，为辖区内的居家老年人连接了健康养老服务（如生活照护、失能护理、在线订餐、家政服务、家电清洗、适老化改造、辅具租赁、机构服务等），以及与老年人衣食住行相关的生活用品（如粮油调味、日用百货、果蔬生鲜、纸品清洁等）。"居家乐"自主研发了养老信息平台，并通过"好护家"微信小程序，将连接的服务与商品资源呈现给老年人及其亲属，老年人及其亲属可以在小程序上选购服务与商品。对于享受政府补贴的老年人，可以在下单并享受相关服务后，根据服务时长到民政部门进行月度结算，超出补贴金额的部分则由老年人自费。在智能看护场景中，一方面，使用数字化手段对机构养老服务进行"一站式"跟踪和管理，例如，安装视频监控设备，通过养老信息平台实时监督院内安全情况，同时也通过机构养老信息平台实现员工管理；另一方面，养老机构内部运用智能设备来提高养老服务效率，例如，老年人跌倒监测设备、夜间看护设备以及防走失设备等。火柴人摄像头就是一种跌倒检测设备，该设备利用红外热成像技术，在保护老年人隐私的同时及时识别老年人的跌倒风险；智能手环、定位器等通过定位技术精准锁定老年人所在位置，以防机构内失智老年人走失，同时当老年人发生突发身体状况，也可通过SOS按钮发送紧急救助信号。

四是智慧医疗与护理。为满足老年人日趋迫切的护理需求，进一步优化简化就医程序，解决老年人到医院挂号难、缴费难等问题，上门护理、远程医疗等服务场景应运而生。以江苏省"居家乐"的"家有护士"项目为例，该服务是苏州市长期护理保险的协议服务，主要由长期护理保险协议服务机构（包括社区卫生服务中心、护理站）为长期护理保险受益人提供上门护理服务，如压疮护理、鼻饲、更换尿管、吸痰、灌肠等。护士上门服务解决了相当一部分对医疗保健有迫切需求的老年人的困境，但是由于护士上门的行业标准尚未统一，服务内容受限，仅能提供准医疗服务而非诊疗服务。因此，"家有护士"项目未来考虑与三甲医院签订协议，开设绿色通道，延长服务链条，扩大服务范围。远程医疗服务是通过互联网与智能设备，以双向视频的形式让老年人在家中或在养老机构中便能与医生互动并接受医疗服务，包括慢性病管理、出院后的健康管理等。以老年人慢性病管理为例，互联网技术可以为老年人日常开药、取药以及服药提供"一站式"解决方案，例如，在社区的养老服务点位或者养老机构配备智能药箱，智能药箱具备界面友好、简单易用的自动分药、用药提醒功能，通过人脸识别等技术实现多个老年人的取药与用药。此外，在医养结合机构，如遇到缺少药物时，能够报警并远程对接内设医疗机构或社区医疗机构，实现远程开药、远程刷医保卡买药，对接医药企业送药上门。

## 二、智慧健康养老示范基地存在的突出问题

本报告将基于全国抽样调查数据以及对智慧健康养老示范基地的实地调研，重点分析前端、中介以及末端全流程环节中智慧健康养老服务建设面临的障碍，主要包括以下3个方面的问题。一是作为前端的数据采集对象，老年人普遍面临数字鸿沟问题；二是作为数据管理和调度的中介，信息平台存在数据共享与数据分析的障碍；三是作为响应线上求助信息的末端，线下服务团队与线上平台缺乏有效联动。

### （一）前端：老年人数字鸿沟

一是"接入沟"普及率低。"接入沟"是指老年人面临的互联网普及率较低、智能设备匮乏等现代化技术获取机会差异。调查显示，虽然我国一半老年人的居所都已实现网络覆盖，但仍有一半老年人的居所尚未接入网络，并且这一现象在高龄老年群体以及农村地区尤为突出。[①] 在智能设备的普及方面，2020年中国老年社会追踪调查，针对智能轮椅、电子血压计、血脂检测仪、智能手环、红外摄像头、智能一体机以及智能睡眠监测器等智能设备，一一询问了被访老年人的拥有情况。调查发现，近六成老年人没有以上任何智能设备，并且在独居老年群体中智能设备匮乏问题尤为突出。在智慧健康养老示范基地建设中，最为普及的应用场景是面向高龄独居老年人的家庭照护床位，即运用智能设备实现对老年

---

① 根据2020中国老年社会追踪调查（CLASS）数据计算而得。

人居家安全与健康的实时监测，然而这类设备在独居老年群体中的普及水平并不高，进而限制了家庭照护床位的发展。导致智能设备在老年群体中普及率较低的原因有3个方面。第一，信息不对称。老年人本身对于智能设备的接触机会比较少，加之社区在这方面的宣传也比较少，以至于很多老年人并不知道与居家养老服务相关的智能设备。第二，老年人的购买力较低。课题组实地调研发现，目前大部分使用居家智能监护设备的老年人都是政府兜底的高龄独居困难老年人，居家智能监护设备的采购与上门应援服务均由政府埋单；而其他非政府兜底老年人也普遍认为采购居家智能监护设备的费用应该由社区或街道支付。虽然居家养老服务补贴、护理补贴等福利政策在一定程度上推动了健康养老服务的消费，但是，老年人通常会选择完全免费或者自费比例较低的服务项目。第三，智慧养老行业现阶段面临的技术瓶颈导致"无感化"设备误报率过高。例如，目前市面上大多跌倒监测设备无法实现准确的跌倒风险预判，从而限制这一设备的普及；类似地，智能床垫的面市旨在向长期卧病在床的失能老年人提供居家健康监测与管理服务，但由于目前的技术尚未实现准确的健康体征数据感知与分析，从而阻碍了智能床垫在失能老年人家庭中的推广。

二是"使用沟"使用障碍。"使用沟"是指老年人面临的互联网与智能设备使用障碍。调查显示，我国超过1/3的老年人表示互联网技术为他们的社会交往和资讯获取带来了便利，但是1/5的老年人表示互联网技术的使用反而给他们购物以及获得健康服务带来了不便。① 结合课题组实地调研可知，对于类似智慧助餐等居家养老服务，绝大多数老年人都是由亲属或者日间照料工作人员帮助其线上下单；对于居家智能监测设备，几乎所有老年人都对设备的适用性颇有微词。由此可知，老年人在数字技术使用方面依然存在较大障碍，而造成这一障碍的主要原因有3个方面。第一，智能设备缺乏适老化设计。衰老会导致视力下降、听力减弱、触觉敏感度下降、手指和关节灵活性减弱，使得老年人对屏幕字体及颜

---

① 根据2020中国老年社会追踪调查（CLASS）数据计算而得。

色反差都有特殊需求。现阶段市面上的智能设备主要从年轻人的角度进行设计和研发，并未针对中老年等数字弱势群体进行优化。调查显示，我国约80%的老年人在使用智能设备时面临设备不适老的问题，包括不知道如何操作智能设备或软件、网页或智能设备上的字体太小等。[①] 以智能手机为例，多数智能手机字体较小，不具备防滑防水、耐摔耐磨等特性，不便于触觉敏感度低的老年人使用；此外，老年人无法记住繁杂的操作说明和手势指令。在实地调研中还发现，部分为独居老年人配备的一键呼叫仪也存在两方面问题：一方面待机时间短，平时不用的情况下，每4天就要充一次电；另一方面每个月必须呼叫一次，否则会被自动停机，为了避免给子女带来惊扰，老年人只能每个月和子女在一起的时候例行呼叫一次。第二，老年人认知图式基于在场空间形成。在助餐等居家养老服务方面，老年人更习惯于传统的面对面下单或者电话下单，对于认知图式主要基于在场空间形成的老年人来说，线上下单不免是个挑战。对于紧急呼叫仪等智能监护设备，呼叫的操作并非难事，但前期的绑定紧急联系人等操作则超出了老年人对传统电话的认知。随着智慧养老的诸多新鲜事物介入老年人生活，可能会在客观上加剧老年人的科技恐惧症。第三，子女数字反哺不足。数字反哺主要指家庭中年轻一代对年老一代在数字化、信息化、智能化认知与接受上的有利影响，老年人会受家庭成员的互动程度、亲密程度及代际支持的影响。课题组实地调研发现，目前在数字反哺环节，家庭发挥的作用有限，即使是子女和老年人距离较近的家庭，也极少出现能够带动老年人线上下单的情况。这其中部分是因为老年人自身的抗拒，再者子女也更倾向为老年人操办，不愿老年人费心。

## （二）中介：平台数据壁垒

一是信息流转壁垒。健康养老数据在获取、流通以及整合过程中面临重重困难。首先，在信息收集层面，在农村或偏远地区，基层工作人员难以上门获取老

---

[①] 根据2020中国老年社会追踪调查（CLASS）数据计算而得。

年人基础信息，对老年人数据的标签化管理不够精准。其次，在信息流通层面，存在横向流通和纵向流通障碍。健康养老工作分属于卫生健康部门、民政部门等多个部门管理，与老年人相关的医疗、养老以及长期护理等数据也存储于不同部门的信息平台。而跨部门之间的数据难以共享，进一步阻碍了困难老年人的精准识别以及健康养老福利制度资源的优化整合。即使在同一部门内部，也存在省级、市级和区级等多层级信息平台。多层级信息平台导致信息逐级反馈，无法及时作出反应，并且会增加基层工作人员数据录入与导出的重复性工作，而在人工重复操作的过程中容易产生信息损耗。值得庆幸的是，一些地方政府已经着力突破同一部门内部的数据纵向流通屏障，例如，成都市民政局于2023年开始启用"养老一件事"市级信息平台，从而将各区级民政部门的养老数据统一归集，实现全市民政部门内部的数据纵向流通。

二是数据分析滞后。现阶段，智慧健康养老示范基地建设对于养老信息平台的打造多数停留于基础数据的收集与管理，而忽略了对数据的深入分析，实现个性化服务定制与质量评估。课题组调研发现，养老信息平台的数据分析大多停留于简单的描述统计，主要用于核实政府购买服务资金以及相关福利补贴的支出情况。在服务需求方面，尚未对老年人个体的人口社会学特征、健康状况以及生活方式等数据进行交互分析，从而自动识别特殊困难群体以及多元化需求的服务对象，并制订个性化照护方案。在服务质量评估方面，虽然服务供给方通常会要求线下养老服务人员上传服务现场和过程图片，但在服务质量评估时仍是采用人工电话回访或实地抽查核实情况，而忽略了通过养老信息平台自动抓取服务异常数据，从而为后续的人工抽查减负。

## （三）末端：线上线下联动困境

虽然智慧健康养老服务有现代化技术的加持，但线下服务团队依然是维持服务高效运转不可或缺的力量。在家庭照护床位应用场景中，由于智能设备本身的技术瓶颈以及老旧院落的基础设施建设与智能设备不适配，导致设备误报与离线等问题频发。加之现有养老信息平台难以自动识别设备的误报与离线原因,因此,上门识别设备的误报与离线问题成为线下服务团队的工作之一。然而,大部分养老服务组织或企业并非科技公司,其一线服务人员的信息素养较低,因此,需要线上线下联动以共同应对设备的误报与离线问题。但是,分属于不同单位的线上线下团队缺乏实时沟通,相互推诿的情况偶有发生。

除此之外,线上线下联动困境还体现在信息平台功能设计未能适应线下服务团队需求。大部分养老信息平台建设之初是以服务政府为导向,因此,其功能设计更多从政府管理视角出发,而忽视了如何为服务供给方提供便利。一方面,企业端界面设计较为散乱,再加上线下服务人员使用权限有限,难以全面获取老年人信息,应急救援时难以一眼识别呼救人的定位和联系方式等关键信息;另一方面,线下服务人员录入的信息在平台上未能实时更新,例如,当线下服务人员就上门服务或设备问题进行备注时,平台未能实时反馈,导致信息传递迟滞。

## 三、智慧健康养老示范基地的未来发展

数字技术的加持推动了智慧健康养老示范基地建设,促进了健康养老服务创新,延伸出了家庭照护床位、智慧社区食堂、智慧助医等多元应用场景以及琳琅满目的智能设备。然而,由于现阶段数字环境构建较少考虑老年人认知图式,从而阻碍了智慧健康养老服务高效便捷地传递给老年人。那么,如何利用好数字技术这把双刃剑,真正落实健康养老服务高效便捷供给,推进智慧健康养老示范基地高质量发展,需要兼顾供需两侧,从技术本身以及与之相配套的数字环境入手,进一步利用人机混合智能技术突破技术瓶颈,营造老龄数字包容环境。

### (一)人机混合智能技术创新

目前以大数据、人工智能、机器人等信息技术为依托的智慧养老服务,是数字中国建设背景下社会养老服务发展的必然趋势。高质量的智慧养老服务发展不

再把老年人视为单一的被照顾对象，仅满足其生存需求，而是需要鼓励老年人参与到服务设计、使用与评估的全流程，并最终维持老年人与社会的联系，保持积极的社会参与，享受更有尊严、更高品质的晚年生活。针对现有技术短板所带来的智能设备精准度差、数据挖掘有限等问题，需要进一步利用人机混合智能技术突破技术瓶颈，从而实现智慧养老应用场景由被动照护向积极参与拓展。

人机混合智能技术是通过融合人类和机器的不同特点，实现协同决策、智能服务等能力的一系列技术，其中，计算机视觉与机器学习对深入挖掘养老服务信息具有重要作用。计算机视觉是模拟人类的视觉能力，从图像和视频数据中提取信息识别模式，处理视觉任务的一项技术。目前的智慧养老实践中，通常会要求线下养老服务人员上传服务现场和过程图片，可以利用计算机视觉技术设置与服务图片雷同的参数，从而自动识别一图多用的违规操作。机器学习是通过机器自身的学习技能，从数据中获取知识并进行推断的一项技术。在智慧养老实践中，通常会要求线下养老服务人员填写服务开始与结束时间，通过机器学习可以识别特定服务的平均服务时长，从而通过设置合理的服务时长识别服务不够或服务超时的现象。

人机混合智能技术还包括人机合成，如赛博格技术。赛博格又称电子人、机械化人，是机械化有机体，即以无机物所构成的机器作为有机体（包括人与其他动物在内）身体的一部分，但思考动作均由有机体控制。目前，赛博格技术在国外开始被应用于增加或强化残疾、失能人群的机体功能。例如，"电子眼"可以应对色盲问题，通过在人体头盖骨植入感应装置，一条天线延伸出来感受色彩波长的震动，从而帮助色盲患者识别各种色彩；失明的人可以利用外接设备辨认物体形状。同理，未来衰老的人体可以借助与机械的结合改善生活，甚至脑机接口，让大脑和外部设备之间直接连通，帮助残疾人、中风和帕金森等患者恢复行动能力。这些技术有助于实现老年人的健康老龄化与积极老龄化。

### （二）老龄数字包容环境营造

老龄数字包容环境是创新型数字技术有效驱动健康养老服务供给，实现智慧健康养老示范基地建设的前提保障。老龄数字包容环境的营造需要从智能设备、信息平台以及数字支持3个方面入手。

一是研发适老化智能设备。目前，我国市面上的智能设备主要基于青年人认知图式设计研发，信息知识的数字符号与老年人熟悉的传统经验知识形态截然不同，加之老年人个体生理衰退导致学习能力下降，因而加剧了老年人学习使用智能设备的障碍。因此，需要切实了解老年人的感知觉与思维模式对现代化技术使用构成的障碍，促进市场提供符合老年人使用逻辑的智能交互设备。这些设备至少需要满足以下特征：无感化操作、字体大、音量大、功能简单实用、耐摔、轻便易携带等。此外，智能设备需要实现代为操作的功能。比如设置亲情账号，以便在老年人有需求却不会操作时，可以选择由亲属或服务人员代为操作。最后，需要提供与智能设备相匹配的售后服务，实现设备的可持续性使用。

二是打造供需链接的信息平台。要实现服务响应及时、准确，需要收集服务对象的多维信息并进行数据分析。首先，老年人具有人口、经济、健康等多方面的特征，目前这些数据归集于不同政府部门的信息平台，多元特征交互勾勒出多层次的服务需求。因此，为了保障服务资源精准匹配，需要实现跨部门的数据整合。其次，同一政府部门所采集的服务数据传递依然需要层层填报，而人工录入难以保证时效性与准确性，因此，应实现一线服务数据在同一平台内纵向流通，为各级管理部门养老政策部署和发展规划提供及时有效的决策依据。

三是构建多元数字支持网络。数字支持网络构建既涉及跨部门制度统筹，又离不开数字培训具体落实。一方面，由于老旧院落电力、网络等基建陈旧、布局不完善，易导致智能设备与安装环境不兼容，因此，智慧健康养老并非独立工程，应与住建规划、信息无障碍改造工程进行统一布局，实现民政部门与卫生健康部门、工业和信息化部门、住建部门以及电力公司的信息互通和资源整合，共同营造与智慧健康养老配套的数字包容环境。另一方面，养老信息平台包含客户端、企业端与政府端，不仅老年人需要使用智能设备或小程序传递需求，而且一线护理人员和社区基层工作者也需要在信息平台上执行数据录入、上传、导出以及实时监测等操作。但是，目前老年人、一线护理员以及部分社区基层工作人员的信息素养不高，因此，在数字产品优化的前提下，应加大面向老年人、一线护理人员以及社区基层工作者的数字技术培训，同时，鼓励数字反哺，建立老年人数字技术互助同盟，通过正式与非正式等多元力量提升数字社会边缘人口的信息素养。

## 参考文献

[1] 郭大宇，王鑫，欧阳小叶. 人机混合智能技术主要发展动向分析 [J]. 无人系统技术，2023，6（1）：95-103.

[2] 刘金花. 赛博格技术的发展及其伦理挑战 [J]. 中国医学伦理学，2023，36（3）：233-239，270.

[3] 刘红芹，包国宪. 政府购买居家养老服务的管理机制研究——以兰州市城关区"虚拟养老院"为例 [J]. 理论与改革，2012（1）：67-70.

[4] 上海市社会福利行业协会. 上海市：启动老年福祉产品应用推广基地暨数字化养老院试点工作 [J]. 社会福利，2019（1）：62.

[5] 唐楚哲，王肇国，陈海波. 机器学习方法赋能系统软件：挑战、实践与展望 [J]. 计算机研究与发展，2023，60（5）：964-973.

# Report on the Development of Smart Health and Aged Care Bases

Cao Yang

**Abstract:** Through the field investigation of a few smart health and aged care bases in China, this study identified the efforts to and difficulties in developing smart health and aged care services, as well as proposed the future optimization ways.

**Keywords:** smart health and aged care; demonstration base; electronic information platform; smart device; digital divide

# 智慧辅助器具发展报告

杨立雄[①]　韦文高[②]

**摘　要：** 辅助器具在提升养老服务质量、满足老年人康复需求、保持生活独立性方面具有重要作用。随着科学技术不断进步、老龄化速度加快、老年人口增多，通过"互联网+"、人工智能、传感器等技术实现辅助器具服务的智慧化成为辅助器具发展趋势之一。辅助器具智慧化发展促进了辅助器具与养老服务的深度融合，催生了个性化的养老服务供给，推动了辅助器具产业的创新发展。然而，受服务体系、适配人才、消费能力、公众认知和环境端等因素制约，我国辅助器具研发与创新比较欠缺，智慧化程度、市场应用度均不高，建议从软硬件、需求端和消费端着手，助推智慧辅助器具的研发、应用和普及。

**关键词：** 人口老龄化　辅助器具　智慧化

辅助器具是指预防残疾，改善、补偿、替代人体功能和辅助性治疗的产品，是帮助残疾人或功能障碍老年人补偿、改善功能，提高生存质量，增强社会生活参与能力最基本、最有效的手段。按用途划分，辅助器具可分为移动类辅助器具、生活类辅助器具、信息类辅助器具、训练类辅助器具、教育类辅助器具、就业类辅助器具、娱乐类辅助器具等。

老年人是患病率高、致残率高、辅助器具利用率高的群体。在老龄化快速发展、居民生活水平快速提高、社会保障体系逐步完善的背景下，尤其是随着家庭

---

① 中国社会保障学会养老服务分会副会长兼秘书长，中国人民大学劳动人事学院教授。
② 中国人民大学劳动人事学院博士研究生。

无障碍环境的快速推进和社区无障碍环境的改造升级，老年人对辅助器具的需求出现快速增长态势。随着科学技术的不断进步和医疗技术的创新发展，辅助器具研发与生产正经历着从传统型向智慧型转型，从最早的简单轮椅、助行器、助听器，发展到现今的智能轮椅、智能假肢、智能助听器、智能助行器、智能助视器等高科技产品。通过适配智能化辅助器具，老年人获得更多的自主性、便利性和社会参与机会，提升了生活质量和幸福感。

# 一、辅助器具智慧化需求与政策进展

## （一）辅助器具需求快速增长

我国辅助器具产业的发展起步较晚，在相当长的时期内主要由福利企业承担特殊群体辅助器具的生产和适配。直到 20 世纪 80 年代以后，辅助器具适配逐步被纳入国家规划或政府政策当中。随着老龄化社会的到来，辅助器具产业获得快速发展。

得益于需求侧、供给侧和产业政策等因素的推动，我国辅助器具产业已发展成世界上增长最快、发展潜力最大的市场。首先是人口快速老龄化，老年人口快速增加。第七次全国人口普查显示，截至 2020 年 11 月 1 日，我国 60 岁及以上老年人口数为 2.64 亿人，65 岁及以上老年人口数为 1.91 亿人，分别占总人口的 18.7% 和 13.5%。据估算，到 2050 年，60 岁及以上人口占比将达到或超过 30%，老年人口接近 5 亿人。① 其次是老年人高龄化。70 岁以上的中高龄老年人的占比逐年提高，由 2000 年的 41.16% 上升到 2020 年的 44.17%，绝对数量由 2000 年的 5 350 万人提高到 2020 年的 1.17 亿人。② 再次是老残一体。数据显示，

---

① 杜鹏. 中国特色积极应对人口老龄化道路：探索与实践［J］. 行政管理改革，2022（3）：13 - 18.
② 国家统计局. 第七次全国人口普查公报［EB/OL］. https://www.gov.cn/guoqing/2021 - 05/13/content - 5606149.htm.

在 60 岁及以上的老年人口中，4.8% 的老年人处于日常活动能力重度失能、7%处于中度失能状态，总失能率为 11.8%。① 我国老龄科学研究所的调查数据显示，当前我国失能老年人的数量达到 4 000 万人，其中，完全失能老年人约为 1 000 万人。最后是生活水平的提升。进入 21 世纪以来，我国居民收入水平呈现快速增长的趋势，到 2020 年，我国人均 GDP 已超过 1 万美元，达到中上水平标准。随着我国居民收入水平的提升，消费者购买能力和意愿也在上升，辅助器具市场快速扩大。

为科学应对老龄化危机，满足功能障碍老年人持续增长的辅助器具适配服务需求，促进辅助器具产业的发展，国务院印发了《关于加快发展康复辅助器具产业的若干意见》，中国残联制订了辅助器具推广和服务实施方案，民政部制订了辅助器具产业发展政策，人力资源社会保障部和国家卫生健康委联合发文将治疗性辅助器具纳入医疗报销范围。各地政府采取一系列的措施，运用财政、税收、金融、土地等手段，大力发展辅助器具产业。目前，辅助器具产业产值已达到 7 000 亿元，预计到"十四五"末期将超过 1 万亿元。

### （二）智慧辅助器具政策进展

目前，辅助器具正在转型升级，部分传统辅助器具市场逐步萎缩，而智能化、轻便化、人性化辅助器具的市场需求快速增长。尽管目前中低端辅助器具仍然占据主流市场，但是中高端市场出现快速增长趋势，尤其是国外一些高端产品开始走入老年人家庭，并产生扩散效应。

为进一步促进智慧辅助器具的发展，国家出台了多项政策。2016 年，国务院印发了《关于加快发展康复辅助器具产业的若干意见》，提出将辅助器具产业发展融入"中国制造 2025""互联网＋"现代服务业发展进程，促进业态融合，

---

① 中国保险行业协会，中国社会科学院人口与劳动经济研究所，等. 2018—2019 中国长期护理调研报告 [R/OL]. (2020 - 07 - 06). www.iachina.cn/art/2020/7/6/art_22_104560.html.

推动产业全面发展。《"十四五"民政事业发展规划》提出，深化人工智能、大数据、5G等技术在康复辅助器具配置服务中的应用，开展云端适配、个性化智造、智能共享租赁等服务。《全国护理事业发展规划（2021—2025年）》提出，充分借助云计算、大数据、物联网、区块链和移动互联网等信息化技术，结合发展智慧医院和"互联网+医疗健康"等要求，着力加强护理信息化建设。国家网信办等18部门印发《进一步提高产品、工程和服务质量行动方案（2022—2025年）》提出，提高轮椅、助行机器人等康复辅助器具智能化程度。

归纳起来，智慧辅助器具政策的进展有以下四点。

一是支付政策。自2011年1月1日起，9项医疗康复项目被纳入医疗保险报销范围；2016年，又新增20项医疗康复项目。各地逐步将社区医疗康复纳入社区卫生服务，将康复综合评定、吞咽功能障碍检查、平衡训练等医疗康复项目纳入基本医疗保障范围。国家鼓励有条件的地方将基本治疗性辅助器具逐步纳入基本医疗保险支付范围。2014年，《医疗器械监督管理条例》明确规定，辅助器具类医疗器械的范围及其管理办法，由国务院食品药品监督管理部门会同国务院民政部门共同制定。近些年来，北京市、天津市、辽宁省、上海市、江苏省、浙江省、福建省等20多个省（区、市）制定出台了辅助器具适配补贴政策，一些中高端、智慧化辅助器具被列入补贴目录当中。

二是产业支持政策。国家实施辅助器具产业智能制造工程，开展了智能工厂和数字化车间建设示范，促进工业互联网、云计算、大数据在研发设计、生产制造、经营管理、销售服务等全流程、全产业链的综合集成应用；加快增材制造、工业机器人、智能物流等技术装备应用，推动形成基于消费需求动态感知的研发、制造和产业组织方式；推广节能环保技术、工艺、装备应用，积极构建绿色制造体系。以"互联网+技术市场"为核心，充分利用现有技术交易网络平台，促进辅助器具科技成果线上线下交易。实施"辅助器具产业培育项目"，鼓励辅助器具企业转型升级和并购重组，做大做强龙头企业，带动产业发展。支持企业战略合作和兼并重组，促进规模化、集约化、连锁化经营；培育一批全球范围内配置要素资源、布局市场网络、具有跨国经营能力的领军企业；鼓励创新型、创业型和劳动密集型中小微企业专注于细分市场发展，走"专精特新"和与大企业协作配套发展的道路；组建一批产业联盟或产业联合体；支持通过线上线下相结合的方式，举办高层次、高水平、高品质的辅助器具博览会、展览会，搭建交易平台；支持行业组织开展辅助器具创新创业竞赛活动。

三是科研创新支持政策。在科研政策方面，国家围绕辅助器具领域重大基础理论、关键核心技术及重要产品的创新需求，搭建产学研联合攻关平台，促进高校、企业、科研院所共同解决产业创新发展的痛点难点。支持国家专业机构与地方政府通过合作共建，打造产业创新中心、产品服务信息平台、中试转化基地、成果交易和检验检测认证平台等区域产业公共创新平台。

四是辅助器具产业创新试点政策。《"十四五"残疾人保障和发展规划》提出，开展辅助器具产业国家综合创新试点，打造一批示范性辅助器具产业园区和生产基地，建设国际先进研发中心和总部基地，发展区域特色强、附加值高、资源消耗低的辅助器具产业。实施辅助器具产业国家综合创新试点，推动在京津冀、长三角、粤港澳大湾区等区域形成辅助器具优势产业集群，引导成渝双城、中部地区、东北地区等发展辅助器具特色产业。安徽省发布《建设康复辅助器具特色产业园推动高质量发展行动方案》，提出争取到"十四五"末期，在全省范围内培育5家以上销售收入达5亿~10亿元的带动性强的龙头企业，形成一个在国内外有影响力的品牌展会，产业发展环境更加优化，产业自主创新能力明显增强，基本形成布局合理、特色鲜明、产品优质的产业格局。北京市、上海市、河北省、四川省、广东省、浙江省、江苏省等地均出台了建设辅助器具产业园的支持政策。

## 二、智慧辅助器具技术和产业发展现状

### （一）辅助器具技术发展趋势

在政策推动下，我国辅助器具制造和配置服务正在向数字化、信息化、智能

化转型，推动人工智能、大数据、5G等现代化技术在辅助器具适配服务中得到应用，部分地区和企业开展了辅助器具云端适配、个性化智造、智能共享租赁等服务。

首先，人工智能在辅助器具中得到广泛应用。工业4.0是工业发展领域的一个新兴概念，它通过互联网、物联网、人工智能等先进技术的运用，在实现生产过程智能化、自动化的同时，也促进社交媒体、数字教育、智能交通、智慧家居、智能医疗器械和设备等发展，提高了生产效率，降低了生产成本，也将惠及大部分依赖辅助器具改善生活条件的社会群体。在工业4.0环境下，个性化的辅助器具与形式，让功能障碍者通过使用辅助器具获得进入劳动力市场的资格，参与就业并融入社会。人工智能与辅助器具的不断发展，使其在各个领域的应用前景更加广阔。在护理领域，医护人员可通过物联网技术和传感器远程查看患者的健康数据，及时发现异常情况并作出相应处理。在医疗领域，在人工智能驱动下，机器人辅助手术成为医疗领域的创新项目之一。在交通领域，通过搭载传感器、摄像头、激光雷达和高度精确的地图数据，无障碍智能移动设备能够实时感知周围环境，识别道路标志、车辆和行人，并作出智能驾驶决策。

其次，机器人技术在居家生活中应用越来越普遍。随着技术的不断发展进步，助老机器人技术在提升老年人的自主性、独立性，提高其生活质量和促进其社会融合方面发挥着越来越重要的作用，机器人技术为老年人生活带来更多的改善和福祉。在家庭烹饪中，智能厨房机器人可以协助残障人士进行食物清洗和烹饪，让他们能够轻松享受美食的乐趣；在家庭卫生清洁和个人护理中，智能清洁机器人、个人护理机器人可以有效减轻残障人士的家务负担，帮助他们维持整洁的家居环境和个人卫生等。

最后，可穿戴设备获得越来越多的老年人认可。近年来，智能手表、健身追踪器等其他可穿戴随身设备不断增加，成为老年人或有特殊需求者日常生活不可或缺的智能辅助工具。这些设备具有强大的辅助性功能，能够实时监测身体健康水平，可以帮助慢性病患者、有需求老年人了解自身的健康状况，帮助他们及时应对身体的变化。智能手表不仅是时尚的配饰，还可以监测用户的心率、血压、氧气水平、运动轨迹、睡眠质量等健康数据，为老年人的生活提供支持和安全保障。可穿戴设备还配备了语音识别技术，除了能够实时将语音转换成文本，并将文本信息通过智能手机应用程序传送给对方，还可将文本信息转换成语音反馈给佩戴者，有些还支持多语言识别和翻译功能，运用这些可穿戴设备，使得老年人相互之间、老年人与其他人之间的交流变得便捷、畅通、有效。此外，可穿戴设备的紧急求救功能，可以帮助老年人在紧急情况下共享位置、拨打电话寻求帮助，提高老年人日常生活的安全性。可以预见，智能辅助器具的不断创新与突破，使得可穿戴设备在服务老年人方面具有巨大的发展潜力。

## （二）智慧辅助器具的产业化显著提升

我国辅助器具产业发展滞后，技术含量低，智慧化水平不高，辅助器具产业被纳入残疾人事业发展中后才逐步受到关注。随着老龄化社会的到来，辅助器具产业获得快速发展，尤其是在近些年的政策支持下，我国智慧辅助器具的产业化水平得到快速提升。

在国家战略政策、发展规划等指导性文件的推动下，我国康复机器人产业、康复机器人技术研发和应用均获得较快发展，康复治疗机器人、康复训练机器人、助老助残机器人等各类产品的不断涌现，有效解决了康复治疗技术难题和康复护理困难等康复服务问题，缓解了居民康复治疗疾病负担。当前，我国康复机器人的应用以肢体康复机器人、助行机器人最为广泛，并且常见于医疗机构和康复中心，适用于日常生活的康复机器人有待进一步研发和推广。随着技术的不断革新，康复机器人在神经康复、心理康复和运动康复等方面的应用将会更加普遍，康复机器人智能化、小型化发展，更能满足康复患者的多样化需求，也成为"大健康"战略理念的重要支撑。

为推动智慧健康养老产业发展和应用推广，工业和信息化部、民政部、国家卫生健康委先后共展开 4 批智慧健康养老应用试点示范建设工作，着力推动辅助器具产业向智能化发展转型。人工智能技术的应用将使得机器能够在很大程度上模拟人的功能，批量化、人性化、个性化地服务于人的需求。同时，在老年慢性病防治领域，人工智能能够更细致、更精准地进行老年慢性病诊断和治疗，对提高老年慢性病治疗效果具有显著应用前景。此外，人工智能优化了辅助器具企业的仓储物流、定价、销售及决策等，提供了更好的供应链预测，优化了辅助器具企业的经营管理。

目前，"互联网+养老""智慧养老"等模式得到普遍应用，它将线下老年人的生活习惯、居家服务等潜在需求和线上搜集到的各种有用信息有机结合，有针对性地向老年群体精准输出服务，将线下的康复服务需求和线上的辅助器具产品及服务供给有效匹配，最终实现辅助器具产品及服务供给与需求无缝对接。同时，依托大数据的信息处理与分析功能，有效释放消费潜力，为辅助器具产业创造新的盈利增长点。目前，康养平台成为各大企业竞相开发的重点，国企、央企正在加快组建综合性康养平台，开发互联网养老平台，提供居家养老上门服务。

### （三）重点领域辅助器具智慧化发展现状

护理业务重、护理人员短缺、护理成本高已经成为养老所面临的一大难题，应用智能适老辅助器具和适老辅助器具技术，建立智能适老环境，实现智慧养老，是辅助长期卧床失能、失智、认知症老年人克服大小便自理能力障碍的重要手段，也是减轻护理人员劳动强度、降低护理风险、提高护理效率的重要方法。护理类产品的创新主要有3个方向。一是智能化和人性化。通过优化算法，感知老年人需求，并通过简单操作自动完成护理康复服务；同时越来越多的创新关注人的情感性需求，通过自学习，完成与人的互动交流。二是集成化。即整合多个设备和设施，并与环境结合起来，形成数据集成，通过大数据分析，提供整体解决方案。三是远程康复护理。越来越多的护理康复类新产品具有较强的专业性，需要专业服务人员进行专门指导和跟踪服务。为此，远程康复和护理成为企业的竞争热点。

护理类产品的智慧化创新主要集中于护理床、排便设备两大领域。近些年来，护理床的智能化水平得到大幅度提升。排便是护理中最脏、最累的工作，为减轻护理人员的工作量，以智能大小便护理系统替代护理最繁重、最脏臭的人工部分成为当前企业创新的热点，它使护理人员不再直接接触"二便"。目前，智能排便设备可以分为3大类。一类是主机+集便器。主机+集便器形式是目前比较多厂家的产品形态，这类产品设计的出发点是直接在床上可以使用。一类是主机+集便器+功能床。比较常见的一种是集便器平时隐藏在床下面，当患者排便时，可将排便吸座升至床上，将排泄物自动吸入收集桶，自动用温水清洗、暖风烘干排便部位、负离子净化，使室内空气清新。当使用者不排便时，可将排便吸座翻转至床下的同时升起堵板，护理方便，使用灵活。该设计最大的一个问题就是泄漏问题。还有一类是主机+集便器+床垫。当使用者排出大小便时，卧便器上的感应器自动感知，仪器从待机状态进入工作程序。卧便器与使用者皮肤紧密接触后，仪器立即将排出的大小便收集到污水桶内；等排便结束后，洁净的温水自动喷出，对使用者的隐私部位和集便器内部进行冲洗，冲洗结束后立即进行暖风烘干。

轮椅是行动不便老年人最为常用的辅助器具之一，轮椅的创新也是各个公司创新的重点领域。近些年来，我国轮椅的智慧化程度得到显著提升。手势、头势控制、定位和导航、数据融合以及人机交互等技术在电动轮椅中得到普遍应用，随着人工智能、模式识别、图像处理、计算机技术和传感器技术等的发展，电动轮椅的功能越来越丰富。目前，一些企业应用新技术，使轮椅能够"看到"周围的东西，防止用户在不知情的情况下撞上墙壁和物体。一些研究人员正在开发大脑控制的机器人轮椅，它使用共享控制来导航，用户的大脑信号被转化为指令，使轮椅向用户的目的方向移动，甚至不需要双手操作。还有一些公司正在探索将轮椅存储在云计算平台上，可以访问详细地图，使用户能够安全地在环境中导航。一些公司开发的自动驾驶技术在电动轮椅上得到应用，并在机场等场所进行测试,可以避开道路前方的障碍物和行人,也可以在没有机场工作人员协助的情况下在航站楼中行驶。用户可以使用其内置显示屏来导航至机场的任意位置。使用完毕之后,轮椅还会自动回到停靠站。

## 三、制约智慧化辅助器具发展的因素

### (一)辅助器具技术创新不足

在一系列国家发展规划或政策的助推下,我国辅助器具产业获得较快发展。目前已成为世界上增长最快、发展潜力最大的市场。但是,由于早期对残障人群的辅助器具需求关注不够,在医疗、工程技术、材料科学等领域的技术积累不足,辅助器具产业资金扶持、税收减免等配套政策不完善,我国辅助器具研发与创新比较欠缺,智慧化程度、市场应用度均不高。

首先,技术创新能力有待提升。围绕辅助器具领域重大基础理论、关键核心技术及重要产品的创新需求,尚未搭建起产学研联合攻关平台,高校、企业、科研院所没形成合力共同解决产业创新发展的痛点难点问题。人机交互不够方便,一些人机接口难以准确区分用户有意识行为和无意识行为,实用性较差;智慧化辅助器具的安全保障系数不够完善,对各种环境发生危险的可能性还不能完全预判,相应的安全保障措施还不够健全;甚至一些辅助器具过于注重功能的实现,导致其控制系统和传感器系统过于复杂。

其次,市场主体创新不足。相关企业的创新能力和综合实力普遍薄弱,缺乏核心技术,一些辅助器具生产企业采用系统集成的方式进行生产,难以形成具有竞争力的产品和形成规模优势。众多规模小、资金少、实力弱的经销企业普遍追求"短平快"项目,已经涉足辅助器具领域的供应商也普遍追求短期经济效益,不愿在智慧化辅助器具方面进行长期投资和市场运作。

最后,智慧化平台的智能化水平低。辅助器具的传统消费方式是"线下或适配",即从线下机构下单购买,或者由适配机构给予适配。目前,这种方式已逐步被线上购买方式所取代，以轮椅为例，我国80%左右的轮椅通过天猫、京东、苏宁等平台线上销售。从线上轮椅销售情况来看，手动轮椅的数量仍然占据主导地位，销售量占比达69%；从销售额来看，电动轮椅则达到69%的比重。但是，天猫、京东、苏宁等购物平台存在两大缺陷，即只有售后服务而无适配服务，平台公信力强但专业性不足。

### （二）制约辅助器具智能化水平提升的因素

一是服务体系和适配人才的缺乏。辅助器具适配是连接生产企业与消费者的桥梁，促进辅助器具适配服务业的发展，不仅有利于辅助器具上游生产企业的销售，也有利于消费者更加便捷地获得个性化产品。辅助器具的信息往往分散在几个公共机构（如卫生、社会福利和教育）以及私人或非政府组织的供应商中。如果没有一个集中的和可获得的辅助器具信息来源，寻找基本信息的负担就落到用户和他们的支持网络上。部分辅助器具需要适配，但是线下门店在萎缩，民政适配服务机构在减少，医院开展适配占比低，残联的适配服务机构尚未健全。辅助器具工作队伍存在能力差距，缺乏具有充分的辅助器具知识的工作队伍，在各级卫生健康部门缺乏经过培训的人员。产品越是定制和复杂，用户就越有可能需要后续服务，以确保最佳和持续的适合性和功能。老年人需要比其他人更频繁的随访服务，以适应逐渐变化的身体结构和功能能力。许多辅助产品需要经过培训的人员提供购买前和购买后的服务，这些服务应与健康、教育或社会服务相结合，而不是与从当地商店单独购买产品相联系。

二是消费能力有待提升。价格过高的辅助器具和相关的服务提供导致的高成本是最常见的障碍之一，尤其是随着辅助器具智能化的进一步发展，价格越来越贵，导致消费者购买意愿下降。政府采购更倾向于较为便宜的大众类产品，抑制了企业的创新热情。目前，我国辅助器具缺少完善的支付体系支撑。康复及辅助器具纳入医疗保险报销的项目非常有限，且报销水平较低；辅助器具补贴政策尚未全面建立起来，针对贫困老年人的辅助器具免费发放范围较窄且品种少。

三是公众的认知度低。辅助器具市场受到公众对辅助器具产品认知的影响，而目前辅助器具产品日新月异，部分潜在用户对这些产品不了解，也缺少获得信息的相关渠道。虽然人们可能知道更常见的辅助器具产品，但潜在用户和提供者可能不熟悉广泛用于沟通、认知或自我护理的辅助器具产品，这些产品可以大大改善有需要的人的生活。识字率低、缺乏互联网接入、无法获取有效信息，进一步阻碍了人们了解使用辅助器具产品的需求和好处。此外，受传统文化的影响以及根深蒂固的污名化，导致部分残疾老年人对使用辅助器具持排斥态度。部分辅助器具价格偏高，而多数老年人消费能力低，再加上勤俭持家的消费习惯，对辅助器具能不购买就不购买，导致我国残疾老年人的辅助器具适配率一直偏低。

四是环境端的制约。缺乏无障碍环境，即使提供范围更广的地理区域（包括社区一级），辅助产品的范围也可能是有限的。无法接近的设施、设备、信息和提供者的消极态度增加了辅助器具的障碍。目前，仅有少数大中城市建设有较为完善的无障碍环境。如北京市从2019年11月启动全市"无障碍环境建设2019—2021年专项行动"，累计整治整改点位33.6万个，打造100个无障碍精品示范街区、100个"一刻钟无障碍便民服务圈"，首都城市功能核心区、冬奥会冬残奥会赛事和服务保障相关区域基本实现无障碍化。目前所有地铁站点都配有专门的无障碍出入口，有的地铁站点还特意配备了轮椅电梯，几乎所有地铁站点的扶手上都有盲文标识，公共卫生间也专门做了无障碍设计。但是大多数地区的无障碍建设严重滞后，尤其是广大农村地区，无障碍环境建设尚未起步，严重阻碍了辅助器具的推广和使用。以轮椅为例，由于家庭无障碍改造范围窄，多数家庭需要自己支持改造费用，导致部分中低收入家庭的无障碍无法达到要求，阻止了功能障碍老年人走出家门；另外，部分家庭居住偏远，硬化道路未接入家庭，也阻止了辅助器具的使用。

## 四、智慧辅助器具发展建议

### （一）从关键应用场景切入，解决老年人的需求痛点

老年人通常面临着身体功能下降、日常生活能力减退等问题，辅助器具需求量大。随着人口老龄化的加剧，老年人口不断增加，对智能辅助器具的需求进一步扩大。换言之，残疾老年人以居家生活居多，在家庭护理中的应用成为智能辅助器具重要发展方向。智能辅助器具可为残疾老年人的健康、日常护理、居家生活等提供帮助，提升他们的生活质量，缓解家庭的养老压力。例如，移动型护理机器人通过语音识别、智能导航和定位技术，准确识别老年人的需求和定位老年人所在位置，为他们取药、送水、喂饭、处理"二便"等，满足日常生活的基本需求。在缺少陪伴的情况下，老年人时常感到孤独和精神空虚，通过自然语言识别技术，交互功能机器人能够与老年人进行简单对话，倾听他们的心声，分享日常生活，为老年人带来心理上的慰藉和陪伴。集智能监测、健康管理和舒适调节等为一体的多功能智能护理床实时监测老年人的心率、呼吸、体温、睡眠质量和体位变化等生理参数，及时发现患病老年人的异常情况并采取相应对措施。同时，其配备的可调节床位和按摩功能，能够为老年人提供舒适的睡眠和护理体验。

老年人的移动、出行对老年人的生活和社会参与影响深远，包括自主独立、社交互动、就业机会与市场参与、旅游和出行、健康康复和紧急情况下的安全等。传统的辅助器具如手杖、轮椅、助听器等机械结构单一、操作相对简单、适用范围较窄，对于复杂的出行和生活需求可能无法满足，而智慧辅助器具结合了人工智能、机器学习、传感器技术等现代化技术，有了更多的交互界面和功能，适用范围广，能够满足不同老年人的个性化、定制化服务需求。解决老年人的移动难题，满足老年人的出行需要，成为智慧辅助器具最需要解决的关键场景之一。研发能够适应行走环境的助行机器人、可穿戴式下肢外骨骼行走机器人、下

肢智能矫形器等智能移动辅助器具，可以改善各种行动不便老年人的步行能力，为行动不便老年人带来更好的安全保障、康复效果、社会融入和生活质量。因此，应当继续加大对智能移动辅助器具的研发和推广力度，着力解决行走不便老年人、下肢功能障碍者的"走出去"困境。

受到人工智能、大数据、物联网、5G、云计算等现代化技术的推动，医疗辅助器具也由传统的血糖仪、心电图仪、心率监测器、步数计等单一监测设备发展为多功能智慧辅助器具，提升医疗辅助器具智能化程度、数据处理能力和实时性，与其他医疗设备、医疗记录系统等进行整合，实现医疗信息的无缝传递，为医院管理、健康评估、辅助诊断、决策提供支持，进驻各类智慧医院成为智慧辅助器具在医疗方面的关键应用场景。在具体实践中，阿里、腾讯、百度、科大讯飞、谷歌等国内外科技企业都在积极布局医疗辅助器具的智能化升级，加速了人工智能在医疗中的渗透和创新应用。在诸如抗击新型冠状病毒感染疫情过程中，无人消毒车、智能测温、智能诊疗等智能医疗产品的实用性，更体现出智慧医疗辅助器具的实际价值和丰富的应用场景。事实上，智慧医疗辅助器具在医疗问诊、健康咨询、常规体检、大病康复、长期护理、临终关怀等，甚至智能辅助诊断、智能临床决策等方面仍有巨大的挖掘空间，将在提高医疗效率、改善患者生活质量、降低医疗成本等方面发挥重要作用。

## （二）整合软件与硬件，提升智慧化程度

整合硬件与软件是康养产业的发展方向。硬件（设备、仪器等）与软件（管理平台、App）结合后才能发挥更大作用，从而实现智慧化。目前，市场上辅助器具产品与管理软件处于分离状态，研发生产与软件开发由不同公司承担。为此，建议在开发辅助器具产品时，同时开发管理软件。移动类的管理软件能实现定位、导航等功能，需要开发无障碍地图，形成核心竞争力；而在居家康复类产品中，通过数据采集、优化算法、预警及服务、云上康复等方式，营造智慧居

家环境。

智慧化是康养产业的未来发展方向，而平台建设则是迈向智慧化的起点。一方面，通过运用大数据平台，对老年人身体状况进行分析，建立专属健康电子档案，并提供精准服务，提升老年人的养老满意度；另一方面，通过构建出较为全面的大数据云平台，向更多用户提供沟通交流方式，从而使得相关人员能够更加直观地了解到老年人的需求，给老年人提供更加具有针对性、全面性的养老服务。建立大数据云平台进行资源整合，提供"一站式"服务，将线上需求管理和线下产品有机结合，后台还可以对服务数据进行深入分析、剥离、归纳，充分提升养老服务效率和服务质量。同时，这些包含消费者行为习惯的重要数据，为制定行业产品与服务标准提供一手资料，从而实现康养产业的健康快速发展。

智慧居家康复云平台把传统的家庭康复护理搬到互联网上，融合了物联网时代的特征，将远程康复、健康监护和生活监护资源从固定的时空范围内释放出来，足不出户，让老年人触手可及。将居家康复类产品作为数据采集的方式，通过优化模型和算法，对居家老年人的健康状况进行预警，并提供整体解决方案，将是居家护理康复的重点发展方向。

### （三）整合支付体系，促进消费升级

由于涉及高端技术、个性化定制、研发创新、材料与生产等多个因素，部分智能辅助器具生产成本较高，导致多数低收入用户难以承担其费用而无法获得合适的辅助器具，如有完善的康复支付体系，智能辅助器具的普及性和可及性将会大大增强。

当前，我国基本医疗保险报销范围包括上万种的药品目录、诊疗项目和医疗服务设施。相比之下，康复支付散见于基本医疗保险、工伤保险、商业保险、康复救助、康复补贴等体系中，仅有29项康复医疗项目纳入了基本医疗保险，与市场中上万种辅助器具相去甚远，支付体系碎片化、覆盖范围小、报销额度低、

支付压力大等影响到康复医疗辅助器具的实际需求。截至2020年，我国老年人与残疾人的总和接近3.5亿人，只有1 077.7万持证残疾人及残疾儿童得到基本康复服务，约242.6万残疾人获得辅助器具支持。[①] 针对康复支付体系不健全，基本医疗保险覆盖辅助器具项目不足，辅助器具支付受益面窄，保障水平低，康复治疗需求得不到有效满足的现状，应进一步加强康复支付体系整合，扩展康复医疗报销项目，根据实际需要合理确定康复项目使用基本医疗保险的时长，提升基本医疗保险报销额度和保障水平。

从完善"全体人民享有所需要的、有质量的、可负担的预防、治疗、康复、健康促进等健康服务"的目标来看，建立完善的康复支付体系不仅仅是康复领域的发展需要，更是一个社会责任和福祉的体现。整合康复支付体系，需要政府、保险机构、医疗服务提供者等多方合作来解决。首先，需要包括医疗、保险、残联、科技、金融等不同部门的协调与合作，搭建多部门合作平台，共同制定支付标准、规范和政策，使不同类型的智能辅助器具可以在不同支付体系中得到支持，降低用户使用不同产品时的支付难度。其次，基于普惠性康复理念，优化医疗保险和社会福利体系，扩大智能辅助器具的覆盖范围，确保有需要的人可以享受到相应的补助或报销，减轻经济负担。最后，扩展长期护理保险支付覆盖范围，为居家辅助器具（如理疗器具、功能性床、厨房、卫生辅助器具）以及社区辅助器具（如助力器具、导盲辅助器具、社交辅助器具等）提供稳定的资金支持，鼓励医疗机构和社区提供更优质的康复服务，减轻个体和家庭的负担，促进康复服务消费升级。智能辅助器具的发展不仅依赖于科技进步，也依赖于其是否能够真正服务于用户的个体需求，包括用户的支付能力等，只有构建完善的康复支付体系，才能保障个体的康复和生活质量，提升社会的整体健康水平。

---

① 国务院新闻办公室. 全面建成小康社会：中国人权事业发展的光辉篇章[M]. 北京：人民出版社，2022.

## 五、结语

"互联网+养老""智慧养老"成为养老服务的发展方向,它将线下老年人的生活习惯、居家服务等潜在需求和线上搜集到的各种有用信息有机结合,将线下的养老服务需求和线上的辅助器具产品及服务供给有效匹配,最终实现辅助器具产品及服务供给与需求的无缝对接。同时,依托大数据的信息处理与分析功能,能够有效释放消费潜力,为智慧辅助器具产业创造新的盈利增长点。服务业智能化的发展趋势将为辅助器具产业的发展带来深刻变革。人工智能技术的应用,将使机器能够在很大程度上模拟人的功能,实现批量人性化和个性化地服务于人的需求。此外,人工智能可以优化企业的仓储物流、定价、销售及决策等,能够提供更好的供应链预测,优化辅助器具企业的经营管理等。可以预见,智慧辅助器具将迎来快速发展时期。

目前,我国智慧辅助器具发展取得了一些重要进展。但是,由于技术的局限性、缺乏统一的标准和认证体系、个性化设计不足、政策支持力度不够,智慧辅助器具或是可能无法满足复杂环境下残疾老年人的一些特殊需求,或是性能和质量参差不齐,老年人难以确定自己最合适的辅助器具类型,或是老年人、残疾人无法承担智慧辅助器具的高昂价格等。因此,要着眼于改善老年人的生活质量,把握好智慧辅助器具的需求动向,加强技术创新和社会推广,推动辅助器具产业可持续发展。

## 参考文献

[1] 叶选挺,马诗敏,王宇,等.场景驱动视角下我国智能医疗产业演化研究[J/OL].科技进步与对策:1-11[2023-09-13].http://kns.cnki.net/kcms/de-

tail/42. 1224. G3. 20230710. 2120. 019. html.

[2] 罗筱媛，杨奇，黄丽丽，等．广州市老年人社区与居家康复需求初步调查分析［J］．中国康复医学杂志，2022，37（4）：515－518．

[3] 史珈铭，刘晓婷．老年人社区康复服务需求及其影响因素［J］．中国康复理论与实践，2021，27（3）：334－340．

[4] 陈柯羽，刘纾羽，吉祥，等．中国康复医学领域中的人工智能及发展趋势分析［J］．中国医学科学院学报，2021，43（5）：773－784．

[5] 励建安．人机共融，天人合一——关于康复机器人应用与发展的思考［J］．中国康复医学杂志，2020，35（8）：897－899．

[6] 喻洪流．康复机器人：未来十大远景展望［J］．中国康复医学杂志，2020，35（8）：900－902．

[7] 葛延风，王列军，冯文猛，等．我国健康老龄化的挑战与策略选择［J］．管理世界，2020，36（4）：86－96．

[8] 董理权，李晞，徐进，等．"互联网＋"智能化辅助器具评估与适配服务体系构建研究［J］．中国康复理论与实践，2019，25（6）：724－728．

[9] 蒋梦蝶，戴付敏，徐娟娟，等．老年人移动辅助器具的使用现状及影响因素［J］．护理学杂志，2019，34（1）：23－27．

[10] 程子真，张琪，甘燕玲．机器人在老年人家庭护理中的应用研究进展［J］．护理学报，2019，26（9）：42－45．

[11] 张婧．智能康复产品在中医诊疗设备中的应用前景［J］．生物医学工程学进展，2018，39（2）：114－116．

[12] 陈立典．加快康复产业发展政策出台［J］．康复学报，2017，27（3）：54－55．

[13] 李令岭，刘垚，敖丽娟．我国残疾人社区康复存在问题与发展探讨［J］．中国康复医学杂志，2017，32（2）：213－216．

[14] 卓大宏，贝维斯，李建军，等．中国社区康复的现状、面临的挑战和发展趋势

［J］．中国康复医学杂志，2015，30（7）：635－639．

［15］师昉，王龙，李鹏征，等．肢体残障者辅助器具的临床应用与发展现状［J］．中国康复，2013，28（3）：234－237．

［16］张晓玉．我国智能辅助器具科技创新的现状与发展［J］．中国康复理论与实践，2013，19（5）：401－403．

［17］许健，黄剑，陶春静，等．重障者智能辅助洗浴器具控制系统设计［J］．计算技术与自动化，2013，32（1）：37－40．

［18］李素萍．现代科技在残疾人康复中的应用［J］．医疗装备，2010，23（4）：21－23．

# Report on the Development of Intelligent Assistive Devices

Yang Lixiong    Wei Wengao

**Abstract**: Assistive devices play an important role in improving the quality of elderly care services, meeting the needs of rehabilitation and maintaining their independence in life. It's being upgraded towards intelligence by technologies of "Internet plus", artificial intelligence and sensor with the continuous progress of science and technology, acceleration of aging and growing elderly population which can promote the deep integration of assistive devices and elderly care services, give birth to personalized supply of elderly care service and advance the development of assistive devices industry. However, assistive devices' research and innovation are relatively lacking, and the level of intelligence and market application are not high due to factors such as service system, adaptable talents, consumption ability, public awareness, and environment etc. Therefore, it is recommended to promote the research, application, and popularization of intelligent assistive devices from integrating software and hardware, demand and consumer side.

**Keywords**: population aging   assistive devices   intelligent development

# 智慧养老标准化发展报告

朱 丹[①] 谢 红[②]

**摘　要：** 智慧养老以智能产品和信息系统平台为载体，深度融合应用物联网、大数据、云计算、人工智能等现代化技术，与养老服务有机结合，在促进养老服务资源的有效利用，满足老年人多元化养老服务需求，化解不断增加的人口老龄化压力，推动养老服务产业发展等方面作用日益突出。由于我国智慧养老仍处于探索阶段，普遍存在智慧养老标准体系欠缺、相关政策执行标准不健全，智慧养老产品供需不匹配、设备标准缺乏，智慧养老产品与智慧养老服务系统间存在联系障碍，老年公共健康、医疗和养老服务数据联动共享不足，智慧养老信息化管理和监督水平难以适应市场发展等问题。因此，在推进智慧养老标准化工作中，一是要以养老服务体系为基础推动智慧养老标准化建设；二是要以养老服务需求为导向发展智慧养老产品设备标准；三是实现养老服务市场健康发展；四是要鼓励集合更多资源投入智慧养老标准化建设。

**关键词：** 智慧养老　标准化体系　信息化

智慧养老将为未来我国人口老龄化压力的化解、推动服务老年人相关产业的发展产生强大推进力。党的十九届五中全会强调，要实施积极应对人口老龄化的国家战略。我国正处于人口老龄化快速发展期，人民群众对健康和养老的需求与日俱增，要充分借助现代化技术等手段提升健康养老服务精准化、专业化和智慧

---

[①] 北京大学第一医院护师。
[②] 中国社会保障学会养老服务分会副会长，北京大学医学部副教授。

化水平。运用信息化的智慧手段进行为老服务，将智慧养老嵌入老龄社会发展，既是积极应对人口老龄化的客观需要，也是老龄社会发展的潮流和推动社会变革的力量。与其他养老形式相比，智慧养老突出表现在联通物联网、云计算方式辅助、大数据提供帮助方面，同时对空间、地理等多重信息进行管理，将现代科技与传统养老服务理念有机结合，促进医疗、健康、养老资源优化配置和使用效率提升，满足个人和家庭多层次、多样化的健康养老服务需求。[①] 我国智慧养老仍处于起步和探索阶段，面临着智慧养老体系不健全、缺少统一的服务标准、标准不配套以及实施困难等问题，亟需开展智慧养老标准化工作。智慧养老产业及标准化探索是一项既充满现实意义，又能够为未来社会发展提供帮助的重要议题。

# 一、智慧养老标准的现状

## （一）智慧养老标准发展的国际经验

自20世纪80年代以来，许多西方国家就对智慧养老开始了探索，多个国外机构和组织开展智慧养老标准化研究工作，经过多年发展取得了一定成果并实施了一系列政策措施，为我国智慧养老标准化提供了一些借鉴之处。[②]

### 1. 英国

国际上，智慧养老的概念最早出现在英国，之后发展至欧洲其他国家。英国生命信托基金会提出"智慧居家养老"（Smart Home Care）的概念，当时称为"全智慧化老年系统"，即老年人在日常生活中可以不受时间和地理环境的限制，在自己家中过上高质量、高享受的生活。"智慧居家养老"指将先进的信息技术

---

[①] 左美云. 智慧养老内涵与模式［M］. 北京：清华大学出版社，2018.
[②] 张程，李洁. 国内外智慧养老现状及标准化研究［J］. 中国标准化，2018（20）：199-201；韩振秋. 日本科技创新应对人口老龄化经验借鉴［J］. 科技管理研究，2021，41（4）：25-31；吴琼. 浅析智慧养老标准化工作现状、问题及对策［J］. 中国标准化，2022（7）：152-155.

手段应用于养老领域，面向居家老年人开展物联化、互联化、智慧化的养老服务，给老年人生活带来便利。随着科技的发展和经济水平的提高，智慧养老的概念逐渐延伸至家庭养老和社区养老领域，除先进的管理系统和完善的服务设施外，又将高技术含量的智慧穿戴设备和先进的服务理念涵盖其中，旨在满足不同层次老年人的个性化需求，改善其晚年生活。同时，英国的养老服务有着完善的法律和标准体系。英国政府通过不断制定《国民健康服务法》《国民保健法》《全民健康与社区照顾法案》《国家老年服务框架》《国家黄金标准框架》等相关法律和标准，对养老服务提出建设、管理、评估等一系列要求，使英国标准化的养老体系得到完善，也为英国养老服务提供了充分的法律保障。

2. 欧盟

欧盟从19世纪末，就出现了老龄化现象，一些国家开始迈入老龄化社会，为了应对人手不足问题开始致力于发展智慧养老。欧洲多个权威标准化机构，例如，欧洲标准化委员会、欧洲电工标准化委员会、欧洲电信标准协会，以及欧盟各个国家的标准机构与行业协会标准设计团体，设计实施了多个聚焦老龄化社会的标准。特别要提出的是，欧洲标准化委员会成立了CEN/TC385"老年人住房服务"项目委员会。不过，欧盟标准多侧重于在住宅和运输系统中考虑儿童、老年人与残疾人的需求，没有专门针对智慧养老及将信息技术应用于养老领域的标准。早在2007年，德国就成立了环境辅助生活（Ambient Assisted Living，AAL）系统研究计划，推动智慧养老发展，每年举办AAL大会，推进国际标准的制定。环境辅助生活系统是指通过一个扩展性的智慧技术平台，将各种智慧化仪器互相连接在这个平台上，构建出一个即时反应的环境，使其能对使用者状态和环境对象进行分析，并作出反应。在老年服务标准化和规范化方面，德国政府提出养老产品和养老服务的质量都必须要有标准和规范可依。在国家层面，出台了《老年人生活辅助提供者的质量要求》等两项养老服务业标准，并且德国中央长期照料社会保险基金联合会和联邦长期照料服务机构联合会根据法律共同制定了养老服务原则和标准，对服务质量、措施等作出具体规定。

3. 美国

美国拥有完善的养老保障制度，在美国实行社会福利、社会保险和商业保险相结合的制度，大部分老年人能够实现经济独立。在远程医疗等方面颁布法律法规，对个人信息、结算方式、事故赔偿等内容作出具体规定，为其发展提供制度保障。此外，美国智慧化软硬件普及利用率高。美国率先实现在公寓运用智慧技术，通过远程控制、计算机信息网络、数据采集等打造智慧家居。当前，美国家庭电子监控系统及远程医疗系统应用普遍，由社区居民自主创办的"邻里之家"网站遍及全国，在全美50个州建立1.4万个社区分站，注册需要实名认证，信息只对本社区注册会员公开，通过邻里相望与互助养老，极大降低了养老成本，提高了养老效率。采用分级分类的差异化服务模式，如美国波士顿地区打破传统条块养老服务模式，根据老年人不同需求，利用信息化手段提供自动监测、呼叫中心、非就诊式照护、技能型服务，每种服务按次收费，价位由低及高，并在服务过程中可以预先发现老年人的潜在需求，针对健康、半失能、失能等不同情况老年人，养老管家可以进行"推荐式"服务，更能做到有的放矢。在标准化方面，美国从20世纪90年代开始就规定养老机构必须实施标准报告制度，政府必须严格监管和评估服务流程、技术水平等。在服务平台构建方面，由政府投资并建立统一的智慧养老服务平台，这有利于政府根据各个地区的情况进行协调，加强数据共享，节省公共资源。美国卫生部医疗保险和医疗救助中心发布实施相关养老服务标准，以此来监督和检查国内的养老机构。即便如此，美国依旧没有在养老服务业领域发布权威性的国家或行业技术标准。目前，《考虑老年人生活的灯光及视觉环境要求》（ANSI/ES-RP-28-07）是唯一一项美国在养老领域发布的国家技术标准。

4. 日本

日本是老龄化程度最深的发达国家，其养老体系建设起步早且较为成熟。自日本步入老龄化社会以来，智慧养老便成为政府和行业研究探讨的热点话题。近年来，日本政府致力于利用物联网、人工智能等先进技术建立智慧化、信息化的养老体系。在国家智慧养老政策支持下，日本养老产业正逐渐走向智慧化，在养老服务、护理服务、医疗服务、康复服务等方面均取得了一定成绩。日本有完善的介护保险制度。介护即是对年老、生病、残疾等生活方面存在一定障碍的人给予照顾和护理。为提升和保障老年介护服务质量，2014年，日本发布《与家庭护理相结合促进适当使用信息系统照顾老年人的指南》。该指南旨在通过标准化数据收集和管理，建立一个有效的信息网络，将老年人健康服务纳入公共卫生、医疗、护理和福利工作的整体体系中。介护服务会根据老年人身体健康状况分成7个援助等级，给予个性化服务。介护服务所需费用由税收和保险金承担。从事介护的工作人员必须通过专门机构培训，参加考试取得职业资格证书，且上岗后受到相关制度严格管理，这为专业化服务的提供和行业人才的储备奠定了基础。日本的养老科技发展较早且许多技术已非常成熟，使其在养老科技领域形成了强大的技术优势。日本以技术为依托提出的《积极老龄化与信息通信技术解决方案》，旨在通过信息通信技术与康养服务相结合，以缓解和解决老龄化问题。在2010年的新成长战略中提出促进开发护理仪器（福利用具）的要求，在2013年6月的再兴战略中制定了"机器人护理机器开发五年计划"，以促进护理机器人的开发与实用化。在认知障碍症应对方面，推出的综合推进战略"2018新橙色计划"中特别提出，以科技创新开展针对认知障碍症病情等的分析，支持基于机器人技术和信息通信技术的机器设备研发、人工智慧等研究工作，促进研发成果的推广和普及，还在机器人的研发方面给予大力支持，以机器人技术、护理智慧产品运用来化解老龄化及人口减少、护理难度加大等问题。

## （二）智慧养老标准的国内实践

我国对智慧养老的研究起步较晚。直到2010年，在我国互联网技术有了一定程度的发展后，才对居家、社区和机构养老如何与互联网技术融合的智慧养老开始探究。作为规范性文件，《养老住区智慧化系统建设要点与技术导则》在2012年发布，对全国的养老住区智慧化系统进行评级，养老建筑设施的智慧化得以逐步推广。而在2012年，全国老龄工作委员会办公室提出"智慧化养老"

理念，批准华龄智慧养老产业发展中心在这一领域开展有益的研究。2012年以来，依靠飞速发展的互联网技术和高新技术辅助，国家和社会对智慧养老的看法也发生了翻天覆地的变化，在多种条件综合作用下，智慧养老理念及相关产品和服务逐步被市场所接受并迅速发展起来。为了更好地保证智慧养老相关产品质量、提升智慧养老服务水平、切实保障老年人权益，智慧养老标准化已成为现阶段面临的重要课题。我国的智慧养老标准化研究主要经历了以下几个阶段。

一是养老服务标准的探索研究。2009年，民政部社会福利和慈善促进司牵头成立全国社会福利服务标准化技术委员会，该协会主要工作是全国社会福利领域标准的制定和实施，现已制定36项标准，其中有6项是国家标准。国家标准化委员会、工业和信息化部共同领导的全国信息技术标准化技术委员会、全国服务标准化技术委员会以及全国残疾人康复和专用设备标准化技术委员会等机构也从不同的方向和工作范围为养老标准的制定和实施做出自己的努力和贡献。上述机构在网页无障碍设计与应用、智慧穿戴设备、射频识别技术与接口、物联网数据等信息技术应用标准的研制与应用方面进行了探索。全国服务标准化技术委员会和全国残疾人康复和专用设备标准化技术委员会也分别从服务与残疾人设备等领域推动了标准研制与应用。总的来说，这一阶段我国养老领域标准化的研制还仅局限于养老服务领域，除此之外的养老信息化服务或者智慧养老信息化管理标准等方面进展甚微或者说处于空白。

二是智慧养老标准的探索研究。2013年9月，国务院发布了《关于加快发展养老服务业的若干意见》，明确要求各地方政府、机关、事业单位要为各地的老年人提供养老信息化服务，尤其明确各地政府要支持相关企业运用互联网等创新手段，实施先进的智慧养老服务，在电子商务、居家养老服务平台、家政预约、服务缴费等方面为老年人提供相应服务。国家发展改革委等14个部门共同印发的《关于印发10个物联网发展专项行动计划的通知》以及其他一系列相关文件，对推动智慧养老工作展开总体部署。2014年，国家发展改革委遴选推动了一批以物联网为代表的重点项目，促进了信息技术应用和标准化的探索。在充分考虑老年人需求的基础上，探索建立利用物联网技术实现养老服务智慧化的技术体系，在信息技术应用和标准化方面呈现基础硬件和信息采集传输设备种类多、覆盖面广，重视大数据的存储和处理，注重建设互联互通的物联网技术体系，着力打造灵活自由、易实现、可维护的服务平台，以及促进各类服务应用系统的多样性、模块化等五大特点。这一阶段，智慧养老市场逐步发展，智慧养老产业逐渐由企业自主参与向政府倡导、引导转变。随着智慧养老相关产品和服务渐为人知、推广和普及，国家和政府在政策出台、财政扶持、企业准入制度、资金投融资支持等方面多管齐下，在社会各方面如互联网、信息惠民、科技创新乃至健康、保险、游戏等领域推动智慧养老产业发展。相关政策对养老相关信息技术等领域的标准研制也给予了一定重视，但仍未对智慧养老的标准体系设计、关键标准布局等问题提出具体要求。

另外，信息技术、健康以及养老领域的学术机构，具备研究实力的行业协会和学会，以及相关专业组织在智慧养老标准领域进行积极探索，取得了一定成果。2012年10月，中国老龄产业协会与中国标准化研究院签订了《中国老龄产业行业标准体系建设战略合作协议》，全面启动了老龄产业标准体系的建设工作。2013年10月，中国老龄产业协会与中国标准化研究院共同举办标准建设与养老社区（基地）建设发展论坛暨老龄宜居社区（基地）标准发布会，正式发布《老龄宜居社区（基地）基本要求》和《老龄宜居社区（基地）评价指南》两项标准。这两项标准旨在规范养老社区建设与管理，满足不同老年群体的养老需求。从养老社区建设、护理服务、运营管理、信息化建设等方面，针对新建、扩建和改建的高端老年宜居社区的建设与管理工作提出了评价原则、指标、等级划分要求和评定方法。2014年，在中国标准化研究院的支持下，华龄智慧养老产业发展中心组织智慧养老领域相关专家以及在智慧养老行业具备一定实践经验的企业负责人，共同研究并制定了智慧化养老实验基地相关标准，先后出台了《智慧化养老实验基地建设规范》和《智慧化养老实验基地管理办法》。经过多次专家研究和广泛论证，华龄智慧养老产业发展中心分别于2014年10月和2015年1

月发布了《智慧养老实验基地建设标准：规划设计标准》和《智慧化养老实验基地智慧化系统技术导则》，其中规定了智慧化养老实验基地建设的术语、原则，以及建筑设施、物业管理、健康管理、生活服务、照护服务、文化娱乐等6大方面智慧化系统的覆盖区域、应用对象、基本要求、规划功能要求等，为各试点标准化工作的开展把脉导航。

三是智慧健康养老标准的发布实施。"十三五"时期，各部门陆续出台相关政策措施促进智慧健康养老产业发展和智慧养老标准化体系建设。2016年11月，工业和信息化部会同国家标准委发布《智慧家庭综合标准化体系建设指南》，提出到2020年初步建立符合我国智慧家庭产业发展需要的标准体系，形成基础标准较为完善、主要产品和服务标准基本覆盖、标准技术水平持续提升、标准应用范围不断扩大、与国际先进标准保持同步发展的良好局面。2016年12月，国务院办公厅发布《关于全面放开养老服务市场提升养老服务质量的若干意见》，提出发展智慧养老的重点应在于开发和运用智慧硬件，重点推进老年人健康管理、紧急救援、精神慰藉、服务预约、物品代购等服务，推进社区综合服务信息平台与户籍、医疗、社会保障等信息资源对接，促进养老服务公共信息资源向各类养老服务机构开放。2017年2月，工业和信息化部会同民政部、国家卫生计生委联合印发了《智慧健康养老产业发展行动计划（2017—2020年）》，明确提出发展智慧健康养老产业的思路和措施，构建跨部门协同工作机制，推动智慧健康养老产品研发、服务推广、公共服务平台建设以及标准体系建设，到2020年，基本形成覆盖全生命周期的智慧健康养老产业体系，智慧健康养老产业发展环境不断完善，制定50项智慧健康养老产品和服务标准，信息安全保障能力大幅提升。此外，国家标准委还组织制定《智慧家庭健康管理腕式可穿戴设备技术要求》《智慧家庭老年人手环（手表）技术规范》《智慧家庭健康养老产品分类及描述》《智慧家庭健康养老服务平台参考模型》等行业标准。

随着国家政策引导，各地方政府、行业协会也加快建设智慧健康养老标准化体系，智慧养老相关的团体标准、地方标准陆续发布实施。浙江省绍兴市在智慧养老标准研究制定领域率先作出探索，着力制定和完善智慧养老服务相关标准。早在2015年12月，绍兴市质量技术监督局对拟批准发布的7项推荐性市级地方标准规范公开征求意见，其中有2项为智慧养老标准，并于2018年正式发布实施《智慧居家养老服务信息平台建设与管理规范》（DB3306/T 005—2018）、《智慧居家养老服务企业（组织）基本规范》（DB3306/T 006—2018）。同时，绍兴市注重相关标准的宣传推广工作，以街道社区为支点，通过服务培训等活动的开展，将养老服务标准的相关知识用业务培训的形式进行强化，推动智慧养老标准化、规范化意识的培养，推动智慧养老标准在基层的应用。此后山东省、江苏省、陕西省、安徽省、云南省丽水市等省市也发布实施了智慧养老建设规范、智慧养老信息平台建设管理等相关地方标准。"十三五"时期还发布实施了17项智慧养老相关的团体标准，标准内容涵盖智慧养老建设规划、智慧养老平台建设与管理、智慧养老服务提供和管理、智慧设备等内容，其中10项标准均为上海市物联网行业协会发布实施。2019年住房城乡建设部发布实施了《养老服务智慧化系统技术标准》（JGJ/T 484—2019）。"十四五"时期，国家持续加强跨部门协作，进行顶层设计和政策引领，推动标准体系建设，推动智慧健康养老产品及信息服务标准研制工作。工业和信息化部、民政部、国家卫生健康委出台《智慧健康养老产业发展行动计划（2021—2025年）》，重点围绕关键技术、标准规范、产品和服务供给等方面开展部署，为智慧养老发展提供有力支撑，此行动计划提出四大发展愿景，包括不断优化完善产业生态、推动建设服务信息平台、建立智慧健康养老标准体系、研究制定20项以上行业急需标准。现有2项智慧养老相关国家标准发布，均是关于智慧设备的，即《用于老年人生活辅助的智能家电系统 架构模型》（GB/T 40439—2021）和《用于老年人生活辅助的智能家电系统 通用安全要求》（GB/T 41529—2022）；有2项关于智慧健康养老平台和产品的行业标准发布，即《智慧健康养老服务平台参考模型》（SJ/T 11783—2021）和《智慧健康养老产品分类及描述》（SJ/T 11784—2021）。此外，福建省、日照市、安徽省、天津市、广东省、内蒙古自治区等省、自治区、直辖市均陆续发布了智慧健康养老建设规划、智慧健康养老平台建设与管理、智慧健康养老服务提供与管理相关的地方标准。同时，各行业协会还发布了近30余项团体标准，其中，上海市物联网行业协会发布实施了16项以智慧健康养老为核心的团体标准，2023年中国老龄产业协会发布了多项智慧医养结合实施规范相关的团体标准。

总的来说，我国智慧养老服务标准化已初成体系（见表2-1），但是仍然处于萌芽阶段，标准大多都来自试点单位出台的地方标准或团体标准。因此，智慧养老服务标准体系有待建立，智慧养老产品及设备相关标准有待提高，智慧养老服务监督管理类标准有待加强。

表2-1　　　　　　　我国智慧养老相关标准发布情况

| 标准类别 | 标准号及标准名称 |
| --- | --- |
| 国家标准 | GB/T 40439—2021 用于老年人生活辅助的智能家电系统　架构模型 |
| | GB/T 41529—2022 用于老年人生活辅助的智能家电系统　通用安全要求 |
| 行业标准 | SJ/T 11783—2021 智慧健康养老服务平台参考模型 |
| | SJ/T 11784—2021 智慧健康养老产品分类及描述 |
| | JGJ/T 484—2019 养老服务智慧化系统技术标准 |
| 地方标准 | DB15/T 3016—2023 智慧居家社区养老服务信息平台建设管理规范/内蒙古自治区 |
| | DB44/T 2422—2023 家政服务　智慧居家养老服务信息平台建设与管理规范/广东省 |
| | DB12/T 1219—2023 居家养老智慧社区建设规范/天津市 |
| | DB34/T 4188—2022 居家养老智慧化建设规范/安徽省 |
| | DB34/T 4187—2022 智慧养老服务中心运营规范/安徽省 |
| | DB3711/T 112—2021 智慧养老老年人防跌倒监护服务规范/日照市 |
| | DB35/T 1990—2021 面向居家和机构的智慧养老系统接口要求/福建省 |
| | DB3311/T 128—2020 智慧养老服务平台建设总体要求/丽水市 |
| | DB34/T 3525—2019 养老机构智慧养老建设规范/安徽省 |
| | DB61/T 1245—2019 社区智慧养老服务导则/陕西省 |
| | DB32/T 3530—2019 智慧养老建设规范/江苏省 |
| | DB37/T 3583—2019 智慧居家养老服务信息平台管理与服务规范/山东省 |
| | DB3306/T 006—2018 智慧居家养老服务企业（组织）基本规范/绍兴市 |
| | DB3306/T 005—2018 智慧居家养老服务信息平台建设与管理规范/绍兴市 |

续表

| 标准类别 | 标准号及标准名称 |
|---|---|
| 团体标准 | T/CECS 1284—2023 绿色智慧居家养老系统设计标准 |
| | T/CSI 0017—2021 养老智慧化系统安全要求 |
| | T/CSI 0026—2023 "全链式"智慧医养结合实施规范 |
| | T/CSI 0027—2023 "多主体融合式"智慧医养结合实施规范 |
| | T/CSI 0028—2023 中医药"主动健康式"智慧医养结合实施规范 |
| | T/CSI 0029—2023 "回归社区式"智慧医养结合实施规范 |
| | T/CSI 0030—2023 "回归居家式"智慧医养结合实施规范 |
| | T/CASME 322—2023 智慧养老紧急报警呼救器 |
| | T/SIOT 307—2022 智慧健康养老 社区长者食堂服务要求 |
| | T/SIOT 317—2022 智慧健康养老 养老机构运营管理信息化平台技术要求 |
| | T/SIOT 321—2022 智慧健康养老 智慧养老院 服务规范 |
| | T/SIOT 322—2022 智慧健康养老 智慧养老院 支撑平台技术规范 |
| | T/SIOT 323—2022 智慧健康养老 智慧养老院 数据规范 |
| | T/SIOT 324—2022 智慧健康养老 慢性病管理系统总体要求 |
| | T/SIOT 325—2022 智慧健康养老 为老服务"一键通"应用功能通用要求 |
| | T/SIOT 326—2022 智慧健康养老 为老服务"一键通"系统接口要求 |
| | T/SIOT 327—2022 智慧健康养老 为老服务"一键通"智慧电视终端技术规范 |
| | T/SIOT 329—2023 智慧健康养老 医疗机构居家护理服务信息管理平台功能规范 |
| | T/CAS 500—2022 智慧家用电器的适老化技术 |
| | T/CAS 588—2022 智慧家居控制端应用适老化评价技术规范 |
| | T/CECC 015—2022 机构养老智慧管理系统建设规范 |
| | T/SIOT 311—2021 智慧健康养老 护理服务平台功能要求 |
| | T/SIOT 312—2021 智慧健康养老 室内运动健康服务要求 |
| | T/SIOT 313—2021 智慧健康养老 室内运动健康监测与运动数据接口技术要求 |
| | T/SIOT 314—2021 智慧健康养老 便携式多参数健康监测终端技术规范 |
| | T/SIOT 315—2021 智慧健康养老 老年人跌倒智慧监测系统技术要求 |
| | T/SIOT 316—2021 智慧健康养老 居家养老多制式安防智慧系统设计指南 |
| | T/SDAS 326—2021 养老机构智慧化运行管理与服务规范 |
| | T/CVIA 82—2021 智慧电视适老化设计技术要求 |

续表

| 标准类别 | 标准号及标准名称 |
|---|---|
| 团体标准 | T/SIOT 307—2020 智慧健康养老社区食堂（老年助餐点）智慧设备与系统配置要求 |
| | T/SIOT 308—2020 智慧健康养老医养转诊数据接口要求 |
| | T/SIOT 309—2020 智慧健康养老社区居家养老上门服务物资装备及消毒要求 |
| | T/SIOT 310—2020 智慧健康养老标准体系建设指南 |
| | T/CESA 1127—2020 基于人工智能语音交互的养老服务平台要求 |
| | T/ZSFL 002—2020 社区居家智慧养老服务信息平台管理规范 |
| | T/CSI 0004—2020 居家养老智慧化系统技术要求 |
| | T/CSI 0005—2020 老龄宜居社区智慧化养老服务基本规范 |
| | T/SIOT 301—2019 智慧健康养老居家安全服务规范 |
| | T/SIOT 302—2019 智慧健康养老长护险居家上门监管规范 |
| | T/SIOT 303—2019 智慧健康养老服务平台通用技术要求 |
| | T/SIOT 304—2019 智慧健康养老居家养老安全监测规范硬件产品基本要求 |
| | T/SIOT 305—2019 智慧健康养老居家养老安全监测规范监测数据采集与处理 |
| | T/SIOT 306—2019 智慧健康养老居家养老安全监测规范报警服务要求 |
| | T/CA 005—2018 智慧养老云平台应用系统总体技术要求 |
| | T/SCSS 035—2017 智慧城市智慧养老规划导则 |
| | T/ZSPH 0001—2016 国家智慧化养老基地建设标准 |

## 二、智慧养老标准化存在的问题

随着技术水平不断提高，信息技术与养老、健康管理等领域不断融合，我国的智慧养老服务收效显著，取得了一定进步。但是，我国的智慧养老产业尚处于起步发展阶段，智慧养老领域内的健康档案管理、远程健康管理服务等依赖高新技术的服务内容发展尤为缓慢。总体而言，我国的智慧养老标准化存在着以下几个问题。

### （一）智慧养老标准体系欠缺、相关政策执行标准不健全

我国开展智慧养老时间较晚，但由于"未富先老"的特殊国情，无法完全

借鉴英美等发达国家的智慧养老标准体系建设经验，尚未形成智慧养老标准体系建设的顶层设计，仍需不断探索与实践。而受地域和自身条件等多方面限制，当前经验多是碎片化、阶段性理论和实践成果，没有追溯上下游和横向连带，没有明确智慧养老标准体系中各利益相关方的角色，因而难以将资源整合在一起，无法推进我国智慧养老标准体系建设，智慧养老标准体系有待建立。近年来，虽然我国颁布了多项与智慧养老相关的政策，但政策内容多为指导性建议，缺少配套的执行标准或执行规范，导致政策不易执行等问题。同时，我国智慧养老体系建设起步较晚，还未出台统一的监管体系与完善的法律法规，智慧养老行业较为混乱。

## （二）智慧养老产品供需不匹配，智慧养老产品设备标准缺乏

现今市场供应的老年人智慧产品和基于信息技术的服务系统，从老年人日常生活、精神文化、健康管理等方面入手，旨在满足老年人单方面或多方面的需求。不过，这些系统和产品往往在技术层面存在很大差异，设计理念也各不相同，质量参差不齐，缺乏规范管理。在质量检测和认证方面，由于权威部门没有专门针对智慧养老产品建立检测认证标准和体系，许多随着技术创新而研发的新兴产品，只能参考相近品类和市场现有的检测、认证服务（如3C认证、ISO认证、CE认证等）进行相关检验检测和认证工作。这种做法在一定程度上保障了产品的质量，但从长远来看，这样既增加了产品研发和生产企业的检测、认证成本和责任，也难以切实保障智慧养老产品的质量与安全。

安全性、耐用性和可集成性是智慧养老产品的重要内涵，为实现这一系列需求，支撑并推动智慧养老相关的技术研发工作，智慧养老相关部门和企业需要研究制定针对智慧养老产品和系统的规范标准体系和技术指标。一方面，这种做法可以减少不同产品研发和生产企业之间在产品技术层面的差异，优化产品和服务，满足用户真正的需求；另一方面，企业可以通过云平台共享数据，为未来智慧养老标准化、规范化夯实基础，助推发展。

## （三）智慧养老产品与智慧养老服务系统间存在联系障碍

联通产品和系统的目的在于通过标准和技术规范等手段实现产品与系统互联，最终实现信息共享，促进业务协同。由于信息技术迅速发展，新技术、新理念不断与健康养老产业融合，涌现出许多创新产品、系统和服务。由于养老市场需求个性化的特点以及养老服务本地化的属性，许多智慧养老产品和系统存在分散性、多样化等特性，给产品和系统间互联互通造成很大困难。这个问题直接造成产品通用性差、系统更新升级困难等问题，也严重影响了整个智慧养老标准体系的建设与发展。目前，部分硬件设备企业在产品研发过程中已对产品兼容性给予一定重视，但促进智慧养老产品与系统的互联互通亟需研发并推广相关标准和技术规范。

## （四）老年群体公共健康、医疗和养老服务数据联动共享不足

老年人生活和健康数据的采集是智慧养老服务平台赖以生存的基础，每个平台在成立之初都会为所服务的老年人建立一套生活和健康档案。由于缺乏整体的数据采集和处理技术标准体系，平台数据及其健康管理分析结果难以与专业医疗健康机构对接，老年人重复填写个人档案信息、不同平台间难以形成业务协同等问题十分突出。智慧养老服务的出发点是以人为本，强调围绕老年人的各种需求，以服务平台为抓手，采集养老服务领域内各种业务的相关信息，对接线下养老服务机构进行信息融通，提高精准服务的品质。由此可见，推进智慧养老需要多个部门、系统、行业开放端口，实现数据共享。所以，智慧养老体系的实施亟需有关部门制定数据标准体系和数据开放共享管理规范。

## （五）智慧养老信息化管理和监督水平难以适应市场发展

从服务老年人的角度来看，智慧养老信息化管理需要民政、社会保障、医疗等多个单位共同协作。从运营方面来说，智慧养老信息化管理需要综合考虑居家

社区养老、机构养老等多种实现形式，以及接受养老服务人员的相关信息。现在我国的养老行业，养老服务人员缺乏实践经验、信息技术素质过低是普遍存在的现实问题。从行业规划的角度来看，智慧养老行业缺乏大型行业协会、权威社会组织或研究机构提供市场分析、权威行业标准等支持，智慧养老信息化缺乏评估标准、规范体系和监督机制，多数企业只能自行摸索建立相关标准规范。这就导致多数信息平台在设计阶段难以提出较完善的解决方案，在运营阶段无法做到根据服务实践调整升级解决方案，使得智慧养老在信息化管理、服务和规范化运作方面无法发挥应有作用。

因此，需要支持智慧养老行业建立协会、权威社会组织和研究机构，按照市场化原则统筹规划技术管理约定，从多个层面鼓励和支持各相关方促进公共数据的互通与共享应用，切实提供老年人本身所需要的养老服务。除此之外，养老相关部门应当开展对智慧养老信息化服务机构的监督工作，切实执行国家信息安全管理标准，保护用户隐私，为信息的物理安全及公共数据处理和应用的规范化管理等提供保障。

## 三、推进智慧养老标准化工作的建议

### （一）以养老服务体系为基础推动智慧养老标准化建设

近年来，养老问题越来越受到国家和社会的关注，智慧养老产业得到了快速发展。不可忽视的是我国智慧养老尚处于初级阶段，与养老服务配套的相关产业标准和政策文件还较少，现有的规范性文件和体系只局限于建设性意见，缺乏系统的智慧养老配套标准和贯标制度文件，智慧养老服务完善的标准化体系没有建成。目前在智慧养老产业比较发达的地区和城市，有关部门、机构及相关企业越来越重视研究制定智慧养老的相关标准制度。一些城市的智慧养老信息平台从建设初期就开始着手建设包括人员管理、信息管理、服务规范等一系列内容的标准规范。但由于多数地区的标准制定时间短，尚未形成完整体系，也缺乏时间和市场的考验，要达到真正有效监管本地智慧养老服务市场的目标，还需要时间。同时，如果各地区制定智慧养老信息标准仅局限于本地而缺乏全国眼光，就会出现智慧养老相关术语定义和要求错综复杂、内容重叠、各自为政的现象，对全国范围的智慧养老体系建立造成阻碍，甚至是资源浪费。所以各地政府和机构在立足本地实际情况研究制定切实可行的标准的基础上，应当重视顶层设计，完善制度建设，在实践中使智慧养老标准和制度体系得到不断完善。

### （二）以养老服务需求为导向发展智慧养老产品设备标准

产品和技术是构成智慧养老产业的基础，产品和技术能够为老年人提供良好的服务。但在通过智慧产品和技术为老年人提供服务的过程中，容易出现相关标准建设更加偏重于硬件建设，而忽视人员管理、人员素质培养等软件方面投入的问题。以人为本的理念应当得到重视和推广。服务是智慧养老的核心，智慧养老标准制定必须针对服务、管理等层面的规范研究具体标准。因此，在标准研究过程中，既要注重标准的可操作性，也要注重标准结构的合理性；既要有硬件投入，也要重视人员素质，硬件和软件结合才能够设计出全面良好的智慧养老标准体系。智慧养老不只是一个冷冰冰的电子系统，它还涉及多个领域、行业、年龄层，涵盖服务对象的生理、心理等多种需求。所以，智慧养老标准体系的建立，既应关注不同设备、平台的建设管理，产品和服务企业的信息管理，老年人信息管理规范等各个方面，也要根据实际制定相关的具体标准，方便各地落地实施。现今我国的养老标准文件，多是指导性意见，鲜有提出具体的标准制定要求。建议地方参考国家文件要求，结合自身实际做好市场调研，切实研究制定具体标准，并在实践中不断予以完善。

良好的智慧养老标准体系的实施，既依赖体系本身的科学性，也需要完善的法律监督和评估体系。建立标准体系之后，我们需要有切实有效的手段保障其在良好的环境下实施并落实到位，不能流于表面。应有专业人员运用合法手段检查智慧养老标准体系的实施情况、运行机制和反馈效果，以期实现其目标。既要落实到位，也要随时修正。通过对一定时期的运行效果的反思和整改，解决运行时期的阶段性问题，改正运行时期的缺点，对已经获得的成绩进行总结提高，以促进整个系统流畅、科学、可持续地运行。

### （三）养老服务市场健康发展是智慧养老标准的有效支撑

智慧养老产品和系统的标准化运作，可以最大限度地满足老年人每日的生活需求。进一步而言，如果要提升老年人幸福感，就要对养老硬件设施、服务质量以及相关人员的素质提出要求，着力规范养老服务产业链标准。

政府应当鼓励养老服务产业的相关组织探索更加完善的服务流程和管理规范，在实践基础上总结经验，建立能够提出量化评价指标的业务管理规范，进而挖掘机构养老、上门服务等不同类型养老服务评估所需的兼具代表性以及可量化的评价指标，促进相关智慧硬件产品与服务平台对接，充分发挥高新技术优势，实现无接触实时采集关键数据，积极探索利用技术手段提升养老服务质量。

### （四）鼓励集合更多资源投入智慧养老标准化建设实施

我国已颁布多项推进智慧养老产业建设与发展的政策，但这些政策以指导性意见为主，缺乏具体的实施标准。应鼓励集合更多资源投入智慧养老标准化建设，出台具体的实施标准，建立相关法律法规、行业监管、评估与保障机制等。此外，加强智慧养老标准化人才队伍建设也十分关键。目前，很多养老产业从业人员缺乏标准化意识，对标准的编写、实施、监督及标准体系的运行等知之甚少，标准化人才尤其匮乏。为此，我国应该重视养老产业标准化人才资源开发，提高每一位智慧养老参与者的标准化意识，培养一批专业知识扎实、标准化意识强的复合型人才，为智慧养老标准化工作发展储备核心力量。

# Report on Smart Elderly Care Standardization Development

Zhu Dan　Xie Hong

**Abstract**: Smart elderly care is carried by intelligent products and information system platforms, deep integration and application information technologies such as the Internet of Things, big data, cloud computing, and artificial intelligence, organic integration with elderly care services, in order to promote the effective utilization of elderly care service resources, meeting the diversified elderly care service needs of the elderly, and resolving the increasing pressure of aging population. The role of promoting the development of elderly care service industry is becoming increasingly prominent. Due to the fact that smart elderly care in China is still in the exploratory stage, there is a general lack of smart elderly care standard system. Relevant policy implementation standards are not sound. There is a mismatch between supply and demand of smart elderly care products, and lack of equipment standards for smart elderly care products. There are connection barriers between smart elderly care products and smart elderly care service system, and insufficient linkage and sharing of data on elderly public health, medical care, and elderly care services. So, the level of intelligent elderly care information management and supervision is difficult to adapt to market development. Therefore, in order to promote the standardization of smart elderly care, first, it is necessary to promote the standardization construction of smart elderly care based on the elderly care service system. Second, the development of intelligent elderly care products and equipment standards is based on the needs of elderly care services. Third, the healthy development of the elderly care service market is an effective support for the smart elderly care standard. Fourth, it is necessary to gather more resources to invest in the implementation of the standardization construction of smart elderly care and so on.

**Keywords**: smart elderly care　standard　standardization system

# 03

# 地方篇：
# 地方智慧养老创新

# 上海市智慧养老社区建设发展报告

杨翠迎[①]　高宏鑫[②]

**摘　要**：智慧养老社区建设是社区居家养老服务体系建设的重要内容。上海市的智慧养老社区建设历经老龄化推动的紧急援助、"老年宜居社区"试点带动的全面探索以及党的十九大之后的高质量发展三个阶段，目前已基本实现了社区智慧养老网络全覆盖。其主要特色体现在重视家庭设施适老化改造、全面推进"互联网+医养"结合服务、大力推动智慧老年用品进入社区家庭、打造一批示范应用场景等方面。但是，上海市智慧养老社区建设还将面临人口老龄化带来的养老服务不断增加、上海市数字化城市转型带来的智慧养老社区建设的适应性，以及现行建设不平衡不充分带来的统筹协调发展等的压力与挑战。为此，未来上海市智慧养老社区建设与发展，应重点加强3个方面的工作：一是建立健全制度保障体系，为智慧养老社区建设创造环境条件；二是加快推进全覆盖，补齐供给短板，促进区域协调发展；三是健全全过程质量监督体系，促进高质量发展和老年群体的共同富裕。

**关键词**：智慧养老　社区养老　设施建设　上海

社区居家养老是养老的主要形式，也是绝大多数普通老年人最为青睐的养老

---

[①]　上海财经大学公共经济与管理学院社会保障研究中心主任、教授、博士生导师，上海市老年学学会副会长。

[②]　上海财经大学公共经济与管理学院社会保障研究中心研究助理，香港岭南大学健康分析及运营管理专业研究生。

选择。智慧养老社区建设是在传统社区居家养老服务发展基础上进行的升级换代。根据人口抽样数据，2022年，上海全市常住人口达到2 475.89万人，其中，60岁及以上人口占比为25.0%，65岁及以上人口占比为18.7%；本市户籍65岁及以上人口占比达28.8%，户籍人口预期寿命达83.18岁。老年人口规模大，且人口长寿，将会对社区居家养老服务产生巨大需求，也会对智慧养老社区建设带来前所未有的挑战。因此，打造智慧养老社区，深化社区居家养老服务模式，是当前人口深度老龄化背景下最为急迫且最为有效的养老举措。

## 一、上海市智慧养老社区建设回顾

上海市智慧养老社区建设可从养老服务供给中出现数字化、信息化及科技手段算起，大体可以分为以下3个阶段。

### （一）老龄化压力催生智慧养老（20世纪90年代至2006年）

面对日益加深的人口老龄化对养老服务需求的不断增加和传统家庭养老能力日渐式微，上海市政府一方面鼓励社会力量参与养老服务提供，另一方面加大投入力度。早在1992年上海市政府就将为老服务纳入实事项目中，核心内容包括：一是对确有需要的老年人提供午餐，为行动不便的实行送饭上门；二是对生活不能自理或者行动不便的老年人实行定期送医上门服务；三是为独居老年人安装求助电铃；四是为困难老年人提供劳动服务。[①] 其中为独居老年人安装求助电铃可被视为智慧养老的早期形态。2001年5月，上海市社区服务热线"安康通"老年人援助呼叫系统开通，并在虹口区先行试点，这是较为正式的、具有规模的早期智慧养老形式。[②] 2001年7月，上海市印发《关于加快实现本市社会福利社会化的意见》，确立了社会福利社会化的发展思路，鼓励社会力量投资创办社会福利机构。2001年8月，印发了《上海市老年人日间服务机构管理办法》。2001年

---

[①②] 大城养老编委会. 大城养老——上海的实践样本［M］. 上海：上海人民出版社，2017.

10 月,启动了面向全市的"社区老年福利服务星光计划",为之后有计划、大规模建设社区老年活动室奠定了基础。2003 年,配合社区老年福利服务星光计划及老年活动室建设工作,上海市启动了"扶老上网"项目,以帮助 60 岁及以上老年人掌握使用电脑及上网技能。[①] 2004 年 4 月,上海市发布《关于本市社区助老服务项目的试行办法》,在全市启动社区居家养老服务,并将相关补贴经费首次列入财政预算。同年 10 月,上海市在全市范围开展对纯老家庭结对关爱行动,逐步形成了独居老年人"5 + X"服务体系("5"是指广泛告知、经常问候、热线咨询、安全检查、应急救助,"X"是指老年人所需的其他社区服务),其中热线咨询服务也体现了智慧养老形态。这一时期,开展的"安装求助电铃""安康通热线""扶老上网培训"及"5 + X"服务体系等系列举措,为智慧养老社区建设奠定了良好基础。

## (二)"老年宜居社区"试点建设下的智慧养老探索(2007—2016 年)

2007 年,上海市印发《上海市民政事业发展"十一五"规划》,正式提出"9073"养老服务格局发展思路。自此,丰富多样的智慧养老手段进入了社区居家养老服务体系。2009 年 9 月,上海市长宁区、杨浦区被列入全国"老年友好城市"试点单位,黄浦区被列入全国"老年宜居社区"试点单位。2012 年 1 月,"为 1 000 个低保困难老年人家庭提供居室适老改造服务"(简称"适老性"改造)及"为 10 万高龄老年人提供家庭互助服务"(简称"老伙伴"计划)首次列入上海市实事项目。2012 年 10 月,上海市养老服务电子地图开通运行,智慧养老社区建设力度进一步加大。

党的十八大之后,上海市社区养老建设进入了新阶段。2013 年 5 月,成立了由副市长担任组长、15 个市级部门及 16 个区县政府任成员单位的市级社会养老服务体系建设领导小组,全面推动社会养老服务体系由"9073"服务格局向

---

① 大城养老编委会. 大城养老——上海的实践样本 [M]. 上海:上海人民出版社,2017.

"五位一体"服务体系的深化提升。同年9月,启动了老年宜居社区建设试点工作,首批试点单位40家。2014年,启动"护老者培训""喘息服务""爬楼机租赁"等项目试点。这些服务均蕴含着智慧养老手段。特别是2014年出台的《关于加快发展养老服务业推进社会养老服务体系建设的实施意见》中提出,到2020年全面建成老年友好城市、全面建设老年宜居社区,这成为上海市全市推动老年宜居社区的契机。同年,上海市在部分街镇推行"长者照护之家"试点工作,探索社区嵌入式养老服务模式。2015年1月,"新增长者照护之家"列入上海市政府实事项目。2015年3月,上海市印发《老年友好城市建设导则》地方标准。同年10月,上海市民政局与上海市教委联合出品"银铃宝典"老年居家康复护理电视节目,为全国首创。2016年,"新建社区综合为老服务中心"首次列入上海市政府实事项目,当年便建成32家。2016年10月,上海市综合为老服务平台(www.shweilao.cn)上线运行,承载三大智慧养老功能:一是打造了为老信息服务的"统一门户";二是建立了养老行业管理的"统一入口";三是组建了涉老领域的"统一数据库"。以上三大创举,标志着上海市全面进入智慧养老时代。2016年12月,上海市发布《老年宜居社区建设细则》地方标准,使得智慧养老社区进入规范化建设阶段。

### (三)智慧养老社区建设高质量发展阶段(2017年至今)

2017年,上海市发布了《上海市社区养老服务管理办法》,随后打造了多元化多功能智慧化的社区养老服务平台。党的十九大之后,上海市智慧养老社区建设进入划时代意义的高质量发展阶段。上海市将大数据、人工智能、5G遥感技术等全面应用于老年宜居社区建设、社区居家养老服务、医养结合服务等场景,推动了"互联网+医疗服务资源+社区居家养老服务资源"的广泛应用和普及。2020年,上海市发布的《养老服务条例》《上海市老龄事业发展"十四五"规划》,均将智慧养老社区纳入规范和任务之中。2021年,上海市先后发布《关于全面推进上海城市数字化转型的意见》《上海市全面推进城市数字化转型"十四五"规划》，将智慧养老社区建设纳入城市数字化转型发展的大背景下，对手段及科技的应用进行全方位的提升指导。自此，上海市智慧养老社区进入依法建设、高技术应用、标准化普及的高质量发展阶段。

总之，上海市智慧社区养老建设离不开政策支持。党的十八大以来，上海市发布了一系列对智慧养老社区建设具有重大意义的政策文件，具有代表性的见表3-1。

表3-1 党的十八大以来上海市发布的有关智慧养老社区建设相关政策文件

| 政策文件 | 主要规定 | 印发时间 |
| --- | --- | --- |
| 《关于加快发展养老服务业推进社会养老服务体系建设的实施意见》 | 到2020年，全面建成老年友好城市、全面建设老年宜居社区。促进养老服务信息化的发展，构建全市统一的养老服务信息平台，推进养老服务网上办事和服务。鼓励企业和机构运用互联网、物联网等技术，建立有利于集成市场和社会资源、促进供需对接的科技助老平台等 | 2014年4月4日 |
| 《关于推进老年宜居社区建设试点的指导意见》 | 运用互联网、物联网等技术，建立有利于集成市场和社会资源、促进供需对接的科技助老信息平台。大力推进智能化养老服务方式，为老年人提供紧急援助、主动关爱、远程医疗等服务，构建"虚拟老年社区" | 2014年8月5日 |
| 《老年友好城市建设导则》（DB31/T 883—2015） | 完善以家庭为基础、社区为依托、机构为支撑，有梯度、可衔接的社会养老服务体系；以老年居家生活服务为拓展内容，引导和鼓励家庭服务产业发展，构建社会、社区和家庭养老服务网络全覆盖 | 2015年3月9日 |
| 《老年宜居社区建设细则》（DB31/T 1023—2016） | 老年宜居社区建设中有关基本建设、住房、公共设施、服务供给、生态环境、社会文明等基本内容 | 2016年12月28日 |
| 《上海市深化养老服务实施方案（2019—2022年）》 | 持续推动智慧健康养老产业发展，促进新一代信息技术和智能产品在养老服务领域应用。研究制定相关产业发展目录和技术标准，引导和规范发展智慧型养老服务机构和居家养老服务 | 2019年5月27日 |
| 《关于促进本市养老产业加快发展的若干意见》 | 定期发布智慧养老服务应用场景需求清单，引导各类机构和企业优先采购《智慧健康养老产品及服务推广目录》中的产品和服务项目，制订完善智慧养老相关产品和服务标准，培育一批智慧养老应用示范基地、示范社区和示范品牌 | 2020年5月13日 |

续表

| 政策文件 | 主要规定 | 印发时间 |
| --- | --- | --- |
| 《上海市养老服务条例》 | 本市促进居家、社区、机构养老服务融合发展，发挥养老服务机构的专业支撑作用，推动居家社区养老服务机构为家庭提供专业服务，鼓励养老机构开展居家和社区养老服务，提高养老服务资源利用效率 | 2020年12月30日 |
| 《关于全面推进上海城市数字化转型的意见》 | 着力解决"数字鸿沟"问题，倡导各类公共服务"数字无障碍"，面向老年人和残障人士推进相关服务的适应性改造，创造无处不在、优质普惠的数字生活新图景 | 2021年1月4日 |
| 《上海市老龄事业发展"十四五"规划》 | 重点建设枢纽型养老综合体和家门口服务站点，完善社区养老服务设施骨干网，打造社区"养老服务联合体"；加强社区居家康复和护理服务，推进"互联网+护理""互联网+医疗""互联网+家庭医生"等服务模式应用于老年健康服务 | 2021年6月3日 |
| 《上海市全面推进城市数字化转型"十四五"规划》 | 加快社区新基建，推进社区智能安防、智慧康养等终端设施合理布设。依托"社区云"等数字化平台和线下社区服务机构，强化居民线上获得社会化服务和政务服务的能力。加快社区服务智能化升级，持续优化社区资源配置，满足居民精准化、个性化需求。优化银发关爱服务，聚焦老年人就医、出行、居家、文娱、学习等需求，搭建综合为老平台，实现各类服务"一键通"，鼓励发展居家"虚拟养老院"新模式，提升服务触达性和精准度 | 2021年10月25日 |

注：本表为笔者根据公开信息进行的不完全统计和整理。

## 二、上海市智慧养老社区建设取得的成就

从20世纪90年代初的紧急援助、科技扶老发展到今天的智慧养老和科技助老，上海市智慧养老社区建设取得了显著成效。

### （一）重视家庭养老设施智慧化改造

从爬楼机租赁和使用，到老旧小区加装电梯的辅助，实现了老年人上下楼的方便与快捷，让老年人尽可能享受现代化的代步工具；从"安康通"老年人援助呼叫器的单一功能产品，到老年人家庭的"一键通"综合服务语音设备的普遍使用，实现了老年人与外界沟通交流的需求；从居室适老化改造项目纳入政府实事项目，到家庭病床的设立和普及，使更多老年人能够享受智慧化家庭养老设

施服务。这些举措，不仅强化了家庭养老的基础功能，更是让智慧养老服务进入老年人家庭，让居家老年人享受到科技带来的便利和实惠。

### (二) "互联网+社区居家医养"结合服务全覆盖

上海市早在2017年就实现了社区居家医养结合服务的全覆盖，在此基础上，各街镇打造了形式多样化的医养结合服务供给模式，包括社区健康驿站的智能应用、社区嵌入养老服务机构接受签约机构提供的智能医疗卫生服务、社区老年日间照料中心接受签约机构提供的智能医疗卫生服务、社区助餐点的智能信息化应用和管理等，都在上海市实现了全面覆盖。与此同时，随着老年宜居社区的建设，智慧养老服务进入社区，不少城区开展了科技助老项目，实现了社区智慧养老网络覆盖，为社区老年人提供了家庭、社区及市场相关服务的供需对接，确保老年人不出家门、不出社区，就能获取所需要的服务。而"扶老上网"项目更是为社区居家老年人顺畅适应和使用"互联网+医养"结合服务奠定了基础，也解决了老年人面临的部分数字鸿沟问题。

### (三) 智慧老年用品全面进入社区家庭

上海市连续多年举办中国国际养老、辅具及康复医疗博览会（CHINA AID）[①]，给上海市的老年人提供了更为宽广的老年科技产品展示和应用，小到智能手环，大到智能穿戴设施乃至老年残疾人轮椅、机动车辆等，有越来越多的产品进入了老年人家庭，为行动不便、失能失智的老年人提供了各种便利，也进一步改善了老年人家庭照料者的照料和介护负担。

### (四) 打造了一批示范应用场景

随着老龄化、高龄化程度的不断加剧，老年人对养老服务的需求与日俱增，

---

① 2015年之前为"上海国际残疾人老年人康复护理保健展"。

传统的养老服务供给方式和"零打碎敲"区域化智慧手段提供的养老服务，难以满足老年人的服务需求。为此，加速科技养老、智慧养老服务的供给，已经成为上海市政府数字化建设的重要内容之一。目前，在已有的智慧养老社区建设基础上，上海市全力以赴打造数字化、智慧化、智能化养老示范基地，以求带动和辐射全域范围的智慧养老建设。目前，已建成全市统一的社区基础信息数据库和"社区云"平台，搭建了上海市综合为老服务平台，形成了12个智慧养老应用场景。①

## 三、上海市智慧养老社区建设面临的挑战

### （一）老年人口总量和结构持续变化，养老服务需求不断增加

上海市是我国人口老龄化程度最高的城市，老年人口规模巨大，高龄化特征明显，纯老家庭占比较大。并且，绝大多数老年人选择居家社区养老方式，迫切需要智慧养老社区建设加快步伐，以应对大规模的居家社区养老服务需求。2020年，上海市全市常住人口中，60岁及以上老年人口数量达到581.55万，占全市人口总量的23.4%，其中户籍老年人口为533.49万，占全市户籍人口总量的36.1%。预计到2025年，全市60岁及以上常住和户籍老年人口将分别超过680万和570万；"十四五"期末，预计户籍人口中80岁及以上老年人口数量将会增加到近86万。2020年全市独居老年人人数、纯老家庭老年人人数已分别达到30.52万和157.79万，预计"十四五"时期仍将持续增长，社会与家庭负担不断加重。② 老龄化、高龄化、空巢化不断加剧，居家社区养老服务需求持续增加，迫切需要智慧养老社区建设提速，以应对日益增加的养老服务需求。

---

① 上海市人民政府办公厅. 上海市全面推进城市数字化转型"十四五"规划［EB/OL］. https://www.shanghai.gov.cn/nw12344/20211027/6517c7fd7b804553a37c1165f0ff6ee4.html.

② 上海市人民政府办公厅. 上海市老龄事业发展"十四五"规划［EB/OL］. https://fgw.sh.gov.cn/sswghgy-zxghwb/20210706/8f00482535e54b49bdbd24f6bbaaae6d.html.

### (二) 上海市全面推进城市数字转型，智慧养老社区建设需要加快适应转型

上海市全面推进城市数字化转型，并到 2025 年将对标打造国际一流、国内领先的数字化标杆城市。在养老领域，也提出了系列重点任务，包括加快社区新基建，推进社区智能安防、智慧康养等终端设施合理布设；优化银发关爱服务，聚焦老年人就医、出行、居家、文娱、学习等需求，搭建综合为老平台，实现各类服务"一键通"，鼓励发展居家"虚拟养老院"新模式，提升服务触达性和精准度等。这些目标要求，也为智慧养老社区建设提出了新的任务和目标。① 事实上，5G、人工智能、大数据、物联网等信息技术快速发展，特别是互联网医疗的快速发展，为智慧养老社区建设创新和适应城市数字化转型奠定了良好基础。上海市智慧养老社区建设，有望在城市数字转型的大背景下重塑社区居家养老服务发展模式。现代医学特别是老年医学科技的快速发展，极大地促进了老年人活得更长、活得更好。智慧养老社区也需要主动顺应医养结合发展的需要，加快智能化、数字化的变革。

### (三) 上海市智慧养老社区建设不平衡不充分，迫切需要统筹协调发展

上海市智慧养老社区建设实现了由点到面、由单项智慧服务到社区居家综合智慧养老服务的转变与普及，极大提升了居家社区养老服务的供给能力，提升了居家老年人获取服务的可及性和便捷性。但是，上海市智慧养老社区建设发展不平衡不充分的矛盾依然突出。有些区已基本实现了全区社区智慧养老网格化服务供给，使得全区范围内的老年人都能获取相应服务，而有些区智慧养老社区建

---

① 上海市人民政府办公厅. 上海市全面推进城市数字化转型"十四五"规划 [EB/OL]. https://www.shanghai.gov.cn/nw12344/20211027/6517c7fd7b804553a37c1165f0ff6ee4.html.

设还处于散点状态，未能实现全区覆盖。同样，在开展智慧养老服务的社区中，有些社区能够给老年人提供丰富多样、实惠便利的智慧服务项目，而有些社区仅能够提供有限的几个项目。智慧养老社区建设属于现行智能化养老服务体系建设的重要内容之一，应该覆盖所有社区的所有老年人，真正实现人人享有智慧养老服务的目标。由此，上海市现行智慧养老社区建设还将面临各区之间、城乡之间、各社区之间、不同老年群体之间的协调、均衡及公平发展的要求和挑战。

## 四、上海市智慧养老社区建设未来发展与对策建议

上海市作为人口特大城市，未来老龄化背景下的养老压力会越来越大，老年人对社区智慧养老服务的总体需求不仅巨大，而且对智慧养老的个性化供给和服务质量要求也会更高。因此，未来科技包括信息化、大数据、高新技术、遥感技术以及智慧资源整合等，在养老服务中的应用和投入潜力都将是巨大的。为此，政府政策支持、社会主体创新研发以及老年人和家庭的需求，需要各方都做好各方面的应对准备，共同打造智慧社区养老服务多元主体共生共赢和供需和谐的业态。

### （一）从营造环境和创造条件出发，建立健全促进智慧养老社区建设的制度保障体系

智慧养老社区建设是一项复杂的综合性系统工程。该项目不仅涉及养老服务资源的整合，也涉及各种智慧资源的整合，更是需要将养老服务资源与智慧资源整合贯通，因此其需要多元主体的合作协同。而合作协同的背后涉及项目规划、资源提供、技术应用、资金投入以及运营环境等政策和制度规范，这就需要政府不仅对智慧养老社区建设做好顶层规划，而且需要从整个要素投入到养老社区建成投入使用全过程做好制度保障，以促进智慧养老社区建设的顺利开展。现有的

法律法规、规章制度在大的方针和发展方向上给予了很好指导和保障，但在如何更进一步确保智慧养老社区建设全面发展方面缺乏具体细则，因而，迫切需要政府建立健全相关政策保障体系，创造有利的条件和营造舒适的环境，激发各责任主体，特别是市场主体积极参与智慧养老社区建设，为上海市全面建设智慧养老服务、实现城市数字化转型目标保驾护航。

### （二）从弥补缺失和破解短板入手，加快步伐推进社区智慧养老服务全覆盖

目前，上海市社区智慧养老服务发展已有很好的基础，不少社区的老年人享受到了实惠。但是，从区域全覆盖、社区全覆盖以及每一位老年人都能享受智慧养老服务的目标看，上海市社区智慧养老服务还需要加快补齐短板。建议采取分类推进的策略，逐步实现全覆盖。一是对已经建立了智慧养老服务的社区，注重改进和提升智慧养老服务的供给质量；二是对正在建设智慧养老服务的社区，按照高质量发展的标准去建设和实施；三是对于尚未开展智慧养老服务的社区，应尽快纳入规划和付诸实施，为社区老年人提供方便快捷的养老服务创造条件。与此同时，对于所有社区智慧养老服务的供给，尽可能地覆盖更多的老年人，消除老年人使用过程中存在的数字鸿沟现象，以适应科技的发展与需求趋势。不断完善智慧养老服务的内容和形式，通过各种措施确保智慧养老服务建设区域全覆盖、社区全覆盖及人口全覆盖。

### （三）从实现共同富裕和高质量发展的目标出发，建立健全社区智慧养老服务全过程质量监督体系

自20世纪90年代起，智慧养老社区建设在上海市发展已有20多年时间，智慧养老社区已经初具规模，迫切需要对智慧养老社区相关设施及服务提供进行全链条、全过程的质量监控，以确保老年人享有的养老服务规范有质量，能够满足老年人舒服感和体验感要求。首先，明确监督的内容和范围，应涵盖全市所有

社区，确保智慧养老服务实现应覆盖尽覆盖。其次，明确监督的环节与流程，确保智慧养老社区建设从规划、投入、运营各环节全链条监督，不仅监督设施质量、资金的保障性及可持续性，也要监督服务的供给质量。最后，从需求角度对服务提供方式以及老年人享受的服务数量和质量等进行监督，确保老年人获取的可及性、及时性、有效性及安全性，进而实现智慧养老服务的高质量发展。

# Report on the Construction and Development of Smart Elderly Care Communities in Shanghai

Yang Cuiying    Gao Hongxin

**Abstract**: The construction of a smart elderly care community is an important part of establishing community and home-based care service system. The progress of smart elderly care communities in Shanghai has gone through three stages: emergency assistance driven by aging, comprehensive exploration driven by pilot projects of "livable communities for the elderly", and high-quality development after the 19th National Congress of the Communist Party of China. At present, the community smart elderly care network has basically achieved full coverage in the city. Its main features are reflected in four aspects of emphasizing the renovation of family facilities for the elderly, comprehensively promoting the combination of "Internet + medical" and nursing services, vigorously promoting the introduction of smart elderly products into community families, and creating a number of demonstration application scenarios. However, building smart elderly care communities in Shanghai still faces challenges of increasing elderly care services needs brought about by the aging population, the adaptability of smart elderly care community construction brought about by Shanghai's digital urban transformation, and the overall and coordinated development pressure brought about by the current unbalanced and insufficient construction. For this reason, the future development of smart elderly care communities in Shanghai should focus on strengthening the following three aspects. The first is establishing a sound institutional security system to create a favorable environment and conditions for the construction of smart elderly care communities; the second is accelerating full coverage and supplementing supply to promote the coordinated development of all regions ; the last is improving the whole-process quality supervision system to promote high-quality development and the common prosperity of the elderly group.

**Keywords**: smart elderly care   community elderly care   facility construction   Shanghai

# 北京市智慧居家养老服务发展报告

龙玉其[①]

**摘　要：** 近年来，北京市越来越注重智慧居家养老服务的发展，诸多政策文件均强调要充分利用互联网等现代化信息技术手段提升居家养老服务水平。北京市智慧居家养老服务虽然取得了一些进展，但依然还有较大的发展空间，存在若干需要进一步解决的重要问题：对需求的把握不到位，政府、市场、社会的合作不足，智慧居家养老服务能力不强，智慧终端与智慧居家设施不完善，老年人数字化意识、素养与能力欠缺，监管体系不完善等。未来应该强化需求识别、整合服务资源、提升服务能力、完善服务设施、破解数字鸿沟、完善监管体系，推动北京市智慧居家养老服务健康快速发展。

**关键词：** 智慧养老　居家养老　智慧终端　数字鸿沟

截至2021年年底，北京市60岁及以上常住人口441.6万人，占常住总人口的20.18%；65岁及以上常住人口311.6万人，占常住总人口的14.24%。预计到"十四五"时期末，北京市人口老龄化水平将达到24%，从轻度老龄化迈入中度老龄化；到2035年，老年人口接近700万人，人口老龄化水平将超过30%，进入重度老龄化。[②] 北京市老年人口还呈现出高龄化特征，到2035年，80岁及以上高龄老年人口将突破100万人，社会抚养比持续增长，高龄化趋

---

[①] 首都师范大学管理学院副院长、教授。
[②] 北京市老龄工作委员会. 北京市"十四五"时期老龄事业发展规划[EB/OL]. https://www.beijing.gov.cn/zhengce/gfxwj/sj/202111/t20211126_2545746.html.

势加速。① 人口的快速老龄化与高龄化带来快速增长的养老服务需求,给养老服务体系建设带来压力。近年来,北京市积极推进养老服务体系建设,坚持以居家为重点,统筹推进居家、社区、机构"三位一体"养老服务协调发展。现代化信息技术的快速发展给居家养老服务的发展带来了新契机。智慧居家养老服务是积极运用现代化信息技术手段整合配置居家养老服务资源、实现居家养老服务供需匹配、满足老年人居家养老服务需求的一种新型养老方式。近年来,北京市积极探索发展智慧居家养老服务,为满足老年人的居家养老服务需求发挥了积极作用。同时,北京市智慧居家养老服务的发展还存在一些问题与不足,需要在实践中进一步完善。研究北京市智慧居家养老服务的实践,有利于更好地完善北京市的养老服务体系,也为其他地区的养老服务体系建设提供参考与借鉴。

## 一、北京市智慧居家养老服务的政策与实践

### (一)北京市智慧居家养老服务的政策现状

近年来,在现代化信息技术快速发展的背景下,北京市越来越注重智慧居家养老服务的发展,在诸多政策文件中,均强调要充分利用互联网等现代化信息技术手段提升居家养老服务水平。

2013年,北京市人民政府发布《关于加快推进养老服务业发展的意见》,强调要利用现代互联网、物联网等技术,创新居家养老服务模式,发展老年电子商务,建设科技养老服务平台,开发老年家庭医疗监测和传感系统,为老年人提供居家生活、医疗保健、紧急救助等方面远程监护服务。2016年,北京市人民政府办公厅发布《关于贯彻落实〈北京市居家养老服务条例〉的实施意见》,提出要建设居家养老服务信息平台,发展"互联网+"居家养老服务,充分利用互

---

① 北京市老龄工作委员会. 北京市"十四五"时期老龄事业发展规划 [EB/OL]. https://www.beijing.gov.cn/zhengce/gfxwj/sj/202111/t20211126_2545746.html.

联网技术，发挥养老机构、医疗机构、社区服务机构等资源优势，拓展专业服务辐射范围，面向更多居家老年人开展远程医疗、健康监测、紧急救援等服务。依托网络，实现可视点餐、预约家政服务等功能，为居家老年人提供便捷服务。同年，北京市老龄工作委员会发布《关于开展社区养老服务驿站建设的意见》，强调养老驿站应具备呼叫服务的基本功能，响应老年人通过互联网、物联网等网络手段或电话、可视网络等电子设备终端提出的养老服务需求，整合、联系社会专业服务机构、服务资源和社区志愿者，为居家老年人提供专业化养老服务；北京市人民政府发布《关于积极推进"互联网+"行动的实施意见》，提出要积极发展"互联网+"养老，充分运用智能健康检测、健康评估、康复理疗等手段，建立集医疗、养老、健康服务于一体的养老服务体系，推广普及面向居家养老的老年人手机、可穿戴设备和急救呼叫设备，加强老年人健康管理前置服务。2017年，北京市人民政府办公厅发布《关于全面放开养老服务市场进一步促进养老服务业发展的实施意见》，提出要推进"互联网+"养老服务创新，充分利用移动互联网、云计算、物联网、大数据等新技术，发展智慧养老服务新业态。2018年，北京市人民政府办公厅还发布《关于加强老年人照顾服务完善养老体系的实施意见》，强调要探索"互联网+养老"服务，提升养老服务领域的信息化水平。

2022年，北京市民政局等部门印发《关于支持开展"物业服务+养老服务"试点工作的通知》，提出要发展智慧居家养老服务，鼓励物业服务企业建设智慧养老信息平台，对居家社区养老服务设施进行智能化升级改造，配置健康管理、家用电器监控、楼寓对讲和应急响应等智能设施，以失能、独居、空巢老年人为重点，建立呼叫服务系统和应急救援服务机制。同年，北京市民政局等部门印发《关于提升北京市养老助餐服务管理水平的实施意见》，提出要推进数字化养老助餐服务，积极运用互联网新技术、新思维、新模式，探索养老助餐点助餐服务全链条数字化、可追溯、可持续、精准送达、科学平衡膳食，丰富老年人居家用餐选择，提升老年人居家生活便利度。

此外，《北京市"十四五"时期老龄事业发展规划》《北京市养老服务专项规划（2021—2035年）》均强调，要大力发展包括居家养老在内的智慧养老服务。其中，《北京市"十四五"时期老龄事业发展规划》强调，要加快发展智慧养老，运用互联网、大数据、云计算等信息技术手段，推进智慧健康养老应用系统集成，为老年人提供综合化智慧养老服务。《北京市养老服务专项规划（2021—2035年）》提出，依托智慧网络平台和相关智能设备，为老年人居家照护、医疗诊断、健康管理等提供远程服务及辅助技术服务。开展"智慧助老"行动，依托社区加大对老年人智能技术使用的宣教和培训。可见，北京市非常重视智慧居家养老服务的发展，将智慧居家养老服务作为未来养老服务发展的重要方向。未来将积极加强互联网等现代信息技术的运用，推进居家养老服务模式创新，加强居家养老服务的信息管理、设施建设和资源的整合利用，改进居家养老服务供给，精准有效满足老年人的居家养老服务需求。

## （二）北京市智慧居家养老服务的实践进展

一是积极搭建智慧居家养老服务平台。在北京市养老服务体系建设过程中，各区积极推进智慧居家养老服务的平台建设。北京市首家社区居家养老综合服务平台"怡亲安安"由普天大健康和北京市老龄产业协会建设运营，主要解决老年人家庭、养老服务提供商、养老服务驿站之间供需信息不对称的情况，为老年人提供精准服务。"怡亲安安"整体服务分为"上门"和"站内"两大部分。老年人或亲属关注小程序后，选择就近的养老服务驿站，即可预约下单。养老服务驿站可以提供服务的就直接派工安排入户服务，不能提供服务的则向服务商派单，由服务商提供入户服务。上门照护服务中，除上门送餐、助浴、清洗衣物、打扫卫生等常规服务外，还提供伤口拆线和压疮、吸痰、鼻饲等专业护理，以及个性化的陪伴拜访、购物服务等。延庆区"一键式"智慧养老服务系统顺利完成升级，用户可以通过该系统实现与家庭医生签约并建立通话，获得健康管理咨询、预约挂号、协助转诊、慢性疾病干预等家庭医生式服务。房山区燕山地区星城街道依托智慧社区居家养老服务平台，为60岁及以上独居老年人、空巢老年人家庭配置开通享老"一键通"终端，实现老年人居家一键安全报警和非正常活动状态报警。

二是加强智慧居家养老服务驿站建设。各区在发展智慧居家养老服务的过程中，注重加强养老服务驿站智慧化建设，提升驿站的智慧居家养老服务水平。2018年1月，北京市首家智慧养老示范驿站顺义石园北区利都智慧养老服务驿站正式揭牌投用，老年人家庭通过手机App就可实现在线预约服务、在线观测老年人健康、保障老年人安全等功能。这也是北京市智慧小区建设示范项目之一。2018年5月，西长安街街道六部口社区养老服务驿站以"互联网+"智慧养老平台为核心，基于GIS地图标注了辖区960多处楼房和平房院落位置，并实现"人房关联"，构建起了养老服务"一张图"，以老年人需求为核心，为老年人建立服务档案，为老年人提供定制化服务套餐。朝阳区鸿博家园利民养老服务驿站针对行动不便的老年人开发了智能管理平台，可实时监测老年人的行动轨迹，老年人在家就可以享受到养老驿站的上门服务。后续，北京市还将继续建设一批智慧养老服务驿站。

三是不断完善智慧居家养老服务设施。为了提升老年人享受养老服务的便利性、及时性，提高居家养老服务的效率，北京市各区积极完善智慧居家养老服务设施。西城区自2022年起，为70岁及以上的西城区常住户籍老年人安装"一键呼"应急呼叫智能终端。2022年，为西城区常住户籍的基本养老服务对象和80岁及以上高龄独居老年人，免费安装"一键呼"应急呼叫智能终端。西城区"一键呼"工作以老年人家中座机为通道，通过区级养老综合指导中心整合辖区内优质服务资源，利用智慧养老大数据平台实现养老数据、养老服务、养老需求的动态管理和分析，依托社区养老服务驿站就近为居家老年人提供更加精准、便捷、可靠的服务。① 石景山区已将智慧养老安全应急服务推广到八角、老山、苹

---

① 家住东西城．智慧终端护航居家养老，大栅栏街道推进"一键呼"安装工作［EB/OL］．https:// roll.sohu.com/a/581489106_121106842?scm.

果园、金顶街和古城 5 个街道,为基本养老服务对象发放智能手环、安装居家安防设备"六件套",方便老年人居家户外一键享受应急救助服务。"六件套"包括智能联网烟雾警报器、智能联网燃气警报器、智能联网非正常状态警报器、智能联网地涝警报器、智能联网紧急呼叫按钮和连接各终端警报器的"网关主机"。其他各区和街道、社区也有不少推进智慧居家养老设施建设的实践。

四是推进智慧居家养老服务的技术创新。为推进智慧居家养老产业发展,引导社会各界提供新创意、新技术、新模式,推动提升养老领域科技创新水平,加速推进北京市养老服务能力提升,2023 年,北京市民政局、市科委和中关村管委会共同组织开展了智慧养老应用场景评选工作,共评选出 27 个应用场景优秀案例,主要运用在重度失能老年人智慧照护、轻中度失能老年人智慧照护、高龄独居老年人智慧照护、失智老年人智慧照护、老年人数字化服务、老年人跌倒监测与防护、独居老年人风险监测和报警、机构智能查房、家庭照护床位远程支持、老年慢性病用药、慢病管理及预警、社区居家康复训练等。此外,北京市科委、中关村管委会持续加强养老科技创新,推进科技成果惠民,聚焦"互联网 + 医养"结合的智慧养老服务技术创新、康复辅助器具及老年用品产品技术研发、适老化建筑与环境的跨领域融合研究等,聚集科技资源协同开展科技攻关,取得了一系列科技成果,积极助力老龄事业高质量发展。

## 二、北京市智慧居家养老服务发展面临的主要问题

总体来看,北京市智慧居家养老服务发展还处于探索阶段,虽然取得了一些积极进展,但依然不充分、不成熟,还存在若干需要进一步解决的重要问题。

### (一)需求识别:对老年人智慧居家养老服务需求的把握不到位、欠精准

需求识别是智慧居家养老服务发展的基础,对需求的把握不到位直接影响了

智慧居家养老服务的供给行为及其效果。现有的智慧居家养老服务实践主要立足于传统的居家养老服务需求，或者只是简单将线下需求复制到线上，基于传统的线下需求来推进智慧居家养老服务供给，对于老年人对现代化信息技术的认知与使用特征把握不足。目前，北京市还缺乏关于市级或区级层面智慧居家养老服务的需求调查，难以从整体上系统把握智慧居家养老服务需求特征。少数社区或机构分散地组织了小规模需求调查，但还不足以从整体上全面、客观把握不同老年人的智慧居家养老服务需求，尤其缺乏传统居家养老服务需求与智慧居家养老服务需求的差异性分析，缺少对不同类型老年人居家养老服务需求的分析。由于对需求的把握不到位，缺乏智慧居家养老服务需求的精准识别机制，出现智慧居家养老服务供给同质化与需求差异化间的矛盾。

## （二）资源整合：政府、市场、社会在智慧居家养老服务中的合作与互动不足

在北京市智慧居家养老服务发展过程中，政府、市场、社会三者的关系尚未完全理顺，三者的有效合作与互动不足。

一是智慧居家养老服务的资金来源渠道及其分担机制不明确。智慧居家养老服务的发展需要大量的资源投入，无论是硬件建设、设施设备的完善，还是软件建设、管理服务能力的提升，均需要大量的资源投入。在目前养老服务体系整体投入不足的情况下，智慧居家养老服务的资金来源更是一个问题。在北京市智慧居家养老服务的发展过程中，提出了一些发展举措与目标任务，但并未形成与之相适应的资源配置与投入机制。政府、市场与社会主体在智慧居家养老服务投入中的责任分担机制不明确，尤其是政府财政责任不清晰，市级财政与区级财政的责任分担不明确。主要依赖市场与社会主体的自发投入，辅之以零散的财政支持和政策支持，难以推动智慧居家养老服务的快速发展。

二是智慧居家养老服务中的政府购买服务机制不完善。在实践中，无论是国家层面还是市级或区级层面，并没有真正将基本养老服务对象的智慧居家养老服

务需求纳入政府购买范围。国家层面的政府购买服务政策文件仅强调将"养老服务网络信息建设"作为政府购买居家养老服务的范围，相对忽视了养老服务发展中的"智慧"元素。无论是对于基本养老服务中智慧居家养老服务供给方的支持，还是对于需求方的支持，均没有系统的支持举措，基本沿用一般的养老服务购买机制及其政策，难以有效满足智慧居家养老服务的发展需求，不利于加强居家养老服务中的网络设施建设、信息管理、供给改革，容易导致智慧居家养老服务的发展动力不足和需求乏力。

三是不同主体在智慧居家养老服务中的协作不足。智慧居家养老服务的提供主体比较单一，多元化的服务提供格局尚未形成。并且，不同服务主体之间缺乏协作与共享，智慧居家养老服务行业的组织化程度与协作性不足，无论是纵向协作还是横向协作均不足。一方面，有实力的养老机构对智慧居家养老服务的延伸不够，一些养老机构在智慧养老服务方面具有优势，但未辐射至居家养老服务领域；另一方面，现有的养老服务平台比较独立、分散，缺乏有效的协作机制，难以形成智慧居家养老服务的合力。智慧居家养老服务贴近社区和老年人，贴近家庭，但如果缺乏市级、区级层面的协作与指导，缺乏有实力的养老机构的辐射与引领，其能力和效果也难以充分体现。市场与社会主体在北京市智慧居家养老服务的技术支持、管理运营、服务提供等方面发挥了积极作用，但依然不充分，主要是自发参与，政府对市场与社会主体的能力培育、资源匹配、政策支持均不足。不同主体的职责定位及其相互关系处理不到位，容易导致不同主体的行动混乱，影响智慧居家养老服务的发展效果。

### （三）服务提供：智慧居家养老服务的供给能力不强

目前北京市智慧居家养老服务能力还不强，主要体现在以下几个方面。

一是智慧居家养老服务功能欠完善。养老服务内容的完善程度是衡量养老服务能力的重要因素，智慧居家养老服务既要考虑全体居家老年人的共性需求，又要考虑其个性化需求。在北京市智慧居家养老服务发展过程中，虽然在政策设计中涉及了老年人需求的各个方面,但是在实际提供过程中,受成本、人员、能力等因素的影响,主要偏重于一些生活照料和日常看护类服务,而对疾病护理、失能照护、精神慰藉等方面的服务提供相对不足,而这些恰恰是居家养老服务的重点和难点。

二是养老服务驿站的服务能力不足。养老服务驿站是提供智慧居家养老服务的重要载体。近年来,北京市大力推进养老服务驿站建设,自2016年以来兴建了养老服务驿站1 000余个,为满足老年人的居家养老服务需求发挥了积极作用。但在实践中,养老服务驿站的作用并没有得到充分发挥,其管理运营能力与服务能力尚显不足。一些养老服务驿站投入不足,服务设施不够完善,空间比较狭小,专业化的管理与服务人员缺乏,收入来源有限,服务收入不足,过于依赖政府财政投入,经营效益欠佳,甚至有的难以为继,被迫停止运营。在发展智慧居家养老服务的背景下,如何提升养老服务驿站的服务能力,切实发挥养老服务驿站在智慧居家养老服务中的作用,还面临诸多挑战与压力。

三是专业化的智慧居家养老服务人员数量不足。智慧居家养老服务人员不仅要具备较高的养老服务专业化技能,而且要有较高的信息化、智能化素质与技能。北京市智慧居家养老服务的发展存在一定程度的"重技术、轻人才"现象。虽然北京市在养老服务人才方面相对具有优势,但依然不充分,无论是人员数量还是专业化程度均存在不足。智慧居家养老服务对各类人员的专业化程度要求更高,目前大多数的智慧居家养老服务人员并未接受过专业培训,其信息化技能相对较弱,绝大多数人员没有取得相应的专业技能证书。相当一部分人员为来自农村的文化程度不高的中年妇女,仅有过一些家政或保姆的工作经历,缺乏养老服务实践经验。

### (四)设施设备:智慧终端与智慧居家设施不完善

无论是供给层面,还是需求层面,智慧设施设备均有待完善,主要体现在以下几个方面。

一是服务提供主体的智慧设施设备不足。传统养老服务的设施不完善,智慧设施设备显得更为不足。由于智慧居家养老服务还处于实践探索阶段,相关服务主体的设施不完善,服务设施的智能化程度不足,难以充分体现智慧养老的优势和便利程度。互联网建设、智能设施设备建设成为智慧居家养老服务发展需要解决的一个难题。目前来看,绝大多数家庭还不具备享受智慧养老服务的设施设备条件,现有居家设施的适老化、智能化程度不足;大多数老年人家中的饮食、起居、护理设施简陋,还没有智能呼叫系统,这些都会影响老年人智慧居家养老服务需求的及时满足。

二是智慧居家养老服务设施设备标准体系建设不足。标准化直接关系到信息化、智能化、专业化,养老服务标准化体系建设不足是制约养老服务质量与养老服务体系完善的一个重要问题,对于智慧居家养老服务而言同样如此。在智慧居家养老服务设施设备研发相对滞后的同时,其标准化建设也比较滞后,一些设施设备主要由地方政府或企业自主研发、建设,相互独立封闭。智慧居家养老设施设备供给良莠不齐,其实用性、便利性、共享性均存在问题,影响智慧居家养老服务的长远发展。

三是智慧终端与产品研发不足。除去智慧居家设施设备外,智慧终端、适老化智能产品、可穿戴设备的研发与利用不足,难以适应智慧居家养老服务发展的需要。老年智能穿戴设备的适老性、智能化程度不足。目前,市场上提供的老年人可穿戴设备主要针对低龄老年人和高收入家庭老年人,针对一些高龄、失能、半失能老年人和低收入家庭老年人的提供不足。

### (五)数字鸿沟:老年人数字化意识、素养与能力不足

在北京市智慧居家养老服务的发展过程中,部分老年人的数字化意识、数字化素养与数字化能力不足,从需求侧制约了智慧居家养老服务的发展。

一是高龄老年人的数字技能与素养相对较低。在老年群体整体数字化技能较低的同时,高龄老年人的数字技能更加偏低。大多数高龄老年人对智能化养老服

务的认识较少，对智慧居家养老服务的认同度不足，进而影响其服务使用与需求满足。由于高龄老年人身体状况、文化程度、生活习惯等因素的影响，其数字化技能和素养相对较低，一些老年人无法自主使用智能化居家养老设施设备，不信任、不使用智慧居家养老设施设备，使得一些智慧居家养老设施设备形同虚设，使用率不高，这对智慧居家养老服务设施设备的研发与配置提出了更高要求。

二是部分老年人对智能手机的使用存在障碍。智能手机已成为获取智慧居家养老服务最基本的工具和设备，但对老年人而言，使用智能手机并非一件十分容易的事情。相当一部分老年人只会使用手机的传统功能，即打电话、发短信，或者还可以发微信、听音乐，对于智能手机的其他功能并不熟悉，特别是对一些软件功能的使用更是比较陌生，再加上一些老年人视力、听力较弱，肢体不灵活，严重影响其智能手机的使用率，进而影响其对智慧居家养老服务需求的满足。

三是低收入老年人数字化服务使用问题。智慧居家养老设施建设的成本是影响其发展的一个重要因素，无论是对于供给方还是需求方，均存在一定的压力。从需求方而言，绝大部分老年人具有购买智能手机的经济能力，但也不排除少部分身体健康状况较差、退休金较少的低收入老年人和低保家庭的老年人，还有一定的经济压力，特别是对一些智能化程度较高、性能相对较高的老年智能手机，可能价格更高，部分低收入老年人更加难以承受，直接影响智慧居家养老服务的经济可及性。

## （六）监督管理：适应智慧居家养老的监管体系不完善

由于北京市智慧居家养老服务还处于实践探索阶段，如何构建和完善适应智慧居家养老服务的监管体系，还有若干需要解决的问题。

一是质量评价与反馈机制不完善。北京市在发展智慧居家养老服务的过程中，并没有建立相应的质量评价机制，服务对象在质量评价中的作用体现不充分，缺乏专门针对智慧居家养老服务的监管举措，尚未建立起不同利益主体共同参与的质量评价体系，质量评价的内容没有很好地体现"智慧"特征，难以适应居家养老服务智慧化、智能化发展的需要。对于居家老年人和家庭照护者对智慧居家养老服务需求及问题的反馈机制不完善，对存在的问题难以及时有效地解决，尚未实现智慧居家养老服务质量监控与质量提升的良性循环。目前主要是一些服务提供商的自我监控措施，尚未从行政或行业层面建立系统的智慧居家养老服务质量评价机制与反馈机制。

二是存在网络安全隐患与隐私保护问题。网络安全直接关系到智慧居家养老服务能否健康运行。与网络安全直接关联的是隐私保护问题。由于智慧居家养老服务需要建立数字化的需求识别系统与基础信息平台，对老年人、照护者甚至居家环境需全面、及时、动态地掌握，很容易将个人和家庭信息泄露，这也是一些老年人不信任、不愿使用智慧居家养老服务的重要原因之一。目前，北京市智慧居家养老服务的技术还处于发展完善过程中，还不够稳定成熟，存在一定的安全隐患，不利于智慧居家养老服务系统的顺畅运行，也不利于供需双方的权益维护，这是未来发展智慧居家养老服务过程中需要努力解决的一个重要问题。

三是服务提供过程中存在诚信问题。诚信问题事关智慧居家养老服务提供者的声誉，也事关居家养老服务的质量与智慧居家养老服务的长远发展。由于智慧居家养老服务的虚拟性与网络化，供给主体与需求主体不进行直接面对面接触即可完成相应的服务提供行为，诚信问题时有发生。智慧居家养老服务提供者在服务收费、服务内容、质量保证、隐私保护等方面容易出现诚信问题，甚至可能存在个别服务主体利用网络手段对老年人进行恶意欺诈，严重侵害老年人权益。特别是一些终端提供商为了谋利，容易产生一些急功近利的短期行为，再加上信息不对称、监管体系不完善，容易引发诚信问题的出现。

## 三、提升北京市智慧居家养老服务发展水平的对策建议

发展智慧居家养老服务是未来北京市养老服务体系建设的一项重要任务，也是养老服务发展的重要方向。智慧居家养老服务的发展还处于实践探索阶段，应

及时预防和解决存在的问题,强化需求识别,整合服务资源,提升服务能力,完善服务设施,破解数字鸿沟,完善监管体系,推动智慧居家养老服务健康发展,有效满足老年人的智慧居家养老服务需求。

## (一) 强化需求识别,立足需求推进智慧居家养老服务

准确把握需求是有效推进智慧居家养老服务发展的重要前提。需要以老年人需求为导向,调整政策工具供给结构,满足老年人不同层次的需求。[①] 不同类别老年人其智慧养老服务需求和影响因素不同。[②] 在把握老年人对智慧居家养老服务需求过程中,需要处理好一般性需求与个性化需求的关系、传统居家养老服务需求与智慧居家养老服务需求的关系。

一是加强智慧居家养老服务需求的动态调查。调查是主动了解需求的重要途径,在发展智慧居家养老服务的过程中,应该建立需求调查机制,及时、准确地识别老年人的智慧居家养老服务需求。坚持普查与抽样调查相结合、静态调查与动态调查相结合、一次性调查与长期追踪调查相结合、线下调查与线上调查相结合、政府调查与机构调查相结合。通过调查了解老年人的基本信息和需求信息,建立市级层面的智慧居家养老服务需求数据库,为相关政策制定和服务运行提供参考。为了更加全面地了解老年人的需求,可以每五年对所有老年人进行一次普查,同时每年度开展一次抽样调查,精准、动态识别老年人的智慧居家养老服务需求。在调查过程中,可以充分发挥基层工作者或社区工作者的作用,加强社区老年人相关信息的填报。在开展一次性调查的同时,还可以开展定期追踪调查。可以用智慧平台开展线上的问卷调查,增强调查的灵活性,也可以通过调查员进行线下的问卷调查。调查可以由一些智慧养老服务平台或服务提供主体组织,也

---

[①] 杨莲秀,胡孔玉. 基于内容分析法的我国智慧养老政策分析 [J]. 上海大学学报(社会科学版),2021,38 (4):118-127.

[②] 白玫,朱庆华. 老年用户智慧养老服务需求及志愿服务意愿影响因素分析——以武汉市江汉区为例 [J]. 现代情报,2018,38 (12):3-8.

可以由政府相关部门如民政部等组织。

二是分层分类精准把握不同群体的智慧居家养老服务需求。对智慧居家养老服务需求的调查与掌握，应该分层分类，力求精准，既要掌握全体老年人的共性需求，也要掌握不同类别老年人的差异化需求。只有精准把握需求，才能有针对性地满足不同老年人的居家养老服务需求。特别是要分层分类重点掌握独居、失能半失能、高龄、失独、贫困老年人的身心特点及其智慧居家养老服务需求，对不同文化程度、收入水平、健康状况、户籍的老年人的智慧居家养老服务需求要进行比较分析。需要把握不同老年人的多层次居家养老服务需求，包括基本的居家养老服务需求，也包括一些高层次、舒适性的居家养老服务需求。同时，需要充分考虑老年人的身心能力与经济能力，增强智慧居家养老服务提供的可及性。在精准把握不同老年人需求的基础上推进智慧居家养老服务平台设计、产品设计与服务提供。

三是建立需求反馈机制，动态调整智慧居家养老服务供给。如果说加强需求调查是从供给方主动把握需求，那么，建立需求反馈机制则是由需求方主动、及时提供需求信息。老年人的需求不是静止不变的，老年人主动反馈需求更容易动态、精准、及时掌握老年人的服务需求。需要建立老年人的服务需求多元化反馈渠道，通过线上与线下相结合的方式反馈需求信息，包括电话、微信、App、智能设备等途径，可以直接反馈给服务提供方，也可以反馈给社区工作者。通过建立需求反馈机制，连接智慧居家养老服务供给，及时动态调整服务内容与方式，更加有效地满足老年人的需求。

## （二）整合服务资源，加强政府、市场、社会之间的合作与协同

智慧居家养老服务基于老年人的养老服务需求，通过线上与线下相结合的方式，尤其是通过智慧化手段和方式推进居家养老服务资源的整合与优化配置，需要加强政府、市场与社会主体的合作，协同推进养老服务供给。

一是完善政府购买智慧居家养老服务机制。政府购买养老服务政策应该适应

养老服务体系的发展变化及老年人需求的变化及时调整和优化，需要在原有政府购买养老服务政策方案的基础上，进一步充分发挥政府的主导作用，履行政府在基本养老服务中的职责，将基本的智慧居家养老服务纳入政府购买的范围。通过建立和完善政府购买服务机制，加强资源投入，支持智慧居家养老服务的发展。进一步完善市级层面的政府购买养老服务政策，加强对基本养老服务对象的智慧居家养老服务购买，推动智慧居家养老服务的设施建设、平台建设、人才队伍建设、管理运营以及服务质量提升。优化政府购买养老服务清单，完善政府购买智慧居家养老服务的内容体系，进一步支持智慧居家养老服务基础设施建设与智能终端产品的配置。

二是加强政府对智慧居家养老服务的财政投入。发展智慧居家养老服务需要大量的资源投入，各级政府应该从养老服务体系建设的角度出发，积极加强财政投入，适应智慧养老的发展趋势，支持智慧居家养老服务的发展，促进养老服务的提质升级。特别是在智慧居家养老服务的发展探索阶段，在鼓励市场与社会投入的同时，积极加强财政投入。可以在养老服务驿站建设中考虑智慧居家养老的投入，也可以安排智慧居家养老的专项预算，全面推进智慧居家养老服务发展。财政投入坚持支持供给方与支持需求方相结合，在建设前期，可以以支持供给方为主，加强硬件建设与软件建设，提升供给能力。坚持市级财政投入与区级财政投入相结合，在加强市级财政投入的同时，区级财政应该有相应的匹配资金，支持智慧居家养老服务的发展。

三是充分发挥市场与社会主体在智慧居家养老服务中的作用。智慧居家养老服务的发展，需要加强政府主导，强化政府责任，有序推进智慧居家养老设施建设，完善养老服务体系。同时，要充分发挥市场与社会主体的作用，聚集社会资源，培育服务主体，完善供给体系，提升供给能力，形成多层次、多样化的智慧居家养老服务供给局面。使政府、社会、市场主体在兜底性、公益性、营利性智慧居家养老服务中各司其职，加强合作，协同发力。坚持激励、指导和规范相结合，在明确政府职责的同时，加强政府对市场与社会主体的财政、税收、设施、空间、人才等的支持，撬动市场与社会资源的投入，加强智慧居家养老服务的实践探索，形成科学、高效的智慧居家养老服务模式。

### （三）提升服务能力，加强智慧居家养老服务能力建设

需求识别是基础，满足需求是目标，服务主体的服务能力直接关系到需求满足的程度与质量，针对服务能力不足的问题，需要着力提升智慧居家养老服务能力。需求是相对固定的，而供给能力建设则是无限的，可以从以下3个方面提升智慧居家养老服务能力。

一是积极培育各类智慧居家养老服务主体。针对目前智慧居家养老服务主体数量不多、实力不强的现实状况，未来需要大力加强服务主体的培育，使各类养老服务主体在保持原有服务功能的同时，积极拓展智慧居家养老服务业务。需要加强大型养老机构智慧养老服务能力向社区和居家养老服务的延伸，拓展养老机构的服务范围，充分利用已有机构的养老服务资源，既提升养老机构的收益空间，也优化居家养老服务体系。同时需要培育一批有实力的智慧居家养老服务机构，完善智慧居家养老服务平台与服务网络。拓展社区服务机构、物业公司的居家养老服务功能，利用现有的资源和网络提升智慧居家养老服务。培育一批规模适中、贴近社区和家庭、经济实惠的大众化、连锁型智慧居家养老服务主体。

二是提升养老服务驿站的智慧居家养老服务能力。针对目前北京市养老服务驿站存在的问题，未来需要进一步加强养老服务驿站建设，改进驿站的管理运营，需要从硬件和软件两大方面全面提升驿站的智慧居家养老服务能力，提升养老服务驿站的智慧居家养老服务效能。在硬件方面，要继续加大养老服务驿站的设施建设，严格落实《关于开展社区养老服务驿站建设的意见》和《社区养老服务驿站设施设计和服务标准（试行）》两个文件，包括生活设施、保健设施、娱乐设施等方面，在设施建设过程中，需要紧密结合智慧居家服务的需要，加强驿站的网络设施建设与智慧养老服务设施建设，打造养老服务驿站升级版。设施建设需要综合考虑成本、舒适性、安全性、实用性等因素，通过设施建设充分发

挥养老服务驿站的日间照料、呼叫服务、助餐服务、健康指导、文化娱乐、心理慰藉功能以及智慧服务功能。在软件方面，需要着力加强驿站的管理运营，提升驿站的管理服务水平，完善驿站的服务模式与运营模式，开展多元化、多层次的服务提供，既有效满足老年人的智慧居家服务需要，又提升驿站的收益水平与可持续发展能力。

三是大力培养智慧居家养老服务人才。人才队伍直接关系到服务质量与智慧居家养老服务运行的好坏，在发展智慧居家养老服务的过程中，需要大力培养各类人才，包括技术人才、管理人才、服务人才和研发人才等。其中，技术人才主要涉及智慧居家养老服务系统的管理与维护，对于智慧居家养老服务而言，这是基础，无论是系统的设计与开发，还是日常的维护与运行，均需要一批专业技术人员；智慧居家养老服务的提供需要一批了解技术、熟悉服务、善于管理的管理人才，加强智慧居家养老服务人、财、物管理，提高智慧居家养老服务质量与效率；服务人才的专业化更是发展智慧居家养老服务的基本要求，既要懂养老服务的专业知识与技能，也要熟悉智慧养老服务的产品与技术；加强智慧居家养老服务设施设备与终端产品的研发则需要一批专业研发人才。在相关高校，尤其是职业院校和应用型大学开设智慧养老服务专业，培育一批适应智慧居家养老服务发展需要的高级专门人才。发挥大型养老机构的人才培养功能，建立智慧居家养老服务人才研修与实践基地。加强现有人才队伍的互联网技术、现代信息技术与人工智能技术培训，全面提升居家养老服务人员的信息化素养与技能。

### （四）完善服务设施，加强智慧居家设施建设与智慧终端设施建设

设施建设是开展智慧居家养老服务的基础，智慧居家养老服务的设施建设更加复杂，除去一般的居家养老服务设施外，还应该从以下3个方面重点加强智慧居家养老设施建设，增强居家养老设施的网络化、智能化水平。

一是完善智慧居家养老服务平台。服务平台是推进智慧居家养老的"核"，连接供给与需求，连接不同的服务主体与要素，一个科学、统一、完善的服务平

台，对智慧居家养老服务的发展至关重要。完善智慧居家养老服务平台的技术体系、数据体系与服务体系，平台不仅是一个简单的技术系统，还涉及服务理念、服务模式、服务评价等方面。建议由市级层面来主导智慧居家养老服务平台建设，制定智慧居家养老服务平台的建设标准，增强智慧居家养老服务平台的开放性、共享性、便利性，提升智慧居家养老服务平台的标准化水平。加强智慧社区建设，完善社区自助便民服务网络布局，推进社区智能感知设施建设，为智慧居家养老服务提供便利。特别对一些相对偏远郊区、农村地区和老旧小区，更需要加大投入，加强互联网基础设施的更新改造。

二是加强智慧居家养老设施建设。智慧居家养老设施是智慧家庭设施的重要组成部分，智慧居家养老离不开智慧家庭建设，未来需要大力加强智慧家庭建设，加强智慧健康养老产品的适老性[1]，为智慧居家养老创造良好条件。智慧家庭设施涉及家庭生活的方方面面，包括智能门锁、智能浴室、智能家具、智能家电、智慧健康、智慧娱乐等方面。智慧居家设施应该满足所有家庭成员的居家生活需要，尤其要考虑老年人的居家生活需要，配备老年人友好型的居家设施，方便老年人的日常生活起居，加强对居家老年人的风险识别与预防，加强老年人的健康与安全监测，及时了解老年人身心状况及其需求。

三是加强智慧居家养老终端与老年智能穿戴产品研发。智慧终端是了解老年人身心特点、识别居家养老需求和接受居家养老服务的重要载体，未来的居家养老智慧终端应该实现真正的智能化，实现智能传感与智慧服务。应该充分发挥市场主体和专业机构的作用，培育研发人才，加强研发投入，打造智慧养老设施设备研发中心，大力发展支持老龄社会、代际数字公平的技术创新与应用。[2] 除继续加强智能手机的研发外，还应该大力加强智能眼镜、智能手环、智能服装、智能手表、智能鞋帽等老年人可穿戴产品的研发。居家养老智慧终端与智能穿戴产

---

[1] 郝晓宁，张山，马骋宇，等. 城市老年人智慧健康养老服务的支付意愿及影响因素研究 [J]. 卫生经济研究，2022，39（1）：19-22，26.

[2] 邱泽奇. 人口老龄化背景下如何跨越代际数字鸿沟 [J]. 群言，2021（6）：15-18.

品的研发,应该本着简单、舒适、方便、经济可承受的原则,提高其普及率与使用率,真正发挥其在智慧居家养老中的作用。

### (五) 破解数字鸿沟,全面提升居家老年人的数字素养与技能

解决数字鸿沟问题是发展智慧居家养老服务的重要前提,未来需要全面提升老年人的数字素养与技能,增强老年人对智慧居家养老服务的认识、了解与接纳。

一是加强智慧居家养老服务的宣传。加强宣传是提升老年人数字素养、了解智慧居家养老服务的重要途径。需要进一步加强对老年人互联网使用的普及,缩小老年人的"数字鸿沟"。[1] 可以通过线下与线上相结合的方式,利用网络、电视、宣传栏进行宣传,或者由志愿者进行一对一上门宣传,又或者在社区开展老年活动的过程中进行宣传。除去通过单线的解说性宣传或文字宣传、视频宣传外,还可以通过体验式的宣传方式,让老年人切身体验居家养老服务的便利性与舒适性,让老年人充分了解智慧居家养老服务的好处和优势,消除老年人对智慧居家养老服务的疑虑,增强老年人对智慧居家养老服务的信任感与认可度。尤其是对一些文化程度相对较低、年龄较高的老年人、外来老年人,需要进行重点宣传。

二是加强老年人的数字技能公益培训。解决老年"数字鸿沟"问题,不仅要从供给端发力,也要从需求端发力,加强老年人的数字技能培训,提高老年人的数字化技能。将对老年人的数字化培训纳入基本养老服务均等化和政府购买养老服务的重要内容。定期举办公益性数字化培训讲座和活动,让老年人充分了解、认可和使用相关智能产品和服务。可能通过集中的专题培训,也可针对具体的产品和服务提供一对一培训和指导。培训的主体可以是政府相关部门、

---

[1] 程云飞,李姝,熊晓晓,等. "数字鸿沟"与老年人自评健康——以北京市为例[J]. 老龄科学研究,2018,6(3):14-25.

基层组织，也可以是市场化服务的提供主体或社会组织提供的公益类培训。充分发挥社区党员的作用，积极开展公益性的数字化专题讲座、培训数字化技能。此外，还需通过专门的社会组织开展数字化为老志愿服务活动，为老年人提供相关支持。

三是构建统一的智慧居家养老标准体系。构建和完善统一的标准体系有助于老年人更好地了解和使用智慧居家养老服务和产品，有利于增强智慧居家养老服务的共享性与服务质量，有利于缩小智慧居家养老服务的数字鸿沟。未来需要在现有的养老服务标准体系的基础上，充分考虑智慧居家养老服务的特点，形成一套统一科学的智慧居家养老设施标准、设备标准、服务标准、管理标准和技术标准，以标准体系建设降低老年人使用智慧居家养老服务的障碍与难度。

### （六）加强监督管理，完善智慧居家养老服务监管体系

加强监督管理是提升质量、改善管理、维护权益的必然要求，在智慧居家养老服务过程中，需要充分利用线下、线上手段加强监督管理，需要以质量监督管理为核心，强化智慧居家养老服务的多主体、全过程、全要素监督管理。

一是强化智慧居家养老服务的整体性治理。加强监督管理是整体性治理的重要组成部分，主要解决治理碎片化、信息不对称、效率低下等问题。在数字化时代，整体性治理思想正发挥越来越大的影响力，公共管理的整体性治理范式日益凸显。[1] 整体性治理以公民需求为基础，强调整合性，强调信息技术的运用，强调信任和责任感，追求可持续性。[2] 对于智慧居家养老服务的治理具有重要启示，在发展智慧居家养老服务的过程中，应该树立整体性治理理念，紧密围绕居家老年人的养老服务需求，充分利用现代信息技术与科技手段，加强政府、市

---

[1] 胡象明，唐波勇. 整体性治理：公共管理的新范式 [J]. 华中师范大学学报（人文社会科学版），2010，49（1）：11 - 15.

[2] 龙玉其. 职业年金制度风险及其整体性治理 [J]. 社会保障研究，2020（3）：75 - 84.

场、社会、家庭、个人的合作与协同，整合各类资源，精准有效地提供养老服务，不断改进居家养老服务的管理运营，提高居家养老服务质量，积极满足老年人的各类需求，从而实现智慧居家养老服务的可持续发展。

二是建立和完善智慧居家养老服务质量评价标准与评价机制。需要把质量作为智慧居家养老服务监督管理的核心。应该在国家和北京市现有养老服务质量管理规范的基础上，进一步突出"智慧"和"居家"特点，出台专门的智慧居家养老服务质量标准或规范，或者在相关质量标准中进一步凸显智慧居家养老服务的内容。建立线上与线下相结合的多主体、全过程、多样化评价模式，充分发挥老年人和家庭成员在智慧居家养老服务监督管理中的作用。积极开展居家养老服务星级评价，将智慧服务作为重要内容。将质量评价结果作为财政投入、政府购买的重要依据，促进智慧居家养老服务主体积极改进服务质量。

三是加强智慧居家养老服务的隐私保护与安全管理。在智慧居家养老服务的过程中，掌握了大量的老年人信息、家庭信息和服务需求信息，在注重信息共享的同时，也需要通过技术和管理手段加强信息管理，确保信息安全，避免泄露老年人及家庭成员的相关信息。在需求调查、服务提供、设备使用过程中均需要加强隐私保护。加强立法，建立惩戒机制，严格保护个人隐私，消除老年人及家庭成员的疑虑。安全管理是智慧居家养老服务监督管理的重要内容，包括设施安全、网络安全、信息安全、人身安全、财产安全等方面，应该将安全管理作为智慧居家养老服务监督管理的基础和重点，定期加强专项检查，及时防范和化解安全风险，确保智慧居家养老服务的安全运行。

四是加强智慧居家养老服务的信用体系建设。智慧居家养老服务的有序健康运行，需要一个完善的信用体系，规范不同利益主体的行为，尤其是要规范服务提供主体的行为，加强智慧居家养老服务行为的信用信息记录，建立与全国信用信息共享平台的信息交换和共享机制。加强服务主体与行业自律，充分发挥服务对象的信用监督作用和专业征信机构的信用评价作用，定期开展信用评估，并将评估结果向社会公示。建立基于信用评估的激励约束机制，对于诚实守信的服务主体，优先给予政府购买、财政支持、政策支持和融资支持；对信用不良的服务主体，要建立黑名单制度，严格加强惩戒，及时整改；对恶意失信的欺诈行为，进行严厉惩罚。建立智慧居家养老服务动态退出机制，对服务质量较差、信用恶劣的服务主体，及时进行清退。在加强供给方信用监督的同时，也要建立需求方信用监督机制，避免由于需求方的主观恶意行为而导致供给方的损失和资源浪费。

# Report on Smart Home-based Elderly Care Service Development in Beijing

Long Yuqi

**Abstract**: In recent years, Beijing has increasingly focused on developing smart home-based elderly care services, and many policy documents emphasize the fully utilization of modern information technology to improve the level of home-based elderly care services. From a practical perspective, the development of smart home-based elderly care services in Beijing is still in the exploratory stage. Although some progress has been made, there is still significant room for development, and there are several important issues that need to be further addressed: inadequate grasp of demand, insufficient cooperation between the government, market, and society, weak capabilities of smart home-based elderly care services, incomplete smart terminals and smart home facilities, weak digital awareness, literacy, and abilities of the elderly, imperfect regulatory system and so on. In the future, we should strengthen demand identification, integrate service resources, enhance service capabilities, improve service facilities, bridge the digital divide, improve regulatory systems, and promote healthy and rapid development of home-based elderly care services in Beijing.

**Keywords**: smart elderly care  home-based elderly care  intelligent terminal  digital divide

# 南京市智慧养老发展报告

李 静[①] 段昆昆[②]

**摘　要：** 作为长三角唯一的特大城市，南京市积极发展智慧养老，通过制度设计、政策创新与措施优化，以事业发展为引领，以产业推进为抓手，积极发挥政府、社会组织、企业的重要作用，探索了"政府推进型""社会组织推进型""企业推进型"等不同的智慧养老发展模式。针对南京市智慧养老当前存在的信息统筹层次不高、服务标准不齐、消费需求不强、人才队伍不优等问题，需要从做强平台、规范标准、促进银发消费和优化人才队伍结构等方面加以优化。

**关键词：** 智慧养老　养老服务　互助养老　时间银行

## 一、南京市智慧养老发展现状

### （一）政策文件营造良好发展环境

作为长三角地区的特大城市，南京市人口老龄化形势较为严峻。截至2021年年底，南京市60岁及以上户籍人口达162.86万人，占户籍总人口的22.17%；80岁及以上户籍人口为25.75万人，占老年人口的15.81%；人口平均预期寿命达80.15岁。在人口老龄化持续深化、劳动年龄人口占总人口的比重已连续下降十多年的严峻人口形势下，加快推进智慧养老服务发展，不仅有助于积极应对人口老龄

---

[①] 云南大学政府管理学院教授、博士生导师。
[②] 河海大学公共管理学院博士研究生，河海大学老年保障研究所研究员。

化，更好满足规模庞大并快速增长的老年人口多层次、多样化需求，切实保障老有所养，逐步实现老有颐养，而且可以整合养老服务资源，助推养老服务高质量发展。

省市两级多份政策文件构成助推南京市智慧养老健康发展的保障网。多个省级主管部门出台的系列政策文件为南京市智慧养老的发展提供政策指引与规范要求。市级主管部门则从当地实际出发，陆续出台政策文件对南京市智慧养老发展进行系统谋划与整体设计。早在 2014 年，南京市出台的《居家养老服务管理办法（试行）》就将"居家信息呼叫服务管理"作为居家养老服务建设的重要内容，此后，智慧养老相关政策不断出台，并呈现出不断增长的趋势。同时，南京市智慧养老发展中注重多部门协同，尤其是市政府办公室、民政局、卫生健康委、工业和信息化局、发展改革委、市场监管局等部门在智慧养老发展中发挥了重要作用（如图 3-1 所示）。

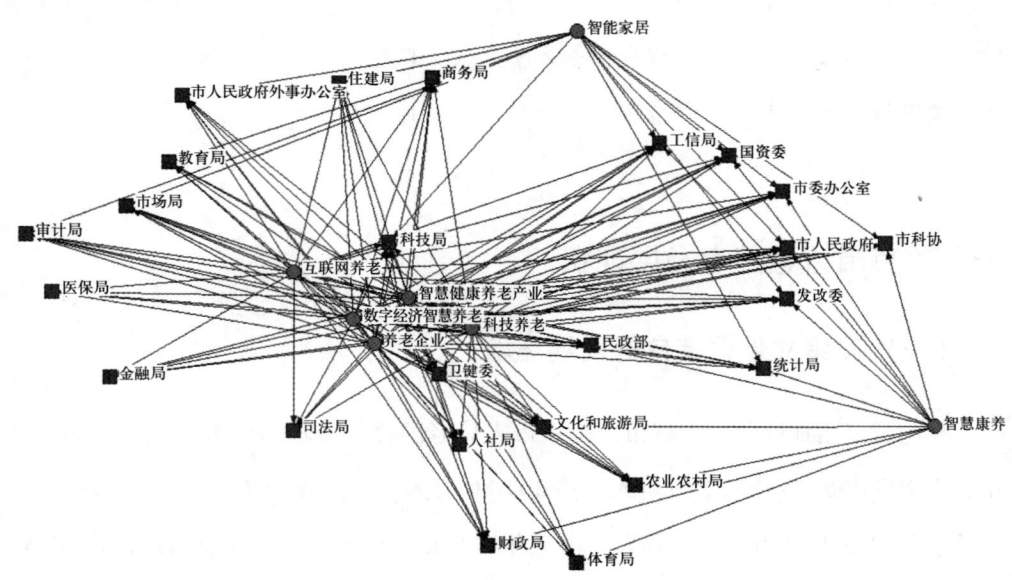

图 3-1　南京市智慧养老与政府机构网络关系图

## （二）养老事业依托智慧技术创新发展

南京市养老事业在智慧技术的加持下取得长足进步。在资金投入方面，市级财政将养老服务支出作为重点民生工作，市区两级养老服务体系年度投入达5亿元。建立兼顾"补供方"与"补需方"的资金投入机制，在供给侧为从事养老护理的大中专毕业生给予3万~5万元的"入职补贴"，为养老从业人员提供每月100~800元"岗位补贴"；在需求侧向照料居家重度失能老年人的亲属按每年15天、每天150元标准提供补贴和"喘息服务"，目前已惠及2 000多户家庭。同时，南京市近两年争取中央预算内投资3 454万元，为全市12个普惠养老项目提供支持。2022年，南京市3个医养康养项目列入全市经济社会发展重大项目计划，总投资超过150亿元。在兜底性养老服务方面，南京市为全市近1.3万名特困老年人，1.6万多名失能、半失能老年人，80岁及以上高龄老年人及失能、半失能"五类老年人"等弱势老年群体，提供每月2~48小时不等的购买性照护服务，并为4.2万余户困难老年人家庭完成适老化改造。将困难老年人家庭适老化改造补贴提高到3 000元，改造范围扩大到65周岁及以上社会老年人，并进一步明确适老化改造18个"基础项目"和22个"提升项目"，从原来"定单"改造转变为"点单"改造。在普惠性养老服务方面，南京市利用信息平台为全市居家老年人提供信息呼叫服务和居家照护服务。截至2022年12月，全市共有在运营社区银发助餐点1 342家，建成社区居家养老服务中心1 829个。

南京市充分运用现代科技，积极推进养老服务供给创新。一方面，率先探索并建设家庭养老床位，通过适老化改造、护理床位和远程监测技术将专业养老服务向家庭延伸，截至2022年12月，已建成家庭养老床位8 700余张（相当于80家中等规模养老院），把"机构式"专业服务搬进老年人家门；另一方面，建立全国首个市级养老服务时间银行，在全市范围开展时间银行养老服务创新供给。此外，在工业和信息化部等3部门组织的国家级智慧健康养老应用示范评选中，南京市多家单位入选（见表3-2），智慧养老服务示范效应明显。

表3-2　南京市入选国家智慧健康养老应用试点示范单位名单（2021年）

| 入选年度 | 示范类型 | 入选单位 |
| --- | --- | --- |
| 2021 | 智慧健康养老示范基地 | 南京市雨花台区 |
| 2021 | 智慧健康养老示范基地 | 南京市江宁区 |
| 2021 | 智慧健康养老示范街道 | 南京市雨花台区赛虹桥街道 |
| 2021 | 智慧健康养老示范街道 | 南京市雨花台区西善桥街道 |
| 2021 | 智慧健康养老示范街道 | 南京市江宁区湖熟街道 |
| 2021 | 智慧健康养老示范企业 | 南京爱普雷德电子科技有限公司 |

## （三）智慧养老产业发展势头强劲

南京市不仅重视依托信息技术优化养老事业，同时着力推进智慧养老产业发展。通过制定《南京市养老服务条例》，规定南京市区两级公益性养老机构行政事业性收费和基础设施配套费全部减免、营利性机构收费减半等优惠措施，为智慧养老产业发展松绑减负。央企、国企、外资、民间资本纷纷布局南京市养老服务市场。目前，南京市社会化养老机构占比超过80%，其中，悦心、悦华、银杏树、携才等一大批本土养老机构在服务本地老年人的基础上向全国辐射。养老服务产业的整体性发展推动着多领域企业进入智慧养老，在南京市智慧养老相关企业中，社会工作（17.14%）、软件和信息技术服务业（14.29%）、科技推广和应用服务业（12.86%）、商务服务（7.14%）和居民服务（7.14%）等行业与智慧养老服务跨界融合成为重要趋势。相关数据显示，截至2021年年底，江苏省养老相关企业数量持续增加，总数达14 795家，其中南京市2 433家。江苏省智慧养老相关企业数量居全国第三，总数363家，其中，南京市70家、苏州市69家、无锡市34家，南京市稳居省内第一梯队。据不完全统计，2016年至2021年，南京市智慧养老企业呈线性增长（如图3-2所示），其中鼓楼区、江宁区、雨花台区企业入驻数量齐头并进，智慧养老相关企业入驻量突破10家（如图3-3所示）。

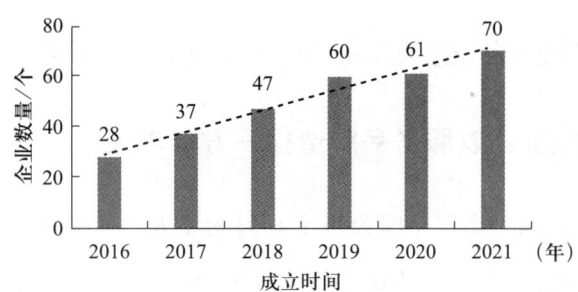

图3-2 南京市智慧养老相关企业数量趋势

资料来源：天眼查、百度财经《大健康时代新机遇：未来生活的前置思考》。

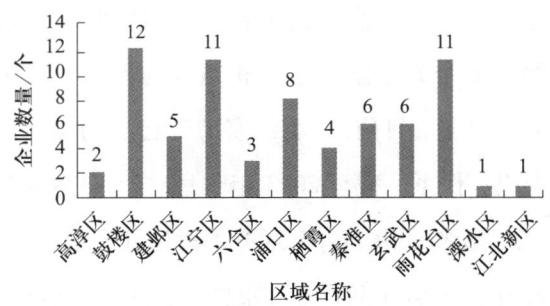

图3-3 南京市智慧养老相关企业区域分布状况

资料来源：天眼查、百度财经《大健康时代新机遇：未来生活的前置思考》。

南京市智慧养老产业示范效应明显。在企业培育方面，南京市共有6家企业在工业和信息化部等3部门组织的国家级智慧健康养老产业应用试点评选中被评为智慧健康养老示范企业。在省内智慧养老企业评选中，南京市亦位居全省前列，共有7家单位入选省民政厅组织的省级养老服务高质量发展示范企业，连续两年获得全省第一；20家企业入选省工业和信息化厅等部门联合开展的省级智慧健康养老领域重点企业，稳居省内第一梯队（见附录表1）；17项产品和11项服务入选省级智慧健康养老领域优秀产品（服务）（见附录表2）。此外，还有4项智慧健康养老产品和9项智慧健康养老服务入选工业和信息化部等3部门组织的《智慧健康养老产品及服务推广目录（2018）》和《智慧健康养老产品及服务推广目录（2020）》（见附录表3）。

## 二、政府推进智慧养老的典型案例——南京市江宁区"小江家护"

### （一）发展概况：以服务品牌造福一方老年人

"小江家护"是南京市江宁区为特定对象老年人、残疾人、未成年人提供居家上门照护服务的政府平台。2018年，江宁区政府出台《关于进一步加强居家养老服务工作的意见》，提出要为全区80周岁及以上高龄、空巢、独居老年人购买居家上门服务，创建"小江家护"居家上门服务品牌。通过引入第三方专业服务机构，依托"小江家护"信息系统平台，利用物联网和远程智能安防监控技术，采取"基础服务+个人定制服务"相结合的方式，为居家老年人提供智能监护服务和专业上门服务。目前，"小江家护"已成为满足区内老年人多样化需求的江宁特色养老服务体系。截至2023年6月，"小江家护"信息系统平台已签约人数达21 685人，服务量达177.5万单，累计开展银发助餐319.2万人次；发放智能手环17 891个；安装联网式燃气报警器989台、烟雾报警器14 498台、智能红外探测器1 670台；设置人脸识别银发助餐点117个。实现南京市江宁区10个街道全覆盖，累计助餐总人次达315.7万。"小江家护"先后获"国家发改委智能技术服务老年人优秀案例""民政部、财政部居家社区养老示范典型""数字江苏建设优秀典型"等荣誉，江宁区也因此获评"全国智慧健康养老示范基地"。

### （二）模式特征：以资源整合助推服务创新

一是坚持以政府主导推动养老服务资源整合。平台建设方面，"小江家护"信息系统平台由区民政局开发建设，由第三方信息服务公司负责数据维护和软件更新，服务器和软件不属于任何一家服务机构，以确保数据信息的安全。资金支持方面，江宁区政府每年投入3 000万元，借助信息系统平台，依托居家养老服务中心，为全区老年人提供居家上门服务。服务补贴方面，2021年累计向居家养老服务中心发放市、区两级补贴1 516万元。区政府针对不同收入水平、不同年龄段和不同身体机能的老年人提供相应标准的补贴（见表3-3）。此外，区政府通过岗位补贴和服务补贴向护理员提供支持，2021年护理员薪资平均达每月4 500元，同时为护理员提供免费培训，保障服务供给可持续和服务质量不断提升。

表3-3　　　　　　　"小江家护"养老服务补贴标准

| 服务对象大类 | 服务对象/人 | 服务次数/次 | 单工时最高限价/元 |
| --- | --- | --- | --- |
| 江宁户籍80周岁（含）以上老年人 | 江宁户籍80~89周岁（含）老年人 | 3 | 28.6 |
| | 江宁户籍90~99周岁（含）老年人 | 6 | 28.6 |
| 江宁户籍70周岁（含）以上独居老年人（经社区确认） | | 3 | 28.6 |
| 江宁户籍70周岁（含）以上计生特扶的自理老年人 | | 4 | 28.6 |
| 江宁户籍自理的最低生活保障家庭和分散供养的特困对象中80周岁及以上老年人、自理的最低生活保障家庭和最低生活保障边缘家庭中计生特扶老年人 | 80周岁（含）以上分散特困供养自理老年人 | 3 | 28.6 |
| | 80周岁（含）以上低保自理老年人 | 3 | 28.6 |
| | 低保和低保边缘的计生特扶老年人 | 3 | 28.6 |
| 江宁户籍五类老年人中的半失能老年人（城乡特困供养老年人；低保及低保边缘老年人；经济困难失能半失能老年人；计生特扶老年人） | | 36 | 28.6 |
| 江宁户籍五类老年人中的失能老年人（城乡特困供养老年人；低保及低保边缘老年人；经济困难失能半失能老年人；计生特扶老年人、百岁老年人） | | 48 | 28.6 |

注：五类老年人包括城乡特困人员，低保及低保边缘的老年人，经济困难的失能、半失能老年人，70周岁及以上的计划生育特殊扶持老年人，百岁老年人。

二是依托信息平台实现全流程服务数据集成。"小江家护"信息系统平台内集成了全区养老服务数据中心、7×24运营的呼叫中心、资源链接中心、培训中心和科技养老展示中心等多个模块，为信息资源整合和服务资源调度提供技术支持。服务递送方面，"小江家护"借助互联网、物联网等现代化信息技术，实现线上平台信息与线下养老资源的"无缝对接",注册申请、老年人能力评估、补贴审批、服务发起及用户评价等诸多环节全部通过平台实现。供需匹配上,通过平台数据集成及与区内养老机构管理系统的数据共享,增强了对服务对象需求的精准掌握,促使养老服务供给精细化和精准化。同时,"小江家护"信息系统平台通过信息共享与区民政系统实现数据互通,保证各项数据的动态更新。早在2019年,"小江家护"信息系统平台已全面覆盖江宁区10个街道、20多万老年人。

三是连接智能终端产品打造全方位服务体系。"小江家护"以信息系统平台为支撑,以智能终端和养老服务中心为纽带,整合养老服务资源,打造全方位养老服务体系。安全监护方面,通过政府购买等方式为辖区内高龄空巢独居老年人提供智能手环、联网式烟雾报警器、联网式可燃气体报警器、智能红外探测器等智能设备,全部纳入"小江家护"信息系统平台,依托24小时运营的呼叫中心和线下专业护理员,实现全时段自动安全值守。老年助餐方面,"小江家护"联合本地连锁餐饮企业设立就近助餐点,利用互联网技术和人脸识别软件精准发放就餐补贴,老年人通过"刷脸"实现"即买即减"。服务提供方面,"小江家护"采取"基础服务+个人定制服务"相结合的方式为全区老年人提供养老服务。其中,基础服务都集成在"小江家护"信息系统平台内(见表3-4),个人定制服务则依托"小江家护"信息系统平台进一步对接社会资源,为老年人提供更多样、更个性、更优质的养老服务。区内安装到位的智能设备、不断增加的护理员、散布全区各处的居家养老服务中心和不断优化升级的老年人助餐点,共同构成了线上线下联动的全方位居家养老服务体系。

表3-4　　　　　　　　　　　老年人基础服务包

| 基础服务包内容 | C类对象 | D类对象 |
| --- | --- | --- |
|  | 照护标准:200元/月 | 照护标准:90元/月 |
| 血压测量 | 4次 | 2次 |
| 心理关爱 | 支持 | 支持 |

续表

| 基础服务包内容 | C 类对象 照护标准：200 元/月 | D 类对象 照护标准：90 元/月 |
|---|---|---|
| 血糖测量 | 4 次 | 2 次 |
| 药品管理 | 1 次 | 1 次 |
| 家庭安全检查 | 1 次 | 1 次 |
| 家庭保洁 | 4 次 | 2 次 |
| 理发 | 1 次 | 1 次 |
| 修甲 | 4 次 | 2 次 |
| 面部清洁 | 4 次 | 2 次 |
| 洗发梳头 | 4 次 | 2 次 |
| 附近陪同散步 | 支持 | 支持 |
| 代购代送 | 支持 | 支持 |
| 买菜烧饭或者助餐 | 支持 | 支持 |
| 水电气费代缴 | 支持 | 支持 |
| 慈善超市需求获取、货品转交 | 支持 | 支持 |
| 远程慢病咨询 | 支持 | 支持 |
| 家属照护指导 | 支持 | 支持 |
| 紧急救助服务 | 支持 | 支持 |
| 设备维修服务 | 支持 | 支持 |

四是以全流程信息化监管保障养老服务质量。服务流程上，由老年人或其亲属通过"小江家护"信息系统平台发布服务需求，平台根据需求内容和地点就近派单，护理员接单后按要求提供上门服务。上述所有流程均通过"小江家护"信息系统平台进行，在保障数据安全、提升递送效率的同时，实现服务监管的信息化。监管方式上，平台对当天异常工单实施100%电话回访，每周对上周工单的10%进行电话回访，同时每周对线下服务工单的1%进行上门监管。管理运营上，"小江家护"的平台运营、服务监管、线下服务3个模块独立运行，以保证服务监管的有效性与服务运营的稳定性。区民政局将服务监管外包给第三方监管机构，由其对"小江家护"实施365天不间断跟踪监管，所有监管结果实施扣分

制,扣分分值与支付费用挂钩,并以此形成运营机构退出机制,运营机构在服务年度内分差达 2 000 分时,就需要将该机构运营的一个街道移交给其他机构,以保障服务供给的效率和质量。

### (三)实践经验:政府主导+市场主体+技术赋能+多元参与=多方受益

"小江家护"利用大数据、物联网和云计算等现代化信息技术,通过智慧养老信息系统平台整合多方服务资源,以优质、便捷、高效的服务打造区域性养老服务品牌。

一是发挥政府作用打造养老服务品牌。江宁区政府立足本地老年人需求,充分发挥政府资金筹措、评估监管功能,制定《居家和社区养老服务等级评定标准》《养老服务补贴标准》《居家养老服务机构与基层医疗卫生机构合作方案》等政策文件,为智慧养老服务的开展提供政策支持和运行框架。同时,广泛发动社会力量参与养老服务供给,提升地区养老服务供给能力,不仅为本地老年人提供更便捷优质的养老服务,还通过建设区域性养老服务品牌打造了智慧养老服务名片。

二是整合市场资源提升服务品牌效应。"小江家护"不断吸引专业化、品牌化社会组织和专业养老机构参与养老服务供给,在服务供给中激发市场主体广泛参与,充分发挥市场机制在养老服务资源配置中的作用。不仅通过标准化、优质化养老服务促进智慧养老设备的开发使用和服务内容的整合拓展,提升养老服务的供给效率和供给能力,培育一批智慧养老企业,助推了智慧养老产业发展,还通过鼓励和扶持养老服务机构和企业规模化、品牌化、连锁化发展,打造了具有影响力和竞争力的智慧养老服务品牌。

三是技术赋能养老服务供给精准高效。"小江家护"依托信息系统平台,通过对区内老年人服务需求和服务使用的记录与整合,实现对区内老年人需求的精准把握,有助于养老服务供给精细化和精准化。一方面,基于信息系统平台内集成的多功能模块设计的服务递送流程提高养老服务供给效率,并通过服务供给全流程记录保障服务质量;另一方面,借助连接老年人与信息系统平台的智慧养老终端产品,节省老年人照护服务中的部分人力,提高养老服务供给精度和效率。

四是多元主体参与保障养老服务质量。"小江家护"通过明确服务供给准入条件和服务评价标准,鼓励社会力量承接养老服务项目。为满足不同老年群体多样化需求,"小江家护"吸引了一大批有实力、有品牌、有情怀的社会组织或专业养老机构,在运作上引入两家线下养老服务机构、一家评估监管机构及一家平台运维机构,四家机构相互独立以确保数据安全与中立,有利于区政府指挥及监管。两家线下养老服务机构分片区为服务对象提供服务,双方形成竞争机制促进服务质量提升;一家监管机构负责居家上门服务的质量评估和监管,一家平台运维机构负责数据维护和软件更新。

## 三、社会组织推进智慧养老的典型案例——南京市养老服务"时间银行"

### (一)发展概况:源起社区,覆盖全市

"时间银行"是南京市智慧养老的又一实践模式。2005年,南京市建邺区滨湖街道兆园社区发起成立了全市第一家养老服务"时间银行"。经过十多年的探索与发展,2019年7月,南京市政府印发了《南京市养老服务时间银行实施方案(试行)》;同年12月,在全市12个区24个街道247个社区启动首批养老服务"时间银行"试点工作。目前,南京市已建成市级统一的养老服务"时间银行",形成了独具特色的"政府主导、通存通兑、权威统一"以及"统一管理、统一标准、统一平台"的管理、运行和服务模式,为志愿服务参与智慧养老开辟路径。截至2023年7月,南京市养老服务"时间银行"已申请注册志愿者4.8万名,建成1 322个服务网点,服务订单数量超79万单,总志愿服务时长超过46.07万小时。

## （二）发展特色：技术赋能公益，多元助力养老

一是"平台+终端"，实现养老服务供给智慧化。"时间银行"为智慧养老提供"数据信息平台"。为保证志愿养老服务的供给高效，"我的南京"App 内专设"时间银行"功能模块，并以此为依托开发了市级统筹的"时间银行"信息平台。平台内集成志愿者与服务对象的核准、服务项目的确立、服务供给与时间存储、积累时间兑换等功能，贯通"时间银行"运行的完整链条。平台内置的人工智能、区块链、云计算、智能图像和语音识别等现代化信息技术不仅能实现服务资源的智能调度与服务订单的精准匹配，而且还能提升平台系统和数据的安全性、可靠性和人性化。同时，平台通过南京市大数据管理局与民政、卫生健康、公安、发展改革等多部门实现信息共享，一定程度上打通数据壁垒，通过整合老年人相关信息，精准识别"时间银行"免费发放人群，快速准确了解老年人和志愿者基本情况。

"两端"结合，提升养老服务供给效率。"时间银行"信息平台针对管理方、服务供给方和需求方开发了 PC 端和 App 端服务程序。PC 端以全方位在线化管理方式用于管理方的服务资源调配和服务情况监督，实现服务效率提升和服务管理精准。App 端通过内置在"我的南京"App 的"时间银行"功能模块用于老年人服务需求发布、服务下单、志愿者申请注册和接单。此外，考虑到老年群体用户可能具有的视觉、听觉和阅读障碍，"时间银行"对 App 端界面进行适老化设计，加入了语音输入、屏幕放大、读屏等功能。

二是政府搭台，促进"时间银行"运营管理一体化。一是设计"四级"管理体系。南京市成立了由市政府主要领导任组长，分管领导任副组长，市民政局、发展改革委、公安局、卫生健康委、大数据管理局、财政局等相关部门及各区主要领导参与的"时间银行"领导工作小组，并在市、区级民政局建立相应的"时间银行"管理中心。其中，市级"时间银行"管理中心主要负责全市"时间银行"的制度设计，管理全市"时间银行"运行系统，指导各区开展相应

工作；区级"时间银行"管理中心具体开展区级"时间银行"的管理服务工作；街道（乡镇）和社区（村）依托养老机构或社区居家养老服务中心设立"时间银行"服务点，为辖区内老年人需求评估、宣传引导、服务开展、监督评价等提供指导与服务。此外，南京市还将"时间银行"项目与社区居家养老服务机构的等级评定与补贴奖励相挂钩，为"时间银行"相关服务项目落实和协调发展提供支持。二是搭建完善政策框架。为规范"时间银行"有序发展，南京市构建了"1+1+9"的政策体系，即市政府办公厅2019年出台的《南京市养老服务时间银行实施方案（试行）》和2022年出台的《关于进一步完善我市养老服务时间银行体系建设的通知》，以及市民政局出台的《各级时间银行职责及相关工作要求》《时间银行志愿者、服务对象的基本条件、权利义务及准入和退出办法》《时间银行服务项目及服务流程》《南京市养老服务时间银行专项基金管理办法（试行）》等9项系列管理规定，为"时间银行"的运转提供支持。三是提供强大资金支持。为保障"时间银行"长效运行，南京市政府在"时间银行"成立之初即设立"时间银行"专项基金（委托市慈善总会设立），由市财政每年注入1 000万元启动资金，为"时间银行"的发展提供充足的财力保障，彰显对这一举措的重视与支持。同时规定市内各级政府及有关部门将管理经费和"时间银行"专项基金等经费纳入财政预算，通过购买服务等方式，支持"时间银行"的运营管理，并依照有关规定向社会公开购买服务项目目录、服务标准、经费标准等相关情况。

三是多方唱戏，推动资源整合与供给增能。"时间银行"充分发挥平台作用整合养老服务资源。"时间银行"通过对接多领域、多行业、多部门资源，广泛吸纳医疗、教育、法律、金融、餐饮等领域从业人员加入志愿养老服务，实现对各界志愿者的广泛动员。尤其是自2020年11月开始，"时间银行"开始接纳团体志愿者注册，截至2023年7月，南京全市已有261家团体志愿者在平台上注册通过审核。此外，参与"时间银行"志愿服务对企业社会形象有很好的提升作用，吸引了一些企事业单位（尤其是涉老企业）通过企业捐赠和团体性参与，积极投身于"时间银行"养老服务中，进一步壮大了"时间银行"的服务力量。

"时间银行"还通过志愿服务开展实现养老服务供给增能。就志愿者个人而言，经过一系列培训活动和服务实践开展，有效提升了志愿者在养老服务基础知识、服务技能、处理常见问题等方面的能力水平。同时，促使许多志愿者（特别是青年群体）关注养老服务领域、投身养老服务行业，扩充了养老服务人才队伍。据南京市养老服务时间银行管理中心统计，2020年参与过养老志愿服务的应届毕业生中约有10%的人选择从事养老行业。在组织层面，一些企业通过参加"时间银行"志愿服务，加深了对老年人生活习惯、服务需求、经济状况等基本情况的了解，进而开发老年用品和养老服务项目，拓展养老服务业务范围，提升养老服务供给能力。

### （三）实践经验：以组织平台赋能多元主体

一是发挥平台作用，整合多方资源提供互助养老服务。首先，通过市政府的财政支持、制度设计、运行管理和服务监管，为"时间银行"的规范运行和持续开展提供运行基础和物质保障，尤其是政府主导参与为"时间银行"的服务开展和持续运行提供了信用背书。其次，通过广泛发动中青年群体的参与，让其了解老年群体需求并积极参与为老服务，既为养老服务发展壮大了服务力量，也有利于破除中青年群体对老年群体及养老服务业的刻板印象，在整个社会形成尊老、爱老、敬老的文化氛围和为老服务的志愿精神。最后，以"时间换时间、服务换服务"的服务供给模式，实现了对传统购买服务模式和政府兜底模式的养老服务供给路径创新。

二是以志愿服务"引流"，为养老产业发展提供动力。"时间银行"充分发挥资源链接功能，广泛吸纳各类组织和各行业志愿者参与养老服务。志愿者通过服务参与不仅满足了老年人服务需求，还与老年人建立起稳固的信任关系。尤其是目前南京市各社区的"时间银行"大多由专业养老服务机构和组织运营，在提供志愿养老服务的同时，通过专业服务的提供，间接宣传其机构服务与组织文化，获得服务对象的信任和青睐，让接受服务的老年人对其产生直观体验与内心认可，实现服务对象向潜在客户的转换。一旦志愿服务对象出现失能、失智或半失能状况，需要更加专业的护理服务时，前期提供的志愿服务会发挥助推效应，让老年人家庭对"时间银行"社区站点承接企业产生好感与信任，从而选择其作为养老服务提供方，实现养老机构客户"引流"。

三是"三赋"同步，为智慧养老提供"人才孵化器"。首先是给予服务补贴，为志愿者"赋财"。个人志愿者可将自己存储的服务时间积攒下来留作年老使用，也可将其转赠给直系亲属。"时间银行"还对活跃志愿者实行激励机制，达到一定时间积分的志愿者，可享受在一定年度内或一定次数免费游览市属文博场馆、景区公园，乘坐地铁公交优惠，享受加入"时间银行"的餐饮店、商场等网点提供的免费或优惠服务。其次是购买"志愿者上门责任险"，为志愿者"赋险"。为保障双方权益，"时间银行"建设初期，中国人民财产保险股份有限公司就着手开展"时间银行"志愿服务上门险研究与开发，并为"时间银行"免费提供3万份志愿者保险服务，保障了"时间银行"初期安全良好运转。从次年起，由各区民政局集中采购中国人民财产保险股份有限公司的"志愿者上门责任险"，为志愿者以及服务对象免除后顾之忧，促进"时间银行"的持续性发展。最后是岗前培训+定期培训，为志愿者"赋能"。"时间银行"的个人志愿者申请受理并审核后，需要通过线上基本知识与线下专业技能的岗前培训。同时，"时间银行"每年定期组织培训，根据老年人需求增加相应志愿服务项目，如2021年新增的老年人智能技术辅导培训，不断提升其为老服务能力。

## 四、企业推进智慧养老的典型案例：江苏瑞芝康健老年产业集团

### （一）发展概况：从老年公寓到智慧养老生态圈

江苏瑞芝康健老年产业（集团）有限公司（以下简称"瑞芝康健"）成立于2013年。经过十年的模式探索，不断进行服务创新和资源整合后，提出"轻养老、慢生活"的科学养老理念。瑞芝康健秉承"客户为尊、员工为本，诚朴、

责任、专业、进取"的核心价值观，构建信息化、智慧化的产业运营模式，着力打造医、康、养、护相互融合的综合型养老服务企业，不仅成为政府公建民营养老项目合作成功的典范，更是通过高科技信息化技术开拓了智慧养老的新思路、新发展、新作为，成功打造"机构、社区、居家"三位一体的养老服务生态圈。目前，瑞芝康健在南京市拥有10家养老机构，包括2家五级养老机构，养老床位数共计2 000多张，养老服务业优秀人才共计1 500多人，社区居家养老服务中心共计50多个，服务老年人数量超32 000人。

## （二）发展特色：线上线下联动构建养老服务生态圈

一是核心能力，以智慧平台赋能养老服务。瑞芝康健自主研发多个智慧养老服务信息系统，通过自建科技研发团队，整合现代化大数据、物联网、人工智能、5G等方面的现代化信息技术，研发了政府监管系统、智能看护系统、安全监控系统、智慧养老院系统、医疗信息管理系统、营销管理系统、社区居家养老信息化系统、办公系统管理系统、财务信息管理系统、智慧养老大数据系统等十大养老服务信息化系统平台。其中，瑞芝康健自建专注养老服务业务场景的技术研发团队，自营机构、社区、居家三位一体的养老生态链，自定养老服务行业的标准化制度流程体系，从企业战略规划到组织目标实现，技术贯穿全流程、全模块、全场景，实现了"系统平台＋智能硬件＋服务生态"深度融合的智慧养老模式。瑞芝康健通过智慧养老服务平台连接政府、医院、养老机构、医护人员、家庭、志愿者等多方资源，实现"用户端—平台端—产品端"一体化整合，打造"X31"数字化养老服务体系平台架构，其中，"X"指针对客户的个性化养老服务项目及养老服务及管理场景；"3"是机构养老、社区养老以及居家养老服务模式；"1"是数字化养老系统平台。

"线上＋线下"，实现养老服务场景智慧化。瑞芝康健以智慧养老院管理平台和社区居家养老管理平台推动机构养老和居家社区养老服务智慧化。智慧养老院平台提供"能力评估—入住业务—护理业务—护理员服务"一站式服务，实现机构养老内部管理一体化、硬件设施智能化、医养服务人性化和服务跟踪可视化。社区居家养老服务以信息平台为支撑，以服务机构为网点，以专业化服务为内容，广泛动员社会力量，充分利用社区资源为居家老年人提供生活照料、医疗护理和文化娱乐、精神慰藉等服务。居家老年人可通过App、电话、电视宽带传递其服务需求，由服务平台派单至服务机构及专业人员提供服务，同时对服务过程和服务评价进行记录和反馈以保障服务质量。

"平台+终端"，保障老年人安全健康。瑞芝康健系统平台内置智慧物联端口，通过连接智能终端设备提升老年人安全系数，运用安防产品和相关产品构成视频安防监控系统、出入口控制系统、边界防范系统、消防系统等保障老年人安全。一方面，以高清视频监控为核心，实现无盲区覆盖，同时联动报警系统、语音对讲系统和门禁系统实现智能化安全管理；另一方面，以管理平台整合业务数据，实现系统运行可视化和安防系统集成化，以数据集成和统一调度实现老年人安全防护立体化。在健康管理方面，借助智能终端设备，通过自动或手动采集老年人生命体征相关信息，实现连续性、自动化生命体征监护管理，实现对老年人潜在健康风险的提前预防和快速响应。如智能床垫通过在床检测、睡眠监测、心率检测、呼吸检测等多项指标监测实现对老年人全方位守护，并通过"床垫—平台—移动端推送—大屏展示"的方式对可能出现健康意外的老年人信息进行及时播报，保障老年人身体健康。

二是特色业务，以"一方家护"提供居家养老服务。从"小江家护"到"一方家护"转变，需求导向拓宽业务领域。2019年，瑞芝康健中标南京市江宁区"小江家护"居家养老服务项目，负责淳化街道、禄口街道、江宁街道等共82个社区的居家养老服务提供，迈出居家养老服务第一步。2021年9月，瑞芝康健凭借在养老服务领域的业务优势，承接了建邺区政府为80周岁及以上老年人提供的居家养老服务项目，进一步开拓了居家养老服务市场。通过"小江家护"等政府购买居家养老服务项目的开展，瑞芝康健以其专业的护理团队、高水平的服务品质、贴心的服务内容，不仅积累了居家养老服务运营经验，而且在服务供给过程中赢得了优质口碑。同时，由于"小江家护"等政府购买服务主要面向60周岁及以上自理、半自理及失能、失智老年群体，单纯依靠政府所提供的免费工时难以满足老年人多样化服务需求。基于此，瑞芝康健开拓了新业务内容，为老年人提供基础家政服务和上门养老服务。

线上＋线下，创新居家养老服务供给方式。线上，借助瑞芝康健强大的研发团队打造智慧居家养老服务平台，开发"一方家护"App和小程序，以"互联网＋"O2O服务模式，老年人或其亲属足不出户即可通过预约享受居家上门服务。线下，提供配套居家呼叫装置，为居家老年人提供一键呼叫、紧急救助服务，通过遍布老年人身边的居家养老服务中心和专业照护团队，为老年人提供优质的家政服务、养老服务和医护服务。

基础服务＋定制服务，助推居家养老供需对接精准。"一方家护"是瑞芝康健针对居家老年人对基础家政服务和养老服务需求，通过行业跨界整合养老服务资源，以"家政＋养老"经营模式为特色的养老服务品牌。一方面，"一方家护"针对居家老年人基本需求，在服务内容建设上围绕生活服务和养老服务两个模块满足老年人基本需求（见表3-5）；另一方面，为满足老年人多样化服务需求，"一方家护"对不同老年人服务需求进行细分，在服务供给时以老年人意愿为主，结合养老护理专业建议和既有服务经验，为老年人提供定制化照护方案，保证具体服务内容的个性化与针对性。

表3-5　　　　　　　　"一方家护"居家养老服务内容

| 养老/生活家政服务 | | 养老/医康养护服务 | |
| --- | --- | --- | --- |
| 服务项目 | 服务内容 | 服务项目 | 服务内容 |
| 清洁服务 | 基础或深度全屋保洁服务 | 清洁护理 | 头面部清洁：面部清洁，梳头，男士剃须<br>口腔护理：刷牙，棉棒擦拭，漱口<br>洗发护理：头发清洗，吹干<br>手足部护理：手部、足部清洗、按摩<br>指/趾甲护理：指/趾甲修剪<br>会阴护理：清洁和护理会阴部及其周围皮肤<br>皮肤护理：皮肤清洁、用药、局部按摩 |

续表

| 养老/生活家政服务 | | 养老/医康养护服务 | |
| --- | --- | --- | --- |
| 服务项目 | 服务内容 | 服务项目 | 服务内容 |
| 清洗衣物 | 衣物清洗、晾晒 | 沐浴护理 | 通过擦浴、坐浴、沐浴、盆浴等方式协助或帮助照护对象沐浴、更换和清洗衣服等 |
| 助缴服务 | 代缴水电燃气视话费 | 饮食护理 | 协助取餐和进食、进水,负责餐具清洗和消毒等 |
| 就医协助 | 协助出行及挂号取号、导诊就医、开药买药等 | 协助如厕 | 协助如厕,更换纸尿裤,帮助排便困难者排便、进行引流导尿等 |
| 代买服务 | 代购长者所需物品 | 晨晚间护理 | 协助晨起或睡前洗漱、床单位整理、早餐或晚餐准备或进食进水等 |
| 做饭服务 | 从餐前准备到餐后清洁一站式服务 | 睡眠护理 | 帮助入睡困难者做好床单位准备、环境准备、心理疏导、服药协助等 |
| 助餐服务 | 提供营养餐(糖尿病餐、高血压餐等) | 情绪疏导 | 陪同聊天,了解其需求,做好情绪疏导,陪同室内外活动等 |
| 商城团购 | 生活所需食品/用品 | 失禁护理 | 排便训练,更换纸尿裤,保持身体和床单位清洁干燥等 |
| | | 康复护理 | 肌肉、呼吸功能训练,经穴推拿、刮痧、拔火罐等 |
| | | 医疗护理 | 糖尿病足溃疡护理、PICC置管维护、腹膜透析护理、造瘘管护理、药物喂服、健康管理、造口护理、压疮护理、普通换药、注射、鼻饲等 |
| | | 住家服务 | 24小时家庭养老床位(五位一体) |

资料来源：根据"一方家护"App和小程序整理。

### (三) 实践经验：平台+服务，双轮驱动企业发展

第一，以智慧平台赋能养老服务供给创新。现代化信息技术是推进养老服务供给创新的重要动力，智慧养老的发展离不开技术支持。瑞芝康健自主研发多个智慧信息产品，通过综合信息管理等8个模块，依托线上数据和线下服务来打造养老服务生态圈。一方面，通过开发信息平台和终端产品服务，有效推动信息资源和服务资源共享整合，提高养老服务需求感知精度和服务资源调配效率，为业

务拓展和服务开展提供决策支持；另一方面，以智慧平台助力"线上平台+线下服务"运营模式创新，借助智慧养老服务平台打造囊括智慧社区居家养老、智慧机构养老的养老服务生态圈，满足老年人多样化服务需求。

第二，以老年人需求为本优化业务内容。一是坚持以老年人需求为本。针对老年人居家养老偏好和上门家政服务需求，打造"一方家护"居家上门服务，以"家政+养老"服务模式赢得老年人青睐。二是把控政策动向，紧跟政府要求。对政策的把握关系企业自身发展，瑞芝康健创立之初主要从事养老公寓运营，后通过承接政府购买居家养老服务项目开拓居家养老服务供给和社区居家养老服务中心运营，不断调整业务模块。三是紧抓发展方向，完善业务布局。目前瑞芝康健已形成"机构养老、社区养老、居家养老、康养小镇、智慧养老"五大核心业务，以差异化业务布局满足老年人多样化需求。

第三，整合服务资源提供智慧康养服务。瑞芝康健借助自主研发的多个智慧养老产品实现养老服务信息的系统整合，敏锐发现老年人康养服务需求，着力提升智慧康养服务能力。通过线上后台和线下服务打造养老综合服务平台，通过整合医疗、护理和养老服务资源打造健康养老服务生态链，探索开展"互联网+护理服务"业务，以健康管理、绿色通道、家庭医生及家庭病床和专业医疗护理培训4个方面融合实现医养一体化。结合线下设立的康养服务实体机构，包括护理院、居家服务中心、养老院、社区综合养老服务、健康管理中心等，为居家社区和机构养老的老年人提供一体化智慧健康养老服务。

## 五、南京市智慧养老的发展展望

### （一）现存问题

第一，养老服务信息统筹层次有待提高。南京市各区和不同类型养老服务数据尚未实现完全整合，养老服务信息统筹层次较低。一是养老服务信息资源在各区之间存在差异。南京市智慧养老服务主要由各区主导开展，其信息平台也主要依托各区购买建设，仅在区级层面实现信息统筹，尚未实现养老服务平台数据的市级统筹。二是不同类型的养老服务平台数据难以同步。如"时间银行"的养老服务数据、各区居家养老服务和不同养老机构之间服务数据相对分散，统计口径不一，导致信息资源分享整合存在困难。三是智慧养老相关政府部门间信息同步不畅。各区智慧养老平台与卫生健康、人力资源社会保障等部门间的信息系统缺乏有效对接，无法全面、精准、动态地获取老年人身体、家庭生活状况及其服务需求数据，从而难以实现需求精准感知及服务精准供给。

第二，智慧养老服务标准建设有待完善。南京市鼓励各区结合自身情况开展智慧养老差异化探索，也导致了服务内容和服务标准、数据信息标准和数据使用标准存在差异。一是不同服务提供主体在智慧养老产品、服务内容、服务标准等方面存在差异，尤其是智慧养老相关产品与功能集成度相对较低，在资源整合和统一调度方面存在困难。二是数据信息标准方面，由于智慧养老信息平台供应商来自多家，其数据采集、存储标准不一，加之对接的智慧养老产品源于不同开发商，导致数据更新和同步困难。三是数据使用标准方面，平台对所记录数据的共享和挖掘力度不足，对数据的使用多停留在浅层统计层面，难以通过数据共享与整合形成养老服务"大数据"，从而难以为养老服务决策和供给精准化提供支持。

第三，智慧养老服务消费需求有待挖掘。作为传统养老与互联网、物联网、大数据等新兴技术融合的新业态，智慧养老对老年人仍是新鲜事物，老年人对智慧养老服务的接受程度和消费意愿整体偏低。一是老年人主动消费意愿偏低。如江宁区"小江家护"主要以政府兜底方式为特定群体提供养老服务，"时间银行"也以公益方式提供养老服务。即使是智慧养老企业，其业务重点也是承接政府购买服务的平台维护、平台运营和服务提供。尤其是江宁区等涉农区农村老年人较多，其消费能力有限，对智慧养老了解不足，养老观念较为传统，更难形成对政府购买之外养老服务的有效需求。二是老年人对智慧养老的认识和接受存在"需求倒置"。年轻老年人对智能手机等智能设备的使用率大大增加，对智慧养老接受度较高，但这类老年人养老服务需求较低；高龄老年人服务需求较高，但对智能设备和新技术接受度较低，导致智慧养老整体需求度较低。三是由于老年人认知能力、反应速度、学习能力下降等原因，导致其对智能产品的掌握能力较弱，加之当前智慧养老产品和服务获取方式的"适老性"水平参差不齐，对老年人来说操作难度较高，使用体验不佳进一步降低消费意愿。

第四，智慧养老年人才队伍结构有待优化。和全国大多数城市一样，南京市智慧养老发展也面临人才队伍方面的制约。整体而言，经过多年建设，南京市乃至整个江苏省养老服务人才队伍取得了巨大发展，但智慧养老服务人才还存在总量缺乏且结构性失衡的问题。在年龄结构方面，当前南京市养老服务人员以40～50岁女性为主，年龄结构偏老，年轻力量相对不足。这一年龄结构使得养老服务人员整体信息技能水平和对智能设备的使用能力较低，制约智慧养老服务开展。在专业结构方面，养老服务人员专业化程度不高，专业护理人才不足。2021年年底，南京市共有养老从业人员13 872人，具有护理员资格的人员仅5 691人，专业养老服务人才存在较大缺口。此外，由于相关人才培养机制、人才保障机制与激励机制尚未完善，高层次养老服务人才短缺，难以吸引年轻化、专业化人才进入智慧养老服务领域。

## （二）发展路径

第一，做强平台提升养老服务信息资源统筹层次。信息平台是养老服务需求整合和资源配置的关键，平台统筹层次和信息共享程度决定供需配置效率和精准度。为提升南京市智慧养老服务供给效率，可依托南京市政务云区块链服务平台及计算存储设备，结合国家区块链创新应用试点"区块链＋民政"项目，由市财政投资建设"宁享养老"市级养老服务综合信息平台。一方面，借助大数据、区块链和云计算等现代化信息技术，建设市级养老服务综合平台，实现对家庭、社区、机构等多种服务模式信息的市级统筹，平台内建设数据管理中心、核心技术支撑平台及应用系统，为打造市级养老服务品牌提供算力支持；另一方面，以市级统筹的养老服务综合平台，实现对南京市养老服务"时间银行"、"宁享养老"一站办、养老服务数据共享、养老机构运营补贴监管、养老资源综合查询、社区居家养老服务监管、养老服务机构安全监管、养老政务综合管理等系统平台的统筹，实现全市养老服务信息和资源统筹调度，提升养老服务管理水平和服务质量。

第二，加快服务标准建设推动智慧养老规范发展。一是明确数据标准和信息平台建设规范，明确养老服务信息采集、使用、储存、分析和共享的标准规范，明确不同层次、不同类型信息平台建设标准，推进养老服务相关信息统筹和不同层级平台信息资源共享。二是细化智慧养老服务标准，结合《南京市社区居家养老服务标准》《南京市居家养老服务管理办法（试行）》等服务标准与规范文件，进一步细化智慧养老服务标准，如出台《智慧养老服务规范标准》，根据智慧养老使用场景和内容对信息数据和平台建设运营的标准、服务供给的响应时间、服务方式和服务提供的专业资质等内容进行规定与细化。

第三，挖掘智慧养老消费潜力开拓银发消费市场。一是坚持需求导向，根据老年人特性提供养老服务。鼓励养老服务提供主体结合老年人生理和心理特质，围绕老年人所需的信息资讯、社交通信、生活购物、养老服务、旅游出行、医疗健康、市政服务等，以"关怀模式""长辈模式"提供为老服务。同时保留老年人熟悉的传统服务方式，保障老年人基本需求的满足。二是开展"适老化设计"，提升老年人使用体验。支持企业在智慧养老产品研发过程中充分考虑老年人需求，推出具备大屏幕、大字体、大音量、大电池容量、操作界面和操作流程简单的智慧养老产品，提升智慧养老产品和服务对老年人的吸引力。三是以"智慧助老"行动提升老年人智能技术运用能力。依托"时间银行"，社区、养老服务机构，老年大学等开展"智慧助老"行动，开展使用教学、体验学习、经验交流、互助帮扶等智能技术应用培训活动，提升老年人使用智能产品及服务的能力。

第四，做好"用留育引"优化智慧养老人才队伍。一是加大智慧养老从业人员培训力度，加强对现有人员的培训，提升其专业化水平和信息化素养，使其既掌握养老服务相关知识,又具备较高的信息化素养。二是合理确定智慧养老从业人员工作待遇,根据其实际专业能力和岗位给付相应薪资,完善薪酬动态调整机制,培养选拔优秀从业人员,为其居住落户、住房保障、子女就学等方面提供政策扶持。三是完善养老服务人才培养机制,打通人才培养、使用、培训、晋升、交流的全流程及全周期,不断提高智慧养老从业人员素质,不断优化智慧养老年人才队伍结构。四是做好舆论引导和宣传报道,破除社会大众对养老服务行业的刻板印象,营造尊重养老服务人员的社会氛围,增强从业人员职业荣誉感和社会认可度,吸引并留存优秀人才。

作为养老服务的新方向,智慧养老是推动南京市养老服务高质量发展,打造"宁享养老、银发无忧"城市品牌的重要内容。总体来看,南京市智慧养老的发展取得了长足进步,探索出了智慧养老的多种发展模式,为智慧养老优化升级提供多种可能路径。未来,南京市仍需通过平台打造、标准建设、需求挖掘和人才建设放大优势、扩大影响,进一步打造智慧养老的南京品牌,进一步惠及广大老年群众,进一步为实现全体人民共同富裕的中国式现代化贡献南京力量。

## 参考文献

[1] 白玫,朱庆华. 老年用户智慧养老服务需求及志愿服务意愿影响因素分析——以武汉市江汉区为例 [J]. 现代情报,2018,38 (12):3-8.

[2] 陈友华,邵文君. 智慧养老:内涵、困境与建议 [J]. 江淮论坛,2021 (2):139-145,193.

[3] 丁建定,倪赤丹. 论中国社会养老服务体系建设的重要转型——基于改革开放以来的一种历史比较分析 [J]. 学海,2021 (6):109-113.

[4] 李静,朱兰兰. 包容性发展视域下信息低层老年人"数字鸿沟"的治理方略 [J]. 东北大学学报(社会科学版),2023,25 (2):82-92.

[5] 龙玉其,王延中. 新时代中国特色社会保障道路:经验、特征与形成逻辑 [J]. 中共中央党校(国家行政学院)学报,2021,25(6):140-146.

[6] 青连斌. "互联网+"养老服务:主要模式、核心优势与发展思路 [J]. 社会保障评论,2021,5(1):115-128.

[7] 睢党臣,彭庆超. "互联网+"背景下我国城市社区智慧居家养老服务模式的构建 [J]. 新疆师范大学学报(哲学社会科学版),2018,39(3):119-128.

[8] 席恒. 养老服务的逻辑、实现方式与治理路径 [J]. 社会保障评论,2020,4(1):108-117.

[9] 向运华,姚虹. 养老服务体系创新:智慧养老的地方实践与对策 [J]. 西安财经学院学报,2016,29(6):110-114.

[10] 杨立雄,余舟. 养老服务产业:概念界定与理论构建 [J]. 湖湘论坛,2019,32(1):24-38,2.

[11] 郑功成. 中国式现代化与社会保障新制度文明 [J]. 社会保障评论,2023,7(1):3-21.

# Nanjing Smart Elderly Care Development Report

Li Jing　Duan Kunkun

**Abstract**: As the only megacity in the Yangtze River Delta, Nanjing has actively developed smart elderly care. Through system design, policy innovations and measure optimization, with undertakings development as the guide and industry promotion as the starting point, it has actively played the important role of the government, social organizations and enterprises, and explored different smart elderly care development models such as "government-driven model" "social organization-driven model" and "enterprise-driven model". In response to current problems of low information coordination level, uneven service standards, weak consumer demand, and poor talent team in Nanjing's smart elderly care, it is necessary to optimize the platform by strengthening platform, standardizing standards, promoting "silver hair" consumption, and optimizing the structure of the talent team.

**Keywords**: smart elderly care　elderly care services　mutual support for the aged　time bank

# 附 录

表1　　　　　　　　南京市智慧养老示范企业名单

| 年份 | 荣誉名称 | 企业名称 |
|---|---|---|
| 2018 | 国家智慧健康养老示范企业 | 江苏金康信息技术服务有限公司 |
| 2019 | 国家智慧健康养老示范企业 | 南京福康通健康产业有限公司 |
| 2020 | 国家智慧健康养老示范企业 | 南京康龙威康复医学工程有限公司 |
| 2021 | 国家智慧健康养老示范企业 | 江苏禾康信息技术有限公司 |
| 2021 | 国家智慧健康养老示范企业 | 南京索酷信息科技股份有限公司 |
| 2022 | 国家智慧健康养老示范企业 | 南京爱普雷德电子科技有限公司 |
| 2022 | 省级养老服务高质量发展示范企业 | 江苏悦心养老产业有限公司 |
| 2022 | 省级养老服务高质量发展示范企业 | 江苏安康通健康管理服务有限公司 |
| 2022 | 省级养老服务高质量发展示范企业 | 江苏三槐养老产业有限公司 |
| 2022 | 省级养老服务高质量发展示范企业 | 南京银城康养养老服务有限公司 |
| 2023 | 省级养老服务高质量发展示范企业 | 江苏瑞芝康健老年产业（集团）有限公司 |
| 2023 | 省级养老服务高质量发展示范企业 | 江苏尽孝道信息科技有限公司 |
| 2023 | 省级养老服务高质量发展示范企业 | 南京朗诗常青藤养老服务有限公司 |
| 2019 | 省级智慧健康养老领域重点企业 | 南京福怡科技发展股份有限公司 |
| 2019 | 省级智慧健康养老领域重点企业 | 南京熙键信息技术有限公司 |
| 2019 | 省级智慧健康养老领域重点企业 | 南京老年人佳智能科技有限公司 |
| 2019 | 省级智慧健康养老领域重点企业 | 江苏金康信息技术服务有限公司 |
| 2019 | 省级智慧健康养老领域重点企业 | 南京福康通健康产业有限公司 |
| 2019 | 省级智慧健康养老领域重点企业 | 南京索酷信息科技股份有限公司 |
| 2019 | 省级智慧健康养老领域重点企业 | 金陵药业股份有限公司 |
| 2019 | 省级智慧健康养老领域重点企业 | 江苏北斗卫星应用产业研究院有限公司 |
| 2020 | 省级智慧健康养老领域重点企业 | 江苏禾康信息技术有限公司 |
| 2020 | 省级智慧健康养老领域重点企业 | 南京迈特望科技股份有限公司 |
| 2020 | 省级智慧健康养老领域重点企业 | 南京爱普雷德电子科技有限公司 |

续表

| 年份 | 荣誉名称 | 企业名称 |
|---|---|---|
| 2020 | 省级智慧健康养老领域重点企业 | 江苏汇鑫融智软件科技有限公司 |
| 2021 | 省级智慧健康养老领域重点企业 | 江苏国药兴康科技发展有限公司 |
| 2022 | 省级智慧健康养老领域重点企业 | 南京康尼智能技术有限公司 |
| 2022 | 省级智慧健康养老领域重点企业 | 江苏三槐养老产业有限公司 |
| 2022 | 省级智慧健康养老领域重点企业 | 南京孝德智能科技有限公司 |
| 2022 | 省级智慧健康养老领域重点企业 | 江苏瑞德信息产业有限公司 |
| 2022 | 省级智慧健康养老领域重点企业 | 南京体医融合康复产业研究院有限公司 |
| 2022 | 省级智慧健康养老领域重点企业 | 南京科进实业有限公司 |
| 2022 | 省级智慧健康养老领域重点企业 | 江苏亚寰软件股份有限公司 |

资料来源：根据工业和信息化部和江苏省工业和信息化厅政府官方网站信息整理。

**表2　南京市省级智慧健康养老产品、服务名单**

| 年份 | 产品/服务 | 产品/服务名称 | 所属企业 |
|---|---|---|---|
| 2019 | 产品 | 数字病理智能诊断系统 | 南京福怡科技发展股份有限公司 |
| 2019 | 产品 | 数字病理远程诊断系统 | 南京福怡科技发展股份有限公司 |
| 2019 | 产品 | 自动染片机 | 南京福怡科技发展股份有限公司 |
| 2019 | 产品 | 动态心电 SnapECG | 南京熙键信息技术有限公司 |
| 2019 | 产品 | 智能血压计 | 南京老年人佳智能科技有限公司 |
| 2019 | 服务 | "3+1+1"智慧居家及社区养老服务 | 江苏金康信息技术服务有限公司 |
| 2019 | 服务 | 老龄健康全周期管理服务 | 江苏金康信息技术服务有限公司 |
| 2019 | 服务 | "十助"服务 | 江苏金康信息技术服务有限公司 |
| 2019 | 服务 | "互联网+适老化改造"服务 | 南京福康通健康产业有限公司 |
| 2019 | 服务 | 智慧物联远程心电诊疗服务 | 江苏金康信息技术服务有限公司 |
| 2019 | 产品 | "互联网+智慧健康"居家养老服务综合管理平台 | 南京索酷信息科技股份有限公司 |
| 2019 | 产品 | "互联网+索酷"慢病管理平台 | 南京索酷信息科技股份有限公司 |
| 2019 | 产品 | 智慧健康养老服务云平台 | 南京索酷信息科技股份有限公司 |
| 2019 | 服务 | 金陵药业智慧养老服务 | 金陵药业股份有限公司 |
| 2019 | 产品 | 北斗为老服务平台 | 江苏北斗卫星应用产业研究院有限公司 |
| 2020 | 产品 | 禾康养老服务管理平台 | 江苏禾康信息技术有限公司 |

续表

| 年份 | 产品/服务 | 产品/服务名称 | 所属企业 |
|---|---|---|---|
| 2020 | 服务 | 君慈智慧养护综合服务 | 南京迈特望科技股份有限公司 |
| 2020 | 产品 | 智慧健康养老大数据平台 | 南京爱普雷德电子科技有限公司 |
| 2020 | 服务 | "互联网+智能慢病防治"一体化服务 | 江苏汇鑫融智软件科技有限公司 |
| 2021 | 产品 | 兴康智慧服务管理平台 | 江苏国药兴康科技发展有限公司 |
| 2022 | 产品 | 平躺移位机 | 南京康尼智能技术有限公司 |
| 2022 | 产品 | KZ1轻便折叠电动轮椅、Kmini多功能舒适型电动轮椅、KS1智能康复型电动轮椅 | 南京康尼智能技术有限公司 |
| 2022 | 服务 | 智慧医养综合服务 | 江苏三槐养老产业有限公司 |
| 2022 | 服务 | 孝德智慧健康养老15分钟响应服务 | 南京孝德智能科技有限公司 |
| 2022 | 产品 | 瑞德养老智能审单系统 | 江苏瑞德信息产业有限公司 |
| 2022 | 服务 | 体医融合促进健康大数据慢性病管理服务 | 南京体医融合康复产业研究院有限公司 |
| 2022 | 产品 | 超声骨密度仪 | 南京科进实业有限公司 |
| 2022 | 产品 | 超声经颅多普勒血流分析仪 | 南京科进实业有限公司 |

资料来源：根据江苏省工业和信息化厅官方网站信息整理。

**表3　南京市入选国家级智慧健康养老产品/服务名录清单**

| 年份 | 产品/服务 | 产品/服务类型 | 产品/服务名称 | 所属企业 |
|---|---|---|---|---|
| 2018 | 服务 | 生活照护服务 | 烽火祥云智慧健康养老服务 | 烽火云科技有限公司 |
| 2018 | 服务 | 居家健康养老服务 | "互联网+智慧健康"居家养老服务综合管理平台 | 南京索酷信息科技股份有限公司 |
| 2020 | 产品 | 心电监测类设备 | 动态心电记录仪 | 江苏华康信息技术有限公司 |
| 2020 | 产品 | 多参数健康监测设备 | 心肺运动功能评估系统 | 南京瀚雅健康科技有限公司 |
| 2020 | 产品 | 智能监测设备 | 烽火祥云社区养老智慧岛 | 烽火祥云网络科技有限公司 |
| 2020 | 产品 | 血压监测类设备 | iGuard安佳云健康智能血压计 | 南京老人佳智能科技有限公司 |
| 2020 | 服务 | 慢性病管理服务 | 慢性疾病精细化管理 | 江苏健康无忧网络科技有限公司 |

续表

| 年份 | 产品/服务 | 产品/服务类型 | 产品/服务名称 | 所属企业 |
|---|---|---|---|---|
| 2020 | 服务 | 居家健康养老服务 | 居家养老服务 | 江苏禾康信息技术有限公司 |
| 2020 | 服务 | 居家健康养老服务 | "互联网+智慧家庭照护"养老床位服务 | 南京爱普雷德电子科技有限公司 |
| 2020 | 服务 | 居家健康养老服务 | "互联网+智慧健康"居家养老服务综合管理平台 | 南京索酷信息科技股份有限公司 |
| 2020 | 服务 | 生活照护服务 | 悦心家庭照护床位 | 江苏悦心养老产业有限公司 |
| 2020 | 服务 | 养老机构信息化服务 | 索酷智慧健康机构养老服务云平台 | 南京索酷信息科技股份有限公司 |
| 2020 | 服务 | 养老机构信息化服务 | 机构养老服务 | 江苏禾康信息技术有限公司 |

资料来源：根据工业和信息化部官方网站信息整理。

# 武汉市智慧养老发展报告

丁建定[①] 范千源[②] 田京悦[③]

**摘 要:** 武汉市依托互联网、物联网等技术手段改革探索智慧养老新模式,创新实施将机构养老、社区养老嫁接到居家养老服务中。智慧养老发展过程中通过使用人工智能提高养老服务质量的同时,亦存在制度规定抽象、运营体系粗放、适老化程度较低以及基础支撑薄弱等问题,需要通过完善智慧养老制度体系、细化智慧养老运营体系、发挥智慧养老宣传效应、加强智慧养老人才支撑等方式予以完善,实现智慧养老行业远景规划,促进智慧养老行业发展,推动老年群体观念转变,形成专业养老服务人才合力,真正实现智慧养老高质量发展。

**关键词:** 智慧养老 现状 问题 对策

## 一、武汉市智慧养老发展现状

近年来,武汉市人口老龄化、高龄化程度逐渐加深,社会抚养负担加重,养老压力越来越大,已逐渐步入深度老龄化社会。根据武汉市第七次人口普查结果,武汉市常住人口为1 233万人。其中,60岁及以上人口为212万人,占17.23%;65岁及以上人口为146万人,占11.81%。[④] 此外,由于老年人口失

---

[①] 中国社会保障学会副会长,华中科技大学社会学院教授、院长,华中科技大学养老服务研究中心主任研究方向是养老保险和养老保障。
[②] 华中科技大学社会学院博士研究生,华中科技大学养老服务研究中心助理研究员。
[③] 华中科技大学社会学院硕士研究生,华中科技大学养老服务研究中心助理研究员。
[④] 武汉市统计局. 武汉市第七次全国人口普查公报 [EB/OL]. https://tjj.wuhan.gov.cn/ztzl_49/pc-zl/202109/t20210916_1779157.shtml.

能、半失能、失智问题，以及家户人口、结构的变化给养老服务带来难题和挑战。借机于新科技革命和产业变革，武汉市依托互联网、物联网等技术手段，开始改革探索智慧养老新模式，创新实施社区嵌入式、中心辐射式、统分结合式3种"互联网+居家养老"新模式建设，将机构养老、社区养老嫁接到居家养老服务中，让社区养老变成"一碗热汤"的距离，让老年人在"一刻钟养老圈"里幸福养老。

为切实助力智慧养老服务的发展，武汉市响应中央关于推动智慧养老工作号召，连续出台相应政策文件，致力于畅通智慧养老发展路径，走在全国前列。2019年，武汉市被列入首批全国人工智能条件下养老社会实验试点城市。2020年，武汉市民政局印发了《武汉市人工智能养老社会实验工作实施方案》，提出武汉市要构建居家、社区、机构"三位一体"的智能化养老服务体系。2021年，武汉市人民政府印发了《关于加快推进养老服务高质量发展的实施意见》，积极推出26条具体举措为促进武汉市养老服务高质量发展打造"武汉养老样板"。2022年，《关于印发武汉市促进养老托育服务高质量发展实施方案的通知》发布，加快促进了武汉市养老托育服务高质量发展，其中提到，2025年，全市至少建成10家人工智能养老机构，40个人工智能养老社区；打通居家、社区和机构之间的服务壁垒，整合社区各类养老服务设施，打造15分钟养老服务圈（见表3-6）。

表3-6　　　　　　　武汉市智慧养老相关政策

| 发文时间 | 发文号 | 文件名 |
| --- | --- | --- |
| 2018年1月16日 | 武政规〔2018〕1号 | 关于印发武汉市推进"互联网+居家养老"新模式实施方案的通知 |
| 2019年7月29日 | 武民政〔2019〕26号 | 关于印发《武汉市"互联网+居家养老"建设以奖代补使用管理暂行办法》的通知 |
| 2020年7月6日 | 武民政〔2020〕11号 | 关于印发《武汉市人工智能养老社会实验工作实施方案》的通知 |

续表

| 发文时间 | 发文号 | 文件名 |
| --- | --- | --- |
| 2021年5月12日 | 武政规〔2021〕6号 | 市人民政府关于加快推进养老服务高质量发展的实施意见 |
| 2022年11月29日 | 武发改社会〔2022〕494号 | 关于印发武汉市促进养老托育服务高质量发展实施方案的通知 |

资料来源：武汉市养老服务扶持政策措施清单（2021年2月编）；武汉市养老服务扶持政策措施清单（2021年8月编）。

2019年，武昌区杨园街道养老服务中心的"智慧居家养老应用案例"和武昌区社会福利院的"人工智能老年看护应用案例"，被国家网信办评选为"全国人工智能养老优秀应用案例"；汉阳区社会福利院的"5G远程医疗＋人工智能应用"，受到民政部和国家卫生健康委的充分肯定。为了不断激发养老服务设施，提高养老服务质量的内生动力，加快推进社区养老服务规范化、标准化建设，武汉市民政局委托第三方机构对全市社区养老服务设施（含社区老年人服务中心〈站〉、社区嵌入式服务网点、中心辐射式服务网点）进行等级评定（见表3-7），结果显示，全市社区养老服务设施等级评定获得5A级共有13个，其中，汉阳区4个，武昌区3个，江汉区2个，江岸区、青山区、洪山区和江夏区分别1个。武昌区杨园街众成颐家颐养中心获评5A级，该中心目前有40多名老年人入住。该中心针对老年人不同需求提供全面化、个性化服务，以居家老年人为目标，为其安装视频监控，佩戴智能手环等智能设备，实时传输数据，为老年人建立健康档案。通过电话拨打、GPS定位等多种智能化功能，解决老年人居家养老服务需求，从衣、食、住、行多方面为居家老年人提供智慧化生活照料方案。

表3-7　武汉市社区养老服务设施等级评定情况表

| 序号 | 区 | 5A级 | 4A级 | 3A级 | 2A级 | A级 |
| --- | --- | --- | --- | --- | --- | --- |
| 1 | 江岸区 | 1 | 5 | 55 | 35 | 12 |
| 2 | 江汉区 | 2 | 7 | 33 | 13 | 3 |
| 3 | 硚口区 | 0 | 1 | 4 | 10 | 19 |

续表

| 序号 | 区 | 5A级 | 4A级 | 3A级 | 2A级 | A级 |
|---|---|---|---|---|---|---|
| 4 | 汉阳区 | 4 | 10 | 59 | 14 | 1 |
| 5 | 武昌区 | 3 | 9 | 68 | 37 | 7 |
| 6 | 青山区 | 1 | 4 | 27 | 16 | 5 |
| 7 | 洪山区 | 1 | 2 | 53 | 45 | 11 |
| 8 | 东西湖区 | 0 | 0 | 10 | 36 | 11 |
| 9 | 武汉经济技术开发区 | 0 | 1 | 12 | 8 | 6 |
| 10 | 蔡甸区 | 0 | 1 | 24 | 5 | 3 |
| 11 | 江夏区 | 1 | 0 | 28 | 22 | 10 |
| 12 | 黄陂区 | 0 | 1 | 43 | 7 | 1 |
| 13 | 新洲区 | 0 | 2 | 41 | 4 | 3 |
| 14 | 东湖风景区 | 0 | 0 | 0 | 3 | 5 |
| 15 | 东湖高新技术开发区 | 0 | 2 | 32 | 5 | 0 |
| 16 | 合计 | 13 | 45 | 488 | 260 | 97 |

资料来源：根据2022年度武汉市社区养老服务设施等级评定运营补贴工作的相关通知整理。

## 二、武汉市智慧养老发展问题

### （一）制度规定抽象，制约智慧养老服务发展

智慧养老发展是一个完整的产业链条，不仅需要社会各方积极参与到智慧养老建设运营中，更需要相关法规政策的制度性引领，但我国智慧养老体系却远远滞后于社会实际现状，更需要通过制度明确发展导向。纵观武汉市2018年至2022年有关智慧养老的政策类文件，虽已逐步提升了智慧养老的发展地位，但多为指导性、参考性意见，缺乏具体措施和硬性约束力，在一定程度上制约了智慧养老服务的发展。

一方面，缺乏统一的制度标准，导致智慧养老服务平台发展无据可循。智慧养老服务平台作为智慧养老的重要抓手，其建设和运营都需要统一性规范引领。在平台建设方面，智慧养老平台主要是由政府出资或补贴，由各承接企业进行实

际操作，但建设运营标准的缺位和不同企业自身情况的不同，导致智慧养老服务平台呈现出参差不齐的局面。不仅平台之间差距悬殊，而且由于建设标准不一，平台之间缺乏有效联通，造成极大的资源浪费。同时，在功能实现方面也缺乏总体要求。主要体现在平台的服务标准与用户的实际感受上。智慧养老服务平台作为新兴事物，其打开市场局面的关键就是提升服务质量，获得老年群体的认可和满意。由于对智慧养老服务平台功能实现的统一性要求缺乏，就造成市场上用户体验不一。例如，有的企业因发展较早，技术较为成熟，所研发的平台功能较为完善，而有的企业却受制于客观因素，仅开发出基础功能。这就导致老年群体对于智慧养老服务平台的心理落差，极易削弱其使用智慧养老的积极性。

另一方面，监管规则的缺位，使得老年群体的权益得不到合理保障。智慧养老的实现包括从收集群体需求进行产品研发定位到实际投入使用，再到提供各类智慧化服务，所涉及环节众多，每一个环节出现问题都会影响整体功能的实现。以对老年群体的信息收集为例，智慧养老的应用是以大数据技术为支撑的，实现基础在于对老年群体信息收集和需求分析，才能更好地为老年群体提供贴心化服务。但反观现实中存在的各种乱象，部分智慧养老企业打着为老年人提供适老化服务为由，大肆收集老年人信息，利用这些信息进行商业产品兜售甚至实施诈骗行为，极大地侵害了老年群体的利益。这还仅仅是在产品研发阶段，更遑论在产品供应端，不法企业甚至提供不达标的产品，甚至会危及老年人的财产安全。当前智慧养老各环节监管规则的缺位，导致类似上述乱象频发。因此，为实现智慧养老的可持续发展，建立全链条的执法监管模式刻不容缓。

## （二）运营体系粗放，阻碍智慧养老产业建设

智慧养老产业发展需完整的产业链，并非零散的产品研发、销售等简单组成，而是包含市场调研、需求明晰、产品研发、市场营销、运营管理、不断改进等过程，每一个环节都事关智慧养老产业是否能够实现良性发展。随着智慧养老服务平台建设和运营的不断推进，运营管理过程中存在的问题和薄弱环节逐渐暴

露出来。

一是资源分配不均，区域智慧养老发展差异显著。武汉市作为我国智慧养老产业发展重要试点地区，无论是智慧养老服务平台的建设运营，还是智慧养老产品的设计开发都位于全国前列。但各行政区之间的产业发展情况却不尽相同。受制于经济发展条件的不同，智慧养老资源的统筹和分配也并不在同一水平线上。社区在发展智慧养老的背景下采取的具体措施也有所区别，如有的社区坚持传统服务方式与智能化服务创新并行，有的社区实现了与智慧养老服务平台的联动机制。这样的发展现状虽保证了各个地方智慧养老产业的发展契合自身地区特定情况，但全市缺乏统一的标准和规定，不利于整个武汉市智慧养老资源的统筹安排，发展大智慧养老产业存在一定制约。

二是重建设轻运营，忽略智慧养老发展过程中的维护管理。目前智慧养老产业多以公益性质居多，作为新兴产业得到国家和政府的大力支持。近年来，市场上智慧养老企业的发展，主要以政府资金投入为主，平台建设方面给予企业大量补贴，但智慧养老产业具备长周期性特点，后期收益见效周期长。多数智慧养老企业在国家和政府的扶持补贴下完成了对智慧养老服务平台的建设，但由于资金不足以及收益见效慢等原因，对平台建设完成之后的运营管理难以投入较多财力和精力，导致智慧养老服务平台运营体系粗放。重建设轻运营不仅未能精准地适配社会相关群体，也为受众带来不好的产品体验，进一步制约整个智慧养老产业的有序发展。

### （三）适老化程度较低，限制智慧养老普及程度

智慧养老是利用先进技术手段，结合互联网、智能设备等现代化产品为老年人提供服务的新型养老模式，核心在于运用先进理念和技术满足老年群体特定需求。但智慧养老固有的技术先进性与理念前沿性和老年人这一特定群体的固有属性存在一定冲突，制约了智慧养老的普及程度。主要体现在两个方面。一方面，智慧养老产品的适用必然与互联网等高新技术相连接，而老年群体对新型技术的

接受度及适应力存在滞后情况;另一方面,智慧养老作为新型养老模式,与老年群体的养老观念相矛盾,使他们在选择智慧养老时存在种种顾虑。

第一,智慧养老的适用对老年人门槛要求过高。从经济层面来看,智慧养老产品属于高新型技术产品,其研发、制造以及人力成本投入都相当不菲,决定了大部分智慧养老产品价格对于老年人而言较为昂贵,再加上部分老年人疾病高发,因病致穷情况并不少见,老年群体因经济基础原因无法大规模使用智慧养老产品。从产品设计来看,虽然智慧养老产品设计的初衷是为老年人提供优质养老服务,但反观目前养老产品现状,无论是产品设计,还是产品使用,都显现出老年人与智能养老设备之间存在"数字鸿沟"。通过了解武汉市养老 App 发现,该 App 页面信息过于简单,服务器系统信息反应过慢,基础技术不健全,功能分散。武汉市养老 App 登记信息的养老机构共 232 家,养老中心共 2 841 个。使用人数不多,下载流程烦琐,不能直接通过手机应用市场下载,需通过武汉市民政局发布的公告"武汉养老 App 上线"下方页面扫描二维码下载。同时,市场上多数智慧养老产品,虽功能齐全,对操作流程也有解释说明,但忽略了老年人对新兴事物接受能力较差的事实,使智慧养老产品在具体应用到养老服务上时,缺乏特色的适老化设计。不仅未能真正解决老年人需求,而且因老年人操作生疏、产品使用流程复杂等问题,为老年人新增许多烦恼。从市场运营来看,目前多数智慧养老企业在产品研发、宣传销售等环节投入较多精力,忽略老年人的产品使用体验以及使用反馈。智慧养老产品作为新兴事物要想真正普及需要循序渐进的过程,及时收集用户反馈意见是其关键环节。对于如今智慧养老行业重建设轻运营现象,难以提升老年人的使用体验,进一步制约智慧养老的普及程度。

第二,老年人观念滞后,智慧养老服务平台及产品接受度不高。老年群体对于智慧养老服务平台及产品的接受是智慧养老普及的前提。目前智慧养老普及程度不高的原因除了产品设计一般、物质基础薄弱等客观因素外,更重要的是多数老年人不能从内心认可智慧养老模式。近年来,我国通过多种方式多种渠道进行老龄国情教育,社会公众对我国正逐步进入老龄化社会的事实已有一定认识,但对于国家政策以及应对措施仍缺乏了解，尤其是涉及互联网等现代化信息技术的智慧养老。在多数老年人观念中，养老仍是传统模式下的子女养老、养老院养老等，对于智慧养老的相关模式以及发展现状都一无所知，导致老年人对于智慧养老模式的接受程度较低。因此，目前我国无论是从智慧养老相关内容的了解，还是对智慧养老这一新兴模式的内心接受程度，都存在一定的限制，制约了智慧养老的普及程度。

### （四）基础支撑薄弱，引发智慧养老风险隐忧

智慧养老是我国近年的新兴产业，武汉市作为试点地区已经开始初步布置形成"互联网+居家养老"新模式。但我国智慧养老产业发展时间尚短，许多发展模式仍处于探索阶段，对于智慧养老产业的基础性支撑方面仍存在些许薄弱环节，影响整个产业的可持续发展。究其根源，主要是两个方面的不足。

第一，市场运营主体能力不足，缺乏完善运营机制。智慧养老服务平台运营是全链条式工程，不仅要把握市场趋势，了解老年人的特定需求，还要精通市场营销和大数据分析技术，巧妙利用互联网为老年人提供导向性养老服务。总体而言，该平台运营需要具备以下6种能力：老年人需求把握能力、市场趋势了解能力、大数据分析能力、市场精准营销能力、管理杠杆能力、风险控制能力。而反观目前市场运营主体，无论是代表政府的民政部门，或是民政部门委托授权的国有企业等，均不具备以上6种能力。其原因在于，一方面，这些单位的本职工作并非平台运营，并不具备运营经验，也不会专门招聘运营人员，设置运营机制；另一方面，目前市场上智慧养老服务提供方多为互联网公司，其可以通过产品研发设计等角度开发功能齐全的智慧养老产品，但由于对运营经验缺乏，无法保障产品上市流通后的正常运营。由此可见，智慧养老市场主体运营能力不足限制了该产业的可持续性发展。

第二，智慧养老产业专业人才队伍匮乏，产业发展缺少基础性支撑。受制于传统观念影响，养老产业并不被多数市场就业者视为良好选择，同时，在知识技

能培训方面，智慧养老仍处于初步发展阶段，尚未建立健全完善的人才培养机制，导致智慧养老产业缺乏专业人才。对于武汉市，虽然智慧养老产业发展在全国范围内处于领先地位，取得的成绩也得到社会认可，但在人才队伍建设方面仍有待改善。在人才数量层面，由于部分养老服务人员对于自身工作价值的否认以及受当前社会固有观念影响，武汉市智慧养老产业并未很好吸纳相关人才，打造专业化养老服务队伍。在人才质量方面，智慧养老市场为尽快弥补从业人员数量不足问题，对相关招聘条件进行了放松，同时为使人员尽快上岗，对岗前培训不重视甚至只是形式主义。这都导致了武汉市智慧养老产业复合型人才紧缺，智慧养老无法规模化、产业化、专业化发展。

## 三、武汉市发展智慧养老的意见建议

### （一）完善智慧养老制度体系，规划行业远景

智慧养老发展需要明确导向性，政府主体所起作用是智慧养老产业发挥实效的有力保障。首先，针对目前智慧养老供需不平衡，行业碎片化、单一化等问题，需明确政府责任，从根本上落实政府应尽主体义务，保持智慧养老产业发展的秩序。在武汉市智慧养老建设过程中，结合目前进行的有益探索，武汉市政府应进一步重视并制定相关产品与服务标准，根据各行政区实际情况，调整智慧养老体系架构。同时，应逐步扩大居家养老试点范围，在试点区域内探索了解不同养老模式存在的原因和必要性，力争消除同一地区养老模式多样化的混乱状态，建立统一规模化的养老体系。此外，应不断推进信息化网络化建设，整合相关部门信息，建立动态老年数据库，实现养老信息平台的跨区域化和高级化。其次，政府应牵头建立供需平衡政策体系，调整供需结构。一方面，制定相关政策，整合养老服务资源，提高老年人对智慧养老需求。并及时调整养老服务政策，响应市场老年群体需求，实现精准施策。充分发挥政府的宏观调控作用，推动各个行政区养老机构均衡发展。另一方面，从供需双方匹配角度出发，实现养老服务数

据信息共享，充分整合政府、养老机构和医疗机构资源，为老年群体养老服务发展保驾护航。最后，强化武汉市智慧养老顶层设计，从政策视角入手，为武汉市智慧养老制度体系完善筑牢坚实基础。

### （二）细化智慧养老运营体系，促进行业发展

智慧养老的发展绝非是简单的平台建立、产品研发，智慧养老能够实现良性有序发展的关键在于运营得当。只有政府、企业和社会等多方主体参与运营管理，才能保证智慧养老形成完整供应链。首先，完善智慧养老的准入机制和行业规范，强化标准化体系建设。从政府、企业、社会等各个服务主体不同维度制定标准体系，明确在智慧养老服务过程中各个环节的准入机制和服务标准，健全奖励惩罚机制，以达到将优良企业推向市场、将违规企业踢出市场的目的。其次，完善智慧养老监督管理机制，保证智慧养老健康发展。建立由政府、社区、企业、老年人及其亲属代表的多方监管主体，确保监管的公平公正，保障监督和评估服务结果准确。建立事前、事中及事后全阶段监督模式，对智慧养老服务实施全链条监管，制定严格监督标准，保障各个主体对智慧养老的监督有规可循。最后，注重老年人的体验反馈，及时改进，不断进步。无论是智慧养老服务平台还是产品使用，进入市场之初一定存在不完善之处，需要建立意见反馈机制，由智慧养老服务平台及产品使用者提供建议，并及时作出调整。

### （三）发挥智慧养老宣传效应，推动观念转变

老年人了解并愿意参与到智慧养老当中来是发挥智慧养老作用的前提条件，让老年人真正了解、认可、有能力使用智慧养老产品是其核心。首先，应改善宣传方式，将"智慧养老"这一抽象概念具体化。可采用多渠道宣传方式齐头并行，引导老年人观念转变。在老年人居住较多社区，通过张贴海报、开展各类公益活动等方式进行宣传，在社区宣传智慧养老的优势和特点，更新养老观念，让老年人了解智慧养老所提供的服务内容。其次，借鉴有益经验，形成推广效应。

学习智慧养老发展较为前沿、较为成熟地区的做法，利用目前的媒体优势，拍摄视频或相关宣传短片，在社区公共设备上循环播放，不断扩大宣传范围。通过这一方式不仅改变老年人的养老观念，而且让其亲属意识到智慧养老优势所在，帮助老年人选择产品、设备等，鼓励进行智慧养老消费。最后，提高服务质量，获取老年人信赖度。老年人对智慧养老产品的使用体验是最好的宣传方式，应由政府牵头加大投入力度，完善智慧养老产品适老化设计，充分考虑老年人对相关产品操作的接受度，研究老年人的需求特征，满足老年人多样化养老服务需求。

### （四）加强智慧养老人才支撑，形成人才合力

打造专业养老服务人才队伍是智慧养老稳步发展的有力支撑。人才队伍建设不仅包括服务人才，如智慧养老服务平台开发与维护人员、技能管理人才等，也包括对老年消费者自身能力的培养。首先，武汉市应重视智慧养老服务行业人才培养，逐步完善行业人才培育体制。政府和社会应鼓励高等院校和养老服务机构合作，注重学科交叉，加强相关职业技能人才特别是社区护士和平台设计师等应用创新型人才培养力度同时，招募养老服务志愿者，鼓励各大院校学生参加志愿服务，加大对志愿者的奖励力度，在升学就业、职称评定等方面给予更加优厚待遇。其次，鉴于老年人存在学习能力弱、记忆力下降的现实，在接受和使用智能产品阻碍颇多，因而应加强对老年群体互联网知识以及个人智能终端的使用培训。可利用老年大学、社区、养老机构等平台，借助社区护士、志愿者等群体帮助，发挥低龄老年人力量，对身体健康且有意愿服务他人的老年人进行培训，让老年人带动老年人。最后，充分利用武汉市高校众多、师资力量强等优势，进行智慧养老服务专业试点招生。发挥服务从业部门管理作用，整合智慧养老服务人才。注重市场导向型，出台扶持激励政策鼓励智慧养老创新创业，培养出一批专业化、规模化的人才队伍。

# Research on the Development of Smart Elderly Care in Wuhan City

Ding Jianding    Fan Qianyuan    Tian Jingyue

**Abstract**: Leveraging technologies such as the Internet and the Internet of Things (IoT), Wuhan city has explored a new model of smart elderly care by integrating institutional care and community-based care into home-based care services. While implementing artificial intelligence to improve the quality of elderly care services, the development of smart elderly care has encountered challenges such as abstract regulatory frameworks, sketchy operational systems, inadequate adaptation to aging, and weak foundational support. To address these issues, efforts have been made to enhance the smart elderly care regulatory system, refine operational frameworks, maximize the impact of smart elderly care promotion, and strengthen support for skilled professionals, ultimately achieving the long-term plan of the smart elderly care industry. This approach aims to promote the growth of the smart elderly care industry, foster a transformation in the concept of the elderly population, cultivate a proficient workforce for professional elderly care services, and genuinely realize high-quality development in smart elderly care.

**Keywords**: smart elderly care    current situation    issues    strategies

# 成都市智慧社区健康养老服务发展报告

张浩淼[1]　谭　洪[2]

**摘　要**：作为智慧社区健康养老服务实践的先行者，成都市围绕"服务主体、服务客体、服务内容"三大核心要素，已初步建立智慧社区健康养老服务综合运行体系，尽管在服务基础、服务细节、服务机制建设上成效显著，但在政策支持、技术平台、服务质量、人才队伍等方面尚待提升。未来成都市智慧社区健康养老服务的发展需要以需求导向为引领，以技术运用为手段，以政策协同为保障，以标准执行为规制，以资源整合为基础，助力成都市智慧社区健康养老服务高质量发展。

**关键词**：智慧养老　社区养老　健康养老

## 一、成都市智慧社区健康养老服务提供现状

### （一）智慧社区健康养老服务主体

一是社区智慧健康小屋。社区智慧健康小屋主要服务于社区内居民，是社区为居家老年人提供健康养老服务的机构，其搭建是基于"健康服务"的发展理念，根据社区居民的生理和心理特点，在社区附近搭建包括工作站、自助体检区、理疗区和健康宣教区的健康小屋。健康小屋不仅能够满足居民的基本需求，

---

[1]　四川大学公共管理学院教授、博士生导师，劳动与社会保障系主任。
[2]　四川大学公共管理学院博士研究生。

还能够提供定期的自我检查、健康管理、专业的健康指导和个性化治疗等健康保障。以成都市双流区的智慧健康小屋为例，老年人通过刷身份证的方式，就可以在智能体检一体机上完成体脂、血压、血氧、尿酸等20余项健康检测，并将检测数据显示于屏幕上，十余分钟就可以完成基本指标的体检，操作简单快捷。同时，智慧健康小屋的智能体检一体机不仅可以在后台及时对居民的健康数据进行分析，还可以将上传到"健康云"中的数据分享给社区卫生院家庭医生，为测验老年居民开出个性化的"健康处方"，实现个体化健康指导。如果老年居民在自检中测出了高危影响因素，还可以预约专业诊疗或转诊到更高级医疗机构。

二是养老综合体。养老综合体是主要服务于一个街道或几个社区老年居民的社区健康养老服务机构，设置了室内会客厅、活动室、餐厅等设施，可为辖区老年人提供生活照料、健康管理、精神关爱、居家养老等服务，使老年人处于熟悉的环境中并拥有亲情陪伴，辖区老年人集中养护需求能够就近、便利地被满足。养老综合体主要分为两类，一类是为具有自理能力的社区老年居民提供基础的养老服务，如成都市青羊区草堂街道养老综合体；另一类是可以为失能、失智老年居民提供专业化机构照料服务，如成都市青羊区少城养老综合体。目前，成都市已经建立了22家养老综合体，根据政策规划，将在2025年实现每个街道至少建有1个社区养老服务综合体。以成都市首个亮相的沙河源街道友联社区养老综合体为例，该综合体不仅配备了智能床位监控系统，还设置了居家养老独立服务区、养老便民服务区、智慧健康示范区3个区域，有相关需求的老年居民可以在这些区域内接受日托和全托以及居家上门服务，对于辖区中的半失能、失能老年人，养老综合体提供助餐、助浴、医疗等日间照料和托养服务；[1] 针对现在多数家庭选择居家养老方式的情况，这一社区综合体的运营方还为辖区内196位老年人提供居家上门服务。

三是养老信息综合平台。养老信息综合平台是统筹平台，即统筹一个区的资

---

[1] 杨升涛. 聚焦"一老一小"托起"朝夕美好"[N]. 成都日报，2022-12-24 (2).

源并服务于整个区居民。早在 2018 年，民政部就提出来了"互联网+民政服务"计划，在养老领域中，建立资源互享、多主体参加的治理服务体系，积极将互联网技术、云计算技术等在养老服务中运用，提高养老信息系统的质量。成都市建设的养老"关爱地图"，可以掌握成都老年人分布情况、养老服务需求、民政部门发放老年人民政补贴使用情况、不同区域养老服务设施情况等，同时也可以在线上查看这些养老服务设施点提供服务的具体内容、服务次数、服务效果等信息。作为信息综合平台，其汇总了医疗、康养、基础养老服务等多方面信息。以成都市武侯区"颐居通"为例，"颐居通"的运作方式为政府主导，由政府进行监督考核，并向各个社区进行宣传，各个社区将老年人基本信息向平台整合，老年人通过向平台反映需求，各个养老服务机构根据老年人的需求就近为老年人提供服务，老年人在这个过程中可以使用民政部门发放的积分。"颐居通"养老信息综合平台作为整合各类信息的平台可以进行统筹，其提供的服务包含居家养老服务、互联网助餐、适老化改造、家庭床位建设以及老年人居家安全及关爱探访等。

## （二）智慧社区健康养老服务客体

智慧社区健康养老服务的客体是指到达或者超出老年年龄的群体。其中，生活能够自理的普通老年人是智慧社区健康养老服务的客体之一，这类群体拥有自己照料自己生活的行为能力。根据评定老年人自理能力常用的日常生活自理能力量表，生活自理障碍依据进食、翻身、大小便、穿衣及洗漱、自我移动等 5 项条件进行划分[①]，5 项均需护理的，定为生活完全不能自理；5 项中 3 项需要护理的，定为生活大部分不能自理；5 项中 1 项需要护理的，定为生活部分不能自理；[②] 5

---

[①] 梁丽芬，欧阳少维，李桂云. 城市流浪精神病患者的特点及护理对策 [J]. 中国当代医药，2019，26（6）：223-225，228.

[②] 徐蔚. 我国城市社区老年人健康状况评价及医疗服务需求调查 [J]. 中国全科医学，2010，13（25）：2846-2849.

项都可以则为日常生活可自理。

特殊老年群体是指相较于前类普通老年群体而言，在满足老年年龄标准的同时具有特殊情况的老年人，包括独居、孤寡、高龄、重病、残疾、经济特困、失能等。其中，独居是指与子女不在同一社区（村）居住的年老体弱、安全无保障的单身老年人；孤寡是指在民政登记注册的无亲属、无子女、年老体弱、安全无保障的单身居住的老年人；高龄是指年龄在80周岁及以上，虽无经济之忧，但体弱多病的老年人；重病是指民政社会救助认定的大病或久病卧床的老年人；经济特困是指家庭月人均收入水平低于本市最低生活保障标准或低收入家庭的老年人；① 失能是指因高龄伴随的智力减退、长期患有慢性疾病、部分躯体受到损伤以及心理出现失调等因素造成的身体机能部分或者全部受损，进而导致日常活动受限的老年人。②

### （三）智慧社区健康养老服务内容

智慧社区健康养老服务主要包括生理层面的健康养老服务和心理层面的健康养老服务。

健康养老旨在通过提高老年人适应社会环境的能力和社会环境适应老年人的能力这两条路径来达到老年人延缓衰老、减少发病概率、减轻失能、减轻生理病痛和延缓生活自理能力衰退等效果，从而促进老年人与社会环境的和谐共生。③

生理层面的健康养老服务是通过健康教育、医疗服务、照护等手段延缓老年人自理能力的衰退，增长健康寿命。

---

① 游妍婕，黄垒，刘义兰，等. 居家特困老年人人文关怀体验和需求的质性研究［J］. 护理学杂志，2022，37（4）：85-88.

② 张云英，胡潇月. 城市失能老年人长期照护体系研究综述——基于2002—2015年国内外文献研究［J］. 湖北经济学院学报，2016，14（4）：80-86.

③ 黄奕言，姜柏生. 健康养老问题分析与对策研究［J］. 医学与哲学，2021，42（18）：34-38.

心理健康是健康的重要组成部分，老年人的心理需求也极具特殊性。在为老年人提供养老服务的同时，也要注重老年人的心理慰藉，做好老年人心理健康服务。心理层面的健康养老服务是指帮助老年人学习新知识、掌握新技能、扩大社交圈、保持良好心态等提升其心理健康水平的一系列服务的总和，从而提升老年人的自我认同感和老年人晚年的幸福感，其服务内容包括访视、访谈、倾听、情感投入、危机处理、咨询、公益、送温暖和社会交往等。

## 二、成都市智慧社区健康养老服务发展成效

作为全国首批居家和社区养老服务改革试点地区。近年来，成都市持续推进试点示范建设工作，注重用科技手段激活养老服务新模式，为老年人提供多样化、个性化智慧健康养老服务，促进智慧健康养老产业实现高质量和长足发展。截至 2022 年，成都市入选全国智慧健康养老示范基地的区（市）县累计达 13 个，在智慧健康养老服务基础、服务细节、服务机制等方面颇有成效。

### （一）高效夯实服务基础，促使智慧养老立得住

成都市以老年人健康养老服务需求为导向，进一步优化智慧健康养老信息平台和智能产品，在智慧照护、健康服务、智能相伴等 12 个智慧健康养老应用场景实现了线上线下养老资源的整合共享，为智慧健康养老服务提供总体解决方案。

一是实现养老服务供需对接平台的系统性构建。成都市着力于解决健康养老服务资源链接不足、供需错位等问题，利用云计算、大数据等现代信息技术，绘制涵盖动态数据、养老服务设施等要素的成都市养老"关爱地图"。首先是摸清需求，由各区（县）民政部门牵头，街道（乡镇）、村（社区）配合摸清高龄、空巢、失能等特殊老年群体的健康养老服务需求，系统汇集数据形成"关爱地图"。截至 2020 年 3 月，"关爱地图"已汇集 126.5 万名 60 岁及以上老年

人、38.7万名80岁及以上老年人、284个助餐点位、243家助老社会组织等数据信息。① 其次是精准匹配服务，基于"关爱地图"，搭建养老服务综合信息平台，为每位老年人进行精准画像并及时链接相关养老服务，实现精准对接。自2021年4月成都市首个社区养老服务综合体建成运营以来，截至2023年1月，成都市共建成社区养老服务综合体35个。从区（县）层面来看，截至2022年12月，青羊区"康养通"养老服务综合信息平台已汇集23家养老机构、4个大型社区养老综合体、48个社区日间照料中心、42个老年人助餐点、8家居家养老服务商；② 武侯区"颐居通"社区居家养老综合服务信息平台整合全市5000多家生活服务机构签约加盟，为老年人提供7×24小时服务。

二是促进智慧服务方式全方位的优化升级。为升级创新智慧健康养老服务，促进智慧健康养老产业的发展，成都市将养老服务措施落到实处，用新方式、新理念提升智慧健康养老服务的便捷性和可及性。例如，郫都区在搭建智慧养老信息化平台的基础上，配套"安心养老"App，机构或老年人"一键点单"发布需求，实现服务精准对接。截至2022年9月已完成各类服务2000余次。③ 武侯区通过传统电话拨打"12349"热线和手机App线上下单两种方式帮助老年人实现服务的预约。据统计，平台日均服务咨询电话达400余次，日均有效服务工单派发量30余次，已累计完成居家养老服务13.2万余单。④ 锦江区福星居家乐日间照料中心为老年人提供包括生活照护、老年康复在内的"全老年生命周期健康照护服务"（见表3-8）。其中，线上形式的"长者通"呼援中心通过一键呼叫终端设备，为老年人、残疾人、离退休干部等提供7×24小时紧急呼援服务，自

---

① 车车而已. "关爱地图"让160万老年人实现家门口养老［N］. 公益时报，2020-03-31（004）.
② 成都市民政局. 青羊区智慧养老托起老年人幸福晚年［EB/OL］. http://cdmzj.chengdu.gov.cn/cdmzj_gb/c121876/2022-12/20/content_c5398d8aafca46e682533af005e8fe68.shtml.
③ 成都市民政局. 郫都区科技赋能智慧养老让"养老"变"享老"［EB/OL］. http://cdmzj.chengdu.gov.cn/cdmzj_gb/c121876/2022-09/30/content_f3d55bbd99fe4a4ebbf4e8bdee80daef.shtml.
④ 成都商报. 跨越"数字鸿沟"，成都社区老人有了"点单上门服务"［EB/OL］. http://e.chengdu.cn/page/1/2021-10/02/02/2021100202.

2012年6月至今,平均年呼叫服务和问候关怀15.7万人次,提供上门服务7.26万人次,120紧急救助430余次,提供上门照料帮助服务90.40万小时。

表3-8　锦江区福星居家乐日间照料中心全老年生命周期健康照护服务

| 养老服务类别 | 养老服务名称 | 种类数量 |
| --- | --- | --- |
| "长者通" | 一键紧急呼叫服务、信息查询、主动关怀、健康咨询、服务转介、联系家人 | 6 |
| 居家照护类 | 生活照护、非治疗性照护、功能维护、感觉/认知及精神照护、风险防范、专业护理、家政服务 | 7 |
| 理疗服务类 | 泥灸养护、睡眠康复、古方艾灸、腰椎调理、肩颈/膝关节调理 | 5 |
| 陪同服务类 | 陪同就医、家有护士 | 2 |
| 社区照护类 | 助餐服务、文化生活服务、托养服务 | 3 |

资料来源:根据锦江区福星居家乐日间照料中心提供资料整理。

三是推动智慧技术应用的多维度创新延伸。在科技助力下,成都市智慧养老服务逐步向个性化生活服务等领域延伸。首先是建立起高龄津贴线上认证系统,老年人完成人像采集后,通过手机 App 或社区自助服务终端便可完成生存信息验证,实现不出家门便可完成从申报到发方补贴的全部流程,让"数据多跑路,老年人不跑腿"。以成都市武侯区为例,该区11个街道、71个社区已全部完成高龄津贴信息化管理,给辖区老年人带来极大便利。其次是延伸应用人脸识别技术,实现养老助餐刷脸消费。通过老年就餐"长寿食堂+助餐点+配送入户"服务网络的建立,开展15分钟助餐服务,由成都市自培育养老企业开发助餐智能设备,通过设备将老年人、助餐点、政府进行连接。老年人通过助餐点申请注册,政府发放政府补贴卡和普通卡,老年人即可享受在助餐点刷卡或刷脸高效便捷就餐服务。目前,成都市已有武侯区、青羊区等4个区(市、县)开展"云智慧"助餐服务,助餐人次达85 957人次,政府精准发放助餐补贴22.86万元,实现对老年人助餐需求的精准把控。

**(二)全方面做实服务细节,促使智慧养老树得牢**

依托养老服务综合信息平台,成都市紧紧围绕老年群体个性化、层次化的多元需求,在安全守护、健康管理、巡防关爱等方面落实服务举措,为做精做实智慧健康养老工作打下坚实基础。

一是用心强化智能安全守护。为守护空巢、独居、高龄等老年人居家安全,成都市出台《关爱居家和社区老年人工作实施方案》,为老年人居家安全提供了强有力的外部保障。首先是全面摸排老年人基本情况。对全市空巢独居老年人进行全面摸排,免费为符合条件的空巢独居老年人安装智能设备五件套,动态掌握老年人居家养老基本情况。其次是建立社区分类巡访机制和社区养老紧急救援系统,为高龄独居老年人家庭安装人体运动红外传感器、紧急呼叫器、智能门磁感应等居家安全监护设备,实现"后台预警+专人上门处理+不定时巡访"的综合响应模式,24小时全周期防范空巢独居老年人居家意外风险。截至2022年,全市为10 268户高龄独居老年人家庭安装了居家安全设备,2022年全年共预警并处理460余起安全风险事件。其中,武侯区为辖区500余户特殊困难老年人家庭增设智能设备①,为老年人提供了24小时的全时安全守护。

二是用情细化智能健康管理。在居家和社区养老的智能健康管理上,成都市为老年人提供了从监测到康复的闭环式解决方案。首先是监测设备的配置。成都市支持配置护理床、康复器具、呼叫器等智能设备,系统汇总获取老年人的常态及特殊情况的有关生活健康信息,智能化分析老年人身体状况,成为老年人照护服务的"感知保姆"。截至2022年,成都市武侯区累计安装发放5 000余个居家安全及健康设备,完成对辖区3 000余户老年人家庭健康数据的实时监测。② 其次是提供专业健康照护,精准响应老年人生活健康照护需求,提供个性化养老服务清单。据统计,2021年成都市共有2 735个社区养老机构,提供32 961张床位,照护8 479名老年人(如图3-4所示)。

---

①② 成都商报.跨越"数字鸿沟",成都社区老年人有了"点单上门服务"[EB/OL]. http://e.chengdu.cn/page/1/2021-10/02/02/2021100202.

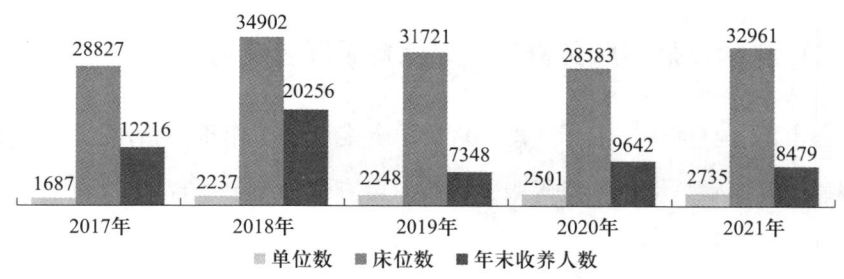

图 3-4　成都市社区养老机构和设施建设情况

资料来源：根据成都市统计局历年统计年鉴整理得出。

针对困难老年人，自 2020 年探索设立家庭照护床位以来，截至 2022 年，成都市开展建设 5 846 张家庭照顾床位（见图 3-5），15 万居家老年人享受专业健康照护，后台终端通过设备响应开展各种上门专业健康照护 538 万人次，覆盖全市 23 个区（市）县。

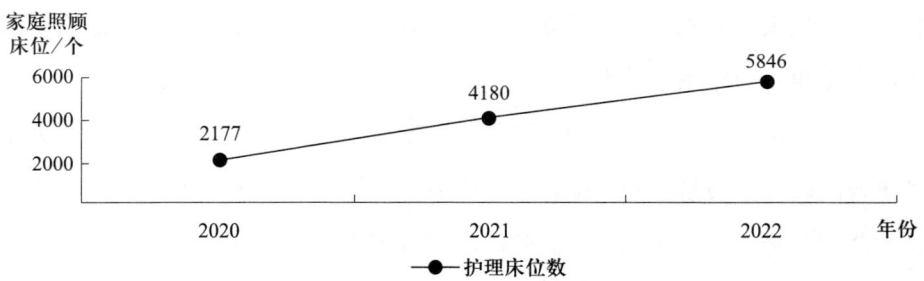

图 3-5　成都市建设家庭照顾床位情况

资料来源：根据成都市民政局官网披露数据整理。

三是用力优化信息巡访关爱。为全面、精准、动态地掌握老年人的生活状况和服务需求，成都市各区（县）建立巡防工作机制，定期巡防，增强了老年人的安全感、幸福感。具体来说，以空巢、高龄、失能等特殊困难老年人为重点人群，采集老年人基本信息和服务需求，形成用户精准画像，从而让针对重点人群的日常巡访、关心关爱、精神慰藉、帮扶措施等更加精准有效。截至 2022 年，成都市已为 44 616 名老年人进行巡访关爱，巡访达 120 余万人次。其中，武侯区已建立特殊困难老年群体信息档案 1 700 余册，开展关爱巡访 4.2 万余次；青羊区关爱巡防探视 3 600 余人次。

### （三）科学性落实服务机制，促使智慧养老走得远

成都市深入贯彻落实关于智慧社区健康养老服务工作重要指示，科学落实资金审核、服务监管、动态调整等服务机制，全方位推进全市智慧社区健康养老服务的长足、高质量发展。

一是有序建立资金审核机制。为确保智慧养老产业的健康运行，成都市加强对资金申领、资金使用、资金结算等流程的管理和监督，确保资金安全、及时到位。在资金申领方面，定期抽查与核查申领使用资金信息的真实性，严厉打击以虚报冒领等手段骗取政府补助资金的行为。在资金使用方面，指导养老服务供应商严格按照相关规范使用养老补助资金。在资金结算方面，建立健全养老服务供应商、街道办事处、平台运营商和民政部门的资金结算流程，确保服务工单以可视化的方式呈现全流程，使街道办事处、民政局对养老服务供应商在服务过程中产生的资金审核流程更加精准。

二是建立服务监管机制。制定智慧社区健康养老服务监管指标，定期对养老服务供应商的服务质量、服务配合度、服务及时性、服务态度等方面进行综合评估，切实保障老年人享有优质、高效的居家养老服务。成都市已建立市县两级养老服务信息平台，可实现数据的查询、管理和实时统计等功能。区（县）实时呈现、全程监管智能设备使用、服务质量、服务机构、资金补贴，避免廉政风险。市级政府通过养老综合服务信息平台进行业务数据的分析调度，大数据分析为政府决策提供依据。平台通过预警终端，实时提醒服务人员工作事项，做到服务对象全覆盖，实现定期开展全市1 133家后台服务机构服务质量综合评估，切实保障老年人享有优质、高效照护服务。

三是建立动态调整机制。在动态调整机制建设方面，主要包含两个方面。一方面是动态管理服务对象，也就是通过定期抽查、核查、巡防等方式，将符合条件的老年人及时纳入服务范围并为其提供精准服务，同时更新平台老年人的需求变化。另一方面是动态更新养老服务，根据平台老年人需求侧数据库和服务供给

侧数据资源，通过标准化、可视化的管理和分析，动态调整服务方式和服务内容，切实为老年人有针对性地提供多样化智慧社区健康养老服务。

## 三、成都市智慧社区健康养老服务发展问题探究

### （一）政策支持：智慧社区健康养老政策支持体系有待完善

一是智慧社区健康养老专项性推进政策有待完善。成都市智慧社区健康养老事业处于起步阶段，政策覆盖面和整合支持程度均有待提升。2022年5月，成都市民政局、经济和信息化局、新经济发展委员会联合发布《成都市智慧养老应用场景需求清单》，对成都市智慧社区健康养老事业发展进行初步引导和规范。在探索过程中，成都市还缺乏整合性的行业政策和对各区县的文件指导，呈现出各区县、各部门制发文件缺乏专项性、各自为战的现实场景。总体来看，成都市有关"智慧社区+健康养老"专项政策探索仍处于起步阶段，对各区县主动创新的支持较为有限。

二是智慧社区健康养老相关配套政策需优化。智慧社区健康养老模式的构建需要日间照护、医疗、设施以及智慧化信息技术等服务内容的支持，需要街道、社区、养老服务机构和社会组织在大数据动态信息监测平台智慧互联的基础上协同合作。目前，成都市在资金审核、服务供给、服务监管和信息管理等方面的相关政策相对较少，对相关资源的配套和连接保障有待加强。在智慧社区健康养老模式建设的探索过程中，各区（县）并未在政策文本层面对配套设施和服务提出要求，而是以灵活协调的方式完成服务任务，对长效化、专业化、模式化机制的建设需要进一步优化。对于非试点单位，智慧社区健康养老的相关配套政策和设施相对不足，未来需要探索更加普适的智慧化模式。

### （二）技术平台：智慧社区健康养老服务技术运用水平有待提升

目前，成都市智慧社区健康养老服务将智慧化大数据信息监测平台与老年人

需求相对接，建设多层次、个性化的"一站式"健康养老服务模式，但是智能化设施的适配和普及问题仍然存在，需要夯实落实服务的基础。第一，部分社区养老智慧化程度较低，大数据平台仅具备收集整理信息的功能，具体工作仍需要通过热线电话和入户摸排等方式实际开展，需要提升接单数量和服务效率。第二，老年群体对智慧化服务方式接受程度较差，对智能监测设备的安装和应用较为排斥，智能终端使用效果不佳，存在智慧养老与老年人需求不匹配的情况。第三，部分社区缺乏物资保障，设备的质保和升级不及时，线上线下服务的衔接不到位，无法满足老年人实际需求。

成都市致力于打造国家级健康养老示范基地，积极推动各区（县）结合实际条件开展试点工作。在试点开展过程中，各区（县）及承接智慧养老业务的公司存在"九龙治水"的现象，在大数据信息监测平台、智慧养老App、微信小程序以及公众号等软件层面出现重复管理、信息偏差、缺乏互联性等问题。一方面，政府与社会、政府与企业间存在信息偏差现象，不同区（县）和不同企业使用不同的信息管理系统，导致档案管理和信息共享缺乏效率，增加了工作人员开展监督管理和服务供给的压力。另一方面，"管人""管物""管事"不互联，社区、街道以及企业和社会组织间具有各自不同的特定职能，并未形成"事业部"式的管理服务模式，使智慧社区健康养老模式建设缺乏调度的整体性，提升了开展养老服务的成本。

### （三）养老供给：智慧社区健康养老服务供需匹配机制有待优化

一是智慧社区健康养老服务产品类型不够丰富、供给能力尚需提升。成都市智慧社区健康养老服务和产品主要涉及5个方面，即健康管理、生活照料、医疗服务、文化娱乐和社交等。虽然包括了生理层面的产品和服务，也包括了心理层面的服务，但主要集中在生理层面，产品类型较为单调。以2022年发布的《智慧健康养老产品及服务推广目录》为例，智慧健康养老产品中的健康管理类智能产品、老年辅助器具产品、养老监护类器具产品、中医数字化智能产品、适老化改造智能产品,都聚焦于对老年人的生理参数和健康状态信息进行检测、即时管理和预警,为老年人提供健康管理、生活照护等,仅有家庭服务机器人和场景化解决方案中为老年人提供了心理层面上的服务。智慧健康养老服务中的六大小类中也仅有互助养老以及线上老年教育和购物涉及精神慰藉类服务。同时,智慧养老服务产品仍有提高空间,数据显示,成都市武侯区户籍人口66.68万人,其中60岁及以上老年人口14.62万人①,但是根据武侯区"颐居通"养老综合服务信息平台的数据,目前只有2.4万老年人在平台建立了档案,而安装居家安全设备改造的仅有700家,由此可见,成都市武侯区不是所有老年人都在养老综合服务信息平台建档,同时安装居家安全设备的家庭占比非常小,居家安全设备的安装和使用还有继续普及的空间。

二是智慧社区健康养老服务地区均衡发展问题仍待进一步解决。2022年6月《成都市"十四五"新型智慧城市建设规划》印发,这是成都市第一部智慧城市建设的五年规划,明晰了未来五年智慧蓉城的建设方向。② 截至2023年3月,成都市已完成35个社区养老服务综合体建设,公办养老机构护理型床位改造4 518张,新增普惠养老床位2 160张,近万户老年人家庭安装智能安防报警系统,已经取得了斐然成效。但由于各个地区经济发展水平存在差异,智慧社区健康养老在发展上存在一定程度的不平衡。2021年,成都市青白江区、都江堰市和大邑县获评智慧健康养老示范基地。成都市青白江区大同街道和清泉镇、都江堰市青城山镇和天马镇获评智慧健康养老示范镇(街道)已经入选智慧健康养老应用试点示范名单③,但至今仍有部分地区的智慧养老产品服务处于探索或待发展阶段。因此,在成都市2023年政府工作报告中,对未来发展提出了展望,即推动特殊困难老年人家庭适老化改造"愿改尽改",扩大电子老年人证使用范围,努

---

① 成都市武侯区第七次全国人口普查领导小组办公室. 成都市武侯区第七次全国人口普查公报(第六号)——分行政区划人口情况[R]. 成都:成都市武侯区统计局,2021 – 06 – 28.
② 刘泰山,朱小路. 到2025年建设100个示范智慧社区[N]. 成都日报,2022 – 06 – 17(1).
③ 王琳黎. 成都开启智慧健康养老新模式[N]. 成都日报,2022 – 03 – 18(6).

力消除数字鸿沟，新增普惠养老床位 2 000 张、社区日间照料机构覆盖率达 90% 以上。

### （四）服务质量：智慧社区健康养老规范性和标准化路径有待探索

一是智慧健康养老行业标准体系需要完善。2019 年 3 月，四川省经济和信息化厅、省民政厅、省卫生健康委联合印发《四川省智慧健康养老产业发展行动方案（2019—2022 年）》，从技术、产品、服务和平台四个维度支持智慧健康养老事业发展。为落实养老行业标准，成都市政府于 2022 年出台《成都市养老服务机构综合监管办法》，但仍需要加强与"智慧化"相关的政策表述。目前，成都市对适老化智能终端和智慧养老社区的建设仍在探索中，对智慧健康养老新行业的标准和规范有待进一步探索，需要整合出一套智慧健康养老行业标准体系，对物联网、大数据、人工智能等科技平台标准、智能设备规范以及人工服务流程进行明确。

二是智慧健康养老平台标准体系不够健全。从总体上来看，成都市智慧健康养老平台已经搭建出整体框架，能够实现养老服务供需精准对接和信息智能监测监管。在实际服务过程中，各市、区（县）和承接政府购买服务的公司分别通过自身服务平台开展工作，割裂了老年人口信息、智能设备信息以及服务需求信息等关键要素的关联，造成了信息偏差和资源浪费问题。一方面，平台数据标准不统一，在平台系统不一的状态下，各部门对服务资格认定、服务标准确定以及服务质量评价等方面存在不同标准，使得成都市市级层面的智慧健康养老平台标准难以整合。另一方面，智慧健康养老平台建设功能分散，缺乏对技术进步、设备升级以及养老需求变化等要素的整合和包容力度，需要进一步健全服务整合的功能。

三是智慧养老信息化管理和监督机制落实情况有待加强。基于成都市各区（县）的实践与探索，服务平台标准不一导致了智慧养老信息化管理和监督机制的相关问题。目前，成都市智慧养老信息传递需要经过老年人主动报备、社区反馈街道、街道上报区（县）、公司承接服务的流程，并未形成统一的信息化管理和监督机制。一方面，智慧化运行的理念与传统式执行的矛盾阻碍了智慧化技术的延伸。近年来，成都市在智慧健康养老平台建设和新技术运用方面取得突破进展，但由于缺乏人员培训和技术指导，智慧化工作模式始终无法下沉融入社区，导致智能设备和信息化管理方式与实际情况"水土不服"，缺乏管理效力。另一方面，模糊的权责划分和严格的考核标准对基层施加了大量压力。智慧健康养老建设需要大量职能部门参与，但直接责任仍落在基层。在数据始终未能实现平台共享的情况下，绩效评估、资金审计、等级评定等监督内容无法通过信息化数据实时监管，同时社会监管渠道建设不甚完善，智慧健康养老模式的监管力度有待提升。

### （五）人才队伍：智慧社区健康养老服务人力资源尚需扩充

一是智慧社区健康养老专业服务人员有待扩充。国以才立，政以才治，业以才兴。在经济社会高速发展的今日，人才的重要性已不言而喻。智慧社区的构建需要吸纳大量的医疗、技术操控等专业人员，但在智慧社区健康养老服务中的人力资源却十分紧张。[1] 智慧社区的养老发展对护理人员的"数字化"知识水平有一定要求，提供智慧社区健康养老专业服务人员需要具备专业能力强、素质高的特点，这样才能提供更高效的健康帮扶、精神慰藉等服务。但从成都市情况来看，大多数的专业服务人员年龄在40~50岁，且同时承担着自我家庭照料的责任，专业性和素质较低。所以康复护理、精神慰藉、医疗保健等服务还远远谈不上，服务质量未能达到老年人的期望值。[2]

二是智慧社区健康养老专业技术人员尚需补足。健康养老专业技术人员应熟

---

[1] 刘霞. 智慧社区养老视角下健康养老服务体系的构建 [J]. 中国老年学杂志, 2018, 38（7）: 1743-1745.
[2] 陈志荣. 健康老龄化背景下上海市智慧社区养老服务研究 [D]. 上海：东华大学, 2021.

练掌握软件技术和基础理论知识，并满足岗位技术要求，对于每一种新的养老设备都会使用并且能应用于服务老年人。然而，当智能技术进入养老领域时，对专业技术人员又提出了更高要求，可以从社会和学校两个层面分析其原因。在社会方面，受困于社会对养老服务从业人员的认可度偏低、经济待遇不高等因素，他们可能会选择从事其他行业，不会花时间去学习养老相关知识技术，导致智慧社区健康养老专业技术人员出现空缺状态。在学校方面，成都市高等职业教育在护理专业人才培养方面是较为欠缺的，并且各省份之间的数量差异也大，导致社区对接护理专业人才的缺口较大。

三是智慧社区健康养老高端人才有待引进。作为支撑老年人幸福晚年的重要力量，智慧社区健康养老高端人才肩负着养老服务高质量发展的重要使命，能够提供具有前瞻性的建议与对策。成都市整合政府、运营商、社区、机构等资源，为智慧居家养老服务提供了总体解决方案，这离不开高端人才的作用。但我国缺少专门的养老服务人才教育培养体系，对高端人才的培养往往是从护理专业教育开始，当前成都市开设护理专业的高职院校共有 10 所。对于高端人才的培养不够重视，导致顶尖人才的空缺，制约了智慧社区健康养老服务的发展。

## 四、成都市智慧社区健康养老服务优化对策

### （一）增强政策协同，构建全方位、高耦合的政策支持体系

一方面，出台智慧社区健康养老服务专项规划。2021 年，工业和信息化部、民政部、国家卫生健康委联合印发《智慧健康养老产业发展行动计划（2021—2025 年）》，为养老服务业发展指明了发展方向，提出推进新一代信息技术及智能设备在居家、社区、机构等养老场景集成应用等目标。智慧社区健康养老服务专项规划是落实"多规协同"的重要途径，按照总体规划的统一要求及时出台专项规划，对于促进"多规协同"、真正实现"多规合一"的《智慧健康养老产

业发展行动计划（2021—2025 年）》具有重要意义。①

另一方面，制定智慧社区健康养老相应的配套政策。打通智慧社区健康养老服务现存的堵点，需要制定配套政策，充分发挥政策耦合效应，有利于推动《智慧健康养老产业发展行动计划（2021—2025 年）》政策措施的落地生效，增强政策有效性，提高老年群体幸福感，共同解锁共同富裕的"健康密码"。成都市要积极出台配套政策，在政府购买服务、政策监管、养老产业土地供应、科技产业等方面对智慧社区健康养老服务予以倾斜与支持。同时鼓励社会力量参与智慧社区健康养老服务，协助配套政策的落地。例如，政府可以借鉴新加坡经验，制定相关政策为主动与父母同住、赡养父母的子女提供税收优惠；在养老服务行政监管方面，建立严格的老龄工作监督与考评制度，行政监管的权力归设施所在地的基层所有，明确养老服务人员的工资福利保障。②

### （二）优化技术运用，构建高兼容、可延展的技术操作体系

当前，信息技术与民生工作的结合日益紧密，"养老"是智慧社区健康养老服务建设的核心和根本，"智慧"则是手段和支撑，智慧健康养老的关键技术主要包括智慧养老设备终端、提供养老需求和风险服务的物联网架构、大数据技术等，它们需要优化以构建技术操作系统。

一是要强化智能设施、设备的开发与运用。成都市近年来新开发的智慧健康养老项目主要有社区智慧健康小屋、养老综合体、综合养老信息服务平台，它们都依托于智能技术的支撑，形成具有特色功能的健康类智能项目，主要功能在于监测与交流。为了提高社区健康监测的效率和专业度，要根据社区监测需求、老

---

① "多规协同""多规合一"意指通过多部门协调，助推智慧社区健康养老服务产业各类规划的协调与统一，进而实现发展目标、规划体系、规划蓝图、基础数据、技术标准、信息平台和管理机制等的协同整合，避免重复建设、资源浪费、标准不一等现象，实现智慧社区健康养老服务产业规划制定和实施的战略性、总体性、统一性、融合性。

② 陈志荣．健康老龄化背景下上海市智慧社区养老服务研究［D］．上海：东华大学，2021．

年人健康管理需求，研发便于社区自助使用的健康管理设备，缩短测量时间、提高测量精确度，便于收集老年人的基本健康数据；增加研发老年人穿戴的测量设备、居家监测设备，便于老年人居家测量数据、上传数据。①

二是要强化市场力量，引进新技术，促进技术互联。市场力量是政府加强养老服务行业管理和运行的好帮手。一方面，成都市政府要积极引导龙头型科技企业的科研技术人员关注健康养老的设备需求，鼓励他们开发出更加适合老年人使用的、操作简单便捷的健康管理设备，同时注重与现行智能技术相匹配。另一方面，智慧社区健康养老需要线上线下更加紧密融合，养老相关的科技公司需要重新整合现有的资源和信息，将技术与现状融合，同时需要线下社区的配合，需要后台的支撑，这样才能共同促进技术互联。

### （三）强化资源整合，构建多元性、精准化的服务供给体系

优化智慧社区健康养老服务供给体系，全流程、多方位强化服务供给范围、运行效率及实施效果，实现智慧社区健康养老服务从单一、静态、粗糙性供给模式向多维、动态、精确化供给体系的蜕变，是助推我国智慧社区健康养老高质量发展的核心动能。

一是坚持需求导向，渐进性扩充智慧社区健康养老服务供给项目。一方面，立足需求挖掘体系建设，在综合运用大数据、网格化、铁脚板等多维运行路径实现对老年人需求主动发现的前提下，畅通"社区反馈""民生热线""一键通"等多元诉求通道，全方位了解社区老年人多元化与个性化需求以及急迫性、普遍性期望。另一方面，基于需求与期望的牵引，有针对性、渐进地扩充养老服务供给项目，在推动紧急救助、生活照料、医疗康复、居家改造等"智慧助老"服务逐步深化的同时，有序促进精神慰藉、心理疏导、家庭问题协助等"智慧孝

---

① 刘霞. 智慧社区养老视角下健康养老服务体系的构建［J］. 中国老年学杂志，2018，38（7）：1743–1745.

老"服务以及老年学习、老年再就业等"智慧用老"服务的开发与拓展，真正实现"助老、孝老、用老"各项服务全面拓宽。

二是优化智慧社区健康养老信息服务平台数据对接，强化平台供给精准性。以社区老年人基础信息、服务需求信息等多元数据资源为基础，利用大数据、人工智能、精确算法等现代化信息技术，构建社区老年人精准画像、数据动态持续更新、信息安全防护到位的智慧社区健康养老信息服务平台，并借助平台接入、系统对接等技术端口，实现信息服务平台与各级社会机构服务平台、各级医疗服务平台、各级社工专业服务平台、各级志愿者服务平台的互联互通，实现智慧社区健康养老服务的精准化、快速化供给。

### （四）细化标准执行，构建规范性、多层次的服务标准体系

伴随智慧社区健康养老议题在社会舆论中的逐步发酵以及地方智慧社区健康养老实践的日渐推行，智慧社区健康养老服务标准的制定与否、制定的科学性与否以及执行的强度，已然成为当前该模式能否顺利推进的重要关节。智慧社区健康养老服务标准体系不仅能够从整体上促进智慧社区健康养老服务的高质量、可持续发展，而且在细节上也可以强化其机构准入、价格制定、平台运行、服务标准等内容的规整性，提高服务水平。因此，在未来的发展阶段，要把握智慧社区健康养老服务优质规范的蜕变主线，通过出台、执行养老服务标准以及加强监管等多种方式，强化其实施的综合效能。

一是加快构建智慧社区健康养老服务相关的多层次、系统性、多维度标准。针对智慧社区健康养老服务的特点和需求，一方面，积极出台智慧社区健康养老服务的行业标准，围绕科学性机构准入、合理性价格制定、严格性服务提供等内容，将整个服务过程中所涉及的机构建设、管理服务、人才队伍、价格依据、服务时长、质量评估等标准予以明确化，逐步强化和完善智慧社区健康养老服务行业的具体工作与管理方式。另一方面，立足智慧社区健康养老服务平台高质量建设目标，围绕数据归整、数据共享以及数据应用的递进流程，制定服务平

台综合运行的科学性、规范性标准，使得数据采集、平台日常管理、信息分享、信息模拟、信息匹配、信息安全等方面皆有据可依，提升整体平台运行的系统性。

二是多渠道强化标准的宣传与传播工作。通过制订标准宣传计划，利用媒体、网络等线上渠道以及海报、传单、手册等线下渠道相结合的方式，多方面宣传智慧社区健康养老服务标准内容及要求，普及标准核心内涵，提高行业和公众对标准的认知与理解。同时基于专家培训的方式，邀请智慧社区健康养老服务领域的专家对工作人员开展行业标准、平台标准等方面的专题培训，深度强化服务人员的标准意识。

三是落实标准实施与监管。基于委托第三方机构评估的方式，通过对考核标准、考核程序的科学化制定，对智慧社区健康养老服务标准执行与落实情况开展定期与不定期监督及考核，并予以公示。同时以该结果为基础，开展智慧社区健康养老服务标准化机构分级评定工作，通过打造示范单位和服务品牌创建领头活动与末流单位处罚通报的综合形式，强化各类标准实施力度，敦促标准的有效执行。

### （五）夯实需求导向，构建多层次、全方位的人才培养体系

强化智慧社区健康养老服务人才队伍建设，构建多层次、全方位、可持续的人才培养体系，是克服当前我国养老领域相关人才结构性短缺现实弊端，全方位提升养老服务效能，实现智慧社区健康养老服务高质量发展的核心动能。

一是秉持需求导向，明晰人才队伍构建方向。立足当前智慧社区健康养老服务专业服务人才、专业技术人才及顶尖人才结构性短缺的实际境遇，结合老年人在智慧、社区、健康三维要素的紧迫需求，清楚明晰养老领域在产品研发人才、平台运营人才、软件构建人才、医疗护理人才、心理慰藉人才等各类人才上需要的数量及比例，精准制定各类人才培养目标、方向及要求。

二是形成科学培养体系，打造专业化人才队伍。结合养老服务领域各类人才

特性以及现有从业人员参差不齐的客观现状，综合运用线上、线下、线上+线下等多维培训形式，建立综合性、专业化、科学化的培训课程清单，分门别类为各类群体等制定培训清单，提供针对性培训内容，全面提升人才队伍的规范化与专业化水平，从而形成一支结构合理、分工明确、高效运行的专业化人才队伍，满足不同领域、不同层次智慧社区健康养老服务的需求。

三是强化师资，提高人才队伍质量。积极推进智慧社区健康养老服务教育培训基地有序建立，围绕前沿理论与创新实践，积极邀请数智、医疗、康复、管理等多领域的前沿专家学者以及各地智慧社区健康养老模式推进的带头人开展定期业务培训活动，并且大力构建从业人员定期外出交流培训体系，通过"引进来"与"走出去"的教学方式，协力助推从业人员优化自身知识结构，提高专业技能水平。

# Chengdu Smart Community Health Care Service Development Report

Zhang Haomiao  Tan Hong

**Abstract**: As the pioneer of the practice of the smart community health care service, Chengdu has initially established a comprehensive operation system for the smart community's health care service around three core elements of "service subject, service object, and service content". Construction has achieved remarkable results, but it is yet to be improved in terms of policy support, technical platforms, service quality, and talent teams. In the future, the development of the smart community health care service in Chengdu needs to be guided by demand orientation, with technical application as a means, policy coordination as the guarantee, standard implementation as the regulation, and based on resource integration, helping the high-quality development of Chengdu smart community health care service.

**Keywords**: smart elderly care  community care  health care

# 智慧养老的福州市经验及其启示

青连斌[①] 范世明[②]

**摘　要：** 福州市"e福养"智慧健康养老服务平台是由市财政建设投资、第三方运营管理、集服务与监管为一体的综合信息平台。福州市创新"市级统管"理念、创新"四链联动"机制、创新"三级管控"举措、创新质量保障体系的经验做法，使其智慧养老发展取得了显著成效，并为我国智慧养老发展提供了有益启示。

**关键词：** 智慧养老　福州经验　官民合作　市级统管

## 一、福州市智慧养老的基本情况

截至2022年年底，福州市共有60岁及以上老年户籍人口138.95万人，人口老龄化程度达20.33%，居福建省首位，已迈进中度老龄化社会。全市各级各类养老服务机构2 491家，以平均每年200家的速度增长，拥有各级各类养老床位5.5万张，每千名老年人拥有养老床位数40.85张，覆盖市、县（市）区、乡镇（街道）、村（居）四级，机构总数和床位数均居全省首位。在积极应对人口老龄化和城市数字化转型时代背景下，面对激增的养老服务需求和活跃的养老服务市场，如何高效整合资源，方便群众获取养老资讯和服务，实现需求与供给有效衔接；如何有效开展监管，持续提供养老服务质量，实现监管质量的有效性；

---

[①] 湖州师范学院特聘教授，中央党校（国家行政学院）教授、博士生导师，中国社会保障学会养老服务分会会长。

[②] 中国人民大学劳动人事学院博士研究生，中国社会保障学会学术助理。

如何精准获取数据，为政府相关部门决策提供科学依据，成为福州市新时代养老服务发展的新要求，亟需对传统养老服务业态进行改造升级，通过数字化建设赋能养老服务。这是福州市推动开展智慧养老的现实条件。

互联网正在深刻改变着人们的生产、生活和工作方式，甚至影响着整个经济社会发展的基本。智慧养老作为养老服务业的一种升级业态，是对传统养老服务的超越[1]，越来越被各界广泛关注。2019 年，国务院办公厅印发《关于推进养老服务发展的意见》，明确提出实施"互联网+养老"行动，促进人工智能、物联网、云计算、大数据等新一代信息技术和智能硬件等产品在养老服务领域深度应用，推动智慧健康养老产业发展。同年，福建省人民政府印发《福建省推进养老服务发展（2019—2022 年）行动方案》，提出要依托"互联网+"提供点菜式就近便捷养老服务，拓展信息建设在养老服务领域的应用，建设公共养老服务平台。2020 年，福州市人民政府办公厅印发《福州市加快推进养老服务发展（2020—2022 年）实施方案》，明确提出要拓展信息技术在养老领域的应用，建立全市统建智慧健康养老服务平台，打造满足养老院管理和养老服务需求、具有智慧化管理系统的"智慧养老院"，提供"一站式"养老服务解决方案。这是福州市推动开展智慧养老的政策背景。

在上述时代背景中，福州市为实现"让所有老年人都能有一个幸福美满的晚年"目标，积极融入信息化建设浪潮，以智慧养老改革为切入点和突破口。借助互联网、物联网、云技术、大数据等现代化信息技术，2018 年福州市启动了市级"智慧健康养老服务平台"建设项目，在全国建设由政府投资建设并拥有产权的、集服务和监管为一体的"e 福养"智慧健康养老服务平台（以下简称"e 福养"），致力于打造全省乃至全国民政养老数字化改革先行地，形成可供全国参考和推广的智慧养老"福州模式"。"福州模式"先后得到了国务院督查激励

---

[1] 青连斌. "互联网+"养老服务：主要模式、核心优势与发展思路 [J]. 社会保障评论，2021，5 (1)：115–128.

通报表扬与 5 000 万元激励奖励，福建省及福州市领导批示予以肯定，省发展改革委及福州市政府予以通报表扬，先后接待了民政部及北京市、上海市等数十个兄弟省、市部门考察调研。

## 二、福州市智慧养老系统的构成

智慧养老系统并不能取代传统的养老机构、居家养老服务中心、社区养老等养老服务机构实体，而是运用互联网技术手段对其整合、改造升级。[①] 福州市智慧健康养老服务平台以"市级统管"为理念，涵盖政务经办、政务监督、机构管理、基础管理等 4 大类养老业务，具体设计了资金补贴系统、养老服务运营监管系统、养老机构管理系统、信息分布管理系统等 23 个子系统，实现了市、县（区）、街道、社区养老信息互联互通（见表 3 – 9）。

表 3 – 9  福州市智慧健康养老服务平台系统情况

| 模块 | 系统名称 | 主要作用 |
| --- | --- | --- |
| 政务经办 | 机构信息管理系统 | 管理全市养老服务设施情况系统 |
| | 资金补贴系统 | 老年人补贴和机构补贴审批、养老资金发放、资金预警等 |
| | 等级评定系统 | 管理及评定全市养老服务机构星级系统 |
| | 服务质量系统 | 制订检查计划对全市养老服务机构进行服务质量检查 |
| | 志愿者系统 | 养老志愿者可报名活动，成功参与后将获得积分 |
| 政务监督 | 养老服务运营监管系统 | 对全市民政经办、老年人、为老服务设施等各项数据进行统计监管 |
| | 养老大数据可视化系统 | 大屏可视化数据展示全市养老动态 |
| | 单位视频集中监管系统 | 实时调阅全市各养老服务机构单位视频监控 |
| | 老年人能力评估系统（监管） | 对评估机构评估流程的全过程监管 |
| | 舆情分析系统 | 可监控并分析互联网关于福州市民政养老的相关舆情 |
| | 养老全息画像系统 | 汇聚并分析全市养老数据，并产生对应全息画像 |

---

① 青连斌. "互联网 +"养老服务：主要模式、核心优势与发展思路 [J]. 社会保障评论，2021，5 (1)：115 – 128.

续表

| 模块 | 系统名称 | 主要作用 |
|---|---|---|
| 机构管理 | 养老机构管理系统 | 为全市的养老机构提供日常的信息化管理平台，支撑日常服务的开展，实现对机构养老服务的综合管理 |
| | 社区照料中心管理系统 | 为全市社区照料中心提供日常的信息化管理平台，包含上门服务、入住服务以及社区活动等，实现对社区养老服务的综合管理 |
| | 居家养老服务管理系统 | 为全市第三方居家服务商提供业务管理功能，实现居家服务全流程管控 |
| | 长者食堂管理系统 | 提供全市长者食堂在线浏览，提供线上购餐渠道，让老年人可方便就近堂食和享受福州市银龄福卡的相关助餐优惠 |
| 基础管理 | 老年人能力评估系统 | 为全市的能力评估机构提供业务管理功能，实现老年人失能评估全流程管控 |
| | 信息发布管理系统 | 对养老网、小程序上的养老政策法规等进行发布、编辑 |
| | 系统基础管理 | 对市平台用户进行账号管理、权限管理 |
| | 智能设备管理系统 | 对已绑定的智能设备进行管理，如摄像头、养老智能手环 |
| | 运营管理系统 | 对全市各养老服务机构在养老网及小程序的对外展示信息的审核 |
| | 知识库 | 养老相关的业务知识、工作方法、工作经验、政策法规等信息 |
| | 一体化智能运维管理系统 | 对平台上各系统业务数据进行维护管理 |
| | 养老数据资源中心系统 | 对不同业务，如民政经办、养老服务机构等数据进行统一收集并综合处理 |

资料来源：此表由福州市智慧养老承办方提供。

上述各子系统并不是孤立存在的，而是共通共享的，所有数据信息均集成到福州市智慧健康养老服务平台之上，以方便不同角色使用不同的系统功能。

## 三、福州市智慧养老的实践经验

福州市智慧健康养老服务平台自 2021 年 10 月开始实施以来，积累了宝贵且丰富的实践经验。具体包括以下内容。

## （一）创新"市级统管"理念，打造养老服务"集成阵地"

福州市站位全市一盘棋格局，由市级统一建设、统一规范、统一管理，推动智慧健康养老服务纵向到底、横向到边。

一是设立全市统管的智慧健康养老服务调度中心。福州市是福建省首个在市级挂牌成立"福州市养老服务指导中心"的地级市。该中心配置编制 9 名，设专职副主任 1 名，统管全市智慧健康养老服务工作，并通过政府购买服务引进第三方增强工作力量。设置智慧健康养老服务调度中心，全面整合业务指导、监管检查、信息咨询、业务培训、理论研究、产品推广等职能，助力提高服务质效。

二是统建"e 福养"智慧健康养老服务平台。福州市围绕"便捷服务"和"有效监管"需求，市级财政投入 1 000 余万元，率先在全国打造了拥有自主产权、集服务与监管于一体、覆盖市县两级的智慧健康养老服务平台。该平台串联老年人及其亲属、养老服务机构、为老服务组织、政府（市、县、街道、社区）四方，打通"需求—供给—监督"管理链条，为群众便捷选择服务、企业拓展服务渠道、社会力量广泛参与、政府开展精细管理打造了"集成阵地"，有效推动了福州市养老服务水平提档升级。

三是开发定制全市通行的银龄福卡。福州市联合海峡银行共同开发定制全省首张全域通行的银龄福卡，将多项为老服务及各类服务待遇集中于一体，并同步链接福州市"e 福养"智慧健康养老服务平台，老年人"一卡在手"即可享受养老服务金融支付、政府购买服务消费、养老志愿服务积分消费、长者食堂优惠等为老服务，真正实现养老服务、助老为老"一卡通"。截至 2023 年 6 月，银龄福卡已开卡 3.95 万张，刷卡 14.33 万笔，消费总额 178.14 万元。

## （二）创新"四链联动"机制，推进公众服务"便捷可及"

福州市依托"一网（福州市养老服务网）—App—小程序"等 3 类载体，通过服务链、技术链、政务链、资源链联动发展，推动养老服务供给多元化、场景多样化、管理智能化、参与广泛化，实现公众服务便捷可及。

一是强化服务链，供给多元化。福州市智慧健康养老服务平台汇聚了全市养老服务资源，推动全市141家养老机构、101个居家社区健康养老服务照料中心、470个居家养老服务站、1757个农村幸福院、13个居家养老服务商全部接入平台实行统一管理，并择优入驻养老服务网，为社会公众提供居家养老服务在线预约、养老床位在线预订、社区活动在线了解等服务。福州市市民可通过养老服务网、手机App、线上小程序等渠道进行"淘宝式"点单，自主比选性价比高的助餐、助浴、助医等养老服务，实现从原来"多次跑、实地看"，到现在"足不出户、网上比选、网上下单"的转变。

二是创新技术链，场景多样化。福州市在智慧物联上做文章，建设以"呼叫救助、智能监测、居家照料"为中心的智能居家养老服务网络，通过为老年人配置智能手环、门禁、睡眠检测带等智能设备，有效预警和解决老年人健康监测和紧急求助等问题。同时，福州市作为全省唯一获批中央"十四五"时期首批居家和社区基本养老服务提升行动的试点城市，探索创新推进"家庭养老床位"建设，在失能老年人家庭设置护理床，并对居家环境进行适老化改造和信息化改造，每月提供不少于15次的上门服务和不少于30个小时的居家养老服务，将养老床位"搬"进家，让老年人在家中就能够享受"准"养老机构的专业照护服务，助力"养在床边、康护上门"成为现实。截至目前，福州市签约家庭养老床位2750张，开展居家上门服务14.2万人次。

三是优化政务链，管理智能化。福州市以大数据方式整合信息，按照"放管服""不见面审批"改革要求，将线下老年人福利补贴申请及能力评估、养老服务机构运营补贴申请、星级评定申请等19个政务事项搬到线上，推动政务事项"云端"办理，实现了政务事项从原来的老年人、企业"跑社区、跑街道、跑部门"转变为"一趟不用跑"，更加便捷高效。截至目前，老年人政务办理事项共受理10.02万件，办结9.88万件，办结率达98.57%。

四是整合资源链，参与广泛化。福州市以志愿服务盘活资源，全省首创线上线下融合发展为老志愿服务模式，打造"金厝边"为老志愿服务品牌。在创新社区老年人成团志愿服务的基础上，再推出全省首个由政府牵头建立的为老志愿服务"时间银行"，创设全市统一的存储、通存通兑、时间兑换服务规则，建立志愿者、老年人需求、志愿服务3个数据库，贯通线上线下通道，有针对性地满足老年人送餐上门、陪同就医、巡访探视等需求。

### （三）创新"三级管控"举措，助力行业监管"阳光运作"

养老服务监管是否合理、是否到位，是确保提升服务成效，提高群众认同感、满意度的关键密码。福州市以"1个平台、15个系统、7个App"为载体，对养老服务进行流程再造、制度重塑，并运用视频监控、流程管理和大数据分析，实现养老服务行业的动态监测、智能监管。

一是大数据管控。福州市综合市、县两级民政数据，串联养老服务机构业务数据；整合公安、卫生健康、市场监管等涉老数据，建立起基础库、业务库、共享库，既有效打通"数据壁垒"，实现数据由分散到集中，又有效反哺其他部门、其他业务的数据应用，切实激发数据作为生产和服务要素的"乘数效应"。以财政资金补贴数据为例，福州市以往养老服务机构申请政府补贴所需的数据是通过机构自行申报与行政人员现场核查相结合方式来确定的，而现在补贴数据则直接来自智慧健康养老服务平台，数据真实可靠，杜绝了补贴数据造假问题，实现了补贴发放精准可控。福州市自智慧健康养老服务平台建立以来，财政补贴金额实现了自动计算功能，2019—2022年福州市财政补贴资金供40 003万元，其中养老服务机构补贴金额24 925.96万元，涉及补贴服务机构2 622家；政府购买服务补贴金额14 487.36万元，享受补贴老年人人数81 756人。此外，智慧健康养老服务平台还将从服务内容、服务能力、服务质量等多维度统计分析全市养老服务情况，为政府制定下一步补贴政策提供真实且科学的数据依据。

二是视频管控。福州市以往监管养老机构需要"身入"现场，现如今可以通过创新智能化监管方式，安装物联网等智能设备，推动各养老服务机构至少设置两路视频监控接入智慧健康养老服务平台，其中养老机构监控设备数需接入5路，分别为出入口、厨房、餐厅、消控室、主要活动区；街道居家养老服务照料中心监控设备数需接入4路，分别为出入口、厨房、餐厅、主要公共活动区；长者食堂监控设备数需接入3路，分别为出入口、厨房、餐厅；社区居家养老服务站与农村监控设备数需接入2路，分别为出入口、活动区。监管部门可实时调阅机构视频监控信息，查看机构实况，变"跑现场"为"看大屏"，节约了大量的人力、物力、精力。

三是流程管控。福州市以往对养老服务机构的监管，主要采取事前机构资质审查、事后服务质量抽查等手段，监管存在一定的"真空地带"。而现在则要求各养老服务机构配齐终端设备，采取定位打卡、图片记录、服务评价等方式，由服务平台精准抓取实时监控数据，动态监管养老床位使用、居家养老服务接单派单等情况，拉近了监管人员与监督对象的空间距离，有效填补监管空白，实现事前事中事后全流程、全过程、全时段监管。对于超时未服务、未按服务标准进行服务等异常订单，智慧健康养老服务平台则会自动预警告知工作人员，以此来确保养老服务提供的真实性，从而保证了服务质量的可靠性。

### （四）创新质量保障体系，培厚智慧养老"发展沃土"

一是出台政策法规。福州市出台地方法规、规章制度，打通智慧健康养老发展的堵点、痛点。在地方法规层面，如由2021年8月福州市人大常委会通过、同年10月福建省人大常委会批准的《福州市居家养老服务条例》中明确要求，福州市民政主管部门应当建立全市统一的智慧养老服务信息化平台，定期公布和更新居家养老服务目录、居家养老服务机构名录等信息，免费提供政策咨询、信息查询等服务，推进居家养老服务及监管的智能化运用。地方法规的规制，为福州市智慧健康居家养老实行全市统管奠定了法律基础。在规章制度层面，福州市围绕智慧养老服务能力建设，制定出台相关配套政策、扶持政策，如《福州市养老服务机构补助政策实施细则》规定，对未接入市智慧健康养老服务平台接受监督的养老服务机构不予补助；对受到市养老服务指导中心通报达 3 次的，当年度床位运营补贴减少 10%，通报达 5 次的，当年度床位运营补贴减少 20%，通报后未在限期内完成整改的取消当年度床位运营补贴，这种将智慧健康养老服务平台与财政补贴政策进行捆绑的做法，为智慧健康养老能够在短时间内在全市迅速铺开并取得显著成效奠定了物质基础。

二是规范服务标准。福州市依托智慧健康养老服务平台建设，首次建立起科学规范、特色鲜明的福州智慧养老服务标准体系，推动"传统养老"向"智慧养老"转变，为智慧健康养老服务规范化管理运作，实现高质量可持续发展，提供了有效支撑。

三是优化营商环境。福州市通过全面系统总结智慧养老服务发展扶持政策，形成福州市《养老服务机构投资指南》与《养老服务政策措施清单》39 条，吸引了不少国企资本、民营企业和其他社会力量涌入，稳健布局智慧养老行业。与此同时，该市还集中清理了一批妨碍养老服务统一市场和公平竞争的规定，智慧养老营商环境日益清朗。

四是跟踪质量考核。福州市完善养老服务质量反馈追踪机制，开展老年人对平台提供服务内容和质量的满意程度调查，听取老年人对服务的意见和建议，对群众评价低且不符合服务标准的，责令整改或予以下架；对群众满意或善于创新的养老服务企业，加强正向激励，给予财政补贴和税收优惠奖励。

## 四、福州市智慧养老的发展成效

目前，福州市智慧健康养老服务的发展成效是显著的。在机构养老服务上，福州市智慧健康养老服务平台共接入养老服务设施 3 148 个，服务网共入驻养老机构 153 家、照料中心 99 个，共提供养老床位 2 万余张、入住老年人 8 995 人；在居家养老服务上，该平台已入驻居家养老服务商 12 个，上架上门服务产品 784 项，产生服务工单 501 886 单（截至 2023 年 6 月 26 日 08：00），对接服务全市

138万老年人，其中政府兜底保障的老年人6.7万余人。

## （一）让"服务到谁"更有数

福州市智慧养老运用大数据能力，解决了原先难以摸清政府保障对象情况的问题。服务平台可以通过关联分析服务端的真实服务记录与服务对象名单，且服务端每天的服务过程信息都会实时联通到监管端，让民政部门可以通过"数字化监测"掌握到全市近7万名"6+1"类政府保障对象获取居家养老服务内容的最新动态。例如，福州市民政局可以通过福州市居家智慧健康养老服务平台获取2023年6月6日的服务情况统计数据，即预约工单总数627件，已完成工单数979件，共服务老年人数738人，服务费用金额59 562元；还可以知晓服务满意度、服务准时率、服务具体内容、服务订单趋势等情况，通过服务平台的实时监测数据做到了"心中有数"。

## （二）让"谁来服务"更明确

福州市智慧健康养老服务平台能够发挥出平台级优势，从而可以解决养老服务需求响应不及时的问题。就政府保障对象而言，该平台能够自动识别出"6+1"类政府保障对象所对应享受的居家养老服务内容，并由所在辖区的签约服务机构主动为政府保障对象递送相对应的服务内容，实现了"人找服务"向"服务找人"的转变，保证了照护服务、关爱服务等居家服务的真正落实，让政府保障对象能够真切地感受到党和政府的关怀。例如，家住福州市仓山区下渡街道的陈婆婆说道："我因重度残疾已经瘫痪在床多年，多亏了这个平台，有需求我就在手机上下单，让我能安心在家养老，也减轻了儿女负担。"该平台在收到需求下单后则会根据老年人的年龄、身体状况、过往服务情况等数据，安排签约服务机构派出具有相应服务经验的服务人员开展上门服务。此外，政府每月还会为像陈婆婆这样的特殊困难人群发放200元至400元不等的居家养老服务补贴，用于购买助医、助浴等上门服务。

就非政府保障对象，该平台可以运用算法帮助老年人及其亲属在全市已入驻3 148家养老服务机构中找到离家距离近、服务质量好、价格能承担的服务提供主体，实现了从原来的"多次跑、实地看"转变为"网上比选、网上预约"；该平台为居家老年人提供助行、上门照护等专业化养老服务项目784项，老年人可足不出户就享受养老服务；此外，还可通过"e福养"平台一键查询周边长者食堂及学堂课程信息。

## （三）让"服务什么"更精准

养老服务供需矛盾是现阶段养老服务发展的普遍问题。而福州市智慧健康养老服务平台能够通过数据"让需求说话"，遵循"需求决定供给"的逻辑，实现有效需求与有效供给的匹配。一方面，有养老服务需求的老年人可以根据自身需求通过智慧健康养老服务平台进行"淘宝式"下单；另一方面，服务平台在基于服务数据的基础上，构建出老年人消费偏好排行榜，倒逼养老机构、照料中心、长者食堂等服务供给端为有需要的老年人提供受欢迎、愿购买的服务内容，并可以通过对运营表现数据优的供给主体画像进行分析，为各类养老服务机构自身提升提供具象参考和差距分析。例如，家住福州市鼓楼区屏山社区的陆奶奶拿出手机说道："只要打开'福州养老'小程序，点击'长者食堂'就能找到附近的食堂了，在线就能看到食堂的饭菜，很方便。今天中午有椒盐大排、红烧冬瓜、炒上海青和榨菜肉丝汤，三菜一汤，用银龄福卡结账，才10元不到，不仅饭菜香，还省了许多麻烦。"像陆奶奶这样的老年人可根据自身口味的需求选择相应菜品。截至目前，"福州养老"小程序已入驻长者食堂292家，上架菜品2 862个。

## （四）让"如何服务"更规范

福州市智慧健康养老服务平台将"一纸规范"变为简单易用的服务工具，构建了从实践到分析的提升闭环，解决了养老服务规范难的问题。例如，该平台基于纸质版服务规范标准,提供了服务过程管理工具,构建了服务监控模型,对服务端的真实服务记录进行比对分析,准确掌握服务内容与服务标准不一致之处,并向机构和民政部门分别提供分级分类的提升通知和预警。

## 五、福州市智慧养老的启示

福州市智慧养老的经验,可以为我国发展智慧养老提供有益启示。

### (一)官民合作是智慧养老的有效运作模式

福州市智慧健康养老服务平台是完全由市政府投资建设并拥有自主产权的信息系统,并通过购买服务委托第三方进行运营,这种"政府投资建设+民间机构运营"的运作模式简称为"官民合作"或"公私合作",这也是福州市智慧养老能够在短期内在全市辖区内全面铺开并取得显著成效的关键所在。"官民合作"既能吸收政府公共资源,又能利用市场优势,还具有公益性,因而该模式不仅是一个管理工具,更是一个社会治理的基本战略。它根植于这样一些最基本的哲学或社会信念,即政府自身和健康社会中相对于其他社会组织的适当角色[①],是智慧养老的有效运行模式。需要说明的是,这种"官民合作"关系是在政府主导下的委托—代理关系,一方面,委托方政府要求代理方民间机构为其提供服务,并根据其所提供的数量和质量支付相应的报酬;另一方面,代理方民间机构凭借自身优势将委托方政府的设想变为现实。

具体举例来说,"e福养"在上线之初,虽然在全市范围内推广时遇到了一些困难,但正是由于这种"官民合作"运行模式,完成了平台在短期内在全域内的全面推行。例如,为了解决平台推广过程中暴露的相关问题,市民政局迅速采取应对措施:一是面向区(县)民政局和养老机构,组织一系列平台使用培

---

① E. S. 萨瓦斯. 民营化与公私部门的伙伴关系[M]. 周志忍,等译,北京:中国人民大学出版社,2017.

训会，提供专业的技术支持和指导，帮助区（县）民政局和养老机构克服技术难题，确保平台能够正常运行。二是市民政局加大宣传力度，通过多种渠道向市民普及系统的优势和便利性，鼓励更多的养老机构积极参与平台。三是市民政局每周组织一场现场会，邀请各区（县）民政局领导和养老机构负责人共同参与，提出意见和问题，并进行现场沟通、协调，便于及时解决。四是市民政局积极与地方政府进行合作，提供相应的政策支持和资金补助，鼓励养老机构入驻平台，提高服务质量。通过与地方政府的密切合作，市民政局努力打造了一个良好的发展环境，为平台的推广创造有利条件。五是加强监督和评估工作，定期组织检查和评估平台的使用情况和效果，及时发现问题并提出解决方案。通过监督和评估，市民政局不断改进平台的功能和性能，以满足养老机构的需求。六是市民政局积极与相关部门合作，共同推进平台的推广工作。通过与社区、医疗机构、志愿者组织等配合，市民政局形成了一个良好的合作机制，加强资源共享，实现优势互补。这种在政府主导下的"官民合作"模式为智慧健康养老服务平台的推广提供了更广阔的空间和更多的支持。

## （二）智慧养老信息平台应当走向全国统一

福州市通过建立市级统一的智慧健康养老服务平台，实现了市、县、街道、社区四级养老信息的互联互通、有序共享。这一"市级统管"理念背后展示的一个基本逻辑便是硬件已然不成为障碍，全国统一的医保信息系统建立建成与有效运行亦为又一例证，其关键在于理念的转变，即本着"理念优于制度、制度优于技术"的规律，如若发展理念不先进，不可能设计出合理的制度安排，而没有合理的制度安排，再优良的技术方案也很难发挥作用。[①] 因此，当务之急是要进一步增进加快推进智慧养老信息系统走向全国统一的共识，以实现国家、省、

---

① 郑功成. 中国社会保障："十二五"回顾与"十三五"展望 [J]. 社会政策研究，2016（1）：77 – 97.

市、县、街道（乡/镇）、社区（村）六级养老信息的互通互联、有序共享。

一是实现养老资源系统集成、协同高效的需要。目前，智慧健康养老服务平台碎片化严重，各地民政部门、各养老服务机构根据自身养老工作职能或养老业务自行建设开发了信息系统，出现了"一县一系统"甚至"一机构一系统"现象，信息系统运行效果参差不齐且总体上不佳，其不良后果便是信息资源的大量闲置与极大浪费，亦不利于信息之间的高效协同、互联互通，而要破解这些系统分割、封闭运行、信息孤岛等问题，则需要建设更高层级的全国统一的智慧养老信息平台。

二是助力推动实现全体老年人享有基本养老服务的需求。党的二十大首次明确确立了"推动实现全体老年人享有基本养老服务"的目标任务，这就意味着享有基本养老服务属于公民的权利，提供基本养老服务是政府的公共服务职能，因此追求普惠公平应当是基本养老服务的价值追求，使所有真正有需要的老年人都能够公平地享受到法定的基本养老服务权益。这就需要进一步强化民政主管部门的责任，承担起统筹基本养老服务清单与发展规划、统筹配置公共资源的职能。因此，只有建设全国统一的智慧养老信息平台进行集中管理，才能不断提高数据质量，为国家层面的政府部门做决策提供更高质量的数据支撑。

### （三）集"需求—供给—监督"为一体是智慧养老的基础功能

目前，福州市智慧养老拥有上门服务产品近800项供老年人自主下单选择，老年人自主下单后由平台根据需求进行派单并由服务人员提供上门服务，之后通过定位打卡、图片记录、服务评价等方式进行监督，这种闭环做法遵循着"需求—供给—监督"的流程逻辑。

第一，需求决定供给。尊重老年人的养老意愿、满足有需要老年人的需要是发展养老服务必须遵循的原则。在这一原则指导下，养老服务的供给要服从于需求，供给只是满足需求的工具性手段，需求满足则是目的性价值，并不是有什么样养老服务就提供什么样的服务，因此需求与供给并非简单的相互依存、相互制约的关系，需求决定供给、供给影响需求的逻辑顺序不可倒置。

第二，有效监督是服务供给质量的保证。养老服务机构在提供养老服务过程中存在"合约失灵"①现象，在信息不对称的情境下养老服务机构完全有能力通过提供劣质服务来获取额外收益，从而使消费者的权益受损，正如《有闲阶级论》的作者托尔斯坦·凡勃伦所言："资本家是对赚钱而不是对商品感兴趣的剥削者。商品可以品质低劣，毫无使用价值，只要它们能够赚钱，其他一切都不重要。"②因此，养老服务供给需要有效监督，而智慧养老根据实施监测数据，则有利于作出更加有效的监督。

综上，集"需求—供给—监督"为一体应当是智慧养老的基础功能，为提高老年人晚年生活质量助力。

### （四）互联开放共享是智慧养老的本源特征

福州市智慧养老整合了公安、卫生健康、市场监管等涉老数据，吸纳了3 000多家养老服务提供商，体现了智慧养老"互联开放共享"的本源特征。该特征可以打破原先各个智慧养老信息平台独立运行，服务的范围或对象局限于特定区域或特定机构、特定人群，互相不兼容的困境③，使平台整合资源、包容资源、利用资源的优势得以充分发挥。因此，智慧养老应当以更加"互联开放共享"的理念，打通各部门涉老数据，使更多养老服务提供方加入这个平台。

### （五）居家养老的社会化与专业化实现离不开科技赋能

居家养老符合我国养老文化和老年人选择偏好，是绝大多数老年人的自主选

---

① 合约失灵理论是由美国法律经济学家亨利·汉斯曼1980年提出的，该理论认为由于服务供给方与服务需求方存在信息不对称行为，仅仅凭借买卖双方的合约难以防止服务生产企业坑害消费者的机会主义行为。
② 李茂森. 世界社会科学名著速读[M]. 北京：中共中央党校出版社，2003.
③ 青连斌. "互联网+"养老服务：主要模式、核心优势与发展思路[J]. 社会保障评论，2021，5(1)：115-128.

择。但就目前来看，现代意义的居家养老基本等同于传统意义上的家庭养老方式，老年人需要的社会化、专业性服务得不到满足，而提供的服务又非老年人的需要，从而存在严重脱节现象。就社会化而言，子女依然承担照顾居家老年人的完全责任，社会化程度不足；就专业性而言，居家老年人需要的专业养老服务难以得到满足。以居家老年人安全为例，有研究报告表明，我国每年有4 000多万老年人至少发生1次跌倒，37%的老年人跌倒后致使重度损伤，超过25%的需要长期照料，骨折后半年内的死亡率为10%～20%；每年约有67%的老年人做饭忘记关火，60岁及以上老年人占住宅火灾死亡人数的41.3%；每年有100万以上老年人脑卒中，脑卒中、急性心肌梗死等都是老年群体中的常见性突发疾病。[1] 以上这些行动安全、生活环境安全、生命安全等居家问题倘若得不到解决，伴随少子高龄化进程的加快，后果将更加严重。而助老科技产品如智能手环可以为居家老年人提供动态监测数据，当数据检测到异常情况时将会在第一时间向智慧养老信息平台发出预警通知，让有生命安全威胁的居家老年人能够得到及时发现与救治。为此，建议政府加大推进智能化养老产品的支持力度，对进行养老探索的科技企业予以政策上的优惠与支持，助力科技企业研发出更适合老年人需求的智能化设备设施，最大限度地方便老年人生活，让科技运用与需求满足实现更好衔接，增强老年人在家独立生活的能力与信心。

---

[1] 老年人居家安全监护方案调研报告［R］．腾讯＆艾社康，2021-05-13．

# The Fuzhou Experience of Smart Elderly Care and Its Enlightenment

Qing Lianbin  Fan Shiming

**Abstract**: Fuzhou's "e Fuyang" smart elderly care platform is a comprehensive information platform that integrates the city's financial construction investment, third-party operation management, service and supervision as one. The city's innovative concept of "municipal unified management", "four-chain linkage" mechanism, "three-level management and control" measures, and quality-assurance system have achieved remarkable results in the development of smart elderly care, and it provides useful enlightenment for the development of smart elderly care in my country.

**Keywords**: smart elderly care  Fuzhou experience  government-civilian cooperation  municipal management

# 04

# 产业篇：企业智慧养老探索

# 曜阳智慧养老发展报告

吴昂坪[①]　亓　文[②]　孟晓雨[③]

**摘　要**：中国红十字会总会事业发展中心整合社会力量，借助互联网、云计算、大数据、物联网等现代化信息技术，在智慧养老方面积极探索和实践，以"三个一"为重点，即以"着力打造一个平台、研发运用一批产品和重点开展一批特色服务"的方式，初步构建了曜阳智慧养老服务体系。曜阳智慧养老在快速发展过程中遇到了诸多瓶颈，解决这些问题的关键在于改革和升级智慧养老模式，需要政府、企业、社会组织、养老机构、老年人及其亲属发挥各自作用，共同促进智慧康养事业和产业高质量发展。

**关键词**：曜阳智慧养老　高质量发展　智慧养老

随着智慧养老理念和技术的发展，未来养老模式变得多样化、智慧化和高效化。近年来，中国红十字会总会事业发展中心在智慧养老方面做了一些探索和尝试，取得了一些成绩，得到了各级领导和业界专家的认可。该报告将从曜阳智慧养老的建设背景、曜阳智慧养老的发展历程、曜阳智慧养老服务体系、曜阳智慧养老面临的问题和智慧养老高质量发展的建议等5个方面，进行介绍和阐述。

---

① 中国社会保障学会养老服务分会副会长，北京市曜阳公益基金会党支部副书记。
② 中国红十字会总会事业发展中心老龄事业部副部长。
③ 北京市曜阳公益基金会财务主管。

## 一、曜阳智慧养老的建设背景

当前，互联网与各领域的融合发展，已成为不可阻挡的时代潮流，对经济社会发展产生着战略性和全局性的影响。在大数据时代，我国养老服务工作的复杂性，使养老服务的信息化建设工作更为迫切。积极推动互联网与老龄事业及产业的融合发展，大力发展智慧养老，具有广阔前景和无限潜力。

党和政府充分认识到智慧养老的必要性和重要性。早在2015年，《国务院关于积极推进"互联网+"行动的指导意见》中就提出，加快发展基于互联网的医疗、健康、养老、教育、旅游、社会保障等新兴服务。《中华人民共和国国民经济和社会发展第十三个五年规划纲要》又明确要求，实施"互联网+"行动计划，促进互联网深度广泛应用，建设养老服务信息平台，推进智慧养老建设。

红十字会是保护人的生命和健康的社会救助团体，是党和政府的得力助手，在养老服务中负有重要责任和义务。中国红十字会总会事业发展中心（以下简称"事业发展中心"）是中国红十字会总会直属事业单位，长期致力于公益养老、教育助学、扶贫济困、文化宣传等公益事业，打造了"曜阳养老""拔萃教育""博爱中国"三个品牌。在公益养老服务领域，事业发展中心结合红十字组织的性质和优势，探索公益性服务与市场化运作相结合的新型社会养老服务模式，不断强化"曜阳养老"公益品牌的党建引领、人文关怀和医养结合特色，逐步形成了包括兴建曜阳养老机构、开展曜阳关爱行动、组织曜阳志愿服务、构建曜阳支持平台为主要内容的"曜阳养老"服务体系。经过20年的努力和探索，事业发展中心由公益养老服务的实践者，逐渐成长为公益养老服务的引领者，"曜阳养老"工作取得的突出成绩，不仅产生了良好的社会影响，而且得到了各级领导的高度肯定和社会各界的广泛好评。

智慧化、信息化的使用，可以创新养老服务手段，扩大养老服务范畴，提升养老服务的效率和水平。为积极推进国家倡导的"互联网+"养老服务事业和产业发展，有效落实习近平总书记在党的二十大报告中强调的"实施积极应对人口老龄化国家战略，发展养老事业和养老产业，优化孤寡老人服务，推动实现全体老年人享有基本养老服务"精神要求，事业发展中心与爱心企业合作，借助移动互联网、云计算、大数据、物联网等现代化信息技术，运用智慧终端设备，以慢病、康复、认知服务等互联网老年医疗服务为基础，以老年人健康管理为核心，建立了曜阳智慧养老服务信息平台，为老年人提供全程、连续、方便的养老服务，专注构建曜阳智慧养老服务体系，创新医养结合养老服务新模式。

## 二、曜阳智慧养老的发展历程

2013年，事业发展中心通过"UCB健康希望基金"，为新疆维吾尔自治区、西藏自治区等少数民族地区捐赠红十字999远程医疗急救车，实现了运用互联网技术开展远程医疗救助等公益养老项目，使边区老年人享受到了中日友好医院高端优质的医疗服务。

2014年，事业发展中心在扬州市进行"互联网+养老服务"试点，成立扬州曜阳养老服务中心，开通"12349"服务热线，运用智慧化养老服务信息平台，对老年人健康进行动态监控和跟踪服务，建立老年人健康档案，把专业化、个性化的养老服务送进社区和家庭。

2016年，事业发展中心在陕西省、河北省等4个省，建立"微孝百分"养老服务信息平台，试点开展居家养老服务工作，目前全国已有近3 000家养老机构加盟使用，惠及家庭10万户以上。同年，事业发展中心主任江丹在《人民日报》上发表了"治理之道：打造养老服务新模式"，文章提出了探索"互联网+养老服务"之路。

2017年，事业发展中心与中国老龄事业发展基金会共同发起"当你老了"关爱贫困失能老年人互联网公益募捐平台，吸引了全国8个省份共计3 000多家养老机构积极参与关爱贫困失能老年人行动。

2018年，事业发展中心在杭州富春江曜阳国际老年公寓举办"庆祝建党97周年暨曜阳智慧党建启动仪式"。

2019年，事业发展中心和微医（医疗）集团公司共同成立曜阳互联网养老院，由微医（医疗）集团公司负责日常运营和管理，旨在为广大养老院提供远程医疗、智慧养老等服务和养老机构管理信息化平台，微医（医疗）集团公司向事业发展中心所联系的1 000家养老机构，提供了为期2年的平台使用及相关业务的免费服务。

2020年，事业发展中心与中国仪器进出口集团联合举办首届中国智慧化养老服务产品展示会"，邀请政府、企业、养老机构、社会组织等多方面代表参与，共同探讨智慧化康养服务的发展，已连续举办四届。

2021年，事业发展中心投资300万元，建立曜阳智慧养老服务信息平台，为老年群体、养老机构、养老服务企业、养老志愿者和养老专家等提供智慧养老服务。

2023年，事业发展中心与西城区大栅栏街道延寿养老驿站（家福宁养老公司）、北京盟友科技、北京怡安医疗、北京曜阳大健康公司、中盈曜阳和北京耐吉文化公司等，组成曜阳家福宁智家社区养老服务联合体，共同打造"一网三体系"居家养老服务创新模式，构建居家养老服务一体化平台。"一网"即应用新一代互联网协同平台；"三体系"即适老化改造及全屋智能、智慧安防与智能终端等生活服务体系，慢性病康复管理、健康管理、互联网医疗等健康服务体系，文体娱乐、心理慰藉等精神文化服务体系。居家养老服务一体化平台将"一网"的综合服务平台延伸至社区，社区服务驿站整合线上和线下资源，通过平台自定义养老驿站公众号服务功能，按照"一人一策"的服务方案，通过居家养老服务一体化平台实现线上下订单、线下商家服务到家。通过签约"养老管家"或"家庭医生"，为社区居家老年人提供集个性化、专业化、标准化、智慧化于一体的多元化服务。居家养老服务一体化平台记录居家养老服务过程及结果数据，服务结果由线上用户评价，服务商家由平台监管，问题事件有数据追踪，并为政府养老监管提供大数据平台，构建居家养老服务全新模式。目前已在西城区延寿养老驿站、朝阳区建外街道南郎社区养老驿站、涿州市天宝郦景社区试点，得到了当地党委政府的高度重视和社区居民的赞同。

## 三、曜阳智慧养老服务体系

多年来，事业发展中心在智慧健康养老方面积极探索和尝试，以"三个一"为重点，即"着力打造一个平台、研发运用一批产品、重点开展一批特色服务"的方式，初步构建了曜阳智慧健康养老服务体系。

### （一）着力打造曜阳养老支持平台

曜阳养老支持平台是事业发展中心根据老年人需求，根据养老机构、养老服务企业的需要，打造的集展示、交流、示范、服务等功能为一体的综合性养老服务信息平台。该平台涵盖了曜阳养老官网、曜阳智慧养老管理系统、呼叫和服务管理系统等多个各自独立又互联互通的网站或信息服务平台，积极推进了曜阳养老联盟的建立，曜阳养老机构的连锁化发展及曜阳养老机构管理服务水平的提高。

一是建立曜阳养老联盟数字平台。为推动养老机构高质量发展，增强养老机构抵御市场风险的能力，事业发展中心整合联系紧密的养老机构，成立了曜阳养老联盟。事业发展中心通过建立曜阳养老官网，将养老机构、养老服务企业、养老志愿者和养老专家等注册会员的资料进行收集整理，形成养老服务资源信息大数据，逐步实现养老数据共享，为推进曜阳养老服务的多元化和规模化发展奠定基础。目前，曜阳养老官网已注册上线1 093家养老机构，共有约216 180张床位，遍布全国400多个城市，同时不断扩大注册养老机构的数量，着力构建全国养老机构的"数字地图"。此外还有15万名养老服务志愿者，130家养老服务企业和6大类近千种养老服务产品，在线专家30余名。

二是实现曜阳养老机构智慧连锁。对曜阳养老联盟内有意向连锁的养老机构，事业发展中心通过建立曜阳智慧养老管理系统，实行标识统一、文化统一和平台统一，进行连锁化管理。曜阳智慧养老管理系统拥有一整套精细化的运营管理体系和监管保障体系，把养老机构的服务标准、安全监控、物品需求、财务管理等环节连成体系，实施精准化、全过程监管。运营管理采用"1313"管理运营模式，即一个智慧平台、三块体系支撑（培训教育、激励机制、企业文化）、一套不断升级的服务以及三方监管保障（政府、企业、社会）。监管保障体系采用"333"安全监管制度，即自我检查、政府监管和社会监督（老年人亲属）的三方监管，具体是对消防、人身、食品3个方面的安全智慧化管理，实现事前预防、事中监管和事后追责的管理效果。通过以上工作，保证线下所有运营活动在线化留痕，满足养老机构的管理要求和政府部门的监管要求，让运营更有效率、服务更精准、老年人更幸福。目前已有10家曜阳养老机构实现了连锁化管理。

三是完善曜阳养老机构智慧服务。对直属的曜阳养老机构，事业发展中心要求每家养老机构采用"互联网+养老服务"的模式，通过建立呼叫和服务管理系统，实现机构、社区和居家养老"三位一体"的融合式发展。在养老机构内部设立曜阳养老服务中心（服务窗口），在社区设立曜阳养老服务工作站，将曜阳养老服务从机构延伸到老年人家庭，实现"三点一线"智慧养老闭环服务。不论是养老机构入住老年人，还是社区居家老年人，都可以通过专属手机App，向曜阳养老服务中心提出服务请求，服务中心协调安排服务站执行，服务站接到指令后与服务对象联系，将养老服务送到老年人身边。以北京市的海淀曜阳为例①，海淀曜阳开展的家庭照护床位服务已覆盖西三旗街道21个社区，累计服务频次达4 000余人次，受到广大老年人及其亲属、民政局和社区街道等多方面的好评和认可，基本实现了个人、家庭、社区、机构与健康养老资源的有效对接和

---

① 宋盈莹. 海淀曜阳养老服务中心：构建"机构+"养老服务综合体[J]. 民生周刊，2022（4）：60-62.

优化配置，提升了养老服务质量和效率水平。

## （二）研发运用曜阳养老居家智慧产品

实现智慧健康养老，需要运用一批智慧健康养老产品。事业发展中心通过智慧健康养老产品，提升居家老年人的生活质量，对居住环境进行适老化改造，将智慧健康养老产品运用到家庭和老年人身边，为老年群体提供了便捷又专业的生活照料、医疗、护理、康复等养老服务。

一是在居家场景下，通过智慧水浸报警器、燃气报警器、烟雾报警器、红外雷达、微波雷达、睡眠监测床带、智慧跌倒监测及可视化呼叫管家等智慧养老看护设备，实时监测居家老年人在家的生活状况，为老年人打造安全智慧的居家养老环境。这些智慧家居设备让老年人得到了妥善照顾，并为他们带来了方便、高效、贴心的服务体验。目前这套系统已经在北京市朝阳区建外街道落地实施完成，当地政府采购的曜阳养老居家系列智慧产品，为当地 10 户失独老年人家庭提供 24 小时全程监护。

二是在养老机构或社区场景中，通过智慧健康一体机、中医体质检测一体机、数字康复一体机、情景互动评估训练一体机和智慧虚拟现实心身交互训练系统等，实现健康数据的采集、健康评估、信息分析和健康干预，为老年人提供智慧医疗和康复服务。通过这些设备，老年人在养老机构或社区就能享受到专业、便捷的养老服务。目前这些智慧健康养老设备深受曜阳养老机构和曜阳养老服务驿站的老年人欢迎。

除此之外，事业发展中心在无障碍环境建设和适老化改造方面，重点建造了智慧化养老样板间（智慧养老体验馆），模拟老年人智慧居住场景，在门口、厨房、客厅、卧室、走廊、卫生间等场所里，配备智慧居家、智慧健康监测类终端设备，充分实现智慧化设备对老年人实施全方位、适老化的照护管理服务，让每一个参观者身临其境，切身感受智慧化带来的舒适养老。目前智慧养老体验馆已成为事业发展中心与各养老机构、养老服务产品企业密切联系的桥梁和纽带。

### (三) 重点开展曜阳智慧养老特色服务

事业发展中心将智慧养老服务融入党建工作、医疗照护及乡村振兴等多个领域,形成了曜阳养老特色智慧服务。

一是曜阳智慧养老助力党建引领。为落实习近平总书记在党的十九大报告中,要"善于运用互联网技术和信息化手段开展工作"和"把街道社区、社会组织等基层组织建设成为宣传党的主张、贯彻党的决定、领导基层治理、团结动员群众、推动改革发展的坚强战斗堡垒"精神要求,事业发展中心采用"互联网+党建"工作模式,建立曜阳智慧党建信息平台,包含信息发布、理论宣传、在线学习、交流互动、党务活动等5个功能,构建移动党校,探索一种全新的党建学习理念和管理方式。目前,已有500家养老机构通过该平台实现了信息互通,逐步实现全国近5 000家养老机构的党组织和1万余名老年人党员实时互联互动。中宣部"党建网"以及人力资源社会保障部"中国组织人事报"相继进行了专题报道。

二是重点开展智慧健康医疗服务。为进一步满足社区居家老年人的医疗护理需求,事业发展中心与微医(医疗)集团公司合作,构建曜阳互联网医疗系统,完善老年人健康支撑体系,让老年人在社区和家中也可以享受全方位的医疗健康照护服务。首先,提高老年人健康服务和管理水平,提供健康管理、在线问诊、家庭病床、上门巡诊、双向转诊等线上及线下服务,建设国家老年医学基层网络单位。其次,加强失能老年人长期照护服务和保障,发展"互联网+照护服务",发展家庭养老床位,方便照护失能老年人。最后,深入推进医养结合,推进互联网医疗老年慢病管理和老年调药送药服务,探索机构养老床位和医疗床位按需规范转换,创建医养结合示范项目。以北京市朝阳曜阳养老服务驿站为例,居家老年人有健康医疗需求时,在养老服务驿站使用"微医通"就可以实现线上问诊、巡诊及随访等服务。通过"微医通",可一键联络全国7 600家重点医院,25万多名在线医生,3分钟极速开启视频问诊。同时,检测数据通过蓝牙可实时上传、实时保存、实时分析，5 秒内提供分析报告并保存在专属健康档案里，为用户提供"智慧终端+医疗服务"的家庭便捷就医解决方案，让老年人在家中或养老驿站就能看病问诊，解决看病难问题。

三是曜阳智慧养老助力乡村振兴。湖北省水口村和叶家山村因病致贫返贫家庭约占整个贫困家庭户数的 45%，事业发展中心联合北京市医健保健康集团，投资 50.45 万元，为两村建立了一套精准扶贫"互联网+医疗健康"系统。

## 四、曜阳智慧养老面临的问题

曜阳智慧养老在快速发展的过程中也存在诸多瓶颈，还需要走一段比较长、不断探索的路程。结合目前实际情况，主要有以下 7 个方面的问题。

### （一）缺乏统一的信息化标准

我国出台的智慧养老政策文件较分散，缺乏统一性、系统性和规范化，对智慧养老产品应达到的效果、养老机构智慧化评定标准、智慧居家养老系统配套服务等，都没有明确要求[①]，导致曜阳智慧养老服务内容不够量化和细化；由于各地养老政策不同，曜阳智慧养老服务在不同城市的实施执行存在差别，不同省份差异更大。

### （二）智慧化的资源分配不均

受地区经济实力和科技实力的影响，各地区老年人在享受智慧化养老服务资源上，存在数量或种类上的差异。东部地区建设比较完善，中部地带紧随其后，西部地带发展滞后。从已建成的曜阳养老服务信息平台的城市来看，地区间存在明显差异。而且信息化养老服务资源基本集中在城市，农村很少甚至没有。未来

---

① 王琼，王敏，黄显官. 我国养老服务综合配套改革实践与创新 [M]. 成都：西南交通大学出版社，2017.

我国养老问题的难点和重点在农村，农村经济落后，老年人受教育程度低，曜阳智慧养老推行阻碍较大。

### （三）落地实施的覆盖面过窄

受限于资金、技术问题，曜阳智慧养老项目大多在试点阶段，覆盖的老年人很少。互联网O2O模式对养老服务产业的改变，在于对养老服务供给资源的集约化管理和供需有序衔接。养老服务资源的供给不足将导致互联网优化市场资源配置的潜力难以完全发挥，尤其是在三线、四线城市，养老服务资源严重不足，社会服务人力缺乏，如果盲目建设曜阳养老服务信息平台，很可能陷入光有平台、无人服务的困境。

### （四）数据共享与分析需完善

数据是智慧养老的关键要素之一。由于缺乏严格规范的数据相关法规，数据共享可能引起信息安全问题，难以真正实现共享。数据背后隐藏的许多重要信息，无法得到充分的分析与利用，难以满足更高的养老需求。目前曜阳智慧化养老设备对采集数据的处理分析已驾轻就熟，可以出具完整的健康管理方案，对老年人的疾病管理起到一定预警作用，但为老年人建立全方位、高标准的智慧健康养老保障体系方面，还需要努力。

### （五）老年人的隐私难以保障

我国智慧养老产业现处于探索阶段，在隐私保护、基础设施建设等方面还相对滞后。曜阳养老服务信息平台通过对老年人生活状态、身体机能和心理状态的远程检测，能够获得海量的信息数据。老年人的情况在通过各类传感器告知亲属的同时，也一定程度"收集"老年人隐私，若发生数据泄露事件，老年人个人隐私保护将面临极大风险，给老年人带来严重危害。

## （六）老年人"数字鸿沟"难以跨越

对老年人来说，上网、玩智能手机、用支付宝支付等便捷的新生活方式让他们有些力不从心。虽然市场上不断有智慧健康养老设备涌现，曜阳智慧健康养老产品也在不断更新换代，但推广效果不够理想，除价格原因外，还有一个重要原因是现有的智慧健康养老产品缺少对老年群体的个性化处理，操作步骤复杂，老年人用起来不方便，导致智慧健康养老产品使用率不高。

## （七）缺乏智慧养老服务人才

我国养老服务人才匮乏，大多养老服务人员未通过专业培训，养老服务质量不高。智慧养老需要既懂医疗护理、心理疏导，还要懂网络信息管理、智慧终端应用、数据处理的复合型人才，这样的人才少之又少。此外，养老服务人员社会地位不高也导致了养老服务专业人才不愿从业的消极心态。巨大的人才缺口与养老服务专业人才不愿从业的消极心态之间的矛盾，成为曜阳智慧养老服务的瓶颈。

# 五、智慧养老高质量发展的建议

智慧健康养老的变革与升级，需要社会多方力量的共同努力[①]，希望政府、企业、社会组织、养老机构、老年人及其亲属发挥各自作用，共同促进智慧化康养事业和产业高质量发展。

一是政府作为养老政策的制定方，要不断完善相关政策法规，加强监管，实现智慧健康养老数据共享。加强政策优惠和资金支持，鼓励社会组织和力量积极参与智慧健康养老事业和产业，健全养老服务体系和产业结构；完善智慧健康养

---

① 国务院．"十四五"国家老龄事业发展和养老服务体系规划［EB/OL］. https://www.gov.cn/zhengce/content/2022 - 02/21/content - 5674844. htm.

老产品及服务的生产和提供标准，加大市场监管力度，保证智慧健康养老产品及服务的供给质量；要求各相关组织、机构共同搭建智慧健康养老信息服务平台，统一平台、统一标准、统一信息，实现数据共享。

二是企业作为产品及服务的提供方，应设计研发便捷可操作性强的智慧健康养老产品。智慧健康养老产品市场不断涌现新产品，但老年人使用智慧产品和服务时存在"数字鸿沟"。相关企业设计、研发智慧健康养老产品时，要加强市场调研，掌握不同年龄、不同阶段以及不同身体状况老年群体的真实需求，积极研发和提供适合中国老年人身心特点，满足老年人多样化、多层次消费需求，人性化、智慧化的智慧健康养老产品及服务。

三是养老机构作为产品及服务的实施和使用方，要完善医疗与康复等基础设施设备配置。在有条件的情况下，大胆引用、大量使用智慧健康养老产品及服务，不断提高养老服务水平；加强对养老服务人员的培训，配备相应的产品及服务维修人员，帮助老年人实现线上操作；加强对老年人的培训，帮助老年人利用智慧健康养老产品，提升生活质量，真正使老年人晚年生活享有获得感、幸福感、安全感。

四是社会组织作为产品及服务的推荐、宣传和使用方，要充分发挥政府和群众的桥梁纽带作用。社会组织要整合社会资源，调动社会力量，搭建老年群体和养老企业的信息互通平台，将老年群体和相关企业有效联系起来，向养老机构和老年人宣传和推荐一些口碑好的智慧健康养老产品及服务。

五是老年人及亲属作为产品及服务的需求方，要与时俱进、破除守旧，接受并主动使用智慧健康养老产品及服务。及时通过各种渠道，向养老机构、相关企业、社会组织、政府机构等提出合理化建议，缓解家庭小型化背景下的子女养老压力，有效解决老年人自己的养老问题。

# Yaoyang Smart Elderly Care Development Report

Wu Angping  QI Wen  Meng Xiaoyu

**Abstract**: The Business Development Center of the Red Cross Society of China integrates social forces and uses information technologies such as the internet, cloud computing, big data, and the Internet of Things (IoT) to actively explore and practice smart elderly care. The center's focus is on the "Three Ones" approach: "striving to build a platform, developing and applying a range of products, and offering a variety of specialized services." This approach has laid the foundation for the Yaoyang smart elderly care service system. During the rapid development of Yaoyang smart elderly care, various bottlenecks have also been encountered. The key measure to address these issues involve reforming and upgrading the smart elderly care model in China. This requires the participation of the government, enterprises, social organizations, elderly care institutions, senior citizens, and their children, which will collectively promote the advancement and high-quality industrial development of smart healthcare.

**Keywords**: Yaoyang smart elderly care service system  high-quality development  smart elderly care.

# 立林科技助力智慧养老

尹礼宁[①]

**摘　要：** 厦门市立林科技有限公司经过多年的探索，创新了一整套物联务联互联三网合一、机构社区家人三位一体的智慧健康养老整体解决方案。基于"物联网＋务联网＋互联网"三网合一的立林家服数字化运营服务平台，形成"1＋N＋n"智慧健康养老模式和针对不同应用场景的 AIoT、CRM、智慧物业、智慧社区具体解决方案。家服数字化运营服务平台深度融合物业管理、社区服务、康养服务、智能化应用，对社区、居家、机构养老业务进行有机整合。"1＋N＋n"智慧健康养老模式，以1个养老机构为中心，辐射N个社区服务中心，服务n个家庭。AIoT、CRM、智慧物业、智慧社区，针对不同需求的养老群体或机构，构建不同的应用场景，提供个性化的智慧康养模式与服务。立林科技有限公司在数字化转型的发展过程中，率先开展的全新智慧康养模式的探索无疑是有意义的。

**关键词：** 立林科技　智慧养老　整体解决方案

## 一、立林科技的前世今生

厦门市立林科技有限公司（以下简称"立林科技"）是一家专业的智慧家庭、智慧社区、智慧办公、智慧康养整体解决方案的设备与服务提供商，是集研发、生产、销售、服务于一体的高新科技企业。经过多年探索，创新了一整套物

---

[①] 清华大学副教授，北京市曜阳公益基金会监事。

联务联互联三网合一、机构社区家人三位一体的智慧健康养老解决方案。

立林科技的前身是厦门市现代通信联合公司经营部，1996年厦门市立林保安电子有限公司诞生，2002年更名为厦门市立林科技有限公司。自创立以来，立林科技秉持专注、创新的立林精神和服务为王的经营理念，始终以"让人们生活在五星级的家"为企业使命，以"专注社区领域，构建智慧生活产品生态链，实现万物互联"为企业战略。三十多年来，立林科技一直专注于楼寓对讲和智能家居及相关领域，以前沿的技术、设计和一流的质量、服务赢得了客户选择和市场认可。随着网络技术的飞速发展，立林科技聚焦于相关的智慧社区、智慧家庭、智慧办公、智慧康养4大核心业务板块，以科技创新为导向，研发了智能门禁、智能家居、智能锁、智能照明4大核心品类产品，引领和带动行业协同创新发展，为改善人居生活环境、提高人民生活品质贡献立林力量。立林科技在厦门市拥有总占地面积46万平方米的工业园和产业基地，在全国已有40 000多个立林智能化项目投入使用，拥有3 000多万的用户群体和超过20%的市场份额。自2010年起，立林科技连续多年成为百强地产首选供应商，并与超60%百强地产达成战略合作。随着互联网、物联网技术的蓬勃发展，立林科技专门成立物联网研究院，拥有近400名工程技术研究人员，研发力量雄厚，拥有250多项知识产权、130多项授权专利和技术创新成果，构建了领先高效的自主创新生产体系。秉持"开放、合作、利他、共赢"的发展理念，整合各方资源，打造了"互联网、物联网、务联网"三网合一的立林家服数字化运营服务平台和"全屋智能·家居整装·品牌直销"的商业模式，为用户提供一站式的生活服务。

重视质量与标准化发展。立林科技是楼寓对讲国际标准的主导单位，楼寓对讲国家标准的编制起草单位，智能家居国家标准主编单位，以及中国安防协会副理事长单位、中国智能家居产业联盟理事长单位。综合实力稳居中国楼寓对讲行业前三，连续16年荣获中国安防10大品牌。截至2022年，立林科技累计获得了楼寓对讲行业首批中国名牌产品、行业首个中国驰名商标、首个政府质量奖等200多项荣誉。秉持客户至上的服务理念。立林科技坚持全程"315"服务模式——三级防护、一次解决、五大制度,将以用户为中心的服务理念贯彻到底,每一个环节都力争做到极致,发自内心地为客户服务,忠诚为客户解决问题。

## 二、立林智慧养老整体解决方案

立林智慧养老整体解决方案,主要是基于"物联网+务联网+互联网"三网合一的立林家服数字化运营服务平台,构建适宜于不同应用场景、功能互补的AIoT、CRM、智慧物业、智慧社区4大平台,推出"1+N+n"智慧健康养老建设模式。

### (一)方案要点

立林智慧康养致力于打造完整的智慧康养生态圈,是可满足于不同应用场景的一套智慧化的整体解决方案,而非碎片化的智能产品应用(如图4-1所示)。因此,立林智慧健康养老模式也不是独立的一种养老模式,而是传统的居家养老、社区养老、机构养老模式的有机结合,是技术精准应用与情感交流、人文关怀的有机融合。

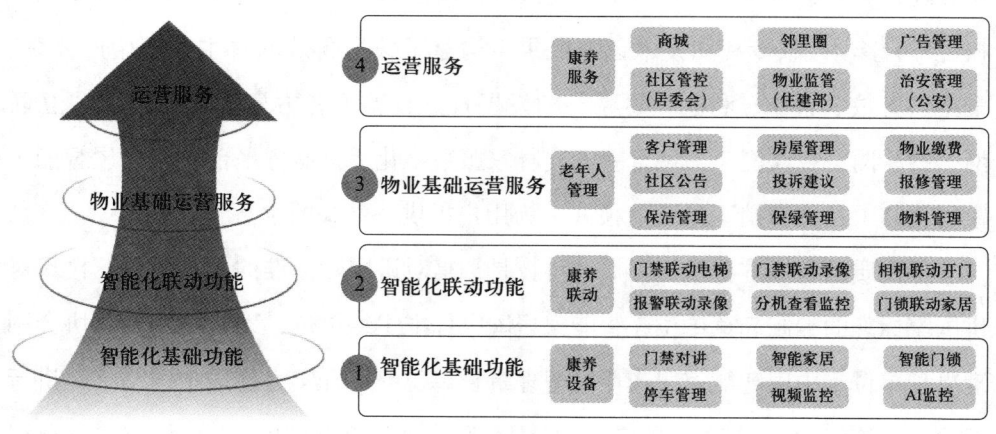

图4-1 立林智慧康养生态图

立林家服数字化运营服务平台,由AIoT、CRM、智慧物业、智慧社区4大平台组成。其中，AIoT 平台负责连接智慧家庭、智慧社区各种设备，实现社区、家庭中的万物智联；CRM 平台是立林全屋智能·家居整装体验馆的销售、订单、施工、客服管理系统，为商家提供数字化的终端营销管理解决方案；智慧物业平台推动物业服务的降本增效，创新服务盈利模式，加速物业行业的转型升级；智慧社区平台通过数字科技赋能政府部门，助力政府社区综合治理能力的提升。

## （二）应用场景

依托立林家服数字化运营服务平台，立林推出了"1＋N＋n"智慧健康养老建设模式：以 1 个养老机构为中心，辐射 N 个社区服务中心，服务 n 个家庭。"1＋N＋n"智慧健康养老建设模式可派生出智慧居家康养、智慧社区康养、智慧机构康养三类解决方案，针对不同需求的养老群体或机构，构建不同的应用场景，提供个性化的智慧健康养老模式与服务。

一是居家康养。通过物联网终端，实现智能检测、动态预警、自动提醒等功能，为老年人康养保驾护航；即使子女不在身边也能 7×24 小时关照老年人，传递情感关怀，使老年人倍感温暖。

二是社区康养。智慧社区可使社区服务升级，为社区内老年人提供更多服务。通过出入信息提醒、轨迹查询、重点人员关注等功能的实现，强化公共安全管理；通过健康管理和提升文体娱乐基础服务，提供增值养老服务场景；引入并联通社区驿站、专业养老服务机构等，为社区内老年人提供上门巡诊、居家康复、助餐助浴、家政服务等专业化服务。

三是机构康养。借助物联网设备及平台，立林科技联合养老机构打造 15 分钟养老服务圈，服务机构周边的居家养老和社区养老群体；依托海量客户健康数据的动态呈现，通过数据可视化界面实现实时告警、定位、联通，提高养老机构的运行效率和市场竞争力，助推养老机构向数字化、智慧化转型。

每一种智慧健康养老场景，立林科技都为健康养老服务打造了一套科学高效的服务管理流程，从居民及老年人建档、服务需求下单、接单、服务，到过程监管、评价,保障服务人员全程为居民及老年人提供高质量服务(如图4-2所示)。

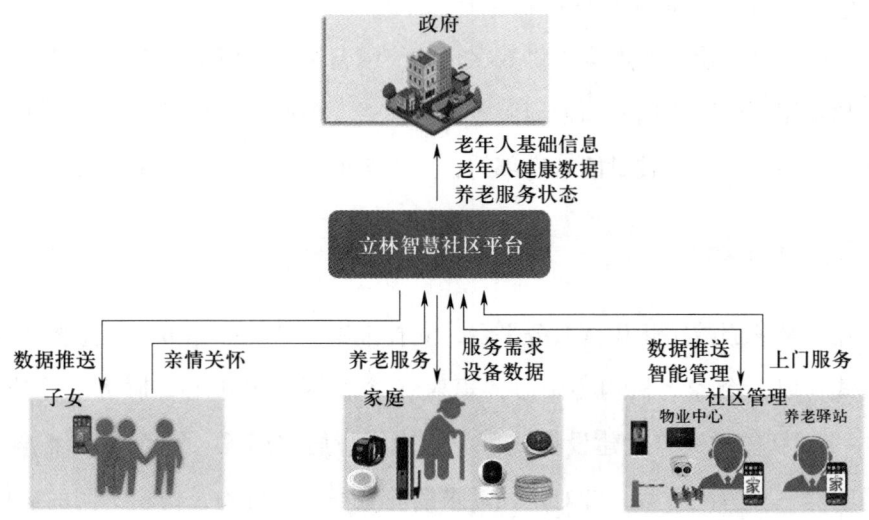

图4-2 立林智慧社区平台

立林智慧社区平台将社区物业中心或养老驿站、立林智慧生活App、立林家服App、智能驾驶舱整合为一体,从而有效地进行数据采集、自动推送、实时监控和智能管理,使社区与家庭、老年人与子女、居民与工作人员随时掌握老年人的安全、健康等状态并实时无缝链接,实现康养状态的综合展示和亲情关怀、上门服务等。除康养以外,立林智慧社区平台还可应用于社区的其他家居业务,为社区提供智慧通行、智慧安防、智能家居、物业服务、政务服务、康养服务、生活服务等智慧服务。立林科技同时还提供专业化服务运营工具,携手专业的社区驿站或养老机构,引入助餐、助浴、助医、助行等康养服务,形成线上线下结合的标准化服务流程,实现康养业务闭环。

立林智慧生活App打造的社区社交+服务平台,不但是连接业主、物业、业委会、居委会的桥梁,能提供物业评价、投票议事、政务服务、党群建设等便民服务,还整合了周边商超、维修、康养、志愿者等服务资源。其中包含的"邻里圈"模块,为居民搭建了交流分享、互动互助的便捷平台,还能助力促进和谐友爱、互帮互助的邻里关系，缓解中国2亿独生子女家庭子女不在身边的困境。

### （三）相关产品与应用

智能产品是智慧健康养老不可或缺的物质前提和硬件基础，不同的智能产品及其组合可满足不同的康养需求。

一是适老化通行。小区门禁系统实现无感通行、人脸抓拍，出入记录实时推送管理后台及子女的手机App；宽体道闸，让老年人乘坐轮椅也方便出入。

二是适老化智能联动。电子围栏对重点人员进行监护，例如，失智老年人靠近周界预警，预防走失；适老化电梯让特殊老年群体，例如，乘坐轮椅的老年人更方便进出；公区监护保障老年人在社区内的安全。

三是适老化数智服务。平台或手机App可接收报警，快速查看监控并解决问题；老年人丢失，可通过平台查询老年人在小区内的活动轨迹；将独居老年人加入重点人员库，系统自动对重点人员出入记录进行分析，N天未出门告警，提醒上门查看。

四是安全防护。烟雾传感器、燃气泄漏传感器、水浸传感器、声光报警器、智能水阀、智能推窗器等智能产品组合，实现厨房安全全方位监测，有效避免危险；跌倒监测雷达、紧急呼叫按钮共同守护老年人生命安全，子女也可以通过智能摄像机远程查看和守护；智护手表可实现户外定位、一键求救等功能，让老年人在户外也非常有安全感。

五是健康检测。智能血压计、智能床、智护手表、生命体征监测雷达等产品可实时监测老年人身体健康数据，并把数据上传至立林康养系统，通知社区养老驿站或养老机构平台，以及推送至子女的手机App提醒。

六是生活辅助。智能床辅助起床，避免眩晕；人体传感器、智能幻彩灯带方便老年人起夜；卫生间加装适老扶手，使用更便利安全。

### （四）方案的特色

通过搭建一个深度融合物业管理、社区服务、康养服务、智能化应用的信息化平台，对社区、居家、机构养老业务进行有机整合，既为智慧康养提供了服务载体，又能助力物业企业拓展业务和转型发展，以满足居家养老场景下的养老服务需求，创新物业管理新模式。同时，也为运营企业、政府部门提供了强有力的业务指导和管理手段，可全面提升养老服务的水平。

一个平台连接多方，有效提升效率。立林家服数字化运营服务平台连接社区物业中心或养老驿站，完成数据推送、智能管理、上门服务；连接家庭，获取服务需求、设备数据，以便提供更好的养老服务；连接子女，通过智慧生活 App 接收老年人安全、健康等数据，实现亲情关怀；连接政府，提供老年人基础信息、老年人健康数据、养老服务状态，为智慧康养升级及推广提供支持。

产品整体适老化，交互简单，大大提升使用体验。立林智慧康养方案可实现智能家居产品、毫米波雷达、智护手表等智慧健康养老产品的联动，构建不同康养场景，并通过智慧生活 App 接收所有数据，方便用户查看并及时调整。

## 三、立林智慧养老整体解决方案在银川市宁安社区数字康养服务平台建设中的应用

截至 2020 年年底，宁夏回族自治区银川市 60 岁及以上的人口已逾 30 万人，预计 2025 年银川市人口老龄化将进入高速上升阶段。但是，从总体上讲，受经济发展等多方面因素的影响和制约，银川市老年人的收入和消费水平还比较低，养老床位空置率高。根据《宁夏回族自治区养老服务体系"十四五"规划》《银川市推进养老服务高质量发展的实施方案》《自治区人民政府办公厅关于推进养老服务高质量发展的实施意见》，以及《"十四五"民政事业发展规划》《智慧健康养老产业发展行动计划（2021—2025 年）》等文件精神，银川市与立林携手在

宁安社区开展智慧康养试点。

2022年12月，由银川市金凤区政府主导，正式启动了宁安社区数字康养服务平台建设项目及前端硬件本地部署。项目立足宁夏回族自治区区情和宁安社区实际，循序渐进。项目一期投入27.82万元，以100户老年人为基础进行试点，主要通过搭建数字康养服务平台，对社区养老、居家养老、机构养老业务进行有机整合。量身定制的数字康养服务平台由随身携带智能手环、智能人体感应器、进出门智能门磁监测等，将信息上传到管理中心平台统一管理，以社区为依托，以孤寡老人群体为服务对象，充分整合社区各类为老服务资源，为孤寡老人构建包含"居家一站式服务"、安全保障等在内的各类安全便捷的为老服务网络，让数字康养服务平台成为连接孤寡老人和社区的桥梁。二期将再增加100户，同时根据一期老年人使用中的反馈，改善升级助餐、助医、助洁、助浴、助急、助行六助服务，并为辖区有需求的老年人提供个性化、有针对性的服务，进一步提升老年人的生活质量和幸福指数。2023年6月，一期项目已建成，二期项目建设已进入完善和调试阶段。

项目的建成和投入使用，达到了预期效果。一是健康实时掌握。老年人佩戴的智护手表可实时监测心率、血压、血氧、睡眠、运动，子女不在身边也能通过手机App实时了解老年人的身体状况，异常情况自动推送告警至子女手机App或管理中心平台；突发情况（心肌梗死或摔倒等）老年人在清醒状态下可按手表SOS一键求助，拨打子女电话或呼叫社区中心，也可以通过天猫精灵语音呼叫社区中心求助，以便老年人及时获得帮助。二是安全有保障。通过门窗传感器检测门状态，独居老年人长时间未出门，可推送预警给子女或社区中心，提醒上门查看，以防老年人出现意外情况。若在户外，智护手表具有定位功能，子女手机App或社区中心可实时查看老年人所在位置，再也不用担心老年人走丢。三是生活服务更便捷。当老年人需要助餐、助浴、助洁等服务时，子女可以通过手机App下单，老年人可以通过天猫精灵呼叫社区中心或养老驿站，在线获取服务，服务人员接单后上门服务，日常服务有保障。

## 四、思考与启示

### （一）智慧康养存在的困难与不足

我国老年人口规模大，老龄化速度快，老年人需求结构正在从生存型向发展型转变，老龄事业和养老服务还存在发展不平衡不充分的问题，主要体现在：农村养老服务水平不高，居家社区养老和优质普惠服务供给不足，专业人才特别是护理人员短缺，科技创新和产品支撑有待加强，事业产业协同发展尚需提升等。养老行业整体具有薄利的特点，逾60%养老服务机构需要10年以上时间才能收回投资，盈利困难的养老服务机构不太可能有强烈的意愿负担智慧养老带来的额外成本。由于智慧康养的C端购买力有限，B端整体购买力虽强于C端，但业务也较难铺开，智慧康养作为养老行业的分支也不可能有大的利润空间，科技真正为养老赋能并非易事，智慧康养是比较难以快速推广的。

一是大多数地产或物业企业单纯依赖硬件的堆砌、使用最传统的方式进行物业服务和管理工作，导致智慧康养社区不智慧，系统之间缺乏互动，用最好的设备建设了最好的垂直系统，却无法完成基础互联；数据独占，缺乏标准化的数据处理平台，数据孤岛化严重，导致重复建设；堆叠型智慧，为了智慧而智慧，无场景化深度应用设计；业主体验感差，设备是智慧的，却无法带来真正的智慧体验。

二是用户对智慧养老概念的接受度不高。从宏观层面看，全社会的适老化改造目前仍处于初级阶段，帮助老年人消除数字鸿沟并不充分，这也制约了智慧养老的发展。从微观层面看，部分老年人因为需要复杂的学习过程而拒绝接受，即使产品和服务一定程度上能解决根本需求，但由于缺乏友好的交互设计，老年人的使用体验也会大打折扣，用户黏性降低。

### （二）智慧养老的机遇和挑战

国家统计局数据表明，2022年年末，我国60岁及以上人口已达到2.8亿人，占全国总人口的比例为 19.8%；65 岁及以上人口 2.1 亿人，占全国总人口的比例为 14.9%。据全国老龄办预测，到 2033 年，中国老年人口将突破 4 亿，占总人口的 1/4；2053 年达到峰值 4.87 亿人，占比超过总人口的 1/3。党的二十大报告明确要求，实施积极应对人口老龄化国家战略，发展养老事业和养老产业，优化孤寡老人服务，推动实现全体老年人享有基本养老服务，这为我国养老事业和养老产业发展明确了方向，提供了根本遵循。据有关机构预测，未来 5~10 年，我国智慧康养市场将迎来全面爆发，智慧康养产业市场预计增长率在两位数，到 2027 年我国智慧康养产业市场规模将突破 16 万亿元。2019 年被行业称为智慧养老元年，那么 2023 年就是智慧康养的春天。

一是中国传统文化催生"中国式"养老。中国传统家庭养老文化绵延数千年，在中国的文化语境和生活情境下，家庭和社区还有其独到内涵。"中国式"养老毋庸置疑具有独到的家庭文化优势，而我们的"社区"亦异于西方，中国文化情境下的"社区"脱胎于传统邻里文化和乡土传统，是由众多家庭集汇而成的"扩大的家庭"，更接近于"社群"的概念。

二是老年人财富积累派生智慧康养需求。我国城乡居民的人均可支配收入不断增长，制定、完善和落实好相关政策，有效培育老年人口消费需求，就能及时把握机遇，充分挖掘未来老年人的消费潜力，促进"中国式"养老的蓬勃发展。

三是相关产业融合助推智慧康养。当前，金融、医疗、地产等跨领域在养老市场的合作已十分常见，多元主体积极参与、有机融合。多元化的智慧康养市场需求应运而生。对地产企业来说，增量开发智慧康养社区，对存量房进行适老化改造，完善智能化、适老化设施配套，引入专业养老服务，都可以有效提升项目的市场竞争力。在当前地产行业整体下行的背景下，这不失为一种转型发展的途径。对物业企业来说，推出一体化的物业服务、社区服务、康养服务综合管理信息平台和专业养老服务体系支撑，投入小、可复制，借力专业团队力量，可弥补养老服务方面的短板，并在提供服务的同时降本增效。对养老服务机构而言，通过整体智慧化改造，实现智慧化的生活照料服务、健康管理服务、康复护理服务、营养餐饮服务、社群生活服务等，可以有效降低人力成本，提升服务质量。对居家养老的老年群体来说，防滑地面和呼救系统需求度最高，活动与娱乐需求、紧急呼叫和走失定位服务、健康监测和送医拿药、社区软硬件设施适老化等都是必需的，能够帮助老年群体更好的居家养老。

## 五、结语

随着智能科技的发展及其赋能养老服务业，由"银发经济"延伸的适老化智能家居市场前景逐步显现。但是，对于大多数字化、智能化的"新"产品，老年群体更多的是不会使用，也无法享受智能化服务带来的便利，数字鸿沟问题日趋凸显，智能家居的适老化已是大势所趋。如何推进养老服务数字化转型，逐步消除老年人数字鸿沟，让老年人充分享受智能化发展的成果，是新时期养老服务体系创新的重要目标和重点路径。由此催生了智慧康养行业。作为现代养老服务体系的重要组成部分，智慧康养深度融合应用物联网、大数据、云计算、人工智能等现代化信息技术，以信息系统和智能产品为载体，连接养老服务供需双方，实现资源的高效对接和优化配置，不仅有助于养老服务发展及新型养老模式的创新应用，还可以大幅提升健康及养老服务资源的利用效率和能级，推动健康及养老服务质量升级。以科技赋能，创新推动智慧养老服务体系建设，以智能化发展助力健康养老服务提质增效，有效提高老年人的获得感、幸福感、安全感。

# Lilin Technology Corporation Helping Smart Elderly Care

## Yin Lining

**Abstract**: After years of exploration, Xiamen Lilin Technology Co., Ltd. has innovated a complete set of smart elderly care solutions, such as integrating Internet of Things (IoT), Internet of Services (IoST), Internet together, and three-pronged overall plan (institutions, communities, families). Based on the "IoT + IoST + Internet" and the "three in one" digital operation service platform of Lilin home service, it has formed a "1 + N + n" smart health care model and specific solutions for different application scenarios such as "AIOT, CRM, smart property, and smart community". The home service digital operation service platform deeply integrates property management, community services, health care services, and intelligent applications, and organically coordinates communities, home, and institutional elderly care services. The "1 + N + n" smart health care model centers around one elderly care institution, radiating across countless community service centers, serving countless families. AIOT, CRM, smart property, and smart community aim to build different application scenarios for elderly care groups or institutions with different needs, and provide personalized smart health care models and services. In the development process of digital transformation, the exploration of a new smart health care model initiated by Lilin corporation is undoubtedly meaningful.

**Keywords**: Lilin technology corporation  smart elderly care  overall solution

# 泰康智慧养老发展报告

单大圣[①] 邢宇宙[②] 刘 杨[③]

**摘 要：** 2009年以来，泰康保险集团股份有限公司通过整合保险支付与医养服务，形成富有特色的养老商业模式。其主要特点是充分运用新一代信息技术，坚持适宜的技术路线，数字化应用场景丰富，服务设施注重适老化。泰康保险集团股份有限公司在发展智慧养老方面的启示有6点：一是大力发展智慧养老是解决养老供需矛盾的必然要求；二是满足老年人服务需求是发展智慧养老的出发点和落脚点；三是政府有效引导是扩大智慧养老服务供给的重要条件；四是业务与技术深度融合是发挥智慧养老效能的前提；五是特色发展是增强智慧养老机构竞争优势的根本途径；六是选择成本适宜的技术是智慧养老可持续发展的关键。

**关键词：** 养老服务 智能化 需求驱动 适宜技术

成立于1996年的泰康保险集团股份有限公司（以下简称"泰康"）是我国保险金融服务领域的头部企业。发展至今，公司业务范围已涵盖保险、资产管理、医疗、养老等诸多领域，尤其是在养老领域，通过整合保险支付与医养服务，形成了富有特色的养老商业模式。近年来，泰康进一步通过智能化、信息化手段改善医养服务，构建了满足差异化需求的养老服务供给体系，探索了以智能技术为支撑提高老年人生活和服务质量的重要途径。

---

[①] 国务院发展研究中心研究员。
[②] 北京工业大学文法学部副教授。
[③] 北京工业大学文法学部研究生。

## 一、泰康智慧养老的探索实践

### (一) 泰康智慧养老的发展历程

少子化和人口老龄化是当前我国的基本国情，建立可持续养老保障体系的任务越来越紧迫。随着人民生活水平的不断提升，老年保障需求除经济保障外，还包括独立生活、协助生活、专业照护、老年医疗及老年功能康复、精神慰藉、认知障碍照护、安宁疗护等。因此，可持续的养老保障体系，既需要充足的资金、人员和技术投入，也需要完善连续的医、养、康、宁服务体系，同时还要将两者有机结合起来，形成合力。

作为国内大型保险金融服务企业，泰康从成立时起，就积极发挥保险业务优势，向社会提供年金保险、重疾保险、医疗保险、护理保险、生前契约等丰富多样的商业保险产品，为完善多层次的养老保障体系做出了突出贡献。进入 21 世纪后，泰康为了适应新的社会需求，业务范围进一步向养老保障的医养服务领域拓展。

2009 年经保监会批准，泰康成为国内首家获取养老社区投资试点资格的保险公司。2011 年获批首个养老社区用地，2012 年推出行业首个对接养老社区的保险产品"幸福有约"。2015 年泰康在北京市昌平区建成首个自建自营的高品质养老社区"泰康之家·燕园"，构建"养老社区＋康复中心＋医疗机构"的"三合一"服务模式，进一步创新保险金融服务模式。在此之后，泰康又陆续在全国多个城市建成养老社区。商业保险公司直接参与养老服务实体运营，开展保险支付与医养服务业务，有效解决了社会养老保障领域长期存在的资金支付和服务分割、医养分离等问题，是一种重要的商业模式创新。

为进一步打造高品质的医养服务连锁品牌，泰康在运营养老社区过程中，充分发挥自身资金、专业和技术优势，积极研发医养科技产品，充分利用物联网、大数据、人工智能等高科技手段，以数字管家、智慧医疗、智慧运营为抓手，不断提升医养服务效率和服务质量，打造具有泰康特色的"智慧医养体系"，赢得业界高度关注。

### （二）泰康发展智慧养老的目标

一方面，泰康发展智慧养老顺应了我国养老保障和养老服务事业进入新阶段的需要。党的十八大以来，我国养老服务业快速发展，居家社区机构相协调、医养康养相结合的养老服务体系逐步完善。同时，受多方面因素制约，我国养老服务行业整体还处于低成本扩张、粗放发展的初级阶段，有效实现和满足老年人生活、健康和生活照料需求尚存在许多堵点、痛点和盲点。另一方面，数字技术的广泛应用，已对经济社会各个领域产生了深刻影响，利用多元化的信息技术改造医养服务体系，发展智慧养老提升养老服务质量和水平的理念不仅逐渐为人们所接受，也具有了现实可行性，成为政府明确倡导的发展方向。

近年来，适合老年人的智能化产品，如健康监测可穿戴设备、监护设备、家庭服务机器人等已在居家、社区、机构等养老场景中得到应用。但是，信息技术真正深入到医养服务全过程、各环节，实现技术与服务有机融合的创新还比较有限。泰康虽然进入养老服务领域较晚，但是从介入实体运行开始，就瞄准高起点、高标准，加强科技赋能，着力打造智慧养老社区。首先，坚持以需求为导向，梳理出社区老年人亟需的七大核心需求，即运动健康、医疗、社交、文娱、营养、财务安全、精神实现。其次，分析出满足这些需求、实现养老服务高品质发展存在的三大难点：一是泰康定位为高端医养社区，入住老年人对生活品质要求较高，但是社会上一般性的养老服务提供不够全面丰富，缺乏个性化、多样化服务；二是泰康养老社区涉及的相关服务项目较多，人工成本高于一般养老机构，制约高品质养老服务普及；三是当前的为老服务主要还是依靠"人盯人"，不仅牵扯大量的人员精力，而且防控风险效果不佳。泰康认为，解决这些难点的出路是科技赋能和智慧医养，因此，围绕这两个主要目标：一是提升服务品质，为社区老年人带来更多安全、便捷、生机与活力的体验；二是提升运营效率，降低机构经营成本。

基于以上考虑，泰康坚持以老年人为中心的核心理念，着重从智慧生活、智慧健康、智慧运营等3个方面构建智慧医养体系建设，坚持开放创新，重点突出技术应用对提升医养服务的可及性和适用性。

### （三）泰康智慧养老的发展现状

2015年泰康正式开展养老服务实体化运营后，各养老社区顺应老年人高品质养老服务需求，利用信息技术构建数字化驱动的"社区大脑"，打造一系列智慧养老服务解决方案，涵盖智慧安防、智慧健康、智慧餐饮、智慧照护、智慧文娱、智慧运营、智慧营养、智慧社交等8个领域共30多个服务场景。根据社区老年人需求状况，将这些服务场景划分为四类。

一是活力生活。泰康养老社区老年人中活力老年人占比超过50%，他们大多可以自主生活，生活照料和医疗护理需求较少，日常需求主要集中在餐饮、居住、文娱、社交等方面。针对这部分群体，泰康智慧养老的着眼点是通过数字管理或可视化技术，为老年人基本生活提供便捷化、可及化服务。

二是照护服务。泰康养老社区中有一部分老年人有生活照护需求，绝大多数老年人还有防跌倒、防走失等方面的安全需求，满足这些需求都需要个性化安排，通常是一对一服务，需要耗费大量的人力、物力。针对这部分群体，泰康智慧养老的着眼点是加强智能监测设备的应用，将技术手段与后端平台管理、服务体系有机集合，解除时间和空间对照护人员的约束，提高照护服务的效率。

三是健康管理。伴随年龄增长的健康问题是影响老年人生活品质的重要因素，健康管理是泰康养老社区所有老年人的基本需求。健康管理涉及预防、筛查、诊断、治疗、康复等全流程，以及环境、营养、运动、社会、心理等各健康要素的管理和干预，也是需要投入人力较多、成本较高的服务项目。针对此需求，泰康智慧养老的着眼点是运用数字化手段，加强健康大数据分析应用，实行更加主动、及时、科学的健康管理，如通过智能设备管理老年人的用药行为。

四是运行保障。以机构形式运行的泰康养老社区，服务对象普遍达数千人，涉及社区环境维护、医养机构运行、照护设备创新、生活设施维护等诸多管理内容，机构运行的复杂性和风险度很高。针对此需求，泰康智慧养老的着眼点是加强数字化平台建设，为提高管理运行效率赋能。

泰康之家养老社区在智慧养老方面的实践，虽然只是在一个大型养老机构内部开展的探索，但有关经验也具备向更大范围的社区养老、居家养老领域推广的条件。除了社区内部以线上业务为主的泰康智慧养老平台建设之外，泰康智慧养老业务也不断向线下拓展，在全国范围内开设了数百家泰康智慧养老门店，提供集健康评估、康复训练、助行器材租赁等一系列的产品和服务，逐步探索全链条的康养服务发展模式。

燕园位于北京市昌平区新城，是泰康首家开业运营的大型综合高端养老社区，配备专业康复医院和养老照护专业设备，可满足活力、失智、失能等不同身体状况老年人的照护需求，已入住老年人超过 1 600 户共计 2 200 人，入住率超过 95%，年龄跨度从 55 岁到 102 岁，平均年龄 82 岁。"泰康之家·燕园"自开业以来，不仅得到了入住社区老年人的高度认可，其建设成效也获得了政府相关部门的充分肯定，在业界发挥了示范和引领作用。2021 年，燕园入围工业和信息化部、民政部、国家卫生健康委共同公布的"智慧健康养老应用试点示范名单"。燕园智慧养老采用"线上+线下"相结合的业务模式，可线上提供集健康管理、社交互动、娱乐休闲、教育学习等日常生活各方面功能于一体的综合服务平台。燕园智慧养老应用场景集中体现在安防、健康、生活三个板块。

## 二、泰康智慧养老的主要特点

### （一）新一代信息技术充分运用

智慧养老的核心是新技术的运用，泰康智慧养老无疑也充分利用了新一代信息技术。

一是智能健康监测系统。泰康通过运用物联网等技术对老年人的身体状况进行全方位监测和记录。有关技术可以收集老年人生命体征与睡眠质量的监测数据，专业医疗人员通过这些数据给服务对象提供健康管理的建议。当系统发现数据异常情况时，智能设备会自动报警或向监护人发送提醒，及时保证老年人的生命健康安全。

二是智能物流配送系统。许多老年人由于行动不便，往往无法独自外出购买生活必需品。泰康利用新型物流技术，打造智能物流配送系统，工作人员通过该系统可将老年人网购的商品快速准确地送达家中，提高老年人生活便捷度。

三是智能社交网络平台。在家中独自生活的老年人，普遍缺乏情感交流，较为孤独。泰康依托互联网平台，打造社交网络平台，老年人通过平台与子女、朋友等保持联系，还可以通过平台分享照片、接收通知、节日祝福等，及时获取社区最新信息，感受社区关怀的温暖。

## （二）坚持适宜的技术路线

泰康智慧养老在技术路线上遵循适宜的原则，不是片面地追求技术的先进性、前沿性，即"不是最先进就是最好"，而是坚持"适宜的才是最好"，更多强调供给与需求的匹配。

一是注重保护老年人隐私权。泰康在运用智能化、信息化手段中，同步加强严格的信息安全措施，包括规范个人信息数据的收集，使用制度化手段管控工作人员获取老年人个人信息的权限，坚决杜绝个人信息泄露，确保老年人在使用相关产品和服务时，安全和隐私不受侵犯。

二是注重产品和服务的适老化升级。泰康在研发有关智能软件中，注意采用老龄友好的用户界面设计，包括调整字体大小，按照老年群体的认知逻辑设计手机 App 系统界面，针对老年人听力弱的特点进行声音优化升级，让老年人能够轻松操作和使用产品和服务，避免出现"智慧养老服务不智慧"的现象，努力消除老年用户的数字鸿沟。

三是加强医养服务的个性化定制。泰康在智慧养老实践中，注重分类指导、因人施策，即针对不同老年人的健康状况和实际需求，为其量身打造包括护理、饮食、娱乐等在内的个性化服务方案，强化人文关怀，精准保障每一个老年人的需求，从整体上提升服务满意度。

### （三）数字化应用场景丰富

在智慧养老中，技术是手段，技术与业务的结合点在场景。必须营造丰富的应用场景，技术才能落地，才能真正给业务赋能。泰康有关智慧养老的数字化应用场景稳健有效。

一是智慧生活场景。泰康将数字化技术应用于老年人生活的方方面面，包括日常健康管理、医疗服务、社交服务、餐饮服务、洗浴服务等，老年用户可以通过操作智能手机实现外卖订餐、预约助浴、网络交友等。

二是工作管理场景。泰康以智慧生活场景为基础，制定了独特的智能化管理系统，涵盖社区日常安全巡查、老年人全天候健康监测、食堂预约管理、专项服务人员预约等功能，合理调配人力资源，提高管理效率和服务收益。

三是服务对象场景。泰康依托智能平台，为每个老年人提供个性化照护方案。活力老年人、半失能老年人可以按需求在社区分类居住，通过泰康之家App自主记录体征、用药、症状等信息，随时查看健康数据和趋势分析，及时咨询和预约医生。失能老年人因身体原因需入住泰康社区康复医院，医院全天候照料并配备专业医疗设备，保障生命健康安全。

### （四）服务设施注重适老化

泰康在智慧化改造中，以老年人养老需求为中心，顺应不同老年人的行为习惯，采取适合老年人的设施和服务，不仅对老年人"有用"，而且"好用"，在保障老年人生活质量和健康安全的同时，尊重老年人的独立性和尊严。

一是全面化健康设备。"泰康之家·燕园"拥有一家二级康复医院，开展健康管理、老年医学、康复医学和安宁疗护等业务，拥有先进的康复设备和资深医疗团队，提供集疾病预防、诊疗、康复和护理为一体的健康保障。同时考虑老年人生理变化和疾病风险，在活力老年人入住区域提供心率监测、血压监测等服务，并提供数据分析和预警服务，方便老年人及其亲属进行健康管理和干预。

二是人性化住户房间。为满足老年人行动自如的需要，泰康养老社区的住户房间内设置了足够的活动空间，地板没有障碍物，且厕所、淋浴间等设施都容易进出。同时，住户房间内设有老年人常用的物品和设备，如护理床、轮椅、助听设备等。此外，考虑老年人的逻辑路径，电梯程序按照老年人的思维方式进行升级，方便入住老年人社区内活动。

## 三、启示

### （一）大力发展智慧养老是解决养老供需矛盾的必然要求

养老服务高质量发展的一个重要衡量标准就是老年人有什么样的养老服务需求，就应该有什么样的养老服务供给，供需相匹配。[①] 随着我国人口老龄化的加速，我国养老服务供需矛盾日益凸显。该矛盾主要是结构性的，即一般性、基础性养老服务需求基本可以得到满足，但是高品质、个性化的养老服务需求供给不足。泰康智慧养老实践表明，智慧养老作为一种以现代化信息技术为支撑的养老服务供给模式，可以在不断提升养老服务质量和水平的同时，有效缓解这一供需匹配矛盾。近年来，以智能产品研发和服务类企业为主体的有关行业，聚焦老年人在智慧医疗、健康管理、安全监控、社交娱乐等方面的需求，通过智能技术应用、产品开发和服务，使老年人在居家和机构中可以获得便捷舒适的服务体验，既为老年人提供健康安全的生活方式，同时也降低了养老服务机构的运营成本。

---

① 青连斌. 老年人有效需求视域下的养老服务高质量发展——基于城乡老年人问卷调查的数据分析［J］. 社会保障评论，2022，6（5）：134-145.

未来，随着我国经济实力增长和人民生活水平的提升，高品质、个性化的养老服务需求将一步升级，需要相关养老机构和相关医养产业继续加大资金和技术投入，积极发展智慧养老服务新业态，加速推动养老服务向智慧化、专业化、品牌化方向转型。

### （二）满足老年人服务需求是发展智慧养老的出发点和落脚点

泰康智慧养老的实践表明，智慧养老产品和服务能够真正应用、实施并推广，实现可持续运营，关键在于以老年人需求为出发点和落脚点，能够有效满足各类老年群体的服务需求。当前，我国老年人服务需求呈现差异性、多样化的特点，且随着城乡居民收入水平提高以及互联网、大数据和人工智能等技术的普及应用，老年人对个性化、便捷化、均等化、智能化的服务需求日益增长，既加剧了供需矛盾，也蕴藏着智慧养老的巨大发展潜力，例如，随着年龄增长，老年人身体机能下降、健康状况恶化，需要得到更好的医疗保健服务；在日常生活方面，老年人需要更加便捷的家政服务、娱乐活动、饮食营养等；老年人需要走出家门参加社交、开展旅游等，以保持身心健康；老年人需要更可靠的安全保障，如居家安全、金融保障等服务；老年人也需要更加个性化的照护、健康管理等服务。未来，发展智慧养老必须坚持需求驱动，利用人工智能、大数据等技术精准挖掘老年人服务需求，为老年人精确画像。强化服务意识，瞄准服务中的"堵点""难点""痛点"，优化业务流程，改进和创新服务模式，促进服务更加高效便捷，这既是以人民为中心发展理念的具体体现，也是智慧养老发展行稳致远的必然要求。

### （三）政府有效引导是扩大智慧养老服务供给的重要条件

向智慧养老转型是养老服务高质量发展的必由之路，这已成为各方面的共识，但要将这一共识转化为机构、社区、居家等各领域的实际行动，扩大全社会智慧养老服务供给，仍面临着许多障碍。智慧养老具有投入较大而回收期、盈利平衡期较长等特点，也缺乏相对成熟的商业模式，而我国各类养老服务机构普遍还处在低成本扩张的发展阶段，面临着激烈的市场竞争，利润空间较小，加大技术投入和改造的积极性不足。泰康虽然在发展智慧养老方面走在前列，但也有一些特殊性。一方面，泰康是保险金融服务领域的头部企业，技术资金投入力度大，抗风险能力强；另一方面，保险资金具有长期性和稳定性的特点，本身也有长期、稳定回报的需求，投资智慧养老领域，有利于优化保险资金使用，延伸保险产业链。当前，对大多数养老服务机构来说，扩大智慧养老服务供给，仍需要政府加强有效引导。自 2012 年以来，国务院已多次发文鼓励社会资本进入康养产业，以解决我国医疗和养老基础设施长期供给不足、供需不平衡的状态。

总体上看，我国智慧养老发展的市场内在动力仍然不足，如何更好发挥政府作用，有效引导社会资本投入是首先要考虑的问题。[①] 一是加强统筹规划，政府在制定养老服务相关规划以及城乡规划、土地利用总体规划、区域规划中，应体现鼓励智慧养老发展的导向；二是加大政策扶持，政府可以完善土地、财政、投融资等政策，为社会资本进入智慧养老领域提供支持，支持企业和科研机构在人工智能、物联网、大数据等方面进行研究和应用；三是加强服务监管，政府在市场准入、监管、知识产权等方面应进行规范指导，加强养老设施和服务安全管理，促进行业健康有序发展；四是加大公共资源投入，政府可以将部分公共资源用于建设智慧养老基础设施、支持智慧养老从业人员的培训等方面。

### （四）业务与技术深度融合是发挥智慧养老效能的前提

由于手段制约，养老服务机构的传统服务总体上是业务驱动的服务模式，智慧养老是依托现代化信息技术，通过业务和技术的深度融合，对数据、人员、流程等业务基本要素进行根本性改造，实现从业务驱动向数据驱动转变，这是智慧养老未来发展的根本逻辑。从泰康智慧养老的实践可以看出，智慧养老决不是技

---

① 杨立雄，余舟. 养老服务产业：概念界定与理论构建 [J]. 湖湘论坛，2019，32 (1)：24 – 38，2.

术的简单运用，本质上是业务的整体重构。这是一个长期不断深化的过程，不可能一蹴而就。因此，判断一家养老服务机构是否在智慧养老方面发生了实质性改变，必须深入到其具体业务流程中去考察，如通过互联网、移动通信、物联网等现代化信息技术手段，实现信息共享、远程医疗、智能化管理等功能。对服务对象的管理方式发生了改变，既解放了人力，又提高了效率，如智能穿戴设备可以监测老年人的健康状况，定位老年人的位置，提醒老年人按时吃药、锻炼等；智能家居系统可以控制家庭电器的开关，保证老年人的安全和舒适，解决了安全管理的难题；智能社区服务平台可以提供社区服务和社交娱乐等功能，让老年人不再孤单，扩展了服务的丰富性。由此，老年人无论是在居家和社区，还是在机构中，都能够得到更全面、更便捷、更优质的服务，家庭成员也能够更好地了解老年人的身体状况和生活习惯，及时发现问题并进行干预，从而让老年人享有更多的尊严、安全和幸福。

**（五）特色发展是增强智慧养老机构竞争优势的根本途径**

当前，我国养老服务行业正处在优胜劣汰、结构调整的转型时期。向智慧养老转型，是所有养老机构的共识。但是，怎样转型，采取怎样的机构定位和转型策略，直接决定养老机构未来的发展走势。随着市场分化的加深，原先依靠低成本扩张、服务同质性很强的养老服务机构和养老服务企业如果不转型，其发展余地将极为有限。相反，那些提供更为个性化的服务、以质量与特色满足社会多元需求的养老服务机构和养老服务企业将会有大的发展机遇。作为后起之秀的泰康智慧养老的实践表明，面对激烈的市场竞争和快速变化的智慧养老技术发展，养老服务机构和养老服务企业应找准自身定位，借助智慧化手段进行创新和特色发展，顺应不同服务对象的需求，是提高机构竞争力和品牌影响力的根本途径。这里的特色，不仅是技术方面，也包括服务、营销等方面。

在技术方面，养老服务机构和养老服务企业可以采用适宜、管用的技术改善服务质量，如采用智能床垫、健康监测仪器等，实现全天候健康管理，提高服务精准度和及时性；借助物联网技术，实现远程医疗、紧急救援等功能，提供更加便捷的健康管理服务。在服务方面，养老服务机构和养老服务企业应坚持错位发展，提供差异化、个性化服务，如顺应老年人生活习惯和个性化需求，提供更加贴心的居家护理服务，针对不同老年群体提供针对性的健康管理和康复治疗服务等。在营销方面，养老服务机构和养老服务企业应结合老年群体认知和消费特征，制定适合老年群众特点的营销策略，如开展公益活动、举办专题讲座、推出优惠活动等，切实提高品牌知名度和用户黏性。

### （六）选择成本适宜的技术是智慧养老可持续发展的关键

智慧养老初期投入成本高，回报周期长，具有较高的投资风险，选择成本适宜的技术非常关键，将直接影响到智慧养老模式的可持续发展。如果忽视老年群体实际需求，片面追求最前沿、过于昂贵的技术，往往导致服务费用较高，短期内难以获得服务对象认可，使得机构经营效益下降，相关产品和服务也无法得到推广。泰康作为资金实力比较强的高端养老服务机构，尚且务实追求适宜的技术，其他养老服务机构更不必过于追求"高大上"的技术。养老服务机构和养老服务企业应秉持"适宜的才是最好的"原则，加强医养需求研判，根据自身实际情况，兼顾需要与可能，选择成本适宜的技术，真正使服务对象受益，扩大智慧养老产品和服务的普及率，实现可持续发展。

# Taikang Smart Elderly Care Report

Shan Dasheng    Xing Yuzhou    Liu Yang

**Abstract**: Since 2009, by integrating insurance payments with medical care services, Taikang Insurance Group has developed a distinctive business model for elderly care. The main features of this model include: full utilization of the new generation of information technology, adherence to appropriate technology routes, an array of digital application scenarios, and emphasis on elderly-oriented service facilities. Taikang's smart elderly care development gives us some enlightenment. Firstly, vigorously developing smart elderly care is an essential requirement to address the contradiction between the supply and demand of elderly care. Secondly, the service needs of the elderly are the starting and ending points of intelligent elderly care development. Thirdly, effective government guidance is a vital condition for expanding the supply of intelligent elderly care services. Fourthly, deep integration of business and technology is a pre-requst for maximizing the efficiency of smart elderly care. Fifthly, distinctive development is the fundamental way to enhance the competitive advantage of smart elderly care institutions. Finally, choosing cost-effective technology is the key to the sustainable development of smart elderly care.

**Keywords**: elderly care services    smart    demand-driven    appropriate technology

## 05

# 他山之石篇

# 老老互助：英国"朋友圈"养老建立老年社交网络

陈际华[①]

**摘　要：** 为了改善老年群体的社会隔离问题，加强老年人之间的联系与互助，英国社会企业 Participle 在南华克伦敦自治市建立了一项名为"Circle（朋友圈）"的互助计划，支持 50 岁及以上的居民建立地区性的社交网络。"朋友圈"养老社交网络的运行，为老年群体解决生活难题、维持社交网络、促进老有所为。但是，也因为缺少长期稳定的资金来源、技术支持、政策引导和有效机制，导致难以规模化发展、资金使用出现信任危机和养老服务专业人才短缺等问题。通过分析英国"朋友圈"养老社交网络的经验，可以从智慧养老的技术与服务并重、推动互助养老、促进老年群体社会参与等方面为我们带来启示。

**关键词：** 朋友圈　社交网络　互助养老　社会参与

## 一、英国"朋友圈"养老社交网络的源起和发展现状

### （一）"朋友圈"养老社交网络的源起

英国是世界上第一个工业化国家，也是世界上最早建立社会保障制度的国家之一。随着社会发展和经济增长，英国国民的生活水平不断提高，医疗卫生事业

---

① 河海大学公共管理学院教授、博士、硕士生导师。

的发展和各项保健措施不断得以完善。与此同时，英国的老年人口不断增多，其人口老龄化程度也不断加剧。根据有关统计数据，2020 年，英国 60 岁及以上老年人口占总人口比重为 24.4%，80 岁及以上老年人口占总人口比重为 5.1%；预计到 2035 年，英国 60 岁及以上老年人口占总人口比重将上升为 28.8%，80 岁及以上老年人口占总人口比重将上升为 7.0%。[1]

随着人口老龄化进程的不断行进，社会养老服务供不应求等问题日益凸显，老年群体的社会隔离问题也亟待解决。以伦敦为例，与英格兰其他地区相比，伦敦的人口流动率更高，代际接触较少，对外来务工人员的依赖性也较高，因此，其养老服务体系面临巨大的压力。与此同时，一项关于人口老龄化的研究表明，英国至少有 10% 的老年人处于社会隔离状态，几乎过着与世隔绝的老年生活，伦敦在解决老年人的社会隔离问题上也面临严峻挑战。[2] 在此背景下，智慧养老理念提供了一种有效的解决方案，即通过构建智能化老年社交网络来改善老年人的社会隔离问题。这种社交网络不仅可以促使人们相互分享和交流他们日常生活中的大小事件，还能够为老年人提供生活照料、康复护理等实际有效的养老服务。这不仅从一定程度上缓解了社会养老服务供不应求的问题，还有效缓解了老年人的社会隔离问题。更为根本的是，通过构建智能化的老年社交网络，可以形成更为紧密的社会关系，增强社会的包容性，并促进人与人之间的互动和联系。

Participle 是一家致力于创建新型公共服务并寻求重新定义福利国家的英国社会企业。在人口老龄化背景下，为了改善老年群体的社会隔离问题，加强老年人之间的联系与互助，2007 年，Participle 在南华克伦敦自治市（Southwark）建立了一项名为"Circle（朋友圈）"的互助计划，支持 50 岁及以上的居民建立地区性的社交网络。第一个"朋友圈"于 2009 年在南华克伦敦自治市开发并推出；

---

[1] United Nations, World Population Prospects (The 2019 Revision) [R/OL]. (2023 - 10 - 26). https://www.un.org.

[2] CLIFTON J. Social Isolation Among Older Londoners [R/OL]. (2023 - 09 - 26). https://www.ippr.org.

2010 年，在伦敦的哈默史密斯—富勒姆区（Hammersmith and Fulham）推出了第二个"朋友圈"。①

"朋友圈"的目的在于实现老老互助，所有 50 岁及以上的社区居民都能加入当地的"朋友圈"，健康的低龄会员可以帮助其他高龄会员。每个"朋友圈"雇有 5 名正职员工和 1 名全职督导，负责主要的经营工作。在"朋友圈"中，工作人员、会员、志愿者并没有清晰的划分界限，大家一起参与其中，共同打造以互助为特征的独特的"朋友圈"文化。②

### （二）"朋友圈"养老社交网络的发展现状

社区居家养老是目前英国大多数老年人选择的养老方式，这体现出大多数英国人都希望能够"在家养老"的理念。在政府层面，英国社区居家养老主要由卫生和社会保障部以及地方社会服务局管理。1948 年工党政府根据《贝弗里奇报告》的核心原则，建立了国民医疗保健制度（National Health Service，NHS）。国民医疗保健制度由卫生和社会保障部管理并实行分级制，其中一级保健（或称基础保健）由家庭诊所和社区诊所等构成，负责提供社区医疗和转诊服务。1974 年英国成立了地方社会服务局，根据职能划分，卫生和社会保障部主要负责国民卫生服务体系的管理和监督，地方社会服务局主要负责养老服务购买、老年人服务评估和服务资源配置等工作。随着人口老龄化进程的不断推进，社会养老服务供不应求，处于社会隔离状态下的老年群体很难实现"在家养老"的愿望。但是，"朋友圈"的出现，让更多的英国老年人能够实现"在家养老"。

"朋友圈"最初作为一项有趣的政策创新被提出，经历试点阶段后，扩大至伦敦全地区推广。一些早期的假设得到了进一步完善，并且其所产生的社会效果

---

① Southwark Circle Faces Closure [EB/OL]. https://www.southwarkcarers.org.uk/southwark-circle-faces-closure/.

② 左美云，段睿睿，周季蕾. 智慧养老要以老年人为中心 [J]. 中国信息界，2021，347（5）：68 – 71.

超出了最初预期。建立"朋友圈"的初衷在于支持老年人过上充实而独立的"在家养老"的生活。迄今为止,"朋友圈"已经取得了一定成效,对其成员的生活产生了深远影响。据统计,约 3/4 的成员结交到了新朋友,外出频次也有所增加,并且他们为其他成员提供了数千小时的互助服务,让更多的英国老年人实现其尽可能"在家养老"的愿望。

根据统计数据,这项计划开展 6 年后,总计举办 3 039 场由"朋友圈"发起的社交活动,包括郊区旅行、共进午餐等;会员参与学习活动的次数达 6 290 次,其中包括参加摄影、编织等技艺工作坊,参观博物馆以及进行知识性城市导览旅游等。此外,会员还参与了生活方面的学习,例如,学习如何在生活中使用新科技产品、如何填写分类账单、如何填写表格等。在会员中,共有 234 名协助人员参与工作,他们的协助范围涵盖园艺、科技、清洁以及居家修缮等领域,并提供了 8 271 次协助。调查结果显示,70% 的会员表示在"朋友圈"中结交了新朋友,社交参与度得到提高,自信心得到提升,并且感受到生活更加快乐;甚至有 15% 的会员表示,加入"朋友圈"后身体的不适症状也减少了。

全盛时期,全英国有 7 个"朋友圈",包括南华克伦敦自治市、萨福克郡(Suffolk)、诺丁汉(Nottingham)和罗奇代尔(Rochdale)等地区,每个"朋友圈"的会员数从 200 多人到 1 500 人以上不等。目前,英国仍有两个"朋友圈"延续到今天,在诺丁汉和罗奇代尔两个城市持续运作。

## 二、英国"朋友圈"养老社交网络的运行方式

### (一)"朋友圈"养老社交网络的运行目标

一是解决生活难题。在英国,子女成年后一般都不与父母生活在一起,即使在同一座城市他们也会与父母分开居住。其中,较多家庭的子女因为求学或就业而远离家乡,甚至漂洋过海。平时除了打电话问候父母以外,大多数子女难以做到"常回家看看"。所以,在英国的家庭,除两个耄耋老人之外,较难看到儿孙

满堂的场景。如果没有什么特殊情况，英国老年人也不会轻易去打扰子女生活，哪怕生活中遇到一些困难，他们也会想办法自己解决。由于没有或缺少子女照顾，部分英国老年人的日常生活比较单调，常常过着吃饭、看电视、睡觉这样的"三部曲"日子。据统计，伦敦60岁及以上的市民有2/3以上居住在外城区，且1/3的老年人处于独居状态。① 和空巢老年人相比，独居老年人更容易面临孤独、贫穷、疾病等问题，并且政府能够为独居老年人提供的服务也非常有限，因此，随着年龄增长，独居老年人在家养老将面临较大的困难和风险。实际上，有时独居老年人面临的生活难题对于其他人来说可能很简单，例如，需要维修家用电器，需要有人帮忙换灯泡、拉窗帘等。有了"朋友圈"提供的生活支援服务，这些生活难题迎刃而解。"朋友圈"式互助养老倡导老年人之间互帮互助，健康的低龄老年人为高龄老年人提供服务，开发了"朋友圈"内低龄老年人的人力资本，充分利用了"朋友圈"内大量闲置的人力资源，挖掘出了"朋友圈"的互助潜力，帮助老年人解决了生活中的基本难题，让更多的英国老年人能够实现其尽可能"在家养老"的意愿，延长"在家养老"的时间。

二是维持社交网络。对于大部分人来说，随着年龄的增长，与社交网络的联系也在减少。英国数据显示，65岁及以上的人口中，至少有10%处于与社会隔离的状态，75岁以后这一数字更是迅速增加。② 另外，由于社区老年娱乐设施缺乏，老年大学费用较高，老年人的精神文化活动不多且比较单调。很多老年人以看电视、串门聊天为主要休闲娱乐方式，以此打发漫长的时间。社交网络使人们能够彼此陪伴，更方便处理生活中的突发事件，并可以为老年人提供包括生活照料、非正式护理等一些实用性帮助。加入"朋友圈"可以获得与其他老年人互动的机会，通过参与多样化的社交活动，建立与他人之间的联系，社交网络得以重构、延续和拓展，让老年人即使独居也不孤单。不同地区的"朋友圈"还可

---

① 王玲，张红，苗润莲. 英国的老龄化问题及应对措施［J］. 管理观察，2015，587（24）：71－73.

② CLIFTON J. Social Isolation Among Older Londoners［R/OL］.（2023－09－26）. https：//www.ippr.org.

以经常开展互动，例如，哈默史密斯—富勒姆的会员可以与来自南华克的会员见面，开展社交活动。在不同地区的"朋友圈"互动活动中，会员们又建立起新的联系。会员们还可以参加由全市其他"朋友圈"组织的大型团体活动，扩展生活圈，丰富日常生活。社会交往活动对老年人的认知功能具有积极影响，参与社会活动能有效改善老年人的心理感受，社会交往的增多能够极大地促进老年人精神生活的富足。"朋友圈"互助养老关系的建立使得老年人在亲密的互助伙伴关系之中既学习到了感兴趣的知识与技能，又在收获了新朋友的同时巩固了与老朋友的关系，获得较大的精神满足感。

三是促进老有所为。不少老年人都有一技之长，但随着年龄的增长和社交活动的淡化，拥有一技之长却没有了用武之地。加入"朋友圈"以后，可以和其他人共享自己所拥有的技能和知识，在人生的老年阶段通过新的渠道为社会做贡献。通过将老年人组织起来，开展适度的活动进而建立起互助养老关系，互助互爱、共享伴老，有利于老年人保持身心健康愉悦，可以促进老年人在互助的过程中实现自助，推动老年人在社会角色上由原本的"被赡养者"转变为"自助养老者"，提高其自养能力，使老年人自我价值感得以提升，进而产生更加积极的自我评价。以"朋友圈"为基础的互助养老比较符合老年人的生活习惯，贴近老年人的生活和心理诉求，不仅能满足老年人日常生活与情感慰藉的需要，还能够在激发老年人互帮互助热情的同时，不断发掘老年人自身潜能，促使老年人在社会参与活动中"老有所学、老有所乐、老有所为"，促进积极老龄化。老年人们在互助过程中不仅自身有所收获，还能够在帮助、服务他人的同时体现自我价值，并创造社会价值，赢得社会的认同和尊重。这充分激活了老年群体的潜能，尊重了老年人的自我意愿，有利于打造有价值、有意义的互助养老共同体。

## （二）"朋友圈"养老社交网络的运行机制

"朋友圈"养老采取独立的社会企业运作模式，由社会企业 Participle 进行独立运作。Participle 是一家提倡公共服务改革的社会企业，协助发展个人、社区与政府之间创新类型的公共服务。Participle 负责整体规划与建设，从当地的社群发展出"朋友圈"，范围可以是一个小乡镇，也可以是一个郡，通过"朋友圈"的社交网络帮助老年人享受更精彩独立的人生，而每一个"朋友圈"又都是一个独立的社会企业，接受地方机构的投资与指导。

"朋友圈"的运营结合了技能与时间交换的"志愿者模式"，在"朋友圈"中，社交活动或者生活支援服务采用付费制和免费制双轨并行，获取服务的方式可以是交换时间，也可以付费购买。"朋友圈"的运作与"时间银行"相似，但是本质上"朋友圈"是一个会员制组织。会员可以通过电话或使用"朋友圈"的在线服务来联系"邻里助手"系统。随着信息技术的发展与应用，"朋友圈"可以依托智慧化手段，建立线上"朋友圈"，会员填好个人身份及健康状况信息后可以发布需求到网站上，由"邻里助手"通过大数据处理平台，精准匹配每个会员的需求，提高"朋友圈"的服务效率。在这种模式下，许多成员在交往之间日渐熟悉，在日常生活中都能做到互相帮助。

### （三）"朋友圈"养老社交网络的运行流程

"朋友圈"养老社交网络运行流程如图 5 - 1 所示。

"朋友圈"采取会员制的组织运营模式，每位会员在进入"朋友圈"时需要支付 30 英镑（约 270 元人民币）的年费。成为正式会员后将会得到一个"0800"开头的免费电话，通过拨打这个电话可以咨询生活中遇到的各种难题，还可以申请平时的生活支援服务。生活支援服务可能由其他会员提供，也可能是经由朋友圈审核过、相对平价的付费服务。同时，会员们也会收到一份整年度的社交活动月历，便于他们选择和参与到社交活动中。

"朋友圈"的服务理念是以满足老年人需求为核心，"朋友圈"提供的服务多种多样，为会员修剪草坪、提供购物就餐打折卡、组织旅行等。不止如此，"朋友圈"还与地方合作，进一步深入养老服务的传统领域。例如，生活照料方

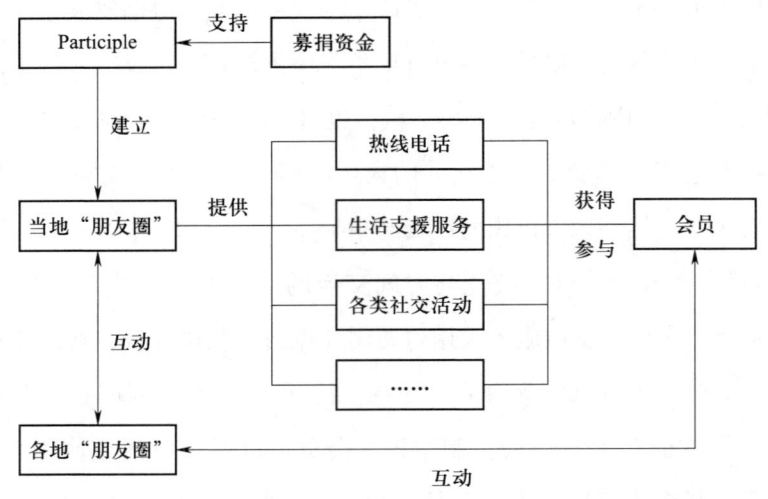

图 5-1 "朋友圈"养老社交网络运行流程

面,当"朋友圈"内患病的老年人预期出院时,"朋友圈"会安排助手到其家中准备好相应的膳食,帮助老年人在回家后能够更好地休养,更快地康复。

在资金筹集和保障上,"朋友圈"运营的资金来源于3个部分,即会员年费、财政支持资金和社会募捐,这些都交由"朋友圈"助手进行日常运营,用于购买比较复杂、成本较高的服务,以及组织社交活动等。

## 三、英国"朋友圈"养老社交网络的主要特点和发展成效

### (一)"朋友圈"养老社交网络的主要特点

一是获取服务的方式多样。"朋友圈"不是一个所有成员都要贡献服务和接受服务的物物交换系统。它支持服务与服务之间的交易,也支持服务与货币交换。在服务过程中,会员提供服务后,在物质上不仅有一笔实质性的款项,还能参加各类社交活动、使用免费咨询热线、在当地企业商铺中享受团体折扣等附带福利。同时,在精神上,成就感是会员受到有效激励的主要来源,会员在"朋友圈"中可以遵循自身的想法帮助他人并且回馈社会。此外,"朋友圈"强调互助

与融合，比起付费与交换，更支持和倡导老年人提供自发的志愿服务。

二是服务种类多样，信任程度高。在"朋友圈"中，由于服务的需求者是老年人，每个人的需求和情况都不同；服务提供者是健康的低龄老年人，他们并非专业服务人员，提供的服务会根据服务对象的需求进行及时调整。因此，"朋友圈"提供的服务是多样化、个性化的。例如，倾听某个会员的烦恼、排解郁闷、帮助短暂离家的会员上门喂养宠物等。不仅如此，在面对复杂任务时，比起广告上的服务商，会员更愿意选择相信"朋友圈"助手。例如，会员家中需要安装卫星天线，这样的服务内容比较专业化，无法由志愿者提供，会员就会拨打"朋友圈"热线求助，或者在"朋友圈"网站上发布相关需求，后台审核通过，让"朋友圈"办公室成员推荐值得信赖的人员来提供服务。

三是重视老年人的精神需求。"朋友圈"的建立，是为了给老年人提供一个便于获得养老服务和参与社交的场所，在获得养老服务的同时，精神需求也能够同样得到满足。有学者通过研究提出，精神需求是因生理衰老和社会环境变化而自发产生的一种心理渴求状态，这种渴求状态具有原发性和普遍性的特点，强调其来自家人、朋友或社会的"单向性外部客观支持"。[①]"朋友圈"成为一条社会纽带，使人们能够享受生活，分享彼此的陪伴，并在困难时相互支持。因此，"朋友圈"养老成为老年人获得精神需求的重要外部平台。在"朋友圈"中，服务与社交功能并行，甚至更强调老年人社交网络的重要性。相较于获得养老服务，"朋友圈"养老模式更希望老年人在社区里广交朋友，建立和发展自己的社交网络，满足老年阶段的精神需求。

四是成员组成丰富，重视成员间的互助。每个"朋友圈"都是一个社交及互助平台，会员们可以彼此联络，协助解决生活上的困难，如割草、家中水电工作等。这些互助工作依个别状况可能收费，也可能是由志愿者来协助免费完成。

---

① 宋月萍. 精神赡养还是经济支持：外出务工子女养老行为对农村留守老人健康影响探析[J]. 人口与发展，2014，20（4）：37-44.

"朋友圈"强化社区内部的人际关系，有利于提升居民的生活质量。在"朋友圈"中，成员可以参加社交活动、以共同兴趣为核心组成兴趣小组等，在参与过程中更融入不同年龄者的互动。"朋友圈"会员年龄的组成分成3个部分，会员年龄在65岁以下的占1/3，65~80岁的占1/2，80岁以上的占1/6，30%的帮助者都是50岁及以上的年轻老年人。此外，还有更年轻的志愿工作者、雇用的员工参与到"朋友圈"的运营中，促进了"朋友圈"养老模式多年龄段的组成与互动。

## （二）"朋友圈"养老社交网络的发展成效

一是节约成本，有效减少公共资金支出。"朋友圈"建立之初，Participle就开发了一些评估工具来查看"朋友圈"建设与运营所需要的费用，结果发现，在大约一年的时间里"朋友圈"在南华克市议会提供的勤杂工服务项目上节省了8.5万英镑，同时，"朋友圈"在社会活动的支出比日托中心的支出少了5.85万英镑。①此外，"朋友圈"在减少会员的再次入院和防止不必要的法定社会服务使用方面发挥了重要作用，有效减少了非计划性入院和"非必要"全科医生的访问次数。这样不仅节省了公共资金，并且帮助人们尽可能长时间地独立生活，减少对个人长期护理和支持的需求。例如，在南华克市，"朋友圈"促进了14 600小时的社会活动，参与和涉及其中的超过了17.5万人提供了超过5 100小时的服务，并和多个地方合作伙伴建立了合作关系，为当地公共财政节约的成本相当可观。

二是"老有所伴"，拓展了老年人的社交网络。每个老年人都可能处在生命当中的低谷时期，需要照护、陪伴等，而"朋友圈"这个互助组织的出现，可以使需要帮助的老年人从社区中的其他人那里获得实际支持，实现"老有所伴"。南华克市的"朋友圈"官方网站显示，由于"朋友圈"的会员能够得到相

---

① BLOND P. Age of Opportunity [M]. Republican, 2011.

互支持和帮助，使其 800 名会员中的 70% 建立了新的友谊。①"朋友圈"不是独立的，而是与其他"朋友圈"共同互动的，用"智慧"赋能"朋友圈"，这样会员不再仅局限于本社区的"朋友圈"，而是可以通过线上线下相联系的方式，将自己的"朋友圈"范围拓宽至其他社区，甚至是其他地区。

三是提高居民购买力，促进"银发经济"。"朋友圈"养老模式是以 32 个行政区为基础来建设的，庞大的会员基数意味着"朋友圈"的购买力将得到大幅提升。一方面，会员的大中型活动可以通过"团购价"的形式实现，从而以低于会员个人购买服务的成本获得同样甚至更好的服务，吸引会员购买；另一方面，"朋友圈"有大量老年人的需求，并且是以集体购买的形式，为服务提供商创造了更多机会。

四是促进社会参与，建设更和谐社区。老年人参与志愿服务活动，无论是对老年人自身或是对社会发展都具有深远意义。老年人参与志愿服务有助于缓和角色认同感缺失给老年人带来的负面情感影响，并且有助于树立积极的生活目标，这也是"朋友圈"的建设初衷之一。对于 65 岁及以上的老年人而言，志愿服务有益于老年人的心理健康，能够有效缓解抑郁和焦虑等负面情绪。同时，"朋友圈"能有效缓解社会排斥，改善社会隔离问题。通过"互助"方式吸引包括退休人员、妇女、残疾人等此类极少参加社会志愿服务活动的群体参与到社区活动中，大家互帮互助，共同建设更加和谐的社区。

## 四、英国"朋友圈"养老社交网络的发展困境与原因分析

### （一）"朋友圈"养老社交网络的发展困境

一是"朋友圈"难以规模化发展。从 2007 年伦敦"朋友圈"的建立，英国

---

① London elderly scheme closure care gap crisis [EB/OL]. (2014-04-24). https://www.theguardian.com/society/2014/london-elderly-scheme-closure-care-gap crisis.

前后共有7个地区复制了该模式,但由于各方面因素制约,模式化发展过程中多地"朋友圈"发展受到阻碍,难以突破,无法持续,一些刚兴起不久的"朋友圈"也宣布运作困难,最后整个英国未能形成统一的规模化"朋友圈"。例如,2012年萨福克郡"朋友圈"从萨福克郡议会获得了68万英镑,不久却宣布自己无法维系经营,宣布关闭"朋友圈"。①

二是资金使用出现信任危机。在资金使用方面,多个养老社交圈都受到团队成员的质疑,会员对"朋友圈"养老的认可度也逐渐降低。例如,慈善机构Age UK Lewisham and Southwark的主席莱昂·克雷兹曼(Leon Kreizman)在当地志愿团体面临裁员之际,对南华克理事会对该计划的投资质疑:"没有证据表明南华克'朋友圈'的影响与花费的金额相当。""朋友圈"在资金收集、分配上的统筹力度等方面遇到了多方质疑,虽然引发人们对圈内资金流动执行监督的反思,但是,却没有促使资金得以进一步地合理利用。

三是养老服务专业人才短缺。随着"朋友圈"逐步扩大影响范围,会员对该平台的依赖也逐步增加,失能失智老年人、空巢独居老年人、高龄老年人会员不断增多,这也呼吁更多个性化、专业化的养老服务供给的增加。因此,正式专业的养老服务人员短缺成为"朋友圈"走向没落的间接原因。首先是养老专业护理员短缺。面对随时可能有需求的老年人,养老专业护理员需要即刻做好准备,而"朋友圈"内部更多的是志愿者,并不具备完备的护理专业知识和能力,也就难以解决突发问题。其次是管理上存在问题。从国内外已有研究总结出,英国"朋友圈"是非正式的互帮互助,在会员、资金的管理上缺少智能化和专业度,养老服务团队建设难以走向标准化、规范化。

## (二)"朋友圈"养老社交网络的发展困境的原因分析

一是缺少长期稳定的资金来源。资金来源对于"朋友圈"的可持续发展至

---

① London elderly scheme closure care gap crisis [EB/OL]. (2014-04-24). https://www.theguardian.com/society/2014/london-elderly-scheme-closure care-gap crisis.

关重要。英国"朋友圈"资金的来源主要有3个：一是会员会费，二是其他支援者捐赠，三是地方政府拨款和收费服务换取的资金。"朋友圈"养老社交网络不以营利为目的，即便每小时的专业付费项目可以获得10英镑转入"朋友圈"财务，但这比购买私人服务要便宜得多，"朋友圈"计划也难以从服务上获取高昂收益。单靠社会的有限捐赠和政府少量补贴难以抵御运营风险，更不具备扩大规模的能力。没有稳定的资金来源，现有资金难以支撑"朋友圈"养老社交网络一年的活动和服务开支，无法满足老年人的养老需求，"朋友圈"也就难以发展为更广泛的公共服务系统。

二是缺乏政策引导和有效机制。"朋友圈"养老属于新兴事物，缺乏政策的引导和支持。"朋友圈"在英国出现几年之后问题就逐渐出现，配套的地方规定和条文没有促进该模式的大面积推广和持续发展，导致"朋友圈"养老社交网络问题逐步积累。一方面，居民对"朋友圈"的认知度不高，极大地限制了"朋友圈"的推广和发展；另一方面，"朋友圈"的伙伴关系主要是地方基层、城区层面和国家层面与第三部门组织、社会卫生护理合作伙伴以及地方和国家企业之间的关系，但市政当局对该养老方式关注度不高，难以形成社会—政府—公民之间的灵活协调机制。

三是技术匮乏，管理效率较低。会员的信息和资金来源、去向等资料的收集方法效率不高，难以快速准确记录信息。互联网给当今社会的发展带来质的飞跃，传统的社交"朋友圈"管理也需要利用现代化信息化技术进行创新，向着智能化管理升级。通过与"朋友圈"会员的深度交融，资料及时储存，信息互通互联，才能提高养老互助网络的信息透明化、资源利用率等。但是，英国多个地区出现的养老"朋友圈"，没有统一的信息管理系统，智能化管理水平不高，创新能力较低，核心技术匮乏，不同地区的"朋友圈"信息难以互通互联，共建共享。

## 五、英国"朋友圈"养老社交网络的经验与启示

### (一)智慧养老方面

随着全球人口老龄化的加快发展,智慧养老为养老带来新的思路和技术。英国"朋友圈"是以区域为中心,建立养老互助计划,形成地区性的养老社交网络,旨在实现老老互助,让所有50岁及以上的社区居民都能加入当地"朋友圈"。健康的低龄老年人可以帮助高龄老年人[①],结合老年人生活需求,通过中央支持的分布式网络,以较低的成本在本地为"朋友圈"成员提供切实服务。

智慧养老的精髓就在于借助先进科技的力量,打破老年人的社会孤立状态,提供更多互动和支持。通过智能技术和社交媒体平台,老年人可以轻松地与他人进行沟通和连接,分享彼此的生活经验和兴趣爱好。智慧养老不仅仅是一种改善老年人生活质量的方法,更是一种建立强大社区和推动社会融合的机制。因此,智慧养老在解决老年群体社会隔离问题上具有重要意义。通过构建智能社交网络,我们可以为老年人提供更广泛的社会参与机会,减少他们的孤独感和社会边缘化问题。这将不仅提升老年人的生活质量和幸福感,还将促进社会的包容性和人与人之间的紧密联系。

智能产品的运用确实能够辅助为老服务,但老年人使用智能产品的能力却参差不齐。结合英国"朋友圈"的启示,首先,要采取措施提升老年人对智能产品及电子设备的持续使用能力,政府和社会可以通过鼓励老年人使用智能产品,使老年人在信息社会中获得更加便利优质的服务,老年人也能利用互联网社交,丰富老年生活。其次,是养老信息平台的建设,在社区和养老机构应做好信息系统建设,融合老年养老需求,实时更新信息和运营情况,方便监督管理,提升养老服务质量。最后,提高创新能力,充分利用新技术辅助智慧养老,政府和企业

---

① 左美云,段睿睿,周季蕾. 智慧养老要以老年人为中心[J]. 中国信息界,2021,347(5):68-71.

加强合作，依托新技术的出现在各地开发养老新项目，了解老年人养老需求，以老年人日常生活、医疗保健、学习娱乐等方面的需求为导向，结合不同城市地区的文化差异和老年人认知水平，开发具有普适性和个性化的养老产品，帮助提升老年人的生活质量。

## （二）互助养老方面

英国"朋友圈"的运营模式其本质是一种互助养老模式，通过互相帮助，强化邻里人际关系，构建老年社交网络，有效提升老年人养老生活的幸福感和获得感。"朋友圈"以会员制推动，鼓励会员提供简单生活协助，互帮互助，多参加社交活动，使生活更有意义。会员服务项目有：日常生活协助（小家电维修、修剪园艺等），休闲旅游（喝下午茶等），学习类（计算机、手机操作等），健康促进活动等。会员助手由当地志愿者和付费专业人员组成，他们在从园艺技术到管道疏通技术等方面提供专业帮助。这些会员服务项目具有重要意义，例如，会员所接受的预防性健康服务减少了全科医生的出诊次数，这也体现出"朋友圈"的积极作用。同时，"朋友圈"的出现还节省了公共资金，帮助人们尽可能长时间地保持独立生活，减少了长期个人护理和支持的需求。

我国与英国在人口老龄化、互助养老的发展趋势上具有一定的趋同性，也能从"朋友圈"养老社交网络中汲取发展经验。一是制定相关法律法规，建立合理互助养老体系。政府针对互助养老应制定相关法律法规，对城乡互助养老模式进行法律化约束，从政策层面规范互助养老的合法运行。另外，政府还应对互助养老体系进行监督管理，明确职能划分，落实资金管理等。二是多渠道筹措资金。资金渠道多样化的实现需要政府投入部分资金或者场地，社会捐赠一部分，个人投入一部分，形成多元化的筹资机制。① 要建立互助养老的公共资金池，使老年人享受到适量互助养老补助，保障互助养老基金的可持续性。三是增加互助养老的供给主体。帮助养老的群体不仅仅局限在老年人之间，有时间、有能力的

---

① 刘晓梅，乌晓琳. 农村互助养老的实践经验与政策指向［J］. 江汉论坛，2018（1）：46-50.

年轻人也可以加入为老服务中，也可以是其他群体和老年人之间的有偿互助，鼓励、倡导代际互助。

### （三）老年人的社会参与方面

年迈后部分老年人面临与社会隔绝的晚年生活，缺少社交活动，基本服务匮乏。养老社交网络这一平台使人们能够享受彼此陪伴，分享生活中的事件，并提供日常便捷、非正式护理和共享信息等实用性帮助。通过参与社交活动，建立与其他老年人之间的联结，即使独居也可以有效降低孤独感。科学数据表明，孤独和社交孤立对健康有害。老年人参与社交活动，基于共同的兴趣爱好开展活动，在交流互动中相互陪伴，形成新型、多样化的友谊，在日常生活中也就有了情感上的依托和支持，遇到小麻烦也能在邻里间得到帮助，及时解决问题。当老年人亲属因居住遥远或事务繁忙而不能及时提供帮助时，"朋友圈"会员朋友提供的帮助给予了老年人"有人可以求助"的感觉，为在家独立生活的老年人带来更大的安全感。

参与社交活动，是老年人社会参与的重要组成部分。老年人的社会参与对于我国积极应对人口老龄化，以及老年人自身发展都具有重要意义，有利于老年人力资源开发，丰富老年群体的晚年生活，提升老年人的健康水平。同时，社会参与也是老年人实现个人价值的重要途径，凭借自己的生活经验、能力和智慧来帮助他人，助人为乐，充分体现"老有所为"，使自身成为社会有效的支持力量。因此，可以通过类似"朋友圈"的方式帮助老年人重构、延续和拓展社交网络，让老年人之间以及老年人和其他社会成员之间建立联结，推动老年人的社会参与。此外，社区就是涵盖了所有社会要素的社会系统，这也意味着在老年人社会参与问题上，社区有着难以超越的优势。[1] 因此，还可以推进社区建设，把社会参与的平台建立在老年人家门口，以方便老年人参与到社区活动中。

---

[1] 刘颂. 积极老龄化框架下老年社会参与的难点及对策[J]. 南京人口管理干部学院学报，2006(4): 5-9.

# Mutual Help among the Elderly: "Circle" of Care in UK Establishing Social Networks among the Older People

Chen Jihua

**Abstract**: In order to improve the social isolation of the elderly and to strengthen the bonds and mutual assistance among the elderly, Participle, a British social enterprise, has set up a mutual assistance scheme called "Circle" in the Southwark London Borough, supporting residents over 50 to establish regional social networks. The operation of "Circle" social networks is for the elderly to solve life problems, maintain social networks, promote the elderly to do something. But at the same time, there are also problems such as lack of long-term stable sources of funds, lack of technologies, lack of policy guidance and effective mechanisms, which make it difficult to scale up development, and make trust crisis in the use of funds and shortage of professionals in the services. By analyzing the experience of the social networks of "Circle" in the UK, this paper gives us some enlightenment from the aspects of paying attention to technologies and services in smart elderly care, promoting mutual help among the elderly, and reinforcing social participation of the elderly groups.

**Keywords**: circle  social networks  mutual help among the elderly  social participation

# 虚实结合：日本"虚拟养老院"盘活养老闲置资源

王 羽[①]

**摘　要：** 为有效应对人口老龄化难题，日本"虚拟养老院"将互联网技术与养老服务相结合，向老年人提供整合型养老服务。在智能化社会相关政策支持下，日本"虚拟养老院"通过直接提供服务或充当建立服务中介平台的模式，为老年人提供健康监测、安全保护、社会参与、生活照料和出行辅助服务。在日本"虚拟养老院"建设中，其运营时的资源整合、提供服务时的智能化手段和服务内容的高质量都是可供借鉴的经验。对此，在我国未来"互联网+养老服务"的发展中，应当从政策支持、技术保障、多元参与、资源整合等多方面提升智慧养老服务效率和水平。

**关键词：** 虚拟养老院　智慧养老　养老服务

"虚拟养老院"以"智慧养老"（Smart Elderly Care）理念为核心，依托现代化信息技术和网络平台，为居家老年人提供多种形式的创新型社会化养老服务，本质上是"信息技术+养老服务"，被形象地称为"没有围墙的养老院"。[②] 为借鉴日本"虚拟养老院"国际发展经验、切实提高我国"互联网+养老服务"资源的利用程度和惠及效果，本文将探索日本"虚拟养老院"的运营与发展，总

---

[①] 中共中央党校（国家行政学院）博士研究生。
[②] 吴湘玲. 虚拟养老院：含义、问题与创新路径 [J]. 人民论坛，2021（12）：67-69.

结其成功经验和相关启示。

## 一、"虚拟养老院"——互联网技术下养老服务的整合与创新

"虚拟养老院"又被称为"互联网养老院""智慧养老院",是指连接养老服务供给主体与老年人养老需求的互联网养老信息服务平台。通过互联网,"虚拟养老院"将众多养老服务机构、医院、社区、志愿者相联系,并与广大老年群体多样化、多层次的养老服务需求有效对接起来,为老年人提供个性化养老服务。"虚拟养老院"本质上是利用信息化科技手段,以大数据为核心,整合各种社会资源并使其互联互通,实现多主体多部门联动,为老年人提供综合性养老服务,使老年人享受科技带来的便利。[①]

"虚拟养老院"是在互联网技术下对传统养老服务的超越、整合与创新,有效地促进了居家养老服务需求有效匹配。"虚拟养老院"有两个核心优势。

一是促进供需的有效匹配。通过建立养老信息服务平台,"虚拟养老院"为服务对象生成个性化"电子养老档案",分别记录老年人不同的养老服务需求,这是养老服务供给的重要信息来源和参考。与此同时,养老信息服务平台还整理、收集养老服务供给方的服务和信息,使老年人随时可查看养老信息服务平台中养老服务产品的供给情况。因此,"虚拟养老院"成功实现"有何需求就有何供给""供给随时储备于需求",既避免了供大于求造成资源浪费,又缓解了供不应求的资源紧张,有效缓解供需不对称等问题。

二是优化资源的配置整合。养老信息服务平台运用互联网技术手段,将政府、养老服务机构、企业、医院、社区等各方面养老服务资源联系起来,实现信息的及时互通和资源的整体联动,为老年人提供充分选择。在整合的同时,还适当进行资源配置。大数据可以及时发现过剩或不足的养老服务项目,并提醒各服

---

① 青连斌.“互联网+”养老服务:主要模式、核心优势与发展思路[J]. 社会保障评论,2021,5(1):115–128.

务主体改善服务供给的配置。在"虚拟养老院"中,分散的养老资源被有效整合起来,将众多"碎片化"养老服务集中为一个整体,实现"一个平台、多个主体、多项服务",提高资源调动效率,推动养老服务进入"整合集约"发展模式。

"虚拟养老院"与智慧养老有一定相似之处,即二者都是借助现代化信息技术发展,但本质却大有不同。"虚拟养老院"以居家养老为主要形式,侧重于在不同资源之间的整合与调配下发展居家养老服务;而智慧养老则面向多种养老服务,旨在通过研发智能化养老产品提高老年人生活质量。

## 二、日本"虚拟养老院"发展状况

日本是世界上人口老龄化最严重的国家。根据日本总务省公布的人口估算数据,2022年日本65岁及以上老年人口达3 627万人,占总人口比重为29.1%;并且老年人口占比还将持续上涨,2040年日本65岁及以上老年人口的占比将达到35.3%。① 在65岁及以上的老年群体中,需要护理的老年人数将从2018年的141万人增加至2025年的770万人。② 而与逐渐增加的老年人口相对应的,则是护理员人数的减少。据有关数据统计,到2035年,日本护理员缺口达到79万人,护理服务将供不应求。③ 因此,护理数字化是弥补护理员短缺的有效途径。基于这样的老年社会背景,日本智慧养老产业、远程护理技术得到了较快发展,"虚拟养老院"也由此发展壮大。

---

① 环球时报. 日媒:日本估算75岁以上人口占比首次超过15% [EB/OL]. (2022-09-20). https://m.gmw.cn/2022-09/20/content_1303147469.htm?source=sohu.
② 新浪财经综合. 日本2025年需护理老年人将增至770万 [EB/OL]. (2018-05-22). http://finance.sina.com.cn/stock/usstock/c/2018-05-22/doc-ihawmaua5371246.shtml?ua=Mozilla%2F5.0+%28Windows+NT+10.0%3B+Win64%3B+x64%29+AppleWebKit%2F537.36+%28KHTML%2C+like+Gecko%29+Chrome%2F115.0.0.0+Safari%2F537.36+Edg%2F115.0.1901.203.
③ 中国江苏网. 日本护理人才短缺 2035年缺口将达2015年的20倍 [EB/OL]. (2018-05-08). https://baijiahao.baidu.com/s?id=1599878512935882085&wfr=spider&for=pc.

## （一）基本情况

近20年来，日本一直在关注智能化养老产品的研发和使用。2010年后，公共部门和私人部门对智能化养老产品的投资显著增加；到2018年，仅日本政府对此类设施的研发投入就已超过3亿美元。① 在政府和社会的多方支持下，2022年，日本护理数字化市场规模达到708亿日元，预计2040年将达到2087亿日元②，老年人智慧养老市场的选择会更加宽广。护理数字化使得养老服务更加高效，东京一家养老机构原先每位护理员仅能同时照看2位老年人，在引进智能化养老服务平台后，可同时通过智能化养老服务平台实时查看20位老年人的情况。据统计，目前日本约有5000家养老院引进智能化养老服务平台，服务总量达10万余人次。③

日本"虚拟养老院"前期建设主要集中于城市，如东京、神奈川、大阪、浜松、米子等。这些城市是该区域老年人口较为聚集的地区，拥有较为庞大的用户和市场。"虚拟养老院"以私人经营为主，通过市场化收费运营的方式，为老年人提供服务。以N.K.C公司为例，该公司由家住鸟取县米子市的神户贵子女士创办，以"远程照料"技术为核心提供养老服务，是一所名副其实的"虚拟养老院"。其主要服务对象是子女不在身边的老年人，把本应由子女承担的陪伴就医、买菜购物、日常照料等事宜交予专业服务人员。该公司目前在鸟取县米子市有60名员工，在广岛和名古屋共有50名员工，服务人员均具有看护资格证或护士资格证，并依据服务能力分为4个级别：白金、黄金、白银和青铜。白金和

---

① WRIGHT J. Inside Japan's long experiment in automating elder care The country wanted robots to help care for the elderly. What happened？［EB/OL］.（2023-01-09）. https：//www.technologyreview.com/2023/01/09/1065135/japan-automating-eldercare-robots/.

② 客观日本.2040年日本护理人员缺口达69万人要靠数字化解决，同期中国市场将达1.1111万亿日元［EB/OL］.（2023-04-20）. http：//www.keguanjp.com/kgjp_jish/kgjp_jish/pt20230420000003.html.

③ 网易新闻.日本养老面面观［EB/OL］.（2020-08-06）. https：//m.163.com/dy/article/HRHVCIH0055603SB.html.

黄金级别的护理员持有政府认定的护士或看护资格证，可以进行医疗辅助护理；白银和青铜级别的护理员则主要负责购物、家务、辅助烹饪等工作。① 目前，各级别的服务费用均为1小时2 600日元（约合164元人民币）。随着远程照料技术逐渐成熟，近年来"虚拟养老院"逐渐延伸至郊区和部分偏远岛屿，例如，长崎大学在"虚拟养老院"中构建"混合现实和3D技术"的远程医疗系统，改善偏远地区的医疗保险情况②；埼玉县户田市政府与公立医院签署协议，通过医疗与移动手段的结合，为老年人提供在线远程诊疗服务。③

可以说，以"虚拟养老院"为主要表现形式的远程护理技术，有效回应了日本老年人对居家照料和护理的需求，同时日本在远程护理中也在不断取得技术进步（如ICT技术）。事实证明，"虚拟养老院"极大整合了社会经济资源，提升了服务效率效益，尽管这种节省更多体现在效率收益而非金钱上。④ 生活在郊区的老年人表示，"虚拟养老院"的推广极大地节省了老年人享受养老服务的路程和时间成本，让他们在无须前往医院的情况下，体验到安心和便利的服务。⑤

## （二）政策支持

作为全球老龄化程度最高的国家，日本从制度设计层面就开始注重高科技对养老的支持，相关政策体系不断完善，为日本智慧养老发展提供强劲动力。日本关于"信息技术＋养老服务"的政策体系建设主要围绕两个方向，即政策的广泛性和政策的可及性。

---

① 人民网－人民日报．日本兴起新型养老模式［EB/OL］．（2020－03－17）．http://www.sc-rh.com/kjjj/20200317/40022741.html.
② 映维网．长崎大学用Hololens2构建远程医疗系统，改善偏远地区医疗保健［EB/OL］．（2021－10－09）．https://www.sohu.com/a/494052463_213766.
③ 人民网－日本频道．为使老年人和贫困人员及时就诊，日本埼玉县开展远程医疗实证试验［EB/OL］．（2022－09－02）．https://www.163.com/dy/article/HGBCDM820530QRMB.html.
④ FUJIMOTO M，MIYAZAKI K，VON TUNZELMANN N. Complex systems in technology and policy：Telemedicine and telecare in Japan. Telemed Telecare［J］. 2009，15（6）：175－181.
⑤ TURNER K J. Advances in Home Care Technologies：Results of the MATCH project［M］. Amsterdam：IOS Press，2012.

为了使信息技术与养老服务更好地结合,日本政府围绕医疗、信息技术、介护服务制订了一系列优先发展计划,政策覆盖多个方面。早在1963年,《老年人福利法》在日本颁布实施,社会化养老开始实行。针对老年人对智能家居的需求,日本政府先后通过并实行《高龄者居住住宅设计指导方针》《高龄者居住安定保护法》,对养老智能家居设计和建造标准进行规范和统一,保障老年人居住环境的健康安全。1993年,政府开始出台"远程医疗"(E-Health)政策,鼓励医疗照料信息系统的发展。2006年,政府通过新IT改革战略,希望全民实现高质量、高效率的医疗保险、医疗照料和社会服务。2009年,日本政府通过了"i-Japan 2015战略",这项战略直接针对数字化和创新发展,并勾画出3个方面优先发展领域:一是数字政府的建设,二是健康领域的发展,三是人类服务的资源。2013年,日本总务省组织召开信息通信技术(ICT)辅助超高龄社会构想会议,推动ICT超高龄社会建设推进事业;经济产业省、厚生省共同制定实施照护机器人开发导入体制。2016年,日本内阁会议在"第五期科技技术基本规划"中正式提出"Society 5.0计划",以此推动ICT技术在养老服务中的最大应用。

让老年人积极参与社会和经济生活也是日本老年政策的主要目标,政府在政策设计中正在通过扩大"信息技术+养老服务"的可及性,来应对这些挑战。可及性政策希望通过发展无处不在的网络基础设施、广泛应用的ICT技术、安全可靠的使用环境来为老年人使用通信技术创造支持系统。2010年,日本政府专门成立了一个网络无障碍基础设施委员会,负责解释指南和信息,以支持日本网络内容的无障碍性。2012年,建立日本网络无障碍联盟,该委员会的目标是促进、教育、传播网络无障碍,确保更多人包括有特殊需求的人,访问和使用网络。新的信息技术改革战略方案使老年人在信息社会中能够有目的、有参与地度过余生,而不是被孤立。2016年,日本提出未来"超智能社会"的发展愿景,即"将必要的产品和服务在必要的时候提供给人们,使不分年龄、性别、地区、语言等区别的每个人,其各种社会需求均能得到完全满足,从而实现生活舒适、充满活力的社会"。

健全的制度设计和先进的技术是日本发展智慧养老的优势，这些政策文件明确了发展目标、执行原则，在完善的制度和健全的法律体系下，日本的各项技术标准和规范更容易制定和实施，"虚拟养老院"得以健康发展。

### （三）服务模式

"虚拟养老院"是由养老服务需求方、养老服务供给方和养老服务信息平台三方共同构成的综合性系统。在系统运行的过程中，由于三方主体建立连接的方式、融合形式的不同，形成不同的虚拟养老服务模式。

一是中介平台服务模式。"虚拟养老院"相当于连接老年人和养老服务的"枢纽"，当老年人表达服务需求、发出求救信号后，"虚拟养老院"将接收到的需求进行相关处理，并将处理后的需求输送到相应的服务供给者手中。在此模式下，老年人在家中就可以通过借助智能设备将需求传至养老服务信息平台，平台在接收到"指令"后，将老年人的诉求反馈给服务供给机构，最终机构为老年人提供所需服务。中介平台服务模式多用于健康监测、上门医疗、应急呼叫等服务。目前，日本"虚拟养老院"中既有人工中介平台，也有全智能化数字平台。人工中介平台是由工作人员来处理并匹配老年人需求，准确性较高，但在需求高峰时期难免应接不暇，且无法24小时全天候在线；全智能化数字平台对需求的处理效率高，全天可进行需求匹配，但是当需求完全数据化后，会出现与原本需求"错位"的现象，对个性化需求的识别和变通能力较差。

二是直接服务模式。在日本一些"虚拟养老院"中，老年人与养老服务供给者之间不需要通过"虚拟养老院"的信息加工，便可以直接进行养老服务供需之间的互动。直接服务模式多见于购物支援、上门做家务、外出支援等生活辅助类服务。例如，日本"虚拟养老院"中的购物服务包括将通过电话或传真等接收订单的商品送到老年人家中的"快递服务"、将老年人在店铺购买的商品送到指定地点的"送货服务"、在老年人聚居区通过移动销售车随时接单并送达的"移动销售"服务、通过订车的方式接送老年人往返超市和家中的"接送服务"

等。这些方式都是直接连接服务使用者和服务供给者，省去了养老服务信息平台的筛选和匹配，大大提升了供给效率。但是，由于缺少中介平台对服务的监督与管理，这种模式要求服务供给者本身就具有完备的服务流程和评价机制，以此确保虚拟养老服务的服务质量。

### （四）服务内容

日本学者通过研究发现，就高度发达的日本社会生活质量而言，日本老年人的需求主要分为健康、安全、社会参与、独立生活和出行的需求。因此，日本的"虚拟养老院"主要围绕以下几个方面开展服务。

一是健康服务。"虚拟养老院"中的远程医疗是日本通信技术支持卫生服务的前沿，也是为老年人提供卫生保健服务的优先方向。日本地方政府建立远程医疗网络中心，使用先进的电信设备来满足公民的医疗期望。"虚拟养老院"中的远程医疗项目主要集中于远程放射学和家庭远程护理，家庭远程护理通过电信网络将用户的健康相关数据传输到远程医疗机构，来监测居家老年人的健康状况。

二是安全服务。日本"虚拟养老院"中最常见的安全服务就是定位服务，它使那些生活不能自理的老年人被指定机构或亲属所定位或监控。定位服务不仅局限于手机移动互联网用户，一些地区还积极促进政府与非政府组织合作实施项目，通过已建立的当地移动虚拟网络运营商提供相应服务。在紧急情况下，护士会打电话给亲属，请求救护车检查老年人的健康状况。此外，在自然灾害和其他紧急情况下，这些定位服务也能得到支持和保障，以确保正常运行。

三是社会参与。日本中央和地方政府在尽力确保老年人获得正确信息，并努力使公民更接近行政管理、服务提供、决策和政策制定。为了让老年人正确获取信息，具备社会参与感，日本将老年人纳入电子参与进程中，进行电子扫盲运动。在电子设备设计中，允许用户改变字体大小、间距和文本发音；在电子设备使用中，发行电子媒体实用教程，开设使用培训课程。通过无障碍化措施，提供网络信息内容和电子参与手段，确保日本老年公民的参与。

四是独立生活服务。根据日本国立社会保障与人口问题研究所2017年公布的《日本未来人口推算》,到2035年,独居家庭比例将增加到37.2%,将代替核心家庭成为日本家庭的主流模式。① 因此,在"虚拟养老院"中需要有专门为独居老年人提供的各项服务,使其拥有舒适和独立的生活。日本国家先进工业科学和技术研究所的智能系统研究所开发的系统技术服务,为老年人提供生活辅助服务,支持老年人和残疾人独立生活。该系统可以根据用户的移动程度定制一个语音识别界面,来处理家庭环境中由于环境噪声而不识别的语音,用于在家庭环境中可轻松移动的家用设备,以帮助行动不便的人。

五是出行服务。老年人因肌肉力量和身体功能下降带来行动不便是众所周知的,年龄带来了对各种交通工具的依赖。"虚拟养老院"为老年人提供适当的交通工具,来支持老年人的移动和出行。例如,本田公司开发了一种紧凑型"U3-X"设备,这使得驾驶者向所需方向倾斜,实现向前、向后、侧向和斜向移动。另外,丰田公司开发的个人运输辅助机器人,还可以使站立者能够向不同方向移动,并通过转移身体重量来转弯,这些设备可以被带到汽车、公共汽车和火车上,方便老年人日常出行。

## 三、日本"虚拟养老院"建设经验总结

"虚拟养老院"可分为线上和线下两个部分。线上服务涉及信息化、智能化等方面的技术支撑,需要科学技术的积极介入,从而解决信息交流问题。线下服务则强调运用专业手段,通过竞争机制构建服务主体准入和监督体系,推进养老服务的标准化和规范化建设。因此,在日本"虚拟养老院"运作过程中,高度整合的养老服务资源、智能信息技术的运用和优质的线下服务是不可或缺的关键因素。

---

① 国立社会保障・人口問題研究所. 日本の将来推計人口 [EB/OL]. https://www.ipss.go.jp/pp-zenkoku/j/zenkoku2017/pp_zenkoku2017.asp.

## （一）整合式运营

"虚拟养老院"运用现代化信息技术整合、配置和调度社会分割离散的养老服务资源，将养老服务与互联网平台联系起来，是对养老服务新模式的探索。日本"虚拟养老院"的整合性体现在养老服务信息平台注重对政府、市场和社会组织及公民家庭多元主体的挖掘和匹配利用，注重运营流程的整体性，强调服务内容和对服务内容的综合开展，构建综合性养老服务网络体系。

第一，整合参与主体。日本"虚拟养老院"的创建思路可以概括为政府推动、市场化运作、信息化管理、专业化服务。"虚拟养老院"是在政府牵头下，以当地养老服务中心为基本形式而延伸的。其中，日本信息通信技术部门对养老院的线上服务提供相应技术支持，通过社区、物业公司对辖区内提供养老服务的企业进行整合，借助养老服务信息平台发挥 24 小时管理服务的优势。

第二，整合运行流程。"虚拟养老院"的运作流程如下：老年人通过养老服务信息平台，将养老服务需求告知"虚拟养老院"话务员，待确定时间和具体项目后，进行工单分配，落实到护理员个人，并提供上门服务。待服务完成后，话务员检查系统工单是否完成，并对老年人进行电话回访询问服务满意度。后按照服务项目，对服务费用进行月结，向客户收取费用。集"需求—服务—回访—收费"多个环节于一个平台之中。

第三，整合服务内容。"虚拟养老院"提供的服务主要有家政便民、医疗保健、物业维修、人文关怀、学习娱乐、应急救助等服务，基本涵盖日常生活照料中的所有内容。

"虚拟养老院"的建立，有效整合了"碎片化"养老服务供给。最初，老年人只能通过电话呼叫的形式寻求"虚拟养老院"的帮助，随着现代化信息技术的发展与应用，助老服务的实现载体得到拓展，依托现代化信息技术搭建起来的养老服务信息平台正在成为主要形式。

## （二）智能化手段

作为科技强国，日本拥有许多高科技产品。在发展尖端科技的同时，许多科技产品也被用在养老服务业中。

第一，智能化产品的应用。为了辅助虚拟养老的实施，日本在极力推广智能家居产品，以实现家用电器的全自动化。例如，在住宅门口通过生物认证实现自动门识别系统，识别来访者；在家居内各处配置传感器，如温度传感器、自动开关窗的磁开关传感器、厨房有加热传感器等，这些传感器能够储存信息，像机器人一样能够判断老年人何时在家或者不在家，适时调节照明和冷暖设备等。机器人也被应用在居家老人家中。例如，小机器人海豹 Paro，虽然从外表看起来是一只毛绒玩具，但其内部装载了运动、温度、光纤、声音等多个传感器，可以对老年人的行为作出反应，安抚孤独或情绪不安的老年人，也可以被认为是一种医疗辅助工具。

第二，医疗网络体系的应用。日本养老服务中利用大数据去预测患者的未来疾病方向。除养老之外，其他的一些创新项目还有自动驾驶、5G 移动通信系统、4K/8K 超高清电视、灾害预防对策、3D 环境及智能云等。例如，提高信息通信技术创新产品产量，实现远程护理平台建设。在信息通信技术及相关电子产品生产中加入创新技术国际标准化监测，以及提供相关的服务。同时探索"行业—政府—学术界"合作，为远程护理、远程医疗发展的关键促成因素铺路。[①]

第三，远程监测装置的应用。日本老年人居家监测技术较为发达，运用智能远红外装置，在独居老年人家中配置健康监测系统，终端与亲属的邮件或电话相连接。老年人在家中的行动时间、行动轨迹会被远红外感应系统所记录，结合多日数据一并生成属于老年人自身的"行动数据库"。当老年人在家中出现异常或

---

① OBI T, ISHMATOVA D, IWASAKI N. Promoting ICT innovations for the ageing population in Japan [J]. International Journal of Medical Informatics, 2013, 82 (4): 47-62.

意外状况，以及当日数据异常于数据库时，监测系统就会提醒亲属，及时关注老年人的情况。这种健康装置大大降低了独居老年人及其亲属对健康状况的焦虑和不安，通过监测健康状况，有效延长老年人的健康寿命。①

## （三）高质量服务

"虚拟养老院"的建设核心是养老服务，线下服务能力和服务质量是支撑"虚拟养老院"的关键。无论如何整合资源，实际的服务都是"虚拟养老院"能够实现良性运转的必要条件。在日本虚拟养老服务的发展过程中，没有仅局限于大规模推广线上平台，而是在瞄准老年人刚需的基础上，创造更多线下智能养老服务品牌，通过线下高质量服务，带动线上平台的利用效率和认可度，扩大"虚拟养老院"的服务半径。日本"虚拟养老院"中的高质量服务注重内涵式发展，注重综合功能的提升，同时将人性化理念贯穿于养老服务中，重视老年人的实际感受和使用效果。

一是注重服务的多样化。日本"虚拟养老院"中的养老服务涉及多个方面，既有基本的生活服务，如供餐、保洁、洗浴、维修物品、上门照料等，又有高层次的精神、安全、社会参与、出行等方面的更为复杂的养老服务。同时将老年人的服务需求具象化，不仅提供普遍的照料服务，还会为有特殊需求的老年人订制智能养老服务。多样化服务不仅显著提升老年人使用养老服务的意愿，还展现出日本"虚拟养老院"巨大的服务潜力。

二是注重服务的梯度性。梯度性强调基于服务对象的购买能力和现实处境，采取"差别平等"和"最小最大"的保障原则，将服务实施整合进服务对象的日常生活中，遵循"案主自决"的方式，提供针对性的差别服务。② 日本虚拟养老服务的梯度性主要体现在各虚拟养老机构清晰有别的自身定位和明确具体的服

---

① OHTA S, NAKAMOTO H, SHINAGAWA Y, et al. A Health Monitoring System for elderly people living alone [J]. Journal of Telemedicine and Telecare, 2002, 8 (3): 151 - 156.
② 胡善平. 多元主体养老服务组合优化的路径研究——基于"互联网+"视角 [J]. 老龄科学研究, 2018, 6 (8): 71 - 80.

务人群，根据不同人群的居住状况、身体状况、经济状况等设计出最适合的智能养老服务。例如，专门为独居老年人设计的居家健康监测系统、为高龄老年人设计的无障碍养老服务信息平台等。

三是注重服务的人性化。将人性化关怀融入虚拟养老服务是日本智能养老服务的优势和特色。科学技术和人工智能的使用，容易让人们仅以冰冷的数据来衡量老年人身体各项指标和生存状况，从而忽视老年人的感受。而日本远程医疗、远程照料等技术并没有忽视老年人实际需求和感受，反而更加重视老年人的身体和心理特点，从老年群体的生活习惯、服务需求入手，在硬件设备、交互操作、应急响应、服务手段等线上线下的各个环节融入关怀和尊重。

## 四、启示与思考

日本"虚拟养老院"是在"超智能社会"背景下，以"养老服务＋信息技术"为主要发展思路，依托社会各界资源而发展的新型养老服务模式，为我国"虚拟养老院"乃至智慧养老的发展，提供一定的参考和启发。

### （一）以政策指导实践

政策和制度是行动的先导，政策的出台才能确保"虚拟养老院"整体建设协调。日本从科技发展和老龄化的角度定位养老服务信息平台之"脉"，确保现代化信息技术能够"镶嵌"到养老服务中。同时，从法律和制度上明确"虚拟养老院"是以现代化信息技术为平台，依托不同养老服务资源禀赋而形成的服务机构，从法律角度保障专业化、多层次的养老服务。

我国关于虚拟养老服务的制度和政策较为碎片化，缺乏完备的制度基础。2019年，国家发展改革委等7部门印发《关于促进"互联网＋社会服务"发展的意见》，明确提出支持发展社区居家"虚拟养老院"，释放出以数字化转型扩大养老服务资源的政策导向。2020年3月，国家发展改革委等23个部门联合印发《关于促进消费扩容提质 加快形成强大国内市场的实施意见》,再次提出发展"互联网+社会服务"消费模式,支持发展社区居家"虚拟养老院",体现出国家对虚拟养老院发展的重视,也从侧面反映出疫情之下"虚拟养老院"建设的重要性和必要性。但是,目前关于智慧养老服务建设的政策和制度仍不完善,现存政策无法覆盖"虚拟养老院"建设的方方面面,导致其建设缺少指导意见。

因此,在未来制度建设中,要按照积极应对人口老龄化的宏观战略部署并结合各地探索的实践经验,从制度层面重视养老服务资源整合,加快养老服务信息平台建设,从政策领域协调居家、社区、机构养老服务的融合发展。

### (二) 以技术提质增效

"互联网+养老服务"不是"互联网+"与养老服务的简单拼凑,而是二者的深度融合。[①] 在融合过程中,科技创新水平是推动互联网技术与养老服务建立连接的重要手段。在日本虚拟养老服务的发展过程中,养老机器人、远程医疗信息平台、定位系统、智能可穿戴监测设备等一系列产品被应用在居家养老服务中,不仅对居家老年人的健康、地点实施远程监测,还为老年人提供智能化的日常生活服务。"互联网+"创新了日本养老服务方式,增加了养老服务内容,将线下养老服务与线上平台连接在一起,使养老服务产品实现智能化、多样化。

随着我国互联网技术的发展,我国已开始逐渐重视"互联网+养老服务"融合发展。2015 年,国务院印发的《关于积极推进"互联网+"行动的指导意见》明确指出,依托现有互联网资源和社会力量,以社区为基础,搭建养老信息服务平台,提供护理看护、健康管理、康复照料等居家养老服务,为互联网技术在益民服务中的应用提出总体指导建议。

要特别注意的是,养老服务的科技化、智能化只是技术性手段而非最终目

---

① 青连斌. "互联网+"养老服务:主要模式、核心优势与发展思路 [J]. 社会保障评论,2021,5 (1):115–128.

的。智能服务手段的快速普及,还是要以老年人需求为核心,不能以牺牲"被数字时代所抛下"的老年群体为代价。智能社会的整体目标应该是全体民众整体受益,曾为社会做出巨大贡献的老年群体更应该享受到智能服务带来的便利体验、优质生活质量。

### (三)以参与释放活力

多元化的养老服务主体需要通过整合来实现协调发展。福利多元理论认为,福利服务应该在政府和公共部门提供的基础上,引入社区和私立部门,实现福利的提供者和消费者共同参与福利服务的制度决策和服务输送过程。[①] 虽然日本"虚拟养老院"是由政府牵头组织建立的,但是在实际运行和服务中,多个主体都为"虚拟养老院"的建设做出贡献。例如,2010年3月,日本政府在总务省和地方作者系统开发中心之下设立了老龄社会信息和通信技术应用联合工作组。该工作组由 Toshio Obi 教授担任主席,由12名成员组成,分别代表学术界、商界、电子地方政府、智囊团、律师和从事老年人服务工作的非政府组织。工作组的主要目标是共同探索适当措施,利用信息和通信技术,为有特殊需要的人带来社会利益和经济利益。

老年人也是日本"虚拟养老院"的重要参与主体之一。为探究老年人因不了解现代通信技术而较少使用"虚拟养老院"的问题,日本学者研究发现,在辅助技术培训的作用下,老年人不仅能提升对通信技术和通信设备的信心,而且能提高"虚拟养老院"的使用度。信息技术使用培训促使老年人参与到"养老服务+信息技术"平台建设中,从而提升"虚拟养老院"的使用度和参与度。

### (四)以整合实现共赢

在"虚拟养老院"建设中,信息整合共享和部门合作是高效运行的关键。

---

① 李晨滴. 国内外关于居家养老服务的研究综述[J]. 广西教育学院学报,2009(5):12-16.

日本"虚拟养老院"中远程医疗和远程护理服务，不仅注重远程技术的复杂性与准确性，而且还强调更广泛的社会合作与技术合作系统。一是确立合作目标。日本"虚拟养老院"发展的最终目标，是实现未来社会体系的3个优先现象的融合，即信息化、老龄化和全球化的融合。参与主体围绕这一目标确定自身行动路径。二是注重合作效果评估。为保证协作效果，日本成立老龄社会信息和通信技术应用联合工作组制订评估方案，既考虑各个主体的特点与可用之处，又通过经济社会影响来确定已开发解决方案的质量。

虽然网互联网是"虚拟"的，但是通过互联网整合在一起的养老服务却是"实打实"的。因此，在线上技术的影响下，日本"虚拟养老院"中远程养老服务信息平台之所以能成功运行，不仅取决于技术的质量，也不单方面取决于老年人需求的明显重要性，而是取决于各主体彼此依赖的信息共享与协作机制。"虚拟养老院"的各个主体共享发展信息、拥有共同目标、拥有整体行动系统、具备完善评估体系，因此能够较好地在目标的集中、分散、实施之间取得明智的平衡。[1]

在虚拟养老服务资源整合的过程中，日本并没有形成统一的模式和固定的流程，而是根据不同主体拥有的资源"长板"决定"虚拟养老院"的整合方式。借鉴日本经验，我国在未来虚拟养老服务资源整合过程中，也要考虑到不同地区、不同机构之间服务资源调度和能力配置的差距。在整体研判当地人口需求特点和行动资源禀赋的基础上，强化对虚拟养老院服务发展规划、设置方式、功能布局、资源调度的指导，为各类服务提供者营造公平、有序和规范的参与环境，协调养老服务信息平台、服务项目提供者和服务机构之间的资源协作。

---

[1] FUJIMOTO M, MIYAZAKI K, VON TUNZALMANN N. Complex systems in technology and policy: telemedicine and telecare in Japan [J]. Journal of Telemedicine and Telecare, 2000 (6): 187-192.

# Virtual and Real Combination: Japan's "Virtual Elderly Care Homes" Activating Idle Resources for Elderly Care

Wang Yu

**Abstract**: To effectively address challenges of population aging, Japan's "virtual nursing homes" combine internet technology with elderly care services to provide integrated elderly care services. With the support of relevant policies in an intelligent society, Japan's "virtual nursing homes" provide health monitoring, safety protection, social participation, daily care, and travel assistance services for the elderly by directly providing services or serving as a service intermediary platform. In the construction of "virtual nursing homes" in Japan, the integration of resources during operation, intelligent methods for providing services, and high-quality service content are all valuable experiences for reference. In regard of the future development of "Internet plus" elderly care services in China, we should improve the efficiency and level of smart elderly care services from policy support, technical support, diversified participation, and resource integration.

**Keywords**: virtual elderly care homes; smart elderly care; elderly care services

# 我爱我家：澳大利亚"智能化居家养老"

郑 蕾[①]

**摘 要**：澳大利亚政府构建智慧养老的政策着力点和资金流向主要用于夯实智慧养老服务基础，提升智慧养老服务使用率。主要做法包括：搭建老年护理服务框架，确保老年人获得更长的居家养老时间；提升老年人使用数字技术的能力，让老年人更好地融入社会发展；以健康记录、电子处方和远程医疗为主要内容建立数字健康网络，促进机构之间的信息共享和协作。结合我国老龄化的现实情况，本文从体系建设、建立模型、数字运用和平台搭建4个维度提出了政策建议。

**关键词**：智慧养老 人口老龄化 澳大利亚

与我国一样，澳大利亚老年人同样希望在自己的家中老去。居家养老需要提高老年人本身独立性，以保证晚年的生活幸福感和生活质量。由于慢性疾病、多发性疾病以及衰老对机体的影响，只有通过不断提升居家养老的智能化水平，才能帮助老年人获得居家养老条件，并安全地在家中独立生活，减轻住宿养老产生的资金和人力负担。

## 一、澳大利亚应对老龄化的智能化方案

### （一）老龄国家的挑战

澳大利亚是人口老龄化情况最为严重的发达国家之一，根据2022年联合国

---

① 重庆城市管理职业学院智慧康养学院副教授。

统计的世界预期寿命排名,澳大利亚排名第三(84.32岁),仅次于摩纳哥(86.54岁)和日本(84.69岁)。① 根据2022年澳大利亚统计局(ABS)数据统计,2021年6月30日,65岁及以上人口为418.5万人,占澳大利亚总人口的16.31%,85岁及以上为51.8万人,占澳大利亚总人口的2.02%。据估计,到2031年,65岁及以上人口将达到550万人,占总人口的18.2%,85岁及以上的人口数为75.3万人,占总人口的2.5%。

澳大利亚政府是老年护理服务的主要承担者,根据澳大利亚政府官网,2018—2019年的政府财务数据,澳大利亚在全年应用于老年护理的经费为255亿澳元。其中,澳大利亚政府支出服务经费199亿澳元,接受老年护理服务人群的个人支出经费56亿澳元。2019—2020年,澳大利亚仅经由卫生与老年护理部门支出的老年护理这一项,付费金额就上升至212亿澳元;2020—2021年,政府用于老年护理的经常性支出为236亿澳元。② 根据澳大利亚议会预算办公室估计,在纠正通货膨胀后,澳大利亚政府在老年护理方面的支出每年将增加4.0%。这一增长将意味着老年护理支出的增长速度将显著快于澳大利亚所有政府支出增速(2.7%)。根据澳大利亚生产力委员会官方统计,2030—2031年,老年护理支出将占澳大利亚政府所有支出的5.0%,而2018—2019年这一比例为4.2%。随着老年人口数量在未来几十年的增加(从2021年的16.31%到2053年的21%)③,优化健康和福祉已成为澳大利亚面临的重要的经济、医疗和社会挑战。

### (二)政府应对策略

在澳大利亚,传统意义上的老年护理应该是入住养老机构或者在医疗机构接受专业护理。虽然住宿和灵活护理占据了较大比重的老年护理财务支出(见

---

① United Nations, Department of Economic and Social Affairs, Population Division, World Population Prospects 2022 [EB/OL]. (2022-11-15). Available from:http://population.cn.org/wpp/.
② 澳大利亚老年护理质量与安全皇家委员会2022年度实施进展报告。
③ LARAGY C, VASILIADIS SD. Consumer expectations of self-managing aged home care packages in Australia [J]. Health & social care in the community, 2020, 28 (6).

表 5-1)。但是事实上，大多数老年人一生中都坚持保持独立性并长期居住在家庭中，与家庭和社区保持密切联系。澳大利亚卫生与福利研究所（AIHW）网站数据表明，在 2021 年的老年护理规划统计中，约有 371 848 人使用了住宿护理、家庭护理或过渡期护理，这包括 191 029 人使用永久性或临时性住宿护理，176 157 人使用家庭护理，3 662 人使用过渡期护理。2020—2021 年，有超过 825 375 人在英联邦家庭支持计划（家庭支持）下获得了帮助。澳大利亚政府生产力委员会在《2022 年政府服务报告》中提供了具体的支出数据。

表 5-1　澳大利亚各类老年服务项目支出情况（实际支出）

| 年度 | 评估与信息服务/百万澳元 | 家庭护理与支持服务/百万澳元 | 住宿和灵活护理服务/百万澳元 | 劳动力和服务质量改进/百万澳元 | 合计/百万澳元 |
| --- | --- | --- | --- | --- | --- |
| 2014—2015 | 146.3 | 4 475.2 | 12 397.5 | 289.2 | 17 308.3 |
| 2015—2016 | 140.3 | 4 667.5 | 13 085.1 | 254.0 | 18 146.9 |
| 2016—2017 | 207.9 | 4 761.5 | 13 583.6 | 130.9 | 18 684.0 |
| 2017—2018 | 217.8 | 5 351.7 | 13 712.8 | 124.5 | 19 406.9 |
| 2018—2019 | 237.0 | 6 081.2 | 14 274.4 | 151.6 | 20 744.2 |
| 2019—2020 | 238.8 | 6 832.1 | 14 618.8 | 148.9 | 21 838.7 |
| 2020—2021 | 240.2 | 7 812.0 | 15 124.7 | 789.9 | 23 573.5 |

为了确保澳大利亚老年服务的质量，政府进行了不断的改革与尝试。这些改革旨在确保更多的老年人留在家庭中，从而减少政府负担。改革包括 5 个方面：家庭护理服务、家庭支持服务、老年人居家可持续、家庭护理质量与安全、劳动力培训和服务质量改进。

（三）老年护理服务框架

澳大利亚老年护理系统主要包括立法和实施（如图 5-2 所示）。在立法层面，1997 年实施的《老年护理法案》规定了老年护理场所的分配、护理接收者的批准和分类、护理服务提供者的责任和政府补贴的要求，并制定了 16 项老年护理原则。2018年通过了《老年护理质量和安全委员会法案》进行护理服务监管，设立了老年护理质量和安全委员会，并赋予老年护理质量和安全专员法律地位，协助他们履行职能。在实施层面，老年人完成申请和评估后，即可获得老年护理服务。老年护理服务主要提供3种服务类型，以支持老年人在其整个生命周期中接受连续的护理服务。此外，还增加了几种灵活的护理类型，以弥补老年人可能缺失的部分，并帮助他们应对特殊情况。

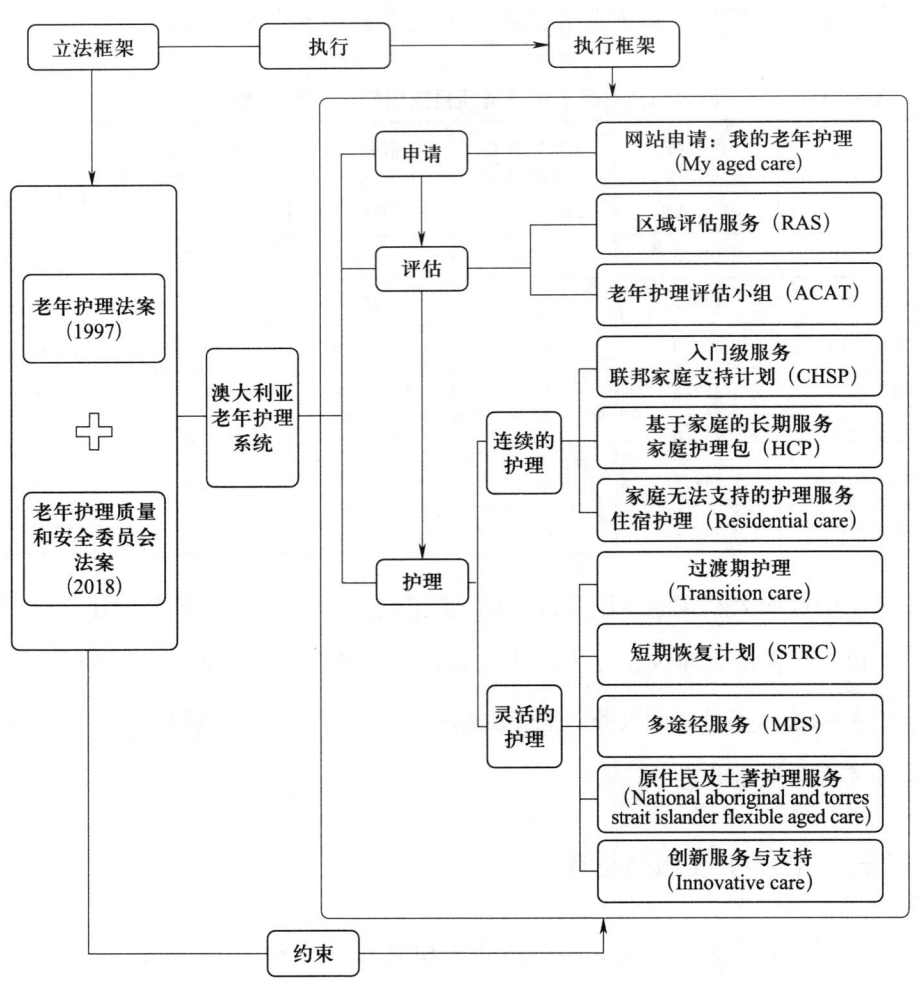

图5-2　澳大利亚老年护理系统框架图

资料来源：根据澳大利亚生产力委员会近五年政府工作报告总结绘制。

实施层面主要有3个阶段。

第一阶段为申请程序。申请者可以进入我的老年护理（My aged care）网站进行线上办理，该网站进行了适老化设计，如较大字体和单一入口等，方便老年人进行访问。

第二阶段评估服务。评估服务包括区域评估服务和老年护理评估小组。区域评估服务（Regional assessment services，RAS），是澳大利亚政府资助的机构，为需要支持才能在家中独立生活的老年人和残障人士提供评估服务。RAS在澳大利亚各州和地区有偿运营，并负责进行评估，确定个人是否有资格获得联邦资助的支持服务。主要目标是确定个人的护理需求，并帮助他们获得适当的支持服务。RAS的评估涵盖广泛的领域，包括个人护理、移动能力、营养和社交支持。评估内容包括有资质的评估员进行家庭访问和面对面访谈，确定老年人和残障人士的需求和护理目标。老年护理评估小组（Aged care assessment teams，ACAT）评估由一组经过培训的健康专业人员进行，他们会评估老年人的需求，并确定最适合满足其需求的老年护理服务类型。ACAT评估过程是免费的，主要评估个体的身体、社交和心理需求，居住安排以及社会支持网络。根据评估结果，ACAT将提供最适合的老年护理服务的建议，例如居家护理、住宿护理、临时护理或转换护理。在澳大利亚，获得政府资助的老年护理服务，包括联邦家庭支持计划、家庭护理包和住宿护理，都需要先进行ACAT评估。ACAT评估可通过My aged care网站申请或联系My aged care服务中心进行评估。

第三阶段为服务阶段。服务阶段包括连续的护理和灵活的护理两种形式。

连续的护理主要有入门级服务联邦家庭支持计划（Commonwealth home support program，CHSP）、基于家庭的长期服务护理包（Home care package，HCP）和家庭无法支持的护理服务住宿护理（Residential care）。

入门级服务联邦家庭支持计划是为老年人提供的入门级支持服务，使他们能够继续在家中独立生活。该计划自2015年7月1日起生效，整合了以前提供基本家庭支持的各种服务（包括联邦家庭和社区护理计划、全国护理人员暂息计划、日间治疗中心以及老年人护理和住房援助）等，重点是资助个人承担日常生活任务，使他们在社区更加独立（见表5-2）。

表5-2　　2020—2021年每1 000名65岁及以上老年人接受的联邦家庭支持计划服务情况

| 服务项目 | 服务内容 | 服务数量 |
| --- | --- | --- |
| 服务人次（人次/千人） | 专业医疗服务 | 469 |
| | 特殊护理服务 | 88 |
| | 日托服务 | 240 |
| | 护理及住房援助 | 34 |
| | 家庭援助 | 2 229 |
| | 家居维修 | 385 |
| | 专业护理服务 | 491 |
| | 膳食服务 | 17 |
| | 个人护理 | 567 |
| | 喘息护理（灵活护理） | 489 |
| | 喘息护理（整体护理） | 145 |
| | 社会支持（团体） | 1 524 |
| | 社会支持（个人） | 895 |
| | 合计 | 7 572 |
| 家庭改造金额（澳元/千人） | 家庭适老化改造 | 10 791 |
| 家庭改造服务人次（人次/千人） | 特供食品 | 2 221 |
| | 物品和设备改造 | 74 |
| | 交通出行（单程） | 946 |

资料来源：根据澳大利亚政府卫生部2021年的《老年护理数据快照》整理。

基于家庭的长期服务护理包是一个由政府资助的项目，为那些想要继续居住在家庭的老年人提供长期支持，针对不同护理和支持需求，分为4个需求级别。每个需求级别都接受不同数额的政府资金，需求度越高，政府为护理服务资助的资金就越多，个人就能得到更多的服务。需求等级的确定是由ACAT进行的。需求等级被确认后，由政府批准的HCP供应商将为老年人提供服务并管理服务资金，同时获得"个案管理"的支持和建议。在 HCP 的具体执行中，澳大利亚政府卫生与老年护理部门的 HCP 计划数据报告见表 5-3。

表 5-3　HCP 等级与补贴情况（2021 年 6 月 30 日—2022 年 7 月 1 日）

| 分级 | 级别状况 | 政府支付的年度补贴金额/澳元 |
| --- | --- | --- |
| 1 | 基础护理需求 | 9 000 |
| 2 | 低层次的护理需求 | 16 000 |
| 3 | 中等层次护理需求 | 35 000 |
| 4 | 高等层次护理需求 | 52 000 |

HCP 自执行以来，每年都在快速增长，根据 2022 年 3 月 31 日数据统计，有 208 512 人进入了 HCP 体系之中（如图 5-3 所示），同比增长了 24.76%。

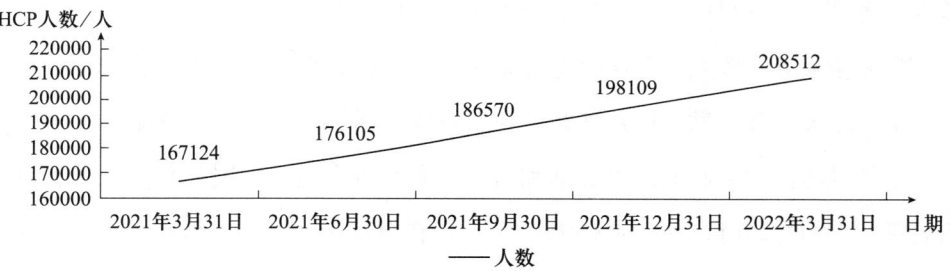

图 5-3　参与 HCP 的人数（2021 年 3 月 31 日—2022 年 3 月 31 日）

家庭无法支持的护理服务是为在老年护理机构的人提供个人护理的项目。作为服务的一部分，机构提供了包括住宿、膳食、清洁等一系列服务。

灵活的护理主要包括过渡期护理（Transition care）、短期恢复计划（Short-term restorative care，STRC）、多途径服务（Multi-purpose services，MPS）、土著居民及土著护理服务（National aboriginal and torres strait islander flexible aged care）和创新服务与支持（Innovative care）。

过渡期护理旨在帮助完成住院治疗，但在返回家中或过渡到长期护理之前需要额外支持的老年人，为需要额外时间从疾病、受伤或手术中恢复的具有复杂护理需求的个人提供短期护理和支持。该计划由澳大利亚政府资助和监管，适用于年龄超过65岁的人，或年龄超过50岁的土著居民和托雷斯海峡岛民。护理可以在各种场所提供，包括老年人护理设施、社区护理场所或个人家中。过渡期护理可以帮助澳大利亚的老年人恢复独立和生活质量，并支持他们回到自己的家中或进入长期护理环境。

短期恢复计划是为那些面临失去独立性的老年人提供短期支持和护理。该计划旨在改善个人的身体和心理健康，并帮助他们保持独立生活的能力。适用于年龄超过65岁的人，或年龄超过50岁的土著居民和托雷斯海峡岛民。提供的服务包括物理治疗、职业治疗、社交支持和个人护理等。该计划还为照顾者和家庭提供支持，帮助个人找到更长期的护理选择。其目的是提供全面的护理，侧重于促进独立和健康，而不仅仅是治疗疾病。该计划可以帮助个人恢复信心并改善他们的生活质量，最终目标是让他们能够更长时间地独立生活。

多途径服务是澳大利亚医疗保健系统的重要组成部分，为农村和偏远社区提供一系列服务，并帮助解决这些社区在获得医疗保健服务方面所面临的挑战。多途径服务设施由澳大利亚政府资助和监管，通常由当地卫生服务部门或非营利组织运营。它们在20世纪90年代末引入，旨在解决基层社区面临的困难和挑战，例如，缺乏医疗保健服务以及吸引和留住医疗保健专业人员的困难等。

土著居民及土著护理服务是一个为农村和偏远地区的土著澳大利亚人提供符合文化背景的老年护理服务计划。该计划旨在满足澳大利亚土著居民社区的独特需求，考虑到他们的文化习惯、信仰和价值观。该计划由澳大利亚政府资助，并通过一个由土著居民社区控制的组织和主流老年护理提供商的网络提供服务，确保提供的服务符合文化要求，能够响应当地社区需求。为老年护理提供者提供培训和支持，帮助他们掌握为土著澳大利亚人提供符合文化背景的护理所需的技能和知识，培训内容包括文化安全、文化意识和与土著居民社区合作等。

创新服务与支持是指采用创新的方法来提供老年护理服务，以满足老年人不断变化的需求和期望。创新服务与支持旨在提高护理质量，增强老年人的福祉，并提高他们的独立性和社会融入感，创新护理可以采取多种形式，例如，利用技术使老年人能够在自己的家中独立安全地生活，或者开发更能响应老年人个体化需求和偏好的新护理模式。澳大利亚政府已经承诺了大量资金来支持老年护理的创新，重点是促进以消费者为导向的护理，改善跨不同服务和提供者之间的护理整合，并利用新技术和护理模式的潜力。

## 二、澳大利亚智能化居家养老实践与成果

随着时代发展，数字技术成了居家养老是否可行的一个重要支撑点，因为它们可以收集和传输老年人数据，以及促进社会和护理的联系。同时居家养老还涉及其他设备和家庭改造，如坡道和楼梯升降机等。与居家养老相关的数字技术主要分为3类：智能家居技术、远程医疗技术和远程护理技术，但它们之间没有明确的区分。在居家养老数字技术运用方面，澳大利亚近年来主要有两个方面的成效，即进行老年人数字包容能力训练和普及远程医疗及护理技术。

居家养老数字技术被认为对于缓解老年人孤立非常重要，因为如果老年人被排除在数字化社会联系之外，他们也会被排除在充分参与社会的范畴之外。这些社会联系，连同与健康相关支持的联系，构成了总体幸福感和生活质量的基础，并且与"积极老龄化"的策略相关联。

### （一）数字包容：实现居家养老的数字技能

数字包容是指个人或群体获得和使用信息与通信技术的能力，包括4个方面：访问互联网、硬件与软件的使用能力、获取相关线上的内容与服务以及进行数字技能相关培训。

一是制定居家养老服务网络框架。2011年，澳大利亚生产力委员会在撰写关爱澳大利亚老年人的报告中发现，现有的系统对老年人指引性不足，提供的服务参差不齐而且缺乏公平性。通过研究，澳大利亚生产力委员会认为，只有通过让消费者更好地获取信息和控制政府补贴，才能更好地提高老年服务的质量和性价比。因此，澳大利亚生产力委员会确认了消费者导向型护理模型（Consumer-directed care，CDC）。CDC 于 20 世纪 90 年代始于欧洲的残疾领域，作为选择老年护理服务以延迟老年人进入机构护理的一种手段，在国际上越来越受欢迎。改革的一个主要方面是通过 CDC 增加消费者的选择来创建一个更加市场化的系统，对试点的审查发现消费者满意度很高。2015 年 3 月，澳大利亚政府要求对联邦政府资助的老年护理宣传服务进行审查，收到的大量意见书认为，许多老年人由于认知能力下降或痴呆、缺乏非正规支持以及与多元文化不兼容的情况，缺乏作出明智决定的能力。作为回应，澳大利亚政府将 The older persons advocacy network（OPAN）指定为单一的全国宣传机构。

向消费者提供高质量信息的重要性被认为是 CDC 改革从一开始就取得成功的关键。2013 年澳大利亚政府推出了 My aged care 网站，以公开透明的方式为老年人提供服务信息。但 2017 年的一份报告指出[①]，由于有许多老年人不使用互联网，导致网站服务能力有限。鉴于这种情况，澳大利亚政府专门拨出资金用以改善老年人的网站使用体验，并进行了 My aged care 网站的外延服务（面对面指导）。尽管如此，社会团体继续发表报告和声明，声称消费者在作出决定时仍然信息不灵通，许多供应商没有提供有关其服务和价格的适当信息。2018 年 12 月，供应商被要求进行费用公示，从 2019 年 7 月起，新规则生效，以提高供应商的透明度和问责制。同时，网站还开展营销活动，向消费者和更广泛的公众推广该系统，政府随后聘请了专门的营销公司对该系统进行营销。

通过实践，CDC 被誉为能够通过竞争激烈的市场，以更低的成本提高服务质量的解决方案，解决了护理质量差、系统导航困难、不公平和成本持续增长等问题。

二是互联网技术的培训与推广。澳大利亚数字包容指数（The Australian digital inclusion index，ADII）将 65 岁及以上的老年人列为数字排斥最严重的年龄组（49.7，比全国平均水平低 13.3）。根据澳大利亚通信和媒体管理局（ACMA）

---

① MCCALLULM J，REES K. Consumer directed care in Australia：Early-stage analysis and future directions[R]. Brisbane：National Seniors，2017.

的公开文件显示：65 岁及以上老年人上网的频率明显低于年轻人，老年人平均每周上网 7 小时（见表 5-4、表 5-5）。

表 5-4  按性别和年龄划分的互联网使用情况（2014 年 7 月—2015 年 6 月）

|  | 男性人口占比①/% | 女性人口占比/% |
| --- | --- | --- |
| 18 岁及以上 | 89 | 88 |
| 19~64 岁 | 76 | 67 |
| 65~69 岁 | 85 | 80 |
| 70~74 岁 | 77 | 69 |
| 75~79 岁 | 69 | 58 |
| 80 岁及以上 | 55 | 39 |

表 5-5  数字包容指数低的群体的排名分数

| 序号 | 被统计类型 | ADII 分数 | 自 2019 年以来的分数变化 | 与澳大利亚平均水平的差距 |
| --- | --- | --- | --- | --- |
| 1 | 单一手机用户 | 43.7 | +0 | -19.3 |
| 2 | 家庭收入 Q5 等级（3.5k 以下） | 43.8 | +0.5 | -19.2 |
| 3 | 65 岁及以上 | 49.7 | +1.7 | -13.3 |
| 4 | 中等学校学历以下 | 51.0 | +1.6 | -12.0 |
| 5 | 失能 | 52.6 | +0.6 | -10.4 |
| 6 | 家庭收入 Q4 等级（35~60k） | 53.8 | +0.7 | -9.2 |
| 7 | 丧失劳动能力 | 54.3 | +0.5 | -8.7 |
| 8 | 澳大利亚土著 | 55.1 | +0.0 | -7.9 |
| 9 | 仅有中等学历教育 | 60.0 | +0.4 | -3.0 |
| 10 | 50~64 岁 | 61.7 | +1.3 | -1.3 |
|  | 澳大利亚平均水平 | 63.0 | +1.1 | 0.0 |

数据来源：Thomas J, Barraket J, Wilson C K, et al. Measuring Australia's digital divide：The Australian digital inclusion index 2020 [J]. 2020.

为了提高老年人使用数字技术的信心、技能和在线安全性，澳大利亚政府执

① 人口占比：上网人群在同年龄段总人口中所占的比例。

行了一项名为"Be Connected"的举措，旨在采用以社区为中心的方法，帮助50岁及以上几乎没有数字技术经验的人，这项活动于2017年10月开始启动，专门设计并提供了一系列资源来帮助没有数字技术经验的人。

主要资源有两种：一是专用网站，为老年人及其亲属、同龄人以及当地社区组织提供信息和互动培训工具和资源；二是个性化支持和指导，通过遍布澳大利亚的一大批社区组织，如图书馆、邻里中心、社区俱乐部、退休村和支持老年人的服务机构，为确有学习困难的人提供专门的学习和辅导服务。提供的学习内容主要以服务老年人生活为主的数字技术基础知识，主要涵盖如何使用数字设备（电脑、手机等），确保上网安全培训，发送电子邮件，如何使用Facebook等社交媒体，在线购物和使用银行业务，使用官方网站进行服务查询，以及与家人进行照片分享等。

通过"Be Connected"计划，老年人从2017—2020年使用各种设备访问互联网，手机、电视和平板电脑的使用显著增加，澳大利亚通信和媒体管理局在官网中发布了相关数据（见表5-6、表5-7）。

表5-6　　老年人数字设备使用对比（2017年6月—2020年6月）

| 类型 | 2017年6月占比/% | 2020年6月占比/% |
| --- | --- | --- |
| 智能手机 | 51.0 | 78.0 |
| 平板 | 42.0 | 59.0 |
| 笔记本电脑 | 50.0 | 58.0 |
| 台式机 | 52.0 | 47.0 |
| 智能电视 | 14.0 | 48.0 |
| 数字媒体播放器 | <1 | 17.0 |

表5-7　　老年人上网活动内容对比（2017年6月—2020年6月）

| | 2017年6月占比/% | 2020年6月占比/% |
| --- | --- | --- |
| E-mail | 87.0 | 95.0 |
| 银行业务 | 59.0 | 77.0 |

续表

|  | 2017年6月占比/% | 2020年6月占比/% |
|---|---|---|
| 看视频 | 43.0 | 71.0 |
| 购物 | 44.0 | 64.0 |
| 音频内容 | 21.0 | 36.0 |

## （二）数字健康：便捷的居家健康服务

为提升居民健康水平，澳大利亚政府专门成立了数字卫生局，该机构的主要职责是在数字健康的开发、交付和采用方面发挥主导作用，改善居民的医疗保健水平。同时，在澳大利亚全境协调、开发支持链接健康生态系统的数字技术。

根据2021—2022年度报告，澳大利亚数字卫生局旨在通过数字技术促进老年护理部门的数字化改革，以提高老年群体的医疗保健效果。为此，该机构计划通过教育和有针对性地参与，推动数字技术在老年护理环境中的应用。

执行层面，该机构进行的工作有：为老年护理对象提供一对一协助，帮助他们注册使用我的健康记录（My health record）系统；与老年护理软件供应商合作，升级其产品并集成在 My health record 系统，从而提高符合所需标准的软件的可用性。此外，澳大利亚数字卫生局还制定了老年护理临床和住宅信息系统标准，以推进老年护理服务的数字化进程，从而使得在老年人在从家庭转移到其他环境中时（如医院），能够数字化捕获居民的健康信息，以便于医疗人员或照护人员更好地了解其医疗历史和治疗需求。

数字健康的主要内容包括健康记录、电子处方和远程医疗。其中，My health record 是澳大利亚的电子 PHR（personal health record）系统，于2012年7月在澳大利亚推出。而澳大利亚的电子处方（Electronic prescriptions）是一种数字化医疗服务，旨在改善澳大利亚国内患者获得处方药品的流程。该服务通过数字化技术使得医生和药剂师之间可以通过网络传输处方信息，从而取代了传统纸质处方。澳大利亚的远程医疗主要是通过电话或者视频方式进行医疗服务，服务内容包括诊断、治疗和预防,自 2022 年 1 月 1 日起,远程医疗项目被纳入医保(见表 5-8、表 5-9)。

表 5-8　　　上传 My health record 电子记录的类型与增量
（2022 年 1 月—2023 年 1 月）

| 文件类别/名称 | 2022 年 1 月 | 2023 年 1 月 | 增长率/% |
| --- | --- | --- | --- |
| 临床文件 | 153M | 278M | 82 |
| 共享健康摘要 | 7M | 9M | 28 |
| 出院小结 | 11M | 16M | 45 |
| 活动概要 | 2M | 4M | 100 |
| 护理目标 | 1K | 3K | 200 |
| 专科信 | 0.6M | 1.2M | 100 |
| 电子推荐信 | 0.4K | 0.4K | 0 |
| 病理报告 | 117M | 226M | 93 |
| 诊断影像报告 | 15M | 22M | 47 |

表 5-9　　　支持使用电子处方的政策与文件

| 序号 | 年度 | 名称 | 类型 | 内容 |
| --- | --- | --- | --- | --- |
| 1 | 2012 | 全国住院用药图 | 文件及政策 | 详细说明了对用于住院护理设施的纸质和电子形式的用药图表的要求。在老年护理方面,专门设置了住宅老年护理服务信息包,规范用药信息和处方查询 |
| 2 | 2017 | 国民健康(药物福利)条例 | 框架政策 | 允许在 PBS 框架下使用电子处方 |
| 3 | 2019 | 电子处方定义表 | 文件 | 定义了 PBS 处方者开具电子处方时所需的信息字段 |
| 4 | 2019 | 处方信息技术要求 | 文件 | 详细说明了参与电子处方的系统要求 |
| 5 | 2019 | PBS 医院药物图表 | 文件及政策 | 详细说明了医院使用的纸质和电子形式药物图表的要求。如果符合以下 3 点之一可申请相应政府资金资助:<br>①住宅老年护理服务;<br>②提供院所老年护理服务的多用途服务;<br>③澳大利亚土著居民和托雷斯海峡岛民灵活老年护理服务,和为土著居民提供的院所老年护理服务 |

续表

| 序号 | 年度 | 名称 | 类型 | 内容 |
|---|---|---|---|---|
| 6 | 2020 | 电子处方安全和访问政策 | 文件及政策 | 描述了医疗服务提供者保证软件安全性和完整性的义务、用户供应、授权和认证要求、有效和安全管理的要求 |
| 7 | 2021 | 电子处方有效药单隐私框架 | 政策 | 电子处方的选择、接收、管理及隐私保护 |
| 8 | 2021 | 电子处方隐私政策 | 政策 | 详细描述了参与电子处方过程的非政府组织的责任，这些组织包括处方机构、配药机构、处方递送服务运营商、处方软件和配药软件的提供者等 |
| 9 | 2021 | 电子处方数据使用政策 | 政策 | 描述如何收集、使用和披露电子处方中的个人信息和相关数据 |

资料来源：根据澳大利亚政府卫生和老年护理部关于电子处方搜索记录整理绘制而成。

## 三、经验与启示

### （一）澳大利亚智慧养老的经验总结

澳大利亚作为典型的发达国家，在构建智慧养老的路径上，虽然也投入了大量资金进行前沿技术研究，但是政策着力点和主要资金流向主要用于夯实智慧养老服务基础，提升智慧养老服务使用率。为使政策得到更好贯彻与落实，成立了如卫生和老年护理部、数字卫生局等专门部门。同时，政府也积极进行老年护理服务改革，如澳大利亚卫生和老年护理部官网显示，2023年改革《1997年老年护理法案》，以确保政策能够满足老年人不断增长的护理需求。

一是搭建老年护理框架，延长居家养老时间。每个人在老年生命阶段，都有自己独特的生活经历。因此，没有可以称之为"典型"的老年人，政府搭建老年护理框架时，核心是评估，原则是灵活应对老年人在不同时期、不同环境下的不同需求，目的是维持老年健康，保证更长居家时间，减少政府负担。对政府而言，提供居家护理服务是一种更好的养老服务选择。针对老年人进行反复多次的评估服务，从而保证老年人获得的服务是合适的。连续的护理服务解决老年人常态化需求；灵活的护理服务保证老年人在不同阶段转换时，也能得到相应照护。虽然连续的护理服务是从低水平到高水平，甚至永久的连续护理，但是在评估服务的支持下，老年人在系统中并不一定获得线性服务。尊重个性选择能够最大限度地保有老年人功能，获得居家养老能力，延长居家养老时间。

二是提升数字包容能力，夯实智慧养老基础。数字包容是个人或群体获得和使用信息与通信技术的能力，澳大利亚政府始终认为，随着数字技术在社会生活中的普及和应用，数字包容性成为一个重要的议题。老年人的数字包容能力影响他们在社会、经济和文化方面的参与和福利。澳大利亚数字包容指数将65岁及以上的老年人列为数字排斥最严重的年龄组，因此，提高他们的数字包容能力尤为重要。针对老年人，数字包容能力包括数字技能、数字信任、数字设备和数字网络的可访问性等不同维度。澳大利亚政府采取了多项措施来提高老年人的数字包容能力，例如，推出数字培训计划、设计可信网站和提供门到门服务。通过提高老年人的数字包容能力，政府能够更有效地提供老年照护服务，让老年人更好地融入社会发展，促进社会融合，提高生活质量，实现健康积极的老龄化，避免公共资源的浪费，这是智慧养老方案得以实现的基础。

三是建立数字健康网络，促进智慧养老发展。澳大利亚的数字健康网络主要包括3个方面：健康记录、电子处方和远程医疗。基于数字健康网络构建的整体性考虑，政府成立了专门的数字健康局，致力于推动数字技术在老年护理中的应用，为老年人提供高效、便利的数字健康服务。健康记录方面，"My health record"提供了针对老年人的健康信息在线摘要，降低了医疗服务成本。对于那些可能有复杂健康需求并向多个医疗服务提供者看病的老年人而言，提高了护理的安全性和质量。"My health record"允许医疗服务提供者上传老年人健康信息，如测试结果和护理计划，确保不同医疗服务提供者之间的连续性护理。值得一提的是澳大利亚政府在"My health record"中加入的预先护理计划模块，通过预先录入个人的医疗保健规划，来确保老年人在失能、失智的情况下，能够决定自己的医疗方案和确保生命最后的尊严。电子处方方面,老年人无须离开家庭即可领取医生指导下的合理用药,确保药物信息的准确性和及时性来减少用药错误的风险。远程医疗方面,政府通过法案,将远程医疗纳入医疗保障系统,根据澳大利亚皇家内科医师学会的一项调查报告:87%的受访者支持在疫情流行过后保留这一新的远程医疗项目;近70%的受访者表示,与面对面预约相比,服务对象更有可能保留远程医疗预约,这表明不必出门就诊的便利性对使用者而言非常具有吸引力。① 通过实现信息共享、优化药物管理和促进远程医疗,数字健康网络的建成,有效地促进了机构之间的信息共享和协作,提升了老年照护服务的质量和效率。

### (二)澳大利亚智慧养老对我国的启示

一是完善智能养老服务体系。我国《"十四五"国家老龄事业发展和养老服务体系规划》提出,加强老年健康教育和预防保健等举措,力求完善老年健康支撑体系;推进"互联网+健康评估""互联网+护理服务",发展面向居家、社区和机构的智慧医养结合服务。② 在此情况下,需要做好以下4个方面工作。首先,设立专业评估机构。建立评估机构,对老年人进行反复多次的评估服务,从而保证老年人获得的服务是合适合时的。评估机构应该由专业人士组成,包括医生、护士、社会工作者等,能够综合评估老年人的身体状况、心理状况和生活能力,制订出适合老年人的护理服务方案。其次,提供连续的护理服务。为解决老年人常态化需求,需要提供连续的护理服务。这些服务应该覆盖老年人日常生活的各个方面,包括饮食、卫生、康复、社交等。连续的护理服务可以分为低水平到高水平,甚至是永久的连续护理,保证老年人在不同阶段都能得到相应照护。

---

① O'KANE G. Telehealth—Improving access for rural, regional and remote communities [J]. The Australian journal of rural health,2020,28(4):419.

② 中华人民共和国中央人民政府. "十四五"国家老龄事业发展和养老服务体系规划 [EB/OL]. https://www.gov.cn/zhengce/content/2022-02/21/content_ 5674844. htm.

再次，提供灵活的护理服务。老年人的身体和心理状况在不同阶段都可能发生变化，需要灵活的护理服务来适应这些变化。灵活的护理服务应该能够根据老年人的需求和偏好，提供个性化护理服务，以保证老年人获得最合适的照护。最后，尊重个性化选择。老年人是独立的个体，应该有权利自主选择自己的照护方式和服务提供者。我国的养老护理服务系统应该尊重老年人的个性化选择，提供多样化的服务方式和服务提供机构，让老年人有更多的选择权，以最大限度地保有老年人身体的功能，获得居家养老能力，延长居家养老时间。

二是建立以消费者为导向的老年护理模型。消费者导向型护理模型（Consumer-directed care，CDC）作为一种护理服务模式，使个人对他们所接受的服务和支持有更多的控制权。老年人可以根据自己的喜好和目标，用来购买他们需要的服务。这种方法使个人有能力根据他们的具体需要和偏好来定制他们的护理服务，并能导致更好的结果和增加对护理服务的满意度。（1）建立良好的信息共享机制。包括建立透明的信息平台，以便老年人了解他们可以选择的护理服务，以及这些护理服务的成本和质量。此外，应建立信息共享机制，以确保各个护理提供者之间的信息共享，从而避免服务的冗余和浪费。（2）推广CDC的理念。除实施CDC之外，还可以推广CDC的理念，让更多人了解并理解这种服务模式的优点和实施方法。通过向老年人及其亲属等相关人员进行教育和宣传，以便更多人了解CDC并能够选择这种护理模式。（3）建立和完善监督机制。建立健全监督机制，确保护理服务提供者遵守相关规定和标准，提供高质量的护理服务。包括建立监管机构、制定规范标准等方式。（4）推广数字化照护服务。数字化护理服务可以提高照护服务的效率和质量，例如，通过电子健康档案、智能医疗设备等方式提供护理服务。因此，可以探索在CDC中推广数字化护理，以提高护理服务的效率和质量。（5）建立数据分析平台。平台集成数据分析系统，通过分析消费者的需求和偏好，以及护理服务的成本和效果等方面的数据，为CDC的实施提供支持和指导。

三是提升老年人数字技能运用能力。（1）审慎强化数字运用内在能力。中国老年人的"数字鸿沟"与"数字沉迷"并存。积极老龄化视角下,我们一方面要积极鼓励老年人进入数字世界,提升运用智慧系统解决自身需求的能力;另一方面,也要关注到现实情况,防止老年人陷入"数字沉迷"。中国互联网络信息中心发布的第 49 次《中国互联网络发展状况统计报告》显示,截至 2021 年 12 月,我国 60 岁及以上老年网民规模达 1.19 亿人,该群体互联网普及率为 43.2%,尚未过半。同时,有媒体发布的《2020 老年人互联网生活报告》显示,超过 10 万老年人每日在线超过 10 小时,呈现极致孤独的生活状态,几乎全天候生活在移动网络上。(2) 积极提升数字交往的供给水平。数字运用内在能力不足主要体现在老年人与年轻人接触不够,对于新生事物接纳程度低。因此国家应该强化老年人的数字供给水平,增加互联网运用能力,在数字设备以及 App 中适时融入"适老化"内容,提升数字设备与手机 App 对老年人的友好程度,特别针对"老年模式"的切换入口、操作界面与流程等方面进行优化,为老年人参与数字生活营造良好环境。(3) 规范健全数字技术的推广运用。建立个人权利保护制度规范是数字技术推广运用的基础和前提。建立个人数据保护制度规范,制定透明的数据收集、存储和使用规则,保证个人数据的隐私和安全。加强用户授权与认证机制,确保用户对个人数据和信息有更多自主权。提高服务质量和安全性,为老年人提供高效、稳定、安全、易用的服务,防止老年人遭受各种欺诈和虚假信息的侵害。加强公共宣传和教育,提高老年人的自我保护意识和技能,增强老年人对数字平台的正确认识和使用能力。

四是搭建养老服务平台。在现有老年人健康档案基础上,通过信息化手段建设一个包括家庭、社区及机构在内的多层次养老服务平台,整合各类资源,提供全方位、便捷化、智能化服务。推动移动终端应用与养老服务相结合,实现智能化、人性化养老服务。利用互联网和移动通信技术,实现"以政府为主导、市场为导向"的社会力量参与下的多主体协同合作模式。(1) 建设老年人健康档案系统。通过信息化手段,建设老年人健康档案系统,包括基本信息、病史、体检、诊断和治疗方案等内容。可以通过智能化设备和手机 App 等方式获取和更新老年人健康档案，同时实现老年人和医护人员之间的在线交流。（2）建设家庭、社区和机构多层次养老服务平台。通过互联网和移动通信技术，建设包括家庭、社区和机构在内的多层次养老服务平台，实现各层次之间的信息互通和资源共享，提供老年人的健康咨询、家庭照护、社区关怀、医疗服务、康复护理等全方位、便捷化、智能化服务。同时，通过平台推广移动终端应用程序 App，让老年人可以通过智能手机、平板电脑等移动设备获得更为便捷和贴心的服务。（3）整合各类资源。在建设多层次养老服务平台的过程中，要整合各类资源，包括医疗机构、社区服务中心、家庭护理机构、志愿者组织等，通过建立联合工作机制，实现资源的最优配置和高效利用，提高服务水平和质量。（4）实现智能化、人性化养老服务。在建设多层次养老服务平台的同时，要注重推动智能化、人性化养老服务的实现。通过应用人工智能、物联网、大数据等技术，实现老年人的健康监测、智能化康复训练、个性化营养指导等服务，提高服务的科技含量和质量，同时注重提高服务的人性化和情感化。（5）多主体协同合作。在推进养老服务信息化建设的过程中，要实现政府、市场、社会力量的多主体协同合作。政府应当通过出台政策、提供经费和技术支持等方式，引导市场和社会力量积极参与养老服务信息化建设，同时要推动养老服务市场的规范化和健康发展，提高服务的可持续性和稳定性。

# 参考文献

[1] 青连斌．"互联网＋"养老服务：主要模式、核心优势与发展思路［J］．社会保障评论，2021，5（1）：115-128.

[2] 周心怡．发达国家养老保险体系责任分担机制的基本经验及启示［J］．东南学术，2021（3）：96-104.

[3] 孟融．数字时代老年人的权利弱化及法治应对——以可行能力理论为分析框架

[J]. 中国特色社会主义研究,2022(21):143-153.

[4] 农静雅,李岩,万泉,等. 澳大利亚老年长期照护筹资经验与启示[J]. 中国卫生经济,2023,42(5):93-96.

[5] 李绵利,PLUMMER V,ALLEN J,等. 澳大利亚老年护理综合评估体系介绍及其对我国养老服务的启示[J]. 护理研究,2021,35(14):2546-2550.

# Domestic Affection: Technological-Enhanced Home Care for the Elderly in Australia

Zheng Lei

**Abstract**: Australian government focuses on consolidating the foundation of smart aged care services and improving the utilization rate of such services when constructing the path of smart aged care. The main measures include establishing a framework for elderly care services, ensuring that the elderly can enjoy longer home care time, and improving the ability of the elderly to use digital technology, enabling them to better integrate into social development and enhancing the quality of elderly care services. Meanwhile, a digital health network has been established with health record, e-prescriptions, and telehealth as the main content, effectively promoting information sharing and collaboration among institutions, and improving the quality and efficiency of elderly care services. Based on the current situation of population aging in China, this paper proposes policy recommendations from four dimensions: system construction, model establishment, digital application, and platform building.

**Keywords**: smart aged care  aging  Australia

# 06 附　录

# 党的十八大以来智慧养老重要政策文件摘编

## 一、党的十八大以来智慧养老重要政策文件目录

1. 《国务院关于加快发展养老服务业的若干意见》（国发〔2013〕35号）

2. 《民政部　发展改革委　教育部　财政部　人力资源社会保障部　国土资源部　住房城乡建设部　国家卫生计生委　银监会　保监会关于鼓励民间资本参与养老服务业发展的实施意见》（民发〔2015〕33号）

3. 《国务院关于积极推进"互联网+"行动的指导意见》（国发〔2015〕40号）

4. 《国务院办公厅关于全面放开养老服务市场提升养老服务质量的若干意见》（国办发〔2016〕91号）

5. 《国务院关于印发"十三五"国家老龄事业发展和养老体系建设规划的通知》（国发〔2017〕13号）

6. 《工业和信息化部　民政部　国家卫生计生委关于印发〈智慧健康养老产业发展行动计划（2017—2020年）〉的通知》（工信部联电子〔2017〕25号）

7. 《国务院办公厅关于推进养老服务发展的意见》（国办发〔2019〕5号）

8. 《国务院办公厅关于切实解决老年人运用智能技术困难实施方案的通知》（国办发〔2020〕45号）

9. 《国务院办公厅关于促进养老托育服务健康发展的意见》（国办发〔2020〕52号）

10. 《中华人民共和国国民经济和社会发展第十四个五年规划和2035年远景

目标纲要》（2021年3月13日）

11.《中共中央 国务院关于加强新时代老龄工作的意见》（2021年11月18日）

12.《国务院关于印发"十四五"国家老龄事业发展和养老服务体系规划的通知》（国发〔2021〕35号）

13.《工业和信息化部 民政部 国家卫生健康委关于印发〈智慧健康养老产业发展行动计划（2021—2025年）〉的通知》（工信部联电子〔2021〕154号）

14.《民政部 国家开发银行关于"十四五"期间利用开发性金融支持养老服务体系建设的通知》（民发〔2021〕94号）

15.《关于印发"十四五"健康老龄化规划的通知》（国卫老龄发〔2022〕4号）

16.《养老和家政服务标准化专项行动方案》（2022年12月29日）

## 二、推进信息化建设，实施"互联网+"养老工程

1. 发展居家网络信息服务。地方政府要支持企业和机构运用互联网、物联网等技术手段创新居家养老服务模式，发展老年电子商务，建设居家服务网络平台，提供紧急呼叫、家政预约、健康咨询、物品代购、服务缴费等适合老年人的服务项目。

《国务院关于加快发展养老服务业的若干意见》（国发〔2013〕35号）

2. 推进养老服务信息化建设，逐步实现对老年人信息的动态管理。支持民间资本运用互联网、物联网、云计算等技术手段，对接老年人服务需求和各类社会主体服务供给，发展面向养老机构的远程医疗服务，发展老年电子商务，为老年人提供紧急呼叫、家政预约、健康咨询、物品代购、服务缴费等服务项目。

《民政部 发展改革委 教育部 财政部 人力资源社会保障部 国土资源部 住房城乡建设部 国家卫生计生委 银监会 保监会关于鼓励民间资本参与

养老服务业发展的实施意见》（民发〔2015〕33号）

3. 推进信息化建设。落实促进大数据发展行动纲要，在切实保障数据安全的前提下，着力推动各有关部门涉及老年人的人口、保障、服务、信用、财产等基础信息分类分级互联共享，消除信息孤岛。在此基础上推动搭建全国互联、上下贯通的老龄工作信息化平台，加强涉老数据、信息的汇集整合和发掘运用，建立基于大数据的可信统计分析决策机制。支持各地积极推进为老服务综合信息平台在城市社区全覆盖、在农村地区扩大覆盖，推进信息惠民服务向老年人覆盖、数据资源向社会开放，更好地服务于保障改善老年人民生和大众创业、万众创新。

《国务院关于印发"十三五"国家老龄事业发展和养老体系建设规划的通知》（国发〔2017〕13号）

4. 依托城乡社区公共服务综合信息平台，以失能、独居、空巢老年人为重点，整合建立居家社区养老服务信息平台、呼叫服务系统和应急救援服务机制，方便养老服务机构和组织向居家老年人提供助餐、助洁、助行、助浴、助医、日间照料等服务。

实施"互联网+"养老工程。支持社区、养老服务机构、社会组织和企业利用物联网、移动互联网和云计算、大数据等信息技术，开发应用智能终端和居家社区养老服务智慧平台、信息系统、App应用、微信公众号等，重点拓展远程提醒和控制、自动报警和处置、动态监测和记录等功能，规范数据接口，建设虚拟养老院。

《国务院关于印发"十三五"国家老龄事业发展和养老体系建设规划的通知》（国发〔2017〕13号）

5. 加强智慧健康养老服务网络建设和网络安全保障。加强宽带网络基础设施建设，到2020年实现城市家庭宽带接入能力达到100 Mbps，打造覆盖家庭、社区和机构的智慧健康养老服务网络。落实智慧健康养老服务平台网络安全防护要求，提高防攻击、防病毒、防窃密能力。加强智慧健康养老个人信息保护，严格规范用户个人信息的收集、存储、使用和销毁等行为。落实数据安全和用户个人信息保护安全标准要求，加强智慧健康养老服务平台的数据管理和安全管控。

《工业和信息化部 民政部 国家卫生计生委关于印发〈智慧健康养老产业发展行动计划（2017—2020年）〉的通知》（工信部联电子〔2017〕25号）

6. 推进互联网应用适老化改造。组织开展互联网网站、移动互联网应用改造专项行动，重点推动与老年人日常生活密切相关的政务服务、社区服务、新闻媒体、社交通信、生活购物、金融服务等互联网网站、移动互联网应用适老化改造，使其更便于老年人获取信息和服务。优化界面交互、内容朗读、操作提示、语音辅助等功能，鼓励企业提供相关应用的"关怀模式"、"长辈模式"，将无障碍改造纳入日常更新维护。

《国务院办公厅关于切实解决老年人运用智能技术困难实施方案的通知》（国办发〔2020〕45号）

7. 加快推进老年人常用的互联网应用和移动终端、App应用适老化改造。实施"智慧助老"行动，加强数字技能教育和培训，提升老年人数字素养。

《中共中央 国务院关于加强新时代老龄工作的意见》（2021年11月18日）

8. 创新驱动，科技赋能。加强跨学科、跨领域合作，推动物联网、大数据、云计算、人工智能、区块链、超高清视频、虚拟现实等新一代信息技术在健康及养老领域的集成创新和融合应用，提升健康养老产品及服务的智慧化水平。

《工业和信息化部 民政部 国家卫生健康委关于印发〈智慧健康养老产业发展行动计划（2021—2025年）〉的通知》（工信部联电子〔2021〕154号）

9. 做强智慧健康养老软件系统平台。加快建设统一权威、互联互通的全民健康信息平台，实现健康数据的有效归集与管理。鼓励企业开发具有多方面、多种类健康管理分析功能及远程医疗服务功能的应用软件及信息系统，提升健康服务信息化水平。推进建设区域智慧健康养老服务综合信息系统平台，依托区域养老服务中心，推进养老补贴、养老服务、行业监管信息化，实现老年人信息的动态管理。鼓励企业面向居家、社区、机构等场景，开发养老服务管理系统、为老服务信息平台，强化物联网、人工智能等基础能力，联动云管边端，丰富服务种类，提升服务质量，实现服务的流程化标准化。

完善数据要素体系。鼓励各地建设区域性健康养老大数据中心，建立健全居民电子健康档案、电子病历、老龄人口信息等基础数据库。搭建健康养老数据中台，统一提供治理分析、共享交换、安全开放等全链条数据服务，提升数据的使用效率，强化数据要素赋能作用。鼓励开展健康养老数据挖掘理论与方法研究，促进数据创新应用，实现健康状态实时分析、健康趋势分析、健康筛查等功能，提升老年人行为画像、行为监测、安全监控等技术能力。加强数据加密、数据脱敏、身份认证、访问控制等数据安全技术应用，保障居民的个人信息安全。

《工业和信息化部　民政部　国家卫生健康委关于印发〈智慧健康养老产业发展行动计划（2021—2025年）〉的通知》（工信部联电子〔2021〕154号）

10. 拓展智慧养老场景，提升养老服务能力。推进物联网、大数据、云计算、人工智能、区块链等新一代信息技术以及移动终端、可穿戴设备、服务机器人等智能设备在居家、社区、机构等养老场景集成应用，丰富养老服务种类，优化养老服务质量，提升养老服务效率。重点面向家庭养老床位、智慧助老餐厅、智慧养老院，打造智慧化解决方案，创新互联网+养老、"时间银行"互助养老、老年人能力评估等智慧养老服务。

《工业和信息化部　民政部　国家卫生健康委关于印发〈智慧健康养老产业发展行动计划（2021—2025年）〉的通知》（工信部联电子〔2021〕154号）

11. 支持智慧养老服务发展。支持互联网、大数据、物联网、云计算、人工智能、区块链等技术在养老服务管理中的运用，建设社区居家养老服务信息平台，引导养老机构依托新兴技术手段构建"互联网+养老服务"和智慧养老模式。支持智慧养老产品研发推广应用，开发适老化技术和产品，重点发展适老康复辅助器具、智能穿戴设备、服务型机器人与无障碍科技产品。

《民政部　国家开发银行关于"十四五"期间利用开发性金融支持养老服务体系建设的通知》（民发〔2021〕94号）

12. 强化信息化支撑。建立老年健康数据的收集和发布机制。充分运用互联网、物联网、大数据等信息技术手段，创新服务模式，提升老年健康智能化服务质量和效率。依托国家全民健康信息平台，完善全国老龄健康信息管理系统，整合各类老年健康相关数据，实现信息共享，为服务老年人提供信息化支撑。

《关于印发"十四五"健康老龄化规划的通知》（国卫老龄发〔2022〕4号）

## 三、促进智慧健康养老产业发展，发展智慧养老服务新业态

1. 促进智慧健康养老产业发展。依托现有互联网资源和社会力量，以社区为基础，搭建养老信息服务网络平台，提供护理看护、健康管理、康复照料等居家养老服务。鼓励养老服务机构应用基于移动互联网的便携式体检、紧急呼叫监控等设备，提高养老服务水平。

《关于积极推进"互联网+"行动的指导意见》（国发〔2015〕40号）

2. 发展智慧养老服务新业态，开发和运用智能硬件，推动移动互联网、云计算、物联网、大数据等与养老服务业结合，创新居家养老服务模式，重点推进老年人健康管理、紧急救援、精神慰藉、服务预约、物品代购等服务，开发更加多元、精准的私人订制服务。支持适合老年人的智能化产品、健康监测可穿戴设备、健康养老移动应用软件（App）等设计开发。打通养老服务信息共享渠道，推进社区综合服务信息平台与户籍、医疗、社会保障等信息资源对接，促进养老服务公共信息资源向各类养老服务机构开放。

《国务院办公厅关于全面放开养老服务市场提升养老服务质量的若干意见》（国办发〔2016〕91号）

3. 支持企业利用新技术、新工艺、新材料和新装备开发为老年人服务的产品用品，研发老年人乐于接受和方便使用的智能科技产品，丰富产品品种，提高产品安全性、可靠性和实用性；上述企业经认定为高新技术企业的，按规定享受企业所得税优惠。及时更新康复辅助器具配置目录，重点支持自主研发和生产康

复辅助器具。

《国务院办公厅关于全面放开养老服务市场提升养老服务质量的若干意见》（国办发〔2016〕91号）

4. 充分发挥信息技术对智慧健康养老产业的提质增效支撑作用，丰富产品供给，创新服务模式，坚持政企联动、开放融合，促进现有医疗、健康、养老资源优化配置和使用效率提升，满足家庭和个人多层次、多样化的健康养老服务需求。通过发挥新消费引领作用，促进产业转型升级。

《工业和信息化部　民政部　国家卫生计生委关于印发〈智慧健康养老产业发展行动计划（2017—2020年）〉的通知》（工信部联电子〔2017〕25号）

5. 到2020年，基本形成覆盖全生命周期的智慧健康养老产业体系，建立100个以上智慧健康养老应用示范基地，培育100家以上具有示范引领作用的行业领军企业，打造一批智慧健康养老服务品牌。健康管理、居家养老等智慧健康养老服务基本普及，智慧健康养老服务质量效率显著提升。智慧健康养老产业发展环境不断完善，制定50项智慧健康养老产品和服务标准，信息安全保障能力大幅提升。

《工业和信息化部　民政部　国家卫生计生委关于印发〈智慧健康养老产业发展行动计划（2017—2020年）〉的通知》（工信部联电子〔2017〕25号）

6. 实施"互联网+养老"行动。持续推动智慧健康养老产业发展，拓展信息技术在养老领域的应用，制定智慧健康养老产品及服务推广目录，开展智慧健康养老应用试点示范。促进人工智能、物联网、云计算、大数据等新一代信息技术和智能硬件等产品在养老服务领域深度应用。在全国建设一批"智慧养老院"，推广物联网和远程智能安防监控技术，实现24小时安全自动值守，降低老年人意外风险，改善服务体验。运用互联网和生物识别技术，探索建立老年人补贴远程申报审核机制。加快建设国家养老服务管理信息系统，推进与户籍、医疗、社会保险、社会救助等信息资源对接。加强老年人身份、生物识别等信息安全保护。

《国务院办公厅关于推进养老服务发展的意见》（国办发〔2019〕5号）

7. 推进互联网、大数据、人工智能、5G等信息技术和智能硬件的深度应用，促进养老托育用品制造向智能制造、柔性生产等数字化方式转型。推进智能服务机器人后发赶超，启动康复辅助器具应用推广工程，实施智慧老龄化技术推广应用工程，构建安全便捷的智能化养老基础设施体系。鼓励国内外多方共建养老托育产业合作园区，加强市场、规则、标准方面的软联通，打造制造业创新示范高地。

培育智慧养老托育新业态。创新发展健康咨询、紧急救护、慢性病管理、生活照护、物品代购等智慧健康养老服务。

《国务院办公厅关于促进养老托育服务健康发展的意见》（国办发〔2020〕52号）

8. 以提升便利度和改善服务体验为导向，推动生活性服务业向高品质和多样化升级。加快发展健康、养老、托育、文化、旅游、体育、物业等服务业，加强公益性、基础性服务业供给，扩大覆盖全生命期的各类服务供给。

《中华人民共和国国民经济和社会发展第十四个五年规划和2035年远景目标纲要》（2021年3月13日）

9. 拓展智慧健康养老产品供给。推动多学科交叉融合发展与技术集成创新，丰富智慧健康养老产品种类，提升健康养老产品的智慧化水平。重点发展具有趋势分析、智能预警等功能的健康管理类产品。加强康复训练型、功能代偿型等康复辅助器具类产品的设计与研发。大力发展具有行为监护、安全看护等功能的养老监护类产品。支持发展具有健康状态辨识、中医诊断治疗功能的中医数字化智能产品。支持发展能够提高老年人生活质量的家庭服务机器人。

《工业和信息化部　民政部　国家卫生健康委关于印发〈智慧健康养老产业发展行动计划（2021—2025年）〉的通知》（工信部联电子〔2021〕154号）

10. 依托互联网平台、手机应用程序（App）等，建设预防、医疗、康复、护理、安宁疗护等相衔接的覆盖全生命周期的智慧健康服务体系，推动优质健康医疗资源下沉，提升人民群众的健康素养及健康管理能力。重点发展远程医疗、个性化健康管理、互联网＋护理服务、互联网＋健康咨询、互联网＋健康科普等智慧健康服务。

《工业和信息化部　民政部　国家卫生健康委关于印发〈智慧健康养老产业发展行动计划（2021—2025年）〉的通知》（工信部联电子〔2021〕154号）

11. 加快行业推广应用。组织开展智慧健康养老产业发展大会、产业发展高峰论坛等活动，促进行业交流，扩大智慧健康养老产业影响力。编制《智慧健康养老产品及服务推广目录》，开展入围产品及服务线上展示，搭建线下示范场景，为需求方采购选型提供参考。积极推动相关产品进入政府购买养老服务指导性目录。支持有条件的地区举办智慧健康养老博览会、建设智慧健康养老体验馆，开展智慧健康养老产品及服务体验活动，增强消费者体验，培养消费者使用习惯，加速相关产品服务渗透。

《工业和信息化部　民政部　国家卫生健康委关于印发〈智慧健康养老产业发展行动计划（2021—2025年）〉的通知》（工信部联电子〔2021〕154号）

## 四、优化产业发展环境，提升公共服务能力

1. 建设技术服务平台。建设智慧健康养老创新中心，解决行业共性技术供给不足问题，不断创新产业生态体系。集聚产学研医等各方面资源，推动关键技术、核心器件、重点产品研发，完善产品检测认证、知识产权保护等服务，提升智慧健康养老产业的协同创新能力和产业化能力。

建设信息共享服务平台。充分利用现有健康信息、养老信息等信息平台，基于区域人口健康信息平台，建设统一规范、互联互通的健康养老信息共享系统，积极推动各类健康养老机构和服务商之间的信息共享、深度开发和合理利用，开展健康养老大数据的深度挖掘与应用。

建设创新孵化平台。支持智慧健康养老领域众创、众包、众扶、众筹等创业

支撑平台建设，鼓励创客空间、创业咖啡、创新工场等新型众创空间发展，推动建立一批智慧健康养老产业生态孵化器、加速器，为初创企业提供资金、技术、市场应用及推广等方面的扶持。

《工业和信息化部　民政部　国家卫生计生委关于印发〈智慧健康养老产业发展行动计划（2017—2020年）〉的通知》（工信部联电子〔2017〕25号）

2. 搭建科技创新平台。支持企业、高校、科研院所、养老机构联合组建智慧健康养老技术协同创新中心、联合实验室，以健康养老需求为牵引，围绕健康管理、康复辅助、养老监护等重点方向，开展产学研用协同创新，推动关键技术、核心器件、重点产品研发创新，解决行业共性技术供给不足的问题，提升智慧健康养老产业的协同创新能力和成果转化能力。

《工业和信息化部　民政部　国家卫生健康委关于印发〈智慧健康养老产业发展行动计划（2021—2025年）〉的通知》（工信部联电子〔2021〕154号）

3. 支持建立智慧健康养老产业生态孵化器、加速器，集聚线上线下资源，为创业企业提供办公场地、项目推介、企业路演、创业辅导、展览展示、融资支持等多层次创业公共服务。

《工业和信息化部　民政部　国家卫生健康委关于印发〈智慧健康养老产业发展行动计划（2021—2025年）〉的通知》（工信部联电子〔2021〕154号）

4. 制定智慧健康养老设备产品标准，建立统一的设备接口、数据格式、传输协议、检测计量等标准，实现不同设备间的数据信息开放共享。优先制定适用于个人、家庭和社区的血压、血糖、血氧、心律和心电五大类常用生理健康指标智能检测设备产品及数据服务标准。完善智慧健康养老服务流程规范和评价指标体系，推动智慧健康养老服务的规范化和标准化。制定智慧健康养老信息安全标准以及隐私数据管理和使用规范。

《工业和信息化部　民政部　国家卫生计生委关于印发〈智慧健康养老产业发展行动计划（2017—2020年）〉的通知》（工信部联电子〔2017〕25号）

5. 促进用品制造提质升级。逐步完善养老托育服务和相关用品标准体系，加强标准制修订，强化标准实施推广，探索建立老年用品认证制度。

《关于促进养老托育服务健康发展的意见》（国办发〔2020〕52号）

6. 构建标准及检测体系。加快构建覆盖基础通用、数据、产品、服务、管理、检测计量等方面的智慧健康养老标准体系。指导和支持标准组织、行业协会等研制行业急需标准，协同推进智能产品、信息系统平台、养老服务和健康服务标准的制定，推动信息系统平台互联互通，促进终端产品的集成应用，鼓励开展优秀标准应用示范。搭建智慧健康养老标准及检测公共服务平台。支持第三方机构面向智能产品，研究制定测试规范和评价方法，开展检验检测及适老化认证服务。

《工业和信息化部 民政部 国家卫生健康委关于印发〈智慧健康养老产业发展行动计划（2021—2025年）〉的通知》（工信部联电子〔2021〕154号）

7. 补齐养老和家政服务业转型升级标准。发挥标准引领作用，带动养老和家政服务由传统服务方式向数字化、网络化、智能化、融合化转型升级。鼓励开展智慧养老、数字家政等领域标准制修订，探索研制导航定位、大数据和人工智能等新技术在养老和家政服务业的应用规范。探索研制养老服务与医疗护理、家政服务等相关行业融合发展的国家标准。

《养老和家政服务标准化专项行动方案》（2022年12月29日）

8. 完善多元化资金投入机制。充分发挥工业转型升级资金、专项资金、地方财政资金等财政资金扶持作用，推动各部门资金集约化整合和精准投放，加大对智慧健康养老的扶持力度。探索与国有资本投资公司合作，充分发挥国有资本的引领和放大作用，通过发起设立智慧健康养老产业投资基金等方式，引导社会资本参与智慧健康养老产业发展，与政府资金形成支持合力。积极推进政府购买智慧健康养老服务，逐步扩大购买服务范围，完善服务内容。探索政府和社会资本合作（PPP）模式，积极引导社会资本参与智慧健康养老服务推广。

《工业和信息化部 民政部 国家卫生计生委关于印发〈智慧健康养老产业发展行动计划（2017—2020年）〉的通知》（工信部联电子〔2017〕25号）

9. 推动设立智慧健康养老产业投资基金，充分发挥国有资本的引领和放大作用，引导社会资本参与产业发展，助推产业升级。

《工业和信息化部　民政部　国家卫生健康委关于印发〈智慧健康养老产业发展行动计划（2021—2025年）〉的通知》（工信部联电子〔2021〕154号）

10. 强化产融结合。充分发挥工业和信息化部国家产融合作平台作用，加强财税金融政策、融资需求、金融产品服务等信息交流共享，促进产融精准对接。开展"早期投资支持产业科技创新"专项工作，依托科创属性判定和科创板上市培育机制，引导社会资本投早、投小、投硬科技。鼓励支持符合条件的智慧健康养老创新企业在科创板、创业板上市融资。

《工业和信息化部　民政部　国家卫生健康委关于印发〈智慧健康养老产业发展行动计划（2021—2025年）〉的通知》（工信部联电子〔2021〕154号）

11. 实施智慧健康养老产业发展行动计划。到2025年，智慧健康养老产业科技支撑能力显著增强，产品及服务供给能力明显提升，试点示范建设成效日益凸显，产业生态不断优化完善，老年"数字鸿沟"逐步缩小……产业生态不断优化完善。加快构建政产学研用深度融合的产业生态，推动建设5个以上公共服务平台，建立智慧健康养老标准体系，研究制定20项以上行业急需标准，检验检测、展览展示、资本孵化等产业公共服务能力显著增强。

《工业和信息化部　民政部　国家卫生健康委关于印发〈智慧健康养老产业发展行动计划（2021—2025年）〉的通知》（工信部联电子〔2021〕154号）

12. 加强组织保障。完善部际协同工作机制，完善标准制定、试点示范应用、公共服务平台建设等政策环境，加强产业分析监测研究和督促指导，协调解决重大事项。强化部省联系，汇聚产业资源，上下联动形成合力。支持地方政府加强对智慧健康养老工作成效的考核管理，出台财政、税收等政策措施，推动产业发展。

《工业和信息化部　民政部　国家卫生健康委关于印发〈智慧健康养老产业发展行动计划（2021—2025年）〉的通知》（工信部联电子〔2021〕154号）

13. 开展试点示范。围绕智慧健康养老重点应用场景，通过揭榜挂帅、赛马等机制，培育一批科技创新能力突出、商业模式成熟的示范企业，打造一批聚集效应凸显、经济带动作用显著的示范产业园区，创建一批社会参与广泛，应用效果明显的示范街道（乡镇）及产业基础雄厚、区域特色鲜明的示范基地，形成产业发展高地。进一步加强应用试点示范层级动态管理，强化示范引领。

《工业和信息化部　民政部　国家卫生健康委关于印发〈智慧健康养老产业发展行动计划（2021—2025 年）〉的通知》（工信部联电子〔2021〕154 号）

14. 加快人才培养。充分发挥人才队伍建设对产业发展的支撑作用，鼓励支持科研人员进入智慧健康养老行业。支持和指导高等院校、职业院校设立相关专业，开设智慧健康养老相关课程，提升为老服务人员信息技术应用能力及水平，打造高素质的人才队伍。

《工业和信息化部　民政部　国家卫生健康委关于印发〈智慧健康养老产业发展行动计划（2021—2025 年）〉的通知》（工信部联电子〔2021〕154 号）

## 五、持续推动充分兼顾老年人需要的智慧社会建设，有效解决"数字鸿沟"问题

1. 在政策引导和全社会的共同努力下，有效解决老年人在运用智能技术方面遇到的困难，让广大老年人更好地适应并融入智慧社会。到 2020 年底前，集中力量推动各项传统服务兜底保障到位，抓紧出台实施一批解决老年人运用智能技术最迫切问题的有效措施，切实满足老年人基本生活需要。到 2021 年底前，围绕老年人出行、就医、消费、文娱、办事等高频事项和服务场景，推动老年人享受智能化服务更加普遍，传统服务方式更加完善。到 2022 年底前，老年人享受智能化服务水平显著提升、便捷性不断提高，线上线下服务更加高效协同，解决老年人面临的"数字鸿沟"问题的长效机制基本建立。

《国务院办公厅关于切实解决老年人运用智能技术困难实施方案的通知》

（国办发〔2020〕45号）

2. 推进"互联网+医疗健康"、"互联网+护理服务"、"互联网+康复服务"，发展面向居家、社区和机构的智慧医养结合服务。

《关于印发"十四五"国家老龄事业发展和养老服务体系规划的通知》（国发〔2021〕35号）

（中央社会主义学院郭红霞副教授整理）

# 中国智慧养老领域大事记

2011年9月17日,国务院印发《中国老龄事业发展"十二五"规划》,提出促进老年用品、用具和服务产品开发,尤其是要重视康复辅具、电子呼救等老年特需产品的研究开发。

2013年9月6日,国务院印发《关于加快发展养老服务业的若干意见》,提出发展居家网络信息服务,地方政府要支持企业和机构运用互联网、物联网等技术手段创新居家养老服务模式,发展老年电子商务,建设居家服务网络平台,提供紧急呼叫、家政预约、健康咨询、物品代购、服务缴费等适合老年人的服务项目。

2015年1月,中国人民大学成立智慧养老研究所,这是国内学术界第一个以"智慧养老"命名的研究所,隶属于中国人民大学信息学院。被中国"智慧养老50人论坛"评为当年智慧养老的十件大事之一。

2015年7月4日,国务院印发《关于积极推进"互联网+"行动的指导意见》,提出促进智慧健康养老产业发展,支持智能健康产品创新和应用。鼓励健康服务机构利用云计算、大数据等技术搭建公共信息平台,提供长期跟踪、预测预警的个性化健康管理服务。

2016年1月23日,"智慧养老50人论坛"在北京市发起设立。"智慧养老50人论坛"是由中国人民大学智慧养老研究所、全国老龄办信息中心原养老技术研究院、中国民主建国会北京市经济委员会、北京市科学技术研究院智慧健康养老与服务工程重点实验室、山东财经大学管理科学与工程学院、国家发改委《中国信息界》杂志社等6家单位共同倡议并发起的智慧养老理论与实践交流的高端学术平台。

2016年8月19日至20日，全国卫生与健康大会在北京市举行。中共中央总书记、国家主席、中央军委主席习近平出席会议并发表重要讲话。他强调，没有全民健康，就没有全面小康。要把人民健康放在优先发展的战略地位，以普及健康生活、优化健康服务、完善健康保障、建设健康环境、发展健康产业为重点，加快推进健康中国建设，努力全方位、全周期保障人民健康，为实现"两个一百年"奋斗目标、实现中华民族伟大复兴的中国梦打下坚实健康基础。

2016年10月25日，中共中央、国务院发布《"健康中国2030"规划纲要》，这是今后15年推进健康中国建设的行动纲领。其中，提出实施健康中国云服务计划，全面建立远程医疗应用体系，发展智慧健康医疗便民惠民服务。

2016年10月27日，国务院印发《关于加快发展康复辅助器具产业的若干意见》，提出要大力发展康复辅助器具产业，推动康复辅助器具产业自主创新能力增强，创新成果向现实生产力高效转化，创新驱动形成产业发展优势。

2017年1月25日，国务院办公厅发布《关于同意建立加快发展康复辅助器具产业部际联席会议制度的函》，同意由民政部牵头建立康复辅助器具产业部际联席会议，研究协调康复辅助器具产业发展重大问题。

2017年2月6日，工业和信息化部、民政部、国家卫生计生委联合印发《智慧健康养老产业发展行动计划（2017—2020年）》。这是继2015年《国务院关于积极推进"互联网+"行动的指导意见》（国发〔2015〕40号）后，培育新产业、新业态、新模式，促进信息消费增长，推动信息技术产业转型升级的特定行动计划。

2017年3月6日，国务院印发《"十三五"国家老龄事业发展和养老体系建设规划》，为提升我国新时期老龄事业发展水平、完善养老体系进行了顶层制度设计。

2017年3月21日，民政部印发《关于应用全国养老机构业务管理系统加强养老机构发展监测的通知》，提出建立全国养老机构业务管理系统是加强养老机构服务质量建设的重要工作，是解决养老机构发展底数不清、数出多门、监管手段缺乏等问题的重要平台，对养老机构发展进行监测是促进养老服务业科学决策、科学发展，加强有效监管的基础性工作。

2018年10月23日，由国家发展改革委和日本经济产业省联合主办的首届中日养老服务业合作论坛在北京市举办。论坛适逢中日和平友好条约生效40周年，对于进一步加强中日养老服务业政策沟通和交流，推进企业间开展务实合作具有重要意义。

2019年1月22日，国家卫生健康委印发《关于开展"互联网+护理服务"试点工作的通知》，确定北京市、天津市、上海市、江苏省、浙江省、广东省作为"互联网+护理服务"试点省份。其他省份结合本地区实际情况选取试点城市或地区开展试点工作。

2019年1月29日，根据中共中央办公厅、国务院办公厅印发的《民政部职能配置、内设机构和人员编制规定》，民政部设立养老服务司。民政部"三定方案"专门为养老服务成立一个司局，反映了对养老服务体系建设的重视。

2019年3月5日，国家卫生健康委制定了《医院智慧服务分级评估标准体系（试行）》。这是继电子病历系统应用水平分级评价和互联互通标准化成熟度测评后，国家卫生健康委在医疗信息化相关领域主导推出的第三个评级项目，主要考察医院在信息化条件下的患者服务能力。

2019年3月30日，无锡市民政局在江苏省民政厅和省市场监管局的支持下制定的国内首个智慧养老建设省级地方性标准《智慧养老建设规范》（DB32/T 3530—2019）开始实施。该标准适用于民政部门以及养老服务机构智慧养老建设的整体规划、建设管理及效果评估，规定了智慧养老建设的概念模型、系统架构、技术要求、框架功能等内容，明确硬件、软件、第三方监管标准，从物联感知、网络通信、数据融合、智慧应用等8个方面提出具体要求。

2019年4月16日，国务院办公厅印发《关于推进养老服务发展的意见》，明确要求实施"互联网+养老"行动。包括持续推动智慧健康养老产业发展，拓展信息技术在养老领域的应用，制定智慧健康养老产品及服务推广目录，开展智慧健康养老应用试点示范。加快建设国家养老服务管理信息系统，推进与户籍、医疗、社会保险、社会救助等信息资源对接。加强老年人身份、生物识别等信息安全保护。

2019年7月15日，国务院印发《关于实施健康中国行动的意见》，提出强化信息支撑，推动部门和区域间共享健康相关信息等。

2019年9月23日，民政部印发《关于进一步扩大养老服务供给 促进养老服务消费的实施意见》，提出引导有条件的养老服务机构运用现代信息技术，依托互联网、物联网、云计算、大数据、智能养老设备等，开发多种"互联网+"应用，打造多层次智慧养老服务体系，创造养老服务的新业态、新模式。

2019年9月26日，由国家发展改革委和日本经济产业省联合主办的第二届中日养老服务业合作论坛在日本东京举行，来自中日两国政府、养老企业、金融机构的400余人与会。论坛期间，中日双方企业在养老服务、养老护理人才培训、康复辅具制造等领域达成了多项合作成果，并有24家企业现场签署了合作协议。

2019年10月23日，国家卫生健康委、民政部、国家发展改革委、教育部、财政部、人力资源社会保障部等12部门联合印发《关于深入推进医养结合发展的若干意见》，提出要加强医养结合信息化支撑。推进面向医养结合机构的远程医疗建设。

2019年10月28日，国家卫生健康委、民政部、人力资源社会保障部等8部门联合印发《关于建立完善老年健康服务体系的指导意见》，提出积极探索"互联网+老年健康"服务模式，推动线上线下结合，开展一批智慧健康服务示范项目。

2019年11月21日，中共中央、国务院印发《国家积极应对人口老龄化中长期规划》，提出要深入实施创新驱动发展战略，把技术创新作为积极应对人口老龄化的第一动力和战略支撑，全面提升国民经济产业体系智能化水平。提高老年服务科技化、信息化水平，加大老年健康科技支撑力度，加强老年辅助技术研发和应用。这是到本世纪中叶我国积极应对人口老龄化的战略性、综合性、指导性文件，为中国特色养老服务制度体系划定了"路线图"。

2019年12月23日，国家卫生健康委、民政部、国家中医药管理局印发《医养结合机构服务指南（试行）》，要求根据老年人日常住养和住院医疗两种不同的需求，明确各自的管理路径，建立信息系统，确保"医""养"互换时信息准确切换并及时更新。

2019年12月31日，工业和信息化部、民政部、国家卫生健康委、国家市场监管总局、全国老龄办5部门印发《关于促进老年用品产业发展的指导意见》，明确提出推动智能产品应用。加快推进互联网、大数据、人工智能、5G等信息技术和智能硬件在老年用品领域的深度应用。

2020年9月11日，工业和信息化部、中国残疾人联合会印发《关于推进信息无障碍的指导意见》，提出要切实做好残疾人社会支持服务，满足广大听力、言语残疾人信息交流无障碍需求，推动残疾人感受科技带来的美好智慧生活，共享经济社会发展成果。

2020年11月24日，国务院办公厅印发《关于切实解决老年人运用智能技术困难实施方案的通知》提出，要加强工作统筹，建立工作台账，明确时间表和路线图，聚焦涉及老年人的高频事项和服务场景，坚持传统服务方式与智能化服务创新并行，切实解决老年人在运用智能技术方面遇到的突出困难，确保各项工作做实做细、落实到位，为老年人提供更周全、更贴心、更直接的便利化服务。

2020年11月26日，国务院办公厅印发《关于建立健全养老服务综合监管制度促进养老服务高质量发展的意见》，提出大力推行"互联网+监管"，充分运用大数据等新技术手段，实现监管规范化、精准化、智能化，减少人为因素，实现公正监管，减少对监管对象的扰动。这是我国养老服务领域第一份以监管为主题促进高质量发展的文件。

2020年12月8日，国家卫生健康委印发《关于进一步推进"互联网+护理服务"试点工作的通知》，提出开展"智慧助老"行动，利用3年时间，动员社会各方力量共同努力，推动老龄社会信息无障碍建设，促进全社会推进适老化的改造和升级，提升老年人运用智能技术方面的获得感、幸福感、安全感。

2020年12月14日，国务院办公厅印发《关于促进养老托育服务健康发展的意见》，提出推进智能服务机器人后发赶超，启动康复辅助器具应用推广工程，实施智慧老龄化技术推广应用工程，构建安全便捷的智能化养老基础设施体系。培育智慧养老托育新业态。发展"互联网+养老服务"。

2020年12月24日，工业和信息化部印发《互联网应用适老化及无障碍改造专项行动方案》，旨在着力解决老年人、残疾人等特殊群体在使用互联网等智能技术时遇到的困难，推动充分兼顾老年人、残疾人需求的信息化社会建设。

2021年2月10日，工业和信息化部印发《关于切实解决老年人运用智能技术困难便利老年人使用智能化产品和服务的通知》，提出重点开展为老年人提供更优质的电信服务、开展互联网适老化及无障碍改造专项行动、扩大适老化智能终端产品供给、切实保障老年人安全使用智能化产品和服务等4个方面12项重点工作。其中，明确将组织首批115个公共服务类网站和43个手机App完成适老化及无障碍改造。

2021年3月12日，《国民经济和社会发展第十四个五年规划和2035年远景目标纲要》发布，提出要发展银发经济，开发适老化技术和产品，培育智慧养老等新业态。

2021年4月，工业和信息化部公布《互联网网站适老化通用设计规范》和《移动互联网应用（App）适老化通用设计规范》，对网站和App改造提出字体大小、颜色用途等数十项具体技术要求，并特别要求完成改造后的网站和手机App适老版、无障碍版不得设广告插件，付款类操作不得设任何诱导式按键。

2021年5月24日，民政部、国家发展改革委印发《"十四五"民政事业发展规划》，提出发挥全国养老服务信息系统作用，加强养老机构风险监测和防控。

建设全国养老服务数据库，提升养老服务工作智能化水平。

2021年6月10日，国家卫生健康委、全国老龄办印发《关于做好2021年"智慧助老"有关工作的通知》，要求各地、各涉老社会组织紧紧围绕老年人实际需求，开展"智慧助老"公益行动、智能手机使用培训送书活动等工作，为广大老年人掌握和运用智能技术提供帮助。

2021年6月17日，国家发展改革委、民政部、国家卫生健康委印发《"十四五"积极应对人口老龄化工程和托育建设实施方案》，提出建设连锁化、标准化的社区居家养老服务网络，支持多个公办社区养老服务机构组网建设运营；支持养老服务骨干网建设，夯实社区居家养老服务网络；提升养老机构的信息化、智能化管理服务水平，促进康复辅助器具推广应用；按照"分层分类、平战结合、高效协作"的原则构建覆盖全国的养老服务应急救援体系该实施方案特别强调了养老服务体系的建设和医养生态体系的智慧化运营。

2021年10月20日，工业和信息化部、民政部、国家卫生健康委印发《智慧健康养老产业发展行动计划（2021—2025年）》，提出聚焦"适老化产品改造、丰富智慧健康养老产品和服务供给"关键问题，推动适老化智能终端产业高质量发展。提出到2025年，智慧健康养老产业科技支撑能力显著增强，产品及服务供给能力明显提升，试点示范建设成效日益凸显，产业生态不断优化完善，老年"数字鸿沟"逐步缩小。明确要求在现有试点示范的基础上，面向不少于10个应用场景，再培育100家以上示范企业，50个以上示范园区，150个以上示范街道（乡镇）及50个以上示范基地，进一步强化示范引领效应；加快建设统一权威、互联互通的全民健康信息平台；鼓励各地建设区域性健康养老大数据中心；编制《智慧健康养老产品及服务推广目录》；支持有条件的地区举办智慧健康养老博览会、建设智慧健康养老体验馆，开展智慧健康养老产品及服务体验活动，增强消费者体验，培养消费者使用习惯，加速相关产品服务渗透。

2021年11月18日，中共中央、国务院印发《关于加强新时代老龄工作的意见》提出实施"智慧助老"行动，加强数字技能教育和培训，提升老年人数字素养。从智慧助老、智慧用老、智慧孝老、医养结合、智慧医养生态系统等方面都做了具体的要求和部署。这是指导新时代老龄工作的重要纲领性文件。

2022年2月21日，《国务院关于印发"十四五"国家老龄事业发展和养老服务体系规划的通知》围绕推动老龄事业和产业协同发展、推动养老服务体系高质量发展，明确了"十四五"时期的总体要求、主要目标和工作任务。提出开展智慧健康养老应用试点示范建设，建设众创、众包、众扶、众筹等创业支撑平台，建立一批智慧健康养老产业生态孵化器、加速器。编制智慧健康养老产品及服务推广目录，完善服务流程规范和评价指标体系，推动智慧健康养老规范化、标准化发展。推进智能化服务适应老年人需求。长效解决"数字鸿沟"难题等。

2022年3月23日，国家卫生健康委、国家发展改革委印发《开展社区医养结合能力提升行动的通知》，明确了社区医养结合服务能力提升行动的工作目标、工作内容和有关要求。其中，工作内容强调要提高信息化水平，开展智慧健康养老服务，推动区域医疗和养老信息互通、数据共享，提高服务效率和水平。

2022年6月13日，国家卫生健康委和全国老龄办联合印发《关于深入开展2022年"智慧助老"行动的通知》，要求深入开展2022年"智慧助老"行动，帮助老年人提高智能手机操作技能，提升老年人反诈防骗意识。

2022年7月18日，国家卫生健康委印发《关于进一步推进医养结合发展的指导意见》，提出依托全民健康信息平台和"金民工程"，建设全国老龄健康信息管理系统、全国养老服务信息系统，全面掌握老年人健康和养老状况，分级分类开展相关服务。实施智慧健康养老产业发展行动，发展健康管理类、养老监护类、康复辅助器具类、中医数字化智能产品及家庭服务机器人等产品。

2022年10月16日，党的二十大报告明确提出，实施积极应对人口老龄化国家战略，发展养老事业和养老产业，优化孤寡老人服务，推动实现全体老年人享有基本养老服务。

2022年11月16日，工业和信息化部办公厅、民政部办公厅、国家卫生健康委办公厅印发《关于组织开展2022年智慧健康养老产品及服务推广目录申报工作的通知》，申报范围包括智慧健康养老产品和智慧健康养老服务。

2023年3月23日，中共中央办公厅、国务院办公厅印发《关于进一步完善医疗卫生服务体系的意见》，提出积极运用互联网、人工智能等技术，持续优化服务流程。建设智慧医院，推行分时段预约诊疗和检查检验集中预约服务，推广诊间结算、移动支付、线上查询、药物配送等服务。

2023年5月21日，中共中央办公厅、国务院办公厅印发《关于推进基本养老服务体系建设的意见》，提出加强信息无障碍建设，降低老年人应用数字技术的难度，保留线下服务途径，为老年人获取基本养老服务提供便利。依托国家人口基础信息库推进基本养老服务对象信息、服务保障信息统一归集、互认和开放共享。

（河北大学李超副教授整理）

# 07 后记

《中国养老服务发展报告》是中国社会保障学会养老服务分会组织专家学者在深入调查研究基础上，定期出版的系列蓝皮书。《中国养老服务发展报告（2021）》出版后，人民网、光明网、中国网、学习强国等十几家主流网络媒体，《社会科学报》《中国老年报》《中国劳动保障报》《中国红十字报》以及北京电视台等都作了详细报道，产生了广泛、良好的社会影响。在新书出版座谈会上，中国社会保障学会会长郑功成教授强调，养老服务要研究真问题、满足真需要，"蓝皮书是养老服务分会完成的一项重要成果"。与会专家学者的赞誉和高度评价，给我们继续编写好蓝皮书系列以极大的鼓励和动力。

《中国养老服务发展报告（2023）》是中国社会保障学会养老服务分会组织专家学者撰写的第二部养老服务蓝皮书。该报告聚焦于"智慧养老"这一主题。国家十分重视智慧养老的发展，江苏省、浙江省、上海市等省市出台了地方性行业标准与管理规范。该蓝皮书对智慧机构养老、智慧社区居家养老、智慧健康养老示范基地建设、智慧康复辅具产业发展、智慧养老标准化发展以及地方智慧养老创新、企业智慧养老探索等进行了比较全面的分析研究，借鉴国外智慧养老的有益经验，提出了促进我国智慧养老持续健康发展的一系列政策建议。

本书是集体合作的成果。在物色作者时，我们力图把国内研究智慧养老的知名专家学者都吸收进来。让我们欣慰的是，中国社会保障学会副会长、华中科技大学社会学院院长、华中科技大学养老服务研究中心主任丁建定教授，中国社会保障学会副会长、西北大学公共管理学院原院长席恒教授，上海财经大学公共经济与管理学院社会保障研究中心主任杨翠迎教授等一大批著名学者欣然应允，为蓝皮书撰写报告。说实在的，这些学者的学术水平和学术影响力，都远远超过我们几位主编、副主编，这是很让我们感动的。

青连斌、杨立雄、李静设计了全书的框架，统修统校了全部书稿。江丹对全书框架多次提出修改意见，亲自撰写序言，协调书稿撰写和出版事宜。谢红、吴昂坪、李志明、李超、沈非、郭红霞参加了统稿工作。本着文责自负的原则，主编尊重每一位作者的研究成果（许多专题是多位作者的集体研究成果），只是对篇章结构、文字和写作的规范性进行了必要的校订。

衷心感谢中国社会保障学会会长郑功成教授,他为本书的编写多次提出指导性意见,并欣然作序。衷心感谢中国社会保障学会养老服务分会名誉会长、中国红十字会总会事业发展中心主任江丹同志,她作为本书的主编之一,为本书的编写组织工作付出了大量心血。衷心感谢黄双煌和高宝华先生,他们为本书的编写和出版提供了无私的支持。最后,要衷心感谢本书的每一位作者、参与统稿的同志,他们为本书贡献了智慧、知识和辛劳。

青连斌

2023 年 9 月 1 日